清华大学国学研究院　主办

陈来　主编

清华国学

第二辑

本辑执行主编　高海波

社会科学文献出版社

SOCIAL SCIENCES ACADEMIC PRESS (CHINA)

《清华国学》编委会

目录

海外儒学研究

儒家思想的当代意义

书 评

陈来先生与中国哲学研究

旧学与新知的融合

何 俊

（复旦大学哲学学院）

摘 要：陈来先生十分重视哲学史的研究，他一方面坚持对思想进行实证研究，另一方面借鉴西方哲学解读中国哲学思想。陈来先生的文字清晰质实而又不失理趣，其对概念的界定准确，能够围绕中心议题展开，且遣词造句不生涩，这是以其考证的功夫为基本的。陈来先生在梳理传统哲学自身思想脉络的同时借镜西方哲学，呈现旧学与新知相融合的气象。

关键词：陈来　哲学史　中国哲学　西方哲学

　　近些年来，陈来教授在哲学体系的创构上极富成就，他的《仁学本体论》与《儒学美德论》（简称"二论"）堪称代表。如果说当年的"贞元六书"是冯友兰先生"接着讲"的代表，那么陈来的"二论"也完全可以视为他"接着讲"的代表。只是，由于对体系的创构缺乏太多的热情，我对陈来的学术思想更多的关心还是在他"照着讲"的工作。就此问题，我在2021年对他的访谈中，还专门提出来请教他的学术偏向。令我欣然的是，他明确表示自己更重视哲学史的研究，而不是体系的创构。

　　中西知识传统的巨大差异在于基础性预设的不同。中国的知识传统近乎以历史为基础性预设，经验构成了全部知识的可靠基石；西方则更近乎以哲学为基础性预设，逻辑构成了知识的可靠基石。因此，现代中国学术建构之初，极具识见的王国维就高度意识到这点，并极力强调哲学为大学教育的首要学科，尽管他自己后来仍然放弃了哲学而返归史学。

在学科建设的意义上，现代中国学术已经牢固地建立起哲学，但平心而论，现代中国的哲学仍然更多地呈现为哲学史的知识形态。脱离了哲学史的哲学建构，似乎终究常常让热衷于此的中国学者自己也不太心安理得。论其原因，正是深受中国知识传统的影响，哲学应该呈现哲学史的底色，这成为一种潜在的诉求。在西方，论证并处理好哲学与哲学史则是一个问题，如黑格尔在《哲学史讲演录》中所阐述的那样。黑格尔关于哲学等于哲学史的断言，在西方实质上也可以反衬哲学并不必然与哲学史发生关联，自然也不必然需要呈现出哲学史的底色。对 20 世纪产生重要影响的维特根斯坦哲学可以算是一个典型代表。

以上分疏，我希望表明的是，虽然陈来教授近些年来在哲学体系的创构上取得重要成果，但这些成果是基于，甚至是直接从他的哲学史研究中内生出来的。作为一位杰出的哲学史专家，陈来教授的哲学史研究完全融入了他的独特的哲学思考中。这是我们今天乃至将来理解与讨论陈来的哲学思想中必须充分意识到的。

如前所述，限于我迄今为止的认知与思考，我对陈来教授的学术思想，更多的关注是在他的哲学史研究。而且，相对于陈来教授所涉甚广的哲学史研究，我囿于自己的逼仄，对他在宋明理学研究领域中的几项具有典范性研究，即朱子、阳明、船山的研究，更为关注，并具更多的亲切体会。为了把握陈来的研究风格与特征，多年前我在《师英录·自序》中通过比较加以说明。

比较起来，陈来教授的研究更具有典型的哲学史与思想史研究的风格，而中国近世哲学与思想史也是他极富创见的领域。所谓典型的哲学史与思想史研究的风格，借用李泽厚先生的话，就是"从历史的角度来研究哲学思想的内容形式、体系结构、来龙去脉，搞清它们在历史上的地位、作用、影响以及它们社会的、时代的、民族的阶级的根源或联系，包括考据、文字的训诂、说明，等等"。李先生这样的说明，旨在彰显他的哲学史与思想史研究偏于哲学立场的特性。但是必须看到，李先生，以及杨（国荣）教授的偏于哲学立场的哲学史研究，并非完全不考虑实证知识的问题。只能说，偏于哲学立场的，更在乎历史中的思想所具有的普遍意义的呈现；而偏于哲学史与思想史风格的，更关心对历史中的思想其真实的历史面相的揭示。而实际上，两者在哲学史与思想史的研究中难以截然分开，不同的学者也只是各有偏重而已；而即便有所偏重，自然也仍以兼取二者而合一为最高境界，至于能否达到，则另当别论。

陈来教授关于中国近世哲学与思想史的研究，以朱子学、阳明学、船山学为三大标志。纵观他的中国近世哲学与思想史研究，可以清晰地看到研究方法上有两个明显的特点。

其一，思想分析基于坚实的实证研究，尤其是思想家的文献考订与细读。他的朱熹哲学研究即是显例。虽然他关注的是在哲学思想的分析，但他以实证研究为基础，表明他的研究在方法上具有将研究对象置于具体的历史与思想语境中加以分析的取向。这种取向，一方面使得他力求心知古人之意的期望得以落实，另一方面则引导他由哲学史研究进入到更广阔的思想史领域。

其二，借镜于西方哲学来解读中国哲学与思想。无论是朱熹研究中的本体论、知识论，阳明研究中的存在论，船山研究中的诠释论，还是本书所收书评①所讨论的由他和学生们共同进行的早期道学研究中的后现代哲学话语理论，他的近世中国哲学与思想史研究始终有着西方哲学的背景。由于他的研究基于坚实的文献考订与细读，因此，他对西方哲学的借镜更多表现为工具的意义，而不影响到中国思想自身特性与气质的呈现。也正因为这种偏于工具性的借镜，他的研究并不泥于西方某一哲学理论，而是根据所面对的中国古代思想家的精神特性来选择相应有效的西方理论。可以说，有效借镜于西学而不失自身文化的特性与气质，使得陈来的研究既很好地树立了哲学史与思想史研究典范，更使他在典型的哲学史与思想史研究中透露出哲学家的特性。②

现在回头看，我依然持上述的认识，而且我以为这两个主要风格与特征同样呈现在他近些年来的哲学体系创构中。多年前的这一论述限于序文，我没有展开，这里略做申言。

上述两个特点，虽然是现代的中国哲学史研究中最需要追求的目标，但

① 《师英录》所收评陈来主编《早期道学话语的形成与演变》，安徽教育出版社，2007。
② 何俊：《师英录》，上海辞书出版社，2014，"自序"，第7~9页。

其实也为传统中国学术所标示，最直接的便是桐城派姚鼐提出的义理、考据、辞章相统一。姚鼐虽然是论文，但桐城派的文论亦非今人狭义的文学，往近处讲，仍然是宋代儒学赖以复兴的古文，是承载道义的言说；往远处讲，自然便归之于孔门四教之一的文学。此前对陈来宋明理学研究风格与特征的概括，对应了考据与义理，而论辞章，陈来的风格与特征同样是值得肯定的，故我先就辞章而述之，并多说几句。

陈来的辞章可以概括为清晰质实而又不失理趣。清晰原本应该是一切口语与书面语的基本要求，然而事实上这却是一个并不容易达到的标准，尤其对于哲学而言。冯友兰先生论读书经验，尝概之为四点：精其选、解其言、知其意、明其理。这四点中，除了第一点"精其选"是讲应该读什么书的问题，后三点都是讲如何读的问题。为什么如何读会成为这么大的问题？冯先生甚至要将此一问题细分为三层，由言而意而理，原因就在于哲学最终所要表达的是道理，而道理是无形的，表之于言语，言语之所指与能指又有一间之隔，这个一间之隔有时实难以道里计。因此，辞章之清晰对于哲学而言，几乎可以说是自始即相伴而存在的挑战，以至于辞章与哲学所要表述的道理本身构成某种紧张、张力，乃至冲突与不相容，如《老子》开篇所谓"道可道，非常道。名可名，非常名"。但是，陈来在辞章之清晰方面，一如冯友兰先生。在这一点上，无论是哲学史的研究，还是哲学思想的建构，都可谓有明显的传承。

陈来辞章之清晰，主要呈现于三个方面，第一个方面是概念的准确界定。讨论哲学的论文须通过层层概念来展开，因此概念的准确界定成为论文清晰的基本保证。朱子、阳明、船山使用的概念并没有特别的自造，基本上还是属于赋新义于旧辞的类型，只是其中的意涵往往比较丰富，而且存在前后的变化。针对这样的概念，陈来总是能够逐次说明，比如他关于朱子仁说的阐释。在这种逐次展开的说明中，陈来脉络是清晰的，这是他的辞章之清晰的第二个方面。由于思想的形成、确立、表达有自身的迭代性，在诠释与分析时，很容易陷于枝蔓，但陈来往往能够围绕着中心议题展开。第三个方面是遣词造句不生涩。如前所说，哲学因其论学的性质，导致既有语词不足以表达思想，故而容易别造生词。这一特征传统中即有，西学引入以后尤盛。无论是在传统还是在西学，陈来都不隔膜，但他基本没有营造生词僻词的雅好，因此他的论著总是平易的。上述三点，除了第一点概念界定准确涉及识见，后两点要真正做到，不仅学术功力本身要达到相当的水准，更在于学术品质要摆脱喜卖弄、好示炫的习气。

由于不喜卖弄、不好示炫，陈来的辞章呈现出质实的特点。所谓质实，就是言之有物。既不在言辞上绕来绕去，兜圈子，也不堆积材料，以示渊博。紧扣问题本身，运用适当的材料把问题讲清楚，如此即可。也因为有此特点，故陈来的辞章仍然流溢出理趣。所谓理趣，便是思想展开中的环环相扣所带来的趣味。当然，对理趣有无体会，以及深浅，完全是因人而异的。就此而言，理趣对于辞章已是一个具有高度主观性的品鉴维度了。

哲学的论著虽然偏近逻辑的要求，但对于哲学史研究而言，由于面对的是前人的思想理解与阐发，而不纯是自己的思想陈述与建构，因此，辞章的清晰，尤其是质实，必然基于考证。陈来的研究事实上也起于考证，他的朱子研究便是最明显的佐证。朱子的书信前人也有考证，只是没有做全部的编年考证。朱子的书信既多又涉猎甚广，平心而论，如果限于哲学思想的分析，并不一定要将全部书信做编年考证；而且从技术上讲，这项工作非常繁重而又高度细致。陈来的朱子研究选择了以此为基础工作，这一路径既充分表征了他的学术底色，也充分彰显了他的学术亮度。请让我举一个小例子加以说明。朱陆鹅湖之会，象山曾想向朱子质问"尧舜以前何书可读"，此一质问颇为失礼，故被其兄阻止。象山后来多有提及，颇以此问为思想关键。由于这个问题与回答在朱陆之间没有实际发生，因此难以说明朱子对此问题如何回答，甚至也难以说明朱子对此问题是否想过。但是，在朱子《答陈明仲十六》一书中，朱子对此问题有着明确的思考与论述。如果不能确定这封书信的写作时间，便难以确定朱子在这封信中的论述是否与象山有关。由于陈来对朱子书信有全面的编年考证，他确认此信是写于鹅湖会之前的乾道之中，故可断定朱子对此问题有过思考并有自己的分析。这意味着在此问题上，朱陆的思想异同并非来自彼此的碰撞，而是基于自己的思考。这便要求后续的相关研究必须在朱陆各自思想本身的意义上来分析这一问题所具有的内涵。

当然，但凡考证，必内含着考证者的偏向与取舍，这种偏向与取舍虽然呈以主观，然也不可一概论定为主观，而可以视之为理证，尤其是在哲学史的研究中。我同样举一例以见之。《象山语录》（以下称《语录》）中有一段著名的问答："或问先生何不著书？对曰：六经注我，我注六经。"由于文

本脱离了语境，难以确知象山的语气口吻。但以象山的思想与风格，自然很容易取"六经注我"。象山再传在《象山年谱》（以下称《年谱》）中便已将象山的回答改为"六经当注我，我何注六经"。陈来特意提醒我，他在《宋明理学》书中的处理，是直接将《语录》所记引作"六经注我，我安注六经"。陈来的处理并非全无根据，一则是以理推之，象山之意似更近如《年谱》所记的再传弟子改动语；二则《年谱》的记录虽引自象山再传弟子，但再传弟子说明此话得自象山的重要门人杨简。概言之，陈来的处理并非纯主观的。当然，从考据上讲，史料当以最接近当事者为重，故无疑应该取《语录》条，《语录》是当时的记录，《年谱》已隔了一层；况且，《语录》所记不仅经过杨简，而且更经过其他重要门人的审读，都没有改动，表明象山的原话是如此。此段问答后续的展开，更进一步证明不宜对象山在"六经注我"与"我注六经"之间做简单理解。我举此一例子，旨在说明陈来对于材料的引用是颇经过一番考证的，绝非随手拈来便用。正是基于这样的考证功夫，陈来的哲学史研究往往读来令人信服。

最后还是要归到义理。我以前曾讲，陈来在义理上颇"借镜于西方哲学来解读中国哲学与思想"，在这里想进一步补充的是，除了借镜于西方哲学以外，陈来对哲学史的义理分析同样注重传统哲学自身的思想脉络。确切地讲，他在梳理传统哲学自身思想脉络的基础上，借镜西方哲学，从而呈现旧学与新知相融合的气象。比较起来，这一特点在陈来的哲学史研究中已形成，而在他近些年来的哲学建构中有更自觉与圆融的运用。在某种意义上，旧学与新知相融合的追求，大致是所有中国哲学史研究者的共同特性，但平实而言，实现这种融合却极不容易，它不仅需要坚实的旧学功夫与敏锐的新知感受，而且与研究对象也不无关系。陈来由朱子研究入手，朱子思想的形成与展开，既经过了佛老思想的浸淫，又深受宋学新学术的激荡，然后返转接续汉唐旧学，从而在思想内容、知识形态、经典系统实现了兼三合一的推陈出新。陈来在朱子的知识与精神世界中沉潜甚久，朱子的这种统合功夫恐不无潜移默化之工。

我第一次见陈来教授大致是在1993年宁波的黄宗羲与浙东学术会议上，屈指数来，也近一世。认识以后，我曾言及念大学时尝书信请教张岱年先生，陈来说那时段张先生的回信多半由他代复，我回忆笔迹，颇与陈来相近。此外，我的硕士生导师之一陈植锷先生与陈来有关，植锷师也是温州人，他虽年长陈来 5 岁，但 1977 年考入北大中文系中国古典文献专业，未毕业获准考研究生，南下杭州随夏承焘、徐规诸先生读书，后来又辗转回北大师从邓广铭先生读博，都比陈来要晚几年，他的博士学位论文《北宋文化史述论》选题是在与陈来讨论过程中获得启发而确定的。因此算来，陈来教授诚属我的师辈。这些年来，我每每得到他的点拨与指教都获益良多。时值陈来教授七十寿诞，我写此小文以颂寿，更表达我对他进学与涵养的敬意。

"爱的智慧"

——陈来的"新原仁"

王中江

摘　要：作为"爱"的"仁"是儒家大传统的一个最显赫的符号，具有最重要的价值，对此展开的研究一是侧重于追求其本义和原意，一是侧重于在此基础上进行引申和扩展。正如陈来使用的"新原仁"这一概念所表明的那样，其对"仁"的探讨，从"爱的智慧"出发，既是追求儒家仁的本义、原意及在不同时期的演变，又是从中引申出新意，扩展"仁"的理路，丰富仁爱的价值，增强其适应性，由此两者使儒家的"仁"获得了新的生机。

关键词：仁　仁本论　"新原仁"　"爱的智慧"

　　从历史上的哲学引出新的哲学和义理，通过不断注释和阐发经典而表达一种新的哲学，这是中国哲学不断衍生和转化的一个显明特征。在这一过程中，冯友兰所说的"照着讲"和"接着讲"，实际上常常是浑然一体的，并没有一条截然分明的分界线。比如王弼在《老子道德经注》中发展出来的"崇无"的哲学，郭象在《庄子注》中建立的"崇有"的哲学，他们的"照着讲"和"接着讲"都交织在一起，既是王、郭注《老》《庄》，又是《老》《庄》注王、郭，类似于陆九渊说的"六经注我""我注六经"。衡之于此，陈来的《仁学本体论》根本上可以说是传统哲学创建模式在当代中国的一个新开展，只不过它不以注释一部经典这种方式展开，它是立足于儒学史的大传统，具体说是立足于儒学的"仁学"传统。中间历经熊十力、冯友兰等现代新儒家的桥梁，这也是陈来在《仁学本体论》中特别阐述这两位新儒家的哲学本体论的原因。

对于哲学，我们有很多不同的界定，形形色色。哲学家的界定，乍一看不过是相对于辞典式、教科书式的一种，但哲学家的界定蕴含着他的整个哲学，是他的哲学的化身和缩影。陈来教授对于"哲学"这一概念本身没有着重讨论，他采取了化繁为简的方式，先引入列维纳斯心目中的哲学概念。按照列维纳斯的概念，哲学是"爱的智慧"，而不是希腊传统中的"爱智"。对亚里士多德而言，有理性的智慧，有伦理的智慧，有实践的智慧，等等。照他这样的智慧概念，"爱的智慧"大体上属于伦理学的范畴。将"爱智慧"变成"爱的智慧"，以哲学的智慧为爱的智慧，这显然缩小了哲学智慧的使用范围。这很可能是大部分哲学家不会接受的。就我个人而言也是如此。但这恰恰又是发展一种哲学所需要的，因为哲学需要自我作注，一种哲学就是创造意义上的一大"偏见"或"成见"。

陈来对列维纳斯的哲学就是"爱的智慧"这一界定情有独钟，一则因为这同他建立哲学上的"仁本论"息息相关，二则因为这同他建立"仁本论"所需要的哲学基础（如人与人和世界的广泛关系）息息相关。儒家的"仁"就是"爱"和"爱人"，它无疑是发生在人与人的相互关系中。大部分的中国哲学研究者都会同意成中英等的这种看法：中国哲学的出发点是以人的概念为中心来建立世界的整体关系。爱的智慧之学就是用爱去建立世界的良好关系。陈来非常赞成成中英等的主张，他引用他们的看法说，爱的智慧就是怎么关切他人、怎样建立关系、怎样实现自己、怎样与人为善，这是中国哲学主要探讨的论题，这是有深度和广度的爱，这才叫仁爱，这是人存在的方式。[①] 对陈来来说，不是礼，也不是义，或者其他，只有"仁"才是儒家伦理道德的根本价值。对儒家来说，爱的智慧就是"明哲""明明德"，就是"明仁"；反过来言之，爱智慧就是"爱的智慧"或"仁的智慧"。

"新原仁"使用了一个很古雅的词："原"。"原"是考究、探究的意思。历史上，韩愈使用它，考究和探究道、人性、人、鬼、毁等关键词，撰写出的"五原"（即《原道》《原性》《原毁》《原人》《原鬼》）久负盛名；传承韩愈的手法，冯友兰使用"原"字，又以接着讲的"新"别于过去的旧说，写出著名的"贞元六书"（《新理学》《新事论》《新世训》《新原人》

---

① 参见陈来《仁学本体论》，生活·读书·新知三联书店，2014，第10~11页。

《新原道》《新知言》)。承前贤之风，陈来著述《新原仁》，考究、探究仁的本性和意旨。但正如陈来指出的那样，冯友兰的"贞元六书"中没有"新原仁"；唐人李韦筹虽使用了"原仁"并著《原仁论》，但其立意又落于"治天下"上，未免狭隘。因此，陈来的"新原仁"一方面是接着冯友兰讲，一方面是接着李韦筹的"原仁"讲，借助冯友兰的"新"的语用手法，提出"新原仁"。陈来的"新原仁"，整体上是建立一个儒家的仁学新体系。它不同于古典儒学中的广义的仁学，也不同于谭嗣同狭义的"仁学"概念和体系；它虽然同当代牟钟鉴的"新仁学构想"相呼应，但所论之不同也是显然的。

在早期儒家那里，"仁"整体上是一种具体的伦理价值。人们一般从它的构型从人从二上探寻它的本义。《说文》解释"仁"为"亲"，认为仁这个字的造字本义是指发生在血缘父子、母子亲情之间的爱。这样一个界定，正同陈来引用《国语·晋语一》的一个说法——"为仁者，爱亲之谓仁"相吻合。但以仁为亲是不是它的本义，存在着争议。千心（㥁）之仁，出土文献中的身心之仁（㤅）的构型，使探寻仁的本义变得复杂。如果仁一开始是指自我的心里爱护自己的情感这种的意义，那仁的亲情之爱就是进一步引申出来的。不管如何，引申义中的"仁"已超出了亲情之爱。《国语·晋语一》又在公共概念上使用仁，认为对于治国者来说，他做有利于国家的事就是仁爱（"利国之谓仁"）。陈来的"新原仁"的"原仁"，一开始没有着力于对仁的本义的探寻，他是在最后进行溯源。他先探寻了"仁"在先秦时期的主要演变和汉代时期的主要演变。"仁"在春秋时期的一个最大变化，是它被界定为爱仁，变成了一般意义上的人与人之间的爱的情感和美德。孔子就是促成这一转变的代表。虽然在不同的场合，面对不同的谈话者，孔子对仁做了不同侧面和维度的界定。陈来考究"仁"在儒学中的演变和脉络，考究"仁"在儒学史中的各种论域，整体上是沿着"仁"的演变的历史路线进行的。这是陈来有明确意识的建立新仁学体系的一个方法。实际上，这也正是陈来长期研究儒学史和儒学史使用的一个重要方法，这也表明他是将"照着讲"和"接着讲"合而为一的。

东西古典哲学的根干都是形而上学，是本体论或本根论，它经受住了现代科学主义和实证主义的冲击并顽强地守住了自己的阵地，不止如此，它还焕发了青春和活力。对中国近代而言更是如此，欧洲形而上学不景气之时，正是近代中国形而上学复兴之时。从 20 世纪 30 年代开始兴起的哲学运动，主要就是建构形而上学的冲动和新突破，熊十力、金岳霖、冯友兰、张岱年等先后都建立了自己的形而上学。这些形而上学不同程度上都具有东西哲学融合的色彩。陈来显然也不是仅从伦理学的仁爱价值去探讨和推演仁，他催发仁学的转变的一个根本出发点是将"仁"本体化。他用不同的名称来表达他的这一强烈愿望。他用的"仁学本体论"这一标题也许容易引起疑问：既然称"仁学"，为何又有"本体论"，难道会是以"仁学"为本体？对陈来教授来说当然不是。他界定说，儒学的本体论是仁学的本体论。这也可能产生疑问。因为儒学不限于仁学，儒学的本体论也不限于仁学的本体论。陈来解释说，他的仁学本体论是仁的本体论，仁的本体论又是仁学的本体论。陈来可能为了有一个更好的名称表达。不管是本、体，还是根，或者西方哲学的不同表达，人的仁本论是仁为宇宙和万物的本体。为了说明他的仁本论，陈来花费了很多精力去说明本、体、本体、本体论等概念。他的仁学本体论，简单说就是仁本论、仁体论。其实这样表达也可以，不一定将"仁学"与"本体论"放在一起用。因为"本"的概念、"体"的概念一旦被限定，仁本、仁体的用法就很明确，就是以仁为本，以仁为体。"新原仁"这一称呼很简洁，其新之一就是将仁本体化、形而上化。

仁的本体化是陈来"新原仁"体系建构的主体。在"绪言"中，他讨论本体和形而上学概念，讨论道体概念，特别是在"明体"章中，他以"仁体"这一概念为中心，整体统摄儒家历史上的各种形而上学术语，"将仁发展为一本体的观念或发展为一仁的本体论"[①]，它既区别于以心为本的本体论和宇宙论，也区别于以理为本的本体论和宇宙论，当然还可以加上又区别于以气为本的本体论和宇宙论，它是以仁为本体的本体论和宇宙论。正如陈来所说，讲本体的书不需要很长，他以斯宾诺莎的《伦理学》为例，说这部书中讨论实体的部分不多。熊十力的《新唯识论》及改写的《体用论》也是小部头的书。确实如此，世界上篇幅最小影响又最大的本体论之书当推《老子》。王弼注《老子》的文字加起来有多少？他的《老子指略》就建立了一个本体论。一部谈论形而上学的书，篇幅不需要太长。现代学术体系下的形而上学建构确实如陈来所说也不需要很多。金岳霖的《论道》也就 15 万字

---

① 陈来：《仁学本体论》，第 29 页。

左右，冯友兰的《新理学》这本书更小。最可怕的是洋洋数十万言，东拼西凑，陈词滥调，空洞无物。真正的问题也许是，不管篇幅大小，总得有些新意。陈来教授的这部著作，整体上篇幅不小，不仅有新意，而且对于本体也是三致意焉。

在考究本体概念上陈来教授也是完全开放的，他进行明体是在东西本体论、形而上学的整体大背景下展开的。这也显示了他中西会通和融通的特点。我非常赞成陈来的这种一贯立场和方法。王国维早就批评过不知学术为何严中西之界。现在反而出现了更多貌似合理的说法，振振有词，自我封闭，画地为牢，实则不能成立。陈来肯定也不会苟同。不同的伟大智慧传统，都构成了人们的精神营养。一旦被吸取接受，它就化为自身精神的一部分，就是我的，不是别人的。经常吃中餐的中国人，一吃西餐不会变成西洋人。什么时候才需要问一下"西东"啊，至少不需要天天问。几位现代中国的形而上学家，哪一位是纯粹的西学，哪一位是纯粹的中学？精神上的洁癖就像生活上的洁癖那样，不是健康的习惯，而是有害的习惯。精神上也是这样。陈来的"新原仁"的明体，既是明西学中的本体，也是明中学中的本体。

在这一过程中，陈来驰骋东西，考论古今，尤其着力阐发熊十力、冯友兰的本体论和形而上学，别其同异，选择取舍，为己所用。陈来注重对中国本体论传统的传承和对近代中国形而上学的传承。我非常赞成他的说法，新哲学的建构不能否定过去的一切，它首先是传承："无论如何哲学的建构应当是有所传承的。"① 远的如宋明理学要传承，近的也要传承："20世纪儒家哲学花开五叶。有许多发展，若抛弃熊、梁、马、冯、贺各家于不顾，当代中国哲学的讨论发展与上述各家全然不相接，而去追求自己讲自己，是不可取的。"②

对中国传统本体论的传承，广义是传承中国的整体的、一体的、有机的、天人合一的世界观。在此，陈来特别以"仁者以天地万物为一体"的论断为中心，来讨论中国本体论的特征，以建立仁的本体论。对陈来来说，"一体"不只是一种境界义和应该义，它是本然义和实然义。陈来说："从本

---

① 陈来：《仁学本体论》，第22页。
② 陈来：《仁学本体论》，第22~23页。

体上说'一体'是本然的，人与万物一体关联即是本体。吾人所说仁为本体，特强调仁的'一体'义，亦即一体的本体义。一体亦是整体，世界万物的一体即是仁，宇宙万有的一体即是仁，故万物一体即是仁体，即是本体。"① 流行的一体是本体，也是整体。在仁本论，一体的体是仁体，也是仁的整体。

这种仁体和仁本，又是相互关联的有机体。世界中没有孤立的事物，一切都是相互关联和相互依赖的："一体不仅是总体，更重要的意义在于强调一体之中的有机关联，也就是说一切事物脱离了这个一体就不能存在，一个存在物必要与其他事物共同存在才能存在……仁学本体论必须建立在万物一体关联的基础之上，这种世界观理解的宇宙或世界是事物密切相关而联为一体，正如仁字本身已经包含着个体与他人的联结关系一样，承认他人并与他人结成关系，互相关爱，和谐共生。"② 对于中国哲学来说，事物不仅是相互依存的关系体，而且是有机体："古典中国文明的哲学宇宙观是强调连续、动态、关联、关系整体的观点，而不是重视静止、孤立、实体、主客二分的自我中心的哲学。"③

在这一点上，陈来推演了他的仁的生生的宇宙观。儒家的"天地之大德曰生"的观念、生生的观念，都认为宇宙是一个能生的有机生命体。对陈来来说，天地的生生、宇宙的生生也是仁的生生，反过来说就是"生生之仁"。他评论陈淳说的"仁是天地生生之全体"是"见道之言"。④ 儒家传统中的天地之心，也是宇宙之心，它是一个类比。它当然不是说天地也有一个类似于人心的心，它是指宇宙具有的主导性质、内在倾向，是指主导宇宙发展、运动和变化的根源和依据，是宇宙的动能和生命力。同汉代所说的"仁即是天心"统一起来，那就是说仁也是天地之心，是寓藏于天地万物深微的价值。这样，宇宙整体上就被伦理化和价值化了。以仁为宇宙的有机体，既是对传统有机世界观的复兴，又是对怀特海的有机主义、布伯的我你关系世界观的运用，它们都成了陈来批判近代西方机械主义宇宙观和世界观的资源。

新原仁考究仁，考究仁本，既是梳理历史上儒家"仁"的观念的演变和

---

① 陈来：《仁学本体论》，第30页。
② 陈来：《仁学本体论》，第31页。
③ 陈来：《仁学本体论》，第472页。
④ 陈来：《仁学本体论》，第39页。

意义（"原仁"部分），梳理"天心"、"万物一体"和"生物之心"（不同章节）的本体概念，又是对仁本的建构。将仁推演为一种本体论，又是建设一种最高的美德论。陈来意识到仁与儒家其他伦理价值的关系，他用仁去统领四德，不仅将仁爱同儒家其他的伦理如礼、智、信、和融合起来，而且将仁同现代的平等、自由和公正等核心观念融合起来，这并不容易。

当代中国哲学史的研究产生了许多新的积累，这些积累主要集中在高度分化的各个局部中，相比之下，我们对中国哲学的整体认识和判断变得力不从心。人们在强调从中国哲学自身内在脉络和义理出发展开各种研究时，于有意无意之中疏离甚至排斥东西哲学的比较和相互理解。将中国哲学史作为一种历史的学问进行历史性研究和作为哲学学说进行哲学研究，是一个双重的事务。如果从中又引申出一种新的哲学，那是又一不易的事务。陈来的"新原仁"是一个体大用宏的"新仁学体系"。在这有限的篇幅中，我只能挂一漏万地说，也不能排除不恰当的地方。

陈来《宋明理学》的几点贡献

张学智

北京大学哲学系

摘　要： 陈来教授的《宋明理学》一书反思旧有思潮，吸收西方思想，采用"近世"的新思想方法对宋明理学进行了正名。他把韩国儒者李退溪写入书中，讨论了退溪的四端七情说，对退溪研究和东亚儒学研究的推进做出了贡献。书中还从历史变迁的角度讨论了"理学"这一名称，认为这比"道学"所包的范围更广，更具有代表性。《宋明理学》一书展现了陈来教授的高度洞察力和研究能力，是宋明理学研究领域中的典范作品。

关键词： 陈来　《宋明理学》　哲学史

陈来教授是当今著名哲学家、哲学史家，其中宋明理学的研究成果最为卓著。他对理学既有资料的挖掘、考证，又有对义理的阐发；既有对历史脉络的梳理，又有对现代意义的发挥，表现出一个杰出学者的洞察力、解释力和创新精神。他的宋明理学研究始于硕士期间对朱熹的研究，到博士论文《朱子哲学研究》，再到《朱子书信编年考证》《有无之境：王阳明哲学的精神》《宋明理学》《诠释与重建：王船山的哲学精神》《宋元明哲学史教程》，及《宋明儒学论》《中国近世思想史研究》《近世东亚儒学研究》《仁学本体论》等，对理学开掘越来越深，方面越来越广，阐释越来越圆熟。并以此为基础，拓展为对整个儒家思想、中国传统文化的阐发。本文不拟对陈来教授的理学研究进行总体分析，只对他较早的著作《宋明理学》做一些评说，以见他思想奠基期的洞察力与前瞻性。

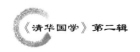

一　为理学正名

《宋明理学》初版于 1991 年，彼时属改革开放早期，用新的方法研究宋明理学起步不久，关于宋明理学的总体研究，只有侯外庐主编（实际是邱汉生主其事）的《宋明理学史》。这部书虽力图冲破当时意识形态和教条主义的束缚，但步子迈得不大，还用旧的分析框架，对理学多有批判之词，把它定性为"为强化封建社会后期的统治服务，是思想史上的浊流"①。当时学界对宋明理学整体评价分歧较大。陈来的《宋明理学》首先要做的工作，就是站在新时代的潮头，用新的思想方法，对宋明理学重新进行审视，做出新的评价，改变过时守旧的定性。这本书就从为宋明理学正名开始。他在引言中说："从五四洋溢浪漫激情的伦理革命到'文革'充满荒诞与严峻的政治批判，戴震的所谓'以理杀人'成了知识阶层与社会公众用以鄙弃宋明理学的口头禅，'存天理，去人欲'在洋溢着感性冲动和情欲爱意的文学家看来毫无疑问地是属大逆不道之论。……然而，且不涉及理学包含的多方面的人文精神课题，仅就理欲之辨而言，如果我们不能了解宋明理学'存天理去人欲'的本来意义何所指，更对康德为代表的强调理性主体的义务论伦理学一无所知，文化的启蒙与批判就永远只能停止在宣传意义之上，而经不起任何理论的、历史的考验，更无法提升到高水平的人文反思了。"② 这段文字涉及几处对当时的理学研究引领风气的地方。其一，对"五四"以来摧毁旧学、以破为立思潮的反思和批评。"五四"是个沉重话题，牵涉方面太多，中国思想界 1949 年以来"破"字当头，横冲直撞，把旧学当作封建桎梏，弃之如敝屣，未稍做停留，对旧学加以反思，重新审视它对国家统一、民族融合、文化积累和传承、国民思想观念和生活样法之确立的正面作用。即使在文化保守主义已经成为全球潮流的当下，仍有许多人停留在"五四"以来的"革命"思维中。中国哲学界，特别是受"五四"精神熏化极深的老一代人，对理学始终心怀芥蒂。对旧学的各式清算中，理学首当其冲。陈来的《宋明理学》写于 20 世纪 80 年代末期。其时对理学否定、批判，视之为思想浊流

---

① 见侯外庐等主编《宋明理学史》，人民出版社，1984，第 21 页。

② 陈来：《宋明理学》，辽宁教育出版社，1991，第 2 页。

的人相当多。陈来将这种情形斥为人云亦云，不求甚解，心态不平，思想片面。《宋明理学》的写作，旨在冲破以上思想局面，为理学乃至整个中国哲学的研究，打开新局面。

其二，引入西方思想。陈来是改革开放以后最早派赴美国著名大学长期访问的学者，视野宽阔，对西方的学问方法了解、掌握较多，他的许多著作中都有中西对比的文字，比如用现象学和存在主义阐发王阳明，用社会学、考古学、宗教学的方法阐发古代宗教与伦理，用美德伦理学阐发儒学伦理，这都是大家熟知的。《宋明理学》中，他用西方思想作为助缘做理论发挥的，主要是两个方面，一个方面是用康德的义务论说明理学"存天理去人欲"的合理性。他说："康德强调，真正的道德行为必须是服从理性的命令，而不能有任何感性冲动掺杂其间，不能有利己的好恶之心，整个康德伦理学的基调就是用理性克抑感性。很明显，从孔子的'克己'、孟子的'取义'，到宋明理学的天理人欲之辨，与康德的基本立场是一致的。"① 并特别强调，这句话绝不能像一般人肤浅地、望文生义地理解的那样，是要去掉人的正常欲望。"天理"指社会的普遍道德法则，"人欲"指与普遍法则相冲突的感性欲望。用康德的话说，前者是理性法则，后者是感性法则。因此，鲁莽地套用西方术语，把这句话说成禁欲主义，是完全不恰当的。困难的是在具体时地条件下对特殊事实究属天理还是人欲的判定，因为天理、人欲代表公与私，是价值判断，不是事实判断。但道德是理性对于感性的克服，唯有在两者的张力中才能实现，也只有理性战胜感性，公理战胜私欲，才能显出道德的力量。而这正是人高于动物的地方。他还用康德的以上思想分析程颐的"饿死事小，失节事大"，认为这句话本身并不错，因为它与孔子的杀身成仁，孟子的以身殉道、舍生取义的伦理教训一致，也与中国历史上无数志士仁人为美好理想献身的大无畏精神相符合。这句话强调的是道德法则形式上的纯粹性，是对社会公义优先性的肯定。具体到哪些行为算守节，却不能有一个硬性的规定，因为道德标准有社会历史性，这是问题的关键所在。不能因为具体事实的难以判定就否定一般原则，这是缺乏思想力的表现。他说："儒家或理学面临的矛盾在于，它自身最多只能保持理学原则的一般纯粹性，而无法判定'义'所代表的准则体系中哪些规范应当改变以适应社会发展，因而

---

① 陈来：《宋明理学》，第 2 页。

可能会把规范僵化。"① 因此"理"所代表的正面价值规范，其内容应随社会发展而改变。陈来的这些分析，在当时思想不解放、头脑僵化普遍存在的情况下是难能可贵的，对用康德哲学来深化中国哲学研究的思路也是有推进作用的。

另一个方面是用"近世"观念说明宋明理学的时代背景及进步意义。陈来对宋明理学的定位问题有独到看法，他不局限于在中国学术中论宋明理学，而是用弘阔的眼光，把宋明理学放在世界文化发展的总体框架中来观照。他认为，宋代中期开始兴起的理学，它的总体精神是"近世"的，这个精神与唐以前的社会形态、文化形态有很大不同。唐宋之际，有一个很明显的转型，即由贵族主导的社会向平民主导的社会的转变。理学是这一转变在思想界的表现："这确实是一个与新的时代相符合的文化运动，它在许多方面与西欧近代的宗教改革与文艺复兴有类似的特点。它虽然不是以工业文明和近代科学为基础的近代化体现，但可以认为是摆脱了类似西方中世纪精神的一个进步，我们可以把它称为'近世化'。"② "近世化"这个概念是日本史学界提出的，内藤湖南、岛田虔次、堺屋太一等学者已经用"近世化"来阐发自己的社会史观点。陈来在《宋明理学》中直接引用了堺屋关于近世的定义，并把它的精神归结为突出的世俗性、合理性、平民性，强调"对整个宋明理学的评价应当在这样一个背景下来重新进行。在这个意义下，理学不应被视为封建社会后期没落的意识形态或封建社会走下坡路的观念体现，而是摆脱了中世纪精神的亚近代的文化表现，它正是配合、适应了社会变迁的近世化而产生的整个文化转向的一部分，并应在'近世化'范畴下得到积极的肯定与理解"③。"近世化"这个概念的内涵、时限、特征一直是史学界争论的问题，21世纪以来也未断绝，但用它来标揭宋代以后的社会特点并突显唐宋转型是很合适的。陈来引入这个概念，就是要在世界学术格局中来看宋明理学，打破"左"倾教条主义、僵化思维，这为当时的学术界特别是宋明理学研究打开了新的思考维度、阐释面向。在开放的、中外交融深入人心的当下中国学界看来，这似乎是顺理成章、平淡无奇的，但在30年前，是需要批判精神和前瞻眼光的。

---

① 陈来：《宋明理学》，第5页。
② 陈来：《宋明理学》，第16页。
③ 陈来：《宋明理学》，第17页。

二 将李退溪写入《宋明理学》

研究理学有不同的视角，可以把它看作自先秦到清末未曾中断的中国学术自然延伸出的学术形态，也可以把它看作世界特别是东亚学术的一部分。因为作为中国后期社会意识形态和学问大端，理学广泛传播到域外特别是东亚汉字文化圈，不但深刻影响了这些国家的文化教育、政治经济、修身治家各个方面，而且这些国家也出现了一批研究理学的思想家。这些思想家的研究成果，包括具体观点和独特的治学方法，通过一代又一代的文化交流，充实、发展了中国的宋明理学研究。在这个意义上，理学是全世界特别是东亚的共同思想财富，理学研究是世界学术的一部分。陈来自进入哲学界对此就有强烈的自觉，一直坚持，并有关于东亚儒学的专著。直到最近关于理学的演讲中，他仍然认为韩国的性理学，日本的朱子学、阳明学对于中国学者的借鉴意义。在《宋明理学》中，他在"明代中后期理学"一章中，在王阳明、湛若水、罗钦顺、王廷相之后特辟"李滉"一节，对朝鲜李朝时期著名学者李退溪思想中理气动静、体用问题，四端七情问题，格物致知问题做了论述。其中关于四端七情问题的论述最有贡献，因为在此问题上朱子本身有矛盾。朱子的性情体用论认为，性是体，情是用；性发为情，情是性的表现。但在朱子的论述中，四端七情皆是情。四端之情作为性之发是没有问题的，因为天命于人的性是人之为人、人区别于禽兽的根本点。它是纯善无恶的，作为它的发用的四端也是纯善无恶。但七情有善有恶，中节的是善，不中节的是恶。朱子认为这是因为两者根源不同。在《中庸章句》解释中、和时，朱子说："喜、怒、哀、乐，情也。其未发，则性也。无所偏倚，故谓之中。发皆中节，情之正也，无所乖戾，故谓之和。"[1] 以七情发于性，七情之善在于其未发、已发皆无所偏，非谓其本身即善。七情在发生时的不善，朱子将其归于气，故有"四端者理之发，七情者气之发"之语。这一说法强调了理气不杂的一面，但与理气不离的一面相违背。李退溪看到了朱子这一表述的不足，把它修改为：四端，理发而气随之；七情，气发而理乘之。四端主于理，但不离于气；七情主于气，但不外于理。这样，朱子关于

---

① 朱熹：《四书章句集注》，中华书局，1983，第18页。

理气的表述才贯通无缺。陈来把这一点看作李退溪对朱子的发展，其用意在使朱子学体系更加完备，所以他特别表彰李退溪这一点："李朝儒学讨论的四七问题，在中国理学中虽有涉及，但始终没有以四端七情对举成为讨论课题，更未深入揭示朱子性情说中的矛盾和问题。在这一点上，李朝性理学是有很大贡献的。"① 在该节的结语中，陈来对理学是东亚思想家的公共产品这一点做了更加明确的肯定："从东亚文化圈的观点来看，朱子学及其重心有一个东移的过程。而与心学的盛行刚好对应，嘉靖后朱学在朝鲜获得进一步发展的活力。退溪哲学的出现，一方面表现朝鲜理学的完全成熟，一方面表明朱子学重心已经移到朝鲜而获得新的生命，为此后在东亚进一步扩大影响准备了条件。"② 将李退溪写入宋明理学并肯定他发展朱子学的贡献，这在同类著作中是第一次，标志着陈来的国际学术格局和对域外思想的研究能力。在其后的《东亚儒学九论》《近世东亚儒学研究》等著作中，陈来对李退溪研究更加深入，涉及李退溪对朱子的继承和发展，李退溪与奇高峰的四七之辩，李退溪的心学、李退溪的性理学等，用中国学者的思想方法，将李退溪的研究推向新的高度。他又将范围扩展到尤庵宋时烈与李朝中期的朱子学，牧隐李穑的理学思想，日本林罗山的理学，德川时期的宗教，中日韩三国儒学比较，现代视野中的东亚传统等，与港台及国外的东亚儒学潮流相呼应，共同推进了东亚儒学的研究。其中《宋明理学》的奠基之功是显然的。

三 "理学"名称的合理性

"宋明理学"这一名称至少在清末已经定型，使用得很广泛；在大多数中国人写的中国哲学著作中，也将宋元明清时期以义理阐释为主流的儒学称为"宋明理学"，也有称之为"宋明道学""宋明新儒学"的。称为"新儒学"的，大多是史学家，或因"以理杀人"一句而厌恶理学的，如胡适。称为"道学"的，最著名的有撰作《中国哲学史》的钟泰和冯友兰先生。钟泰此书第三编"近古哲学史"第一章为"宋儒之道学"。他认为"道学"之名远有渊源。《宋史》中有《儒林传》，又于此外列《道学传》，这一举措是正

---

① 陈来：《宋明理学》，第339页。
② 陈来：《宋明理学》，第343页。

确而且必要的。因为"儒林"源自汉代，汉儒以经学为最大端，其著名人物皆传经之儒，《汉书》立《儒林传》已足以囊括。但宋儒有治经者，有义理阐释者，而以后者为大端。仅"儒林"之名不足以区别，故别立《道学传》，以周、张、二程、邵雍、朱子为首，表彰其功绩；谓"孔孟之遗言，颠错于秦火，支离于汉儒，幽沉于六朝者，至是皆焕然而大明、秩然而各得其所"，并非夸大其词。特别是宋以来的儒学超迈于前儒者，在其得佛道两家之助。故在《儒林传》外另立《道学传》，以突出其源流、特质是很必要的。《道学传》的缺点在义例不纯，如朱子与陆象山，朱子在道学传，象山在儒林传；朱子弟子，蔡元定蔡沈父子入儒林传，黄榦、李方子入道学传，其根据何在不易说清。《宋元学案》皆归儒学，则无此病。在钟泰这里，道学即理学，但名称上以"道学"为佳。

主张以"道学"代替理学且影响最大的，是冯友兰先生。冯先生在其成名作两卷本《中国哲学史》中，有"道学之初兴及道学中'二氏'之成分"一章，凡后世称为理学的，皆称为"道学"。冯先生认为，"道学"二字出《宋史·道学传》，其合理性似不必辞费，故无有解释。而此后《新理学》之"理学"，取义有二，一因此论"承接宋明道学中之理学一派"，二因"理学即讲理之学"，而讲理之学是"最哲学的哲学"[1]。此中仍称宋明理学为"宋明道学"，而"理学"为程朱一派的专称。至1946年冯先生在宾夕法尼亚大学的讲课稿中，仍称理学为"道学"或新儒学："更新了的儒家确实是继承了孔子学派中的理想主义支派，特别是孟子的神秘主义倾向。因此，这批人被称为'道学家'，他们的哲学被称为'道学'，即研究'道'亦即'真理'的学问。西方曾把宋明'道学'（亦称为'宋明理学'）这种经过更新的儒学称作'新儒学'。"[2] 除了以上理由，理学先驱韩愈提出"道统"说，李翱以《中庸》为子思传孔子之"道""穷性命之道"之书，所以即使在论述程颐、朱熹等以讲"理"为主的哲学家时，也不径直称他们为"理学家"。"道学"这个名称的使用，冯先生一直坚持到晚年的《中国哲学史新编》。该书第五册讲宋明理学，有"通论道学"一章，其中对何以用"道学"而不用"理学"，做了详细说明：道学最主要的创立者二程称自己的学术为"道学"，

① 冯友兰：《新理学》，《三松堂全集》第四卷，河南人民出版社，1986，"绪论"第5页。
② 冯友兰：《中国哲学简史》，赵复三译，江苏文艺出版社，2010，第246页。

主要讲"理"的朱熹称二程之学为"道学";反对二程之学的人如陈亮,也称二程之学为"道学"。"庆元学禁",官方发的文告中也称二程之学为"道学"。"理学"之名出现于南宋,晚于"道学";从"名从主人"的原则说,应该用"道学",而且"道学"一词可以明确地把理学和心学统合起来。

而从冯先生对道学的整个分析说,他用"道学"而不用"理学"有更深的意思在。他在《通论道学》中说:"概括起来说,道学从人生的各个方面阐述了人生中的各种问题。这些问题归总为两个问题:一个是什么是人,一个是怎样做人。道学是讲人的学问,可以简称为'人学'。"① 并把它具体化为人在宇宙间的地位和任务,人和自然的关系,人与人之间的关系,人性和人的幸福。他进一步分析,解决这些问题有三个路子:本体论的路子,认识论的路子,伦理学的路子。本体论的路子在西方的代表是柏拉图,康德主要是认识论的路子,只在实践理性的三个设准(上帝存在、灵魂不灭、自由意志)中回到本体论。道学家是从伦理学的路子开始,道学也讲本体论,但不止于本体论,在道德行为的积累即修养工夫上两者统一了。道学追求的最高幸福是得到"至乐",即从有限中解放出来而体验无限。这都需要"造道",道的获得要靠体悟,与理的获得主要靠理智是不同的。如朱熹对《论语》"吾与点也"的注释"其胸次悠然,直与天地万物上下同流,各得其所之妙,隐然自见于言外",就是对"造道"的描述,这些都不是获得具体的理所能达到的。也可以说,柏拉图式的本体论路子、康德的知识论路子,所重视者、所用的方法,皆主要在"理"。而中国式的伦理学路子,主要在"道"。从道学的目的和方法说,其目的是"穷理尽性",方法是"格物致知",入手处是"义利之辨"。"穷理"以获得具体的物理为主,而"尽性"之"性",则是最一般的理,即道。格物致知所得到的具体的知是"理",而最高的知则是豁然贯通、无所不包的"道",它是义利之辨的准则和依据。冯先生喜欢从一般和个别的关系去讲哲学,在他看来,个别以"理"代表为好,一般以"道"代表为好。以伦理学上的"至乐"体验为最后归宿的宋明理学,以"道学"二字概括最为合适。所以写于不同时期的"三史",皆用"道学"之名,可以说是冯先生终生坚持的。

陈来的《宋明理学》有一节专门讨论"理学"这个名称。他熟知冯先生

---

① 冯友兰:《中国哲学史新编》第五册,人民出版社,1988,第11页。

的理路，但用"理学"而不用"道学"。他说："宋明理学，有人又称为宋明道学。其实，道学之名虽早出于理学之名，但道学的范围比理学要相对来得小。北宋的理学当时即称为道学，而南宋时理学的分化，使得道学之称只适用于南宋理学中的一派。至明代，道学的名称用得就更少了。所以从总体上说，道学是理学起源时期的名称，在整个宋代它是理学主流派的特称，不足以囊括理学的全部。根据明清以来特别是现代学术划分的用法，我们在本书仍然采用宋明理学这一称谓。"① 并对此理由有详细论证。他认为，从当时人对道学的理解和《宋史·道学传》中列出的人物来看，"道学"之名，专指伊洛传统，并不包括心学及其他学派的儒家学者。所以不能用道学概括整个宋明儒学，尤其是明代理学。"理学"二字，虽起于南宋，时间上比"道学"为晚，但所包较道学更广。以义理阐释为主发扬儒学的，都可归入理学。宋明理学的总结者之一的黄宗羲曾说过，明朝文章、事功不如前代，但理学超迈前代。《明儒学案》所收人物，绝大多数是理学家。明朝理学的特点是学派、人物众多，心学所占比重远超前代，所涉及的问题深而细，黄宗羲谓之为"牛毛茧丝，无不剖析"。这是明朝儒学比宋朝包贯更加广大、深入之处，也是"理学"比"道学"内涵更加广大、深入之处。"道学"之名经宋、元特别是明代的发展，为"理学"所替代有其必然性。侯外庐等主编的《宋明理学史》没有特别就"理学"名称做说明，似乎认为已约定俗成，不必更改，也无须说明。陈来对理学名称的讨论，实际上是对冯友兰先生的用法及理由的回应。可以说，冯先生是就"道学"作为广义的伦理学的即哲学即宗教的性质，及此性质所要求的精神境界着眼，这与冯先生一贯主张的"哲学的功能不是为了增进正面的知识，而是为了提高人的心灵，超越现实世界，体验高于道德的价值。……将来的世界里，哲学将取代宗教的地位。这是合乎中国哲学传统的。人不需要宗教化，但是人必须哲学化"② 的思想一致。而陈来是从理学这个概念在历史变迁中内涵不断丰富、外延不断扩展的状况着眼。他把理学分成四派：张载代表的气学，邵雍代表的数学，程颐、朱熹代表的"理学"，陆九渊、王阳明代表的心学。这四派的思想在历史中的展开，显示出理学发展的内在逻辑。他们注重理，明代理学更加如

---

① 陈来：《宋明理学》，第8页。
② 冯友兰：《中国哲学简史》，第14~15页。

此。"理学"这个名称能更好地涵括理学的性质、范围及其内在发展。而理学可有广、狭二义，广义的理学包括道学与心学，狭义的理学专指程朱学派。他对理学基本特点的概括，是根据以上广义理学做出的。他后来的《宋明理学的"道"、"理"概念及其诠释》一文（收入《中国近世思想史研究》），对于"道""理"两字的多面向诠释，可以看作对何以用"理学"而不用"道学"的进一步说明。

附记：

今年（2022）是陈来教授七十寿辰，特作此文以为庆祝。我 1986 年起在北大哲学系任教，陈来教授调任清华大学之前，我们在一个教研室工作，而且都以宋明理学为主。学生论文开题、答辩，参加学术会议等，在一起的机会比较多，又共同在中国哲学史学会、国际儒联等学术团体任职。从陈来教授的人格风范和学术成就中，我受到很多教益。借此机会，向陈来教授表示深深的敬意和感谢。

思想、社会与文献

——记陈来先生对明清儒学研究的贡献

高海波

（清华大学哲学系）

摘　要：陈来先生对于明清儒学的研究，除《宋明理学》《有无之境》《诠释与重建》三书外，大致可以分为三类：第一类是关于晚明清初思想家思想的专题研究，包括对颜山农、黄道周、方以智、陆世仪、陆陇其等思想家思想的研究。第二类是关于儒学中的神秘主义、蒙学与世俗伦理、王门后学的会讲活动，甚至包括颜山农思想部分内容的研究。第三类则是关于明代心学文献的考辨、辑佚的工作，主要体现在对甘泉、阳明文献的研究中。陈先生所开辟的上述诸多研究领域，已经被学界广泛重视，形成了很多新的研究热点。更为重要的是，其多元化的研究方法和开阔的国际视野，对国际中国哲学研究具有引领和示范作用。

关键词：明清儒学　神秘主义　传习录

陈来先生在明清儒学方面的卓越贡献，以《宋明理学》《有无之境》《诠释与重建》三书为代表，这三部书对阳明、船山以及明清儒学中重要人物的思想或扼要概括，或做阐幽显微、钩深致远的研究，得到学界一致推崇。实际上，陈先生对明清儒学研究的贡献远不止此，无论是涉猎的范围还是研究的取径、关注的视角，他在《中国近世思想史研究》一书中收录的多篇有关明清儒学研究的文章，都为学界的进一步研究开启了无数的法门。20世纪80年代以来的明清儒学研究，在很多方面都受其视域和研究方法的启发。他在这些研究中得出的一些结论，深刻而富有洞察力，且包含深切的时

代关怀，值得我们在此基础上进一步探索。

陈来先生有关明清儒学的研究，大致可以分为三类。第一类是关于晚明清初思想家思想的专题研究，包括对颜山农、黄道周、方以智、陆世仪、陆陇其思想的研究。这些研究往往对思想家的生平及思想进行纂要钩玄的介绍，读者结合《宋明理学》一书，可对明清儒学有更为全面的了解。第二类则属于综合的研究，在方法上也不同于纯粹概念分析的哲学研究，而运用了比较宗教学、社会文化史的方法。儒学中的神秘主义、蒙学与世俗伦理、王门后学会讲活动，甚至包括颜山农思想部分内容的研究，大致可以归入此类。第三类则是关于明代心学文献的考证、辑佚的工作，主要集中在对甘泉、阳明文献的研究。下面即围绕这三个方面择要介绍陈先生的贡献。

一 思想与人物

陈先生 20 世纪 80 年代写了四篇文章，分别介绍方以智、黄道周、陆世仪、陆陇其四位晚明清初思想家的思想。过去，学界对这些思想家的重视程度不够，在谈到明清之际思想家时，往往只提顾（炎武）黄（宗羲）王（夫之）。而事实上，上述思想家，包括刘宗周、东林学派，在晚明清初思想界都有很大的影响力。陈先生眼光独到，利用现有的文献，对上述思想家的生平及思想要点进行了精当的介绍，由此也引起了学界对这几位思想家的进一步关注，同时也奠定了后来学界相关研究的基础。目前，关于这四位思想家的思想，已经有了很多全面、综合的研究，但无论如何，这些研究都不能不重视陈先生的开拓性研究。陈先生在这些研究中所得出的一些具体结论，对这些思想家思想的某些定位，至今仍是学界不得不参考的重要内容。

《方以智的本体论与方法论》一文，写于 1984 年，该文虽受唯物主义哲学史观的影响，运用了唯物主义、唯心主义、辩证法、形而上学等范畴分析方以智的哲学思想，但就具体的内容而言，则完全是建立在对方以智思想文献的客观了解的基础上，对方以智哲学的重要概念命题进行了系统的梳理。在本体论方面，陈先生指出，方以智在《物理小识》中的哲学思想"主要是与自然科学密切联系在一起的唯物主义气一元论"[1]，"不是水或火的一元

---

[1] 陈来：《中国近世思想史研究》，商务印书馆，2003，第 483 页。

论"①。陈先生同时指出，方以智重视对于具体事物的研究，反对"离气执理""扫器言道"，坚持了唯物主义的立场。在该文中，陈先生还注意到，方以智在后期《东西均》中的基本思想不同于前期《物理小识》中的思想，如果说方以智在《物理小识》中的思想主要是唯物主义的，那么在《东西均》中，他的思想开始转向唯心主义。关于方以智的方法论，陈先生用"无对待在有对待中"加以概括，指出方以智方法论具有辩证的因素，但其中也包含形而上学的内容。"从方以智以上这些观点中，可以明显看出，一方面，他承认对立统一关系的普遍性，并相当深刻地阐发了'相反相因'以及绝对与相对的关系；另一方面，为了论证和维护本体的绝对性，他又主张超越一切差制，从而否定对立和差异。"② 陈先生对方以智本体论与方法论的定位和评价，应该说是客观、公允而准确的。

关于黄道周，陈先生说："近世以来，学人多重船山、梨洲、亭林诸公，以为明末三大家；要之，顾、黄、王皆于清初成学名，若论晚明之季，则不得不让于二周。"③ 陈先生 1986 年写的《黄道周的生平与思想》可以说是为二周（刘宗周、黄道周）中的黄道周发潜德之幽光。该文言辞古雅，依据黄道周的传记和年谱，对黄道周的生平进行了详细生动的描述，对黄道周的文人风神、哲人气质及其忠孝大节都做了较为全面的介绍，读之让人如见其人，心生歆慕。在学术方面，陈先生也注重揭示其与理学之异同，重在表出其学术的独特性格。诚如陈先生所言："他在气质上更接近于贾谊、嵇康，而与宋明理学家们不同。因此，他在学术入门时，首先注意传统中的易象之学，而非道德性命之学。"④ 陈先生认为，黄道周在学术倾向上介于朱子与陆王之间，更接近于朱子，但是他的学术与明代的朱子学也有很大的差别，对待陆王学的态度也不同于明代的朱子学者。"总的来说，黄道周与明代大多数有名的思想家不同，他既不是王学，也不是严格意义的理学家，而是比较倾向于朱子学格物论的独立思想家。……在心性工夫与境界方面的讨论，黄道周颇受到宋明理学的影响，注重《大学》《中庸》，但他的思想多与主流的宋明理学家不同。他的学术性格中艺文性较强，在其文章、语录都有明显表

---

① 陈来：《中国近世思想史研究》，第 485 页。
② 陈来：《中国近世思想史研究》，第 495 页。
③ 陈来：《中国近世思想史研究》，第 498 页。
④ 陈来：《中国近世思想史研究》，第 502 页。

现。他的学术意识较能上接于先秦子学，无论在人性论、名实论、声乐论上皆是如此。在易学上他主张易以推步，以象数为理势，推测人世治乱，承继的是邵雍派的象数宇宙学和象数历史学。他的思想虽然是明代儒学的一支，但确非理学所能范围者。"①

20世纪80年代末，陈先生在其朱子哲学研究的基础上，将视角延伸到清初的朱子学者陆世仪、陆陇其。关于二陆的两篇文章都被收入葛荣晋主编的《明清实学史》中，重在突出他们在明末清初实学思想中"反虚入实"的特点。针对陆世仪，陈先生说："从其他方面的思想来看，他（陆世仪）对王学的批评、对朱熹哲学所作的修正中所表现出来的气本论倾向，都无不与他的整个反虚入实的思想倾向联系在一起。"② 针对陆陇其，陈先生说："陆陇其强调实行实学，反对空谈心性，反对太极玄想，要求使学问向人的道德实践方面发展，表现出他与早期朱学的差别，可以说他是属于清初理学内部的实践派。……理学内部的注重实践的倾向的出现，是实学思潮在理学内部的反响。它与经世致用、批判、启蒙的社会思潮主流一起，共同汇成了这一时代实学发展的潮流。"③ 在具体的论述上，陈先生对陆世仪、陆陇其生平、哲学思想、实学观进行了全面、扼要的介绍，注重突出其思想的独特方面，以及其思想中可以反映时代思潮的方面。如对陆世仪良知与穷理之辨、"识得分殊方是一贯""性善在气质""即气是理"的哲学思想以及其经世致用之学，都进行了重点介绍。这体现了陆世仪思想对王学的批判及其他对朱子学的发展，以及他受时代思潮影响，在人性论及实学观方面的特殊之处。关于陆陇其，陈先生重在揭示他如何"以实补虚"，对王学进行反省与批判，"他想通过重建朱学的权威来纠正王学空疏误国的偏失"，"他们虽然并未越出理学的藩篱，但要求把理学从空疏引向笃实，这是与明清之际实学思潮的方向是一致的"。④

二　宗教与社会

20世纪八九十年代，比较宗教学、社会文化史的方法在学术界比较流

①　陈来：《中国近世思想史研究》，第543~544页。
②　陈来：《中国近世思想史研究》，第280页。
③　陈来：《中国近世思想史研究》，第304页。
④　陈来：《中国近世思想史研究》，第290页。

行，尤其是韦伯《新教伦理与资本主义精神》一书所引发的宗教伦理与现代化（尤其是经济现代化）关系的讨论，吸引了全球学者的关注。陈先生也积极参与这一讨论，试图引入比较宗教学、社会文化史的理论来重新审视儒学中的某些现象，重新思考儒家伦理（尤其是儒家世俗伦理）与现代化之间的关系，对韦伯的理论进行积极的回应。另外，陈先生也关注思想与社会的互动，以阳明后学知识人的会讲活动为例，来考察思想传播与社会活动之间的关系。陈先生对于颜山农思想的介绍，实际上也包含了这三个方面，即宗教、社会以及世俗伦理。

《儒学传统中的神秘主义》一文，主要运用了比较宗教学的方法，引用西方关于神秘主义的各种理论，来讨论儒学特别是宋明理学中的一些神秘体验。在该文中，陈先生根据 Stace 的理论，将神秘体验区分为外向的神秘体验与内向的神秘体验两类："外向体验以'与天地万物为一体'为代表，而内向体验似可分为'宇宙即是吾心'和'心体呈露'两类。"①

这些神秘体验，按照陈先生的概括，有如下基本特征："（一）自我与万物为一体。（二）宇宙与心灵合一，或宇宙万物都在心中。（三）所谓'心体'（即纯粹意识）的呈现。（四）一切差别的消失，时间空间的超越。（五）突发的顿悟。（六）高度的兴奋、愉悦，以及强烈的心灵震撼与生理反应（通体流汗）。"②

陈先生指出，应该肯定儒学家神秘体验的真实存在，理学家从理性的角度难以理解的很多悟道体验，从神秘主义的角度来看又是非常合理的。以象山为例："治理学的人多从理性上了解象山'吾心便是宇宙'这些话，这些话并不是不能加以理性的解释，但我们从陆王心学的神秘体验传统来看，必须在理性的了解之外，加以神秘体验的说明，才更加顺理成章。"③ 当然，陈先生也特别从理学史的角度，叙述了历史上理学家对神秘体验的一些批评，对神秘体验的工夫进路持保留的态度，认为"这种内心体验作为道德修养的一种方式，其普遍有效性和可靠性就成为疑问，尽管有些人能于此下手终身受用"④，"在科学发展的今天，我们必须以完全清醒的理性来审视儒学的神

① 陈来：《中国近世思想史研究》，第 334 页。
② 陈来：《中国近世思想史研究》，第 333 页。
③ 陈来：《中国近世思想史研究》，第 325 页。
④ 陈来：《中国近世思想史研究》，第 335 页。

秘体验"①。最后,陈先生提出一个问题,即没有神秘体验,我们能否重建儒学的主体性以及儒家的形而上学?陈先生认为答案是肯定的。他特别举了现代新儒家熊十力的例子,认为熊十力的哲学就是理性派儒学在现代的重建。陈先生的《仁学本体论》一书就是对于当代儒学的一种理性重建,在该书中,他也充分肯定了熊十力哲学的意义。当然,陈先生并未否定神秘体验的意义,认为神秘体验只是以一种极端的形式体现了中国哲学重视证悟的特色,因此中国哲学通过证悟所揭示的内容,"并不是要'反映''客观世界'而是要'表现'自己的'主观世界'"②,其目标是追求一种精神境界。根据我的看法,陈先生对神秘主义的关注,在方法上固然是受了西方比较宗教学的启发,但在基本观点上则是继承了冯友兰、张岱年先生对于中国哲学特点的某些看法,尤其是他关于"精神境界"的说法,更是继承了冯先生的境界说。

20世纪90年代,现代化理论、韦伯理论以及工业东亚理论受到学界的普遍关注,陈先生也积极从儒家伦理的角度给予回应。《蒙学与世俗儒家伦理》一文,即主要与此有关。在该文中,陈先生主要是想回应韦伯在《中国的宗教:儒教与道教》中关于儒教缺乏发展资本主义经济的"心态"的论断:"儒教徒对财富的崇拜心态与清教徒的勤奋、节俭的禁欲主义不同。儒教徒……并不是能够创造出资本主义的经济心态。"③ 总的来说,陈先生认为韦伯强调宗教伦理对于人们的心理约束能力,而不是理论的教义以及一般的世俗行为及心态。因此韦伯在支持其观点时,关注的是《基督教指南》等宗教小册子,试图以此说明新教徒的伦理心态包含一种适合发展资本主义的职业观念、节制、守信、尽职等理性伦理,而中国人、印度人则并不具备这一点。然而,根据陈先生的观察:"工业东亚的奇迹与九十年代中国大陆的发展表明,这两种指责都是不恰当的。"④ 陈先生深刻而敏锐地发现了韦伯关于儒教伦理不适合发展现代资本主义论断所赖以出发的方法论基础是有问题的,即韦伯在《中国的宗教:儒教与道教》一书中,没有把"宗教伦理理想

---

① 陈来:《中国近世思想史研究》,第335~336页。
② 陈来:《中国近世思想史研究》,第336~337页。
③ 陈来:《中国近世思想史研究》,第410~411页。
④ 陈来:《中国近世思想史研究》,第414页。

与信徒生活实际所受的影响区分开来"①。韦伯对中国宗教特别是儒教的很多
论断着眼于儒家精英阶层的伦理心态，并没有如其在《新教伦理与资本主义
精神》中的做法，将目光投向儒教中与《基督教指南》等小册子类似的蒙学
读物，因此在方法论上存在不一致之处。要真正考察儒家伦理是否具备发展
资本主义的心态和约束力，不应该在儒家的精英伦理中去寻找，而应该在儒
家的世俗伦理中去寻找。正是为了纠正韦伯这一方法论上的根本错误，陈先
生利用并细致分析了中国历史上，特别是宋代以来的蒙学材料，指出它们对
于塑造中国人的价值观特别是世俗伦理有着特别重要的作用。陈先生指出，
蒙学的教育中包含很多对个体行为与意志的约束与训练，即中国社会所常
说的"规矩"。这些规矩"从伦理学角度说，克制的训练有助于道德行为的
养成；从群体生活来说，可以培养个人约束自己以遵从群体的纪律"②。"从
这个角度来说，不仅儒家的'礼'所体现的自我控制远超过清教徒与英美绅
士，蒙养实践对行为的训练，也比较容易转化为人对团体工作的纪律的适
应。这样一种强调训练和自我控制的传统，在近代以来的中国家庭和学校的
教育及社会化训练中仍被有力地保持着。"③ 同样，中国人的蒙学教育也很强
调勤俭与惜时。"这种忧心勤力的提法，与韦伯描述的新教伦理很相近。"④
"这种'执业以勤'的伦理劝诫更与韦伯所说的勤业伦理相接近。"⑤ 总之，
"韦伯以上所提到的新教伦理的原则，在中国儒家文化的普及读物中都可以
找到对应物"⑥。陈先生援引美国社会学家罗伯特·贝拉在《德川宗教》中
关于日本宗教特别是儒教与日本经济发展的考察与论断，指出儒教勤奋、
敬业、珍惜时间的伦理，勿娱乐、勿奢侈、勿玩耍的劝勉，以及重视家
庭、正直、无私等价值观在经济理性化中的作用，以此来说明儒教中并不
缺少发展资本主义的伦理心态和职业道德。陈先生还特别指出，明清之际
的儒学中也出现了儒家伦理世俗化的潮流，泰州王艮的安身、尊身、保身
理论，以及罗近溪对孝悌慈的阐发，已经肯定了为家庭追求财富、功名的

---

① 陈来：《中国近世思想史研究》，第415页。
② 陈来：《中国近世思想史研究》，第425页。
③ 陈来：《中国近世思想史研究》，第425~426页。
④ 陈来：《中国近世思想史研究》，第429页。
⑤ 陈来：《中国近世思想史研究》，第429页。
⑥ 陈来：《中国近世思想史研究》，第432页。

功利性价值。无论如何，从蒙学来考察儒家的世俗伦理，反而可以看到儒家的这些价值，可以为经济现代化提供动力。因此，"韦伯所有在儒家伦理方面所下的错误论断，都是因为他只就精英儒家文化立论，而忽略了世俗儒家文化。……更重要的是，这使得他的理论在解释东亚及中国在模拟现代化过程中的生猛发展方面，显得无能为力"①。"蒙学的研究表明，中国人既有重道德、辨善恶的一面，又有精于世故、追求成就的一面。在经济行为上，中国文化训练的人具有自我约束和勤俭执业的品质，在模拟现代化的过程中可发挥积极的作用，而功利动机的合法化则为中国人提供了心态的支持。"②

陈先生对韦伯关于儒教论断的反驳是有力的，他基于蒙学与儒家世俗伦理而对儒学所做的分析，更是非常深入地说明了，儒家世俗伦理不但不与经济现代化相矛盾，反而与新教伦理一样，可以为自20世纪90年代以来中国经济的迅猛发展提供伦理心态的说明，这是陈先生在儒家文化与工业现代化理论关系方面做出的卓越贡献。

《明代的民间儒学与民间宗教——颜山农思想的特色》一文，既可以说是对颜山农思想的系统介绍，弥补学界对于颜山农思想研究之不足，又可以说是他对晚明儒学宗教化、世俗化的一个个案展示。在其中，陈先生用翔实的材料证明了泰州颜、何等人宣传的价值观及其社会实践并不与明朝主流的价值相违背，他们是在重建基层的秩序与价值，维持社会的稳定。"颜、何一派的化俗和族的道德实践，不仅不反名教，而且是把当时的正统的道德要求落实于基层生活"。③ 陈先生同时也揭示了颜山农心态、实践、行事风格与王门后学士大夫王学的差异，即："与王艮一样，颜山农比起一般王学之士在知识分子间辩论良知学的精微处不同，他们受'万物一体'观念的推动，有一种内在的迫切和冲动，去把儒家观念落实到民间生活中去，化人心，成风俗。"④

陈先生还揭示了颜山农话语与行事的民间宗教的性格。他指出颜山农的语言风格和文体更加贴近民间："颜山农集中形式与内容所合成的话语，明

---

① 陈来：《中国近世思想史研究》，第454~455页。
② 陈来：《中国近世思想史研究》，第455页。
③ 陈来：《中国近世思想史研究》，第461页。
④ 陈来：《中国近世思想史研究》，第462页。

显地是非中心、非主流、非上层、非精英、非正统理学的话语，与士大夫王学的面貌有相当大的距离。"① 颜山农的言论行事也具有"反智主义"的特点，并且颜山农具有强烈的救世心态，"处处显露着一种救世主式的自我膨胀，与其师王艮一样，都浸蕴着士大夫理学所不能有的风格，使他们的游学活动带有几分民间宗教的性格"。② 从这个意义上，陈先生指出，黄宗羲作为士大夫儒者，对颜何一派的行事风格不能认同，因此他批评其越出名教的范围，就可以理解了。"他在这里所说的'名教'实是指士大夫儒学的思想、行为方式，他的话正是代表正统儒家士大夫对于世俗民间儒者的排斥。……在这里便体现出精英儒学与世俗的民间儒者在价值取向上的一些差异。"③ 另外，在该文中，陈先生还援用了他关于儒学中的神秘体验的理论对颜山农的证道体验进行了说明，指出颜山农的神秘体验目的是开发心之用，而非悟心之体，"颜山农更强调由神秘经验入手，'执体以应用'，而不是停止于'归寂以通感'的心理境界的满足"。④ 这些说法都细致入微，为颜山农思想的研究别开生面。

总之，通过对颜山农思想的再考察，陈先生反思了 20 世纪 60 年代基于"平民的政治抗议"模式对颜山农的定位，而是从世俗儒家伦理、民间宗教的角度来重新认识颜山农及泰州学派的某些人物思想和行事，因而更为贴近对泰州颜李一派本来面目的认识。这些都是陈先生对于泰州学派研究的高明之见，推进了我们对泰州学派定位的认识。

《明嘉靖时期王学知识人的会讲活动》重在刻画作为王学传播重要形式的会讲活动在嘉靖时期的王学知识人之间是如何展开的，及其地域分布、规模、形式、功能特点等。按照陈先生的说法，"这些讲会在相当程度上成为理学发展的一种组织形式，并常常与地方风俗教化发生联系。因而，它们不仅仅是理学家的个人交游，更具有积极的文化功能与社会功能。事实上，阳明学话语的建立、扩展及在明中后期对整个社会文化的笼罩，正是通过推行会讲、讲会的形式得以实现的"。⑤ 陈先生指出，阳明去世之后，"游走四方、

---

① 陈来：《中国近世思想史研究》，第 470 页。
② 陈来：《中国近世思想史研究》，第 472 页。
③ 陈来：《中国近世思想史研究》，第 474 页。
④ 陈来：《中国近世思想史研究》，第 466 页。
⑤ 陈来：《中国近世思想史研究》，第 338 页。

参加会讲成了王学知识人的风气"①。王门后学钱德洪、王畿、邹东廓、罗念庵、罗近溪等人都是讲会的热情参与者和组织者。其中，就内容而言，龙溪等人组织的讲会更专注于阳明学的基本理论问题，可以说属于精英的讲会；而泰州颜山农、罗近溪等人组织的讲会则以"大众参加的乡会更多，其会讲的性质多是一种通俗化或世俗化的儒家会讲"②。另外，陈先生注意到宋明的书院及讲学活动都与对先贤的祠祀有密切的关系，因此也具有宗教的功能，"崇祀与讲学（'讲其道以崇教化'）是密切联系的"③。通过对于嘉靖时期王学知识人讲会活动的考察，陈先生反思了晚近海外中国学研究中将学术思想和流派归于某些地域的地方宗族和阶级的研究方法，这也是陈先生在《儒学的地域性与普遍性》一文中重点批判的对象。陈先生指出，地域性与普遍性并非相互排斥的，中国自秦汉以来，各地文化交流非常频繁，在宋代以后，文化的同质性更是大大提高，科举制度的施行更是强化了文化的普遍性。儒学已经成为全国共同的文化资源，朱学与陆学都逐渐成为全国士人共同的精神资源，而不能归结为地方性的学问。阳明学也是如此。阳明学也不是隶属于浙江的地方性知识，而是伴随着讲会的传播，变成一种全国性的普遍学问。陈先生的这个论断对于纠正某些海外中国学研究重视地域性而忽视儒家文化的普遍性的错误方法和倾向具有重要意义。陈先生的文章刊出后引起了学界的关注，史学界、哲学界也出现了一些相关研究。吕妙芬的《阳明学士人社群——历史、思想与实践》一书，可以说就是沿着这一方向，继续深挖阳明后学知识人的交往与互动。陈时龙在《明代中晚期讲学运动》中，对中晚明的阳明学讲学运动进行了细致的梳理。吴震教授《明代知识界讲学活动系年 1522—1602》以"年表"的方式，揭示了明代讲学运动的组织形式及展开形式，着重考察了讲学活动的思想背景及其思想理念。这些专著都在陈先生文章的基础上，对阳明后学的讲学活动乃至明代的讲学活动进行了深入的考察，推动了相关研究的进展。陈先生该文的肇始之功，是不可磨灭的。

---

① 陈来：《中国近世思想史研究》，第 345 页。
② 陈来：《中国近世思想史研究》，第 388 页。
③ 陈来：《中国近世思想史研究》，第 403 页。

三　思想与文献

　　陈来先生的哲学研究，素来以义理考证相互结合见长。无论是朱子哲学的研究还是阳明学的研究，均贯彻这一方法。这一方法在学界已经成为治中国哲学的典范。对于朱子学的研究，因为朱子的思想资料浩繁，陈先生专门对朱子的 2000 多封书信进行了考证系年，在此基础上，再来研究朱子思想的发展，即眉目朗然，故能超越已有的研究而成为典范。对于阳明学的研究，陈先生一方面贯彻这一方法，考证阳明思想的转变。另一方面，由于阳明文献特别是讲学语录除《传习录》外保留无几，对阳明学研究来说，仍存在"文献不足"的遗憾。晚近，阳明学佚文的辑佚工作取得了很大的进展，然而在 20 世纪 90 年代，很少研究者有自觉的意识去搜集、对勘、整理阳明的语录和文献。陈来先生在佐藤一斋和陈荣捷先生的基础之上，自觉地搜集、整理阳明佚文。他以敏锐的学术洞察力，注意到了北大所藏《甘泉先生文集》的价值，无论对于研究甘泉思想，还是对于研究甘泉与阳明的交往都具有重要的学术意义。另外，他还首先注意到日本所藏《遗言录》《稽山承语》的文献价值，将两书校勘整理后在中国的杂志上率先发表，并指出其中包含很多阳明语录佚文。另外，他还带领学生从《明儒学案》及阳明后学文集中辑出了大量阳明语录，推动了阳明文献的辑佚工作。这些都足见陈先生对阳明文献的熟稔及对其价值的敏感。

　　《善本〈甘泉先生文集〉及其史料价值》主要介绍了北大所藏明嘉靖十五年《甘泉先生文集》（以下简称"北大本"）的情况及其价值。最近，甘泉全集已经分别由台湾和大陆学者整理出版，使得对于甘泉思想的研究具备了完备的资料基础。不过，直到 20 世纪 90 年代，甘泉的众多文献尚未被发现。国内所能见到的通行本为康熙二十年重刊的《甘泉文集》，所收内容并非甘泉文献之全部，很多甘泉文献已经散佚。此外，日本保留了一个嘉靖八年（1529）刻本，名为《甘泉先生文录选》，根据陈先生的说法，"此书所载绝大部分为通行本文集所无，故受到研究者重视"。[①] 日本的甘泉学专家志贺一朗研究甘泉思想主要依据的即此本。陈先生首次注意到"北大本"在内容

---

　　① 陈来：《中国近世思想史研究》，第 561 页。

上不仅包括《甘泉先生文录选》的全部文字，而且包含大量为通行本与《甘泉先生文录选》所无的内容，故而具有很高的版本价值及史料价值。陈先生指出"善本《甘泉先生文集》的发现对于研究湛甘泉生平思想有重要价值"①。陈先生发现北大本甘泉文集中保留了很多王阳明与湛甘泉交往的材料（其中包含五封通行本与《甘泉先生文录选》所不包含的湛甘泉给王阳明的书信），无论对于研究湛甘泉思想还是王阳明思想都具有重要的价值。另外，陈先生指出，《甘泉先生文录选》保存的甘泉七十岁之后的著作很少，而甘泉长寿，活到九十五岁，从七十岁到九十五岁，甘泉还多有撰述，而北大本则包含了很多这一时期的内容，对于研究甘泉晚年思想有重要的学术价值。总之，北大本的发现，"使湛甘泉研究的文献得以弥补，对推进明中期学术的研究必有所裨益"②。

《天泉证道纪》在研究阳明晚年思想及阳明后学的发展中具有重要的学术意义，故《传习录》下卷专门收录了这部分内容，阳明年谱中亦记载了这一内容。另外，《王龙溪全集》篇首也载有《天泉证道纪》，过去一直被认为是出自王龙溪之手，内容与《传习录》和年谱所载内容有部分差异。陈先生注意到《王龙溪全集》中的《天泉证道纪》中的内容实际上是由王龙溪为钱德洪所撰行状有关天泉论辩的内容和《东游问答》中王龙溪与耿定向有关四句教的问答两部分组合而成。陈先生推测，《天泉证道纪》"应为肖良幹、周怡二人（龙溪门人）据龙溪平日论学语编成《天泉证道纪》，并置为全集卷首"③。从这个意义上说，《传习录》和《钱绪山行状》中有关天泉问答的内容均出自钱绪山、王龙溪本人的记述，故其史料价值较高，而《天泉证道纪》则出于龙溪门人的纂辑，故"不可信用，不得作为天泉证道的史料"。陈先生《〈天泉证道纪〉之史料价值》一文所得出的结论，对于推进阳明晚年思想的研究，具有廓清迷雾的重要作用。

1992年，日本学者吉田公平与难波征男分别赠送给陈先生《遗言录》和《稽山承语》的影印本，系日本东北大学藏本，为国内馆藏所无。陈先生翻阅之后，发现《遗言录》中有十分之四的内容不见于诸本《传习录》，《稽山承语》中的语录更是全部不见于今本《传习录》，这引起了陈先生的极大

---

① 陈来：《中国近世思想史研究》，第567页。
② 陈来：《中国近世思想史研究》，第574页。
③ 陈来：《中国近世思想史研究》，第587页。

关注。根据年谱记载，阳明去世之后，弟子曾经相约三年之后收集阳明遗言。钱德洪既是阳明年谱的编订者，也是今本《传习录》下卷的编订者。今本《传习录》下卷载有钱德洪的跋文，其中即提到《遗言录》。陈先生根据这一线索，仔细比对了今本《传习录》下卷与《遗言录》的内容，并结合佐藤一斋有关"间东本"（未见，或已佚）《传习录》的记述，对《传习录》形成的历史进行了细致严密的考证，指出钱德洪所刻的《传习录》应该有嘉靖甲寅、乙卯、丙辰三个刻本，乙卯、丙辰刻本均与《遗言录》有关，而甲寅刻本在《遗言录》刊刻之前，故与《遗言录》无关。佐藤一斋所见"间东本"《传习录》或即甲寅本的翻刻本或传抄本。借助《遗言录》，陈先生将《传习录》形成的历史彻底搞清楚了。不仅如此，陈先生还专门写了《王阳明语录佚文与王阳明晚年思想》一文，用以阐发《遗言录》与《稽山承语》中所收佚文的学术价值。如，《遗言录》中"事外无心"的说法即不同于早年"心外无事"的说法；"物者良知所知之事也"的说法，也是阳明晚年有关物的新说法。另外，《遗言录》中还有关于"理气与动静"的很多说法，也具有一定的学术意义。《稽山承语》因为是阳明弟子朱得之所录阳明晚年语录，故其中的很多材料可以用来研究阳明晚年思想，其中一条有关"心与物、心与理"的材料，记述比《传习录》下卷的一条语录更为详尽，可以补充今本《传习录》之不足。另外，《稽山承语》中还有一条有关四句教的语录，可以用来研究阳明晚年的四句教。特别是，《稽山承语》中有一条语录记载阳明十五六岁格竹的事情，正印证了陈先生在《有无之境》一书中的判断，即阳明格竹之事不可能发生在弘治壬子年（1492），年谱记载有误！这些地方都体现了陈先生对阳明思想的熟稔，因而对这些佚文的价值有着敏锐的洞察力和自觉的意识。陈先生的这些工作也引起了日本学界的重视，之后，日本学者一方面组织力量对这些佚文进行注解，另一方面也自觉地调查日本国内的阳明佚文，由此又发现了阳明的公移佚文。

1993 年陈先生借参加浙江省社会科学院在宁波召开的浙东学术国际研讨会的机会，介绍了自己发现《遗言录》佚文的情况，并宣读了其有关《传习录》与《遗言录》的文章。会议归来，陈先生又请研究生将其辑出的八十多条佚文与《阳明全集》校勘，最后发表在 1993 年 4 月的《清华汉学研究》上。此外，陈先生很早就注意到《明儒学案》中有不少阳明语录的佚文，所以他又指导几位研究生将这些内容辑出，共得七十余条，后发表在《中国哲

学》第十七辑上。1995 年，陈先生在日本期间，又从《王龙溪文集》等阳明后学文集中辑出近七十条阳明佚文，发表在《中国哲学史》2001 年第 1期上。

陈先生对阳明佚文所做的这些辑佚工作，掀起了海内外搜集阳明佚文的热潮。此后浙江省社会科学院的同志以及束景南先生又在此基础上，开展了很多工作，到目前为止，又发现了不少阳明学佚文，为阳明学研究打下了坚实的资料基础。

结　论

综观陈先生的明清儒学研究，除了其擅长的哲学研究进路外，他也针对不同的研究对象，采取了多元的研究方法。他的研究方法，既包含他比较常用的概念分析的哲学方法，也包括比较宗教学、社会文化史的方法。而陈先生在运用这些方法处理明清儒学的一些研究对象时，关注的核心问题仍是思想史或观念史，用他的话说，即"我所使用的'思想史'概念，主要是在 history of ideas 或 history of thought 的意义上"。[1] 陈先生的研究方法并不像某些历史学或社会学的方法一样，关注思想发展的外在的助缘性因素，而是力图揭示人们是如何理解自然、社会、人生，揭示人们的知识信仰状态；陈先生认为思想史应该研究不同时代的思想家如何进行思考论证，以及如何诠释经典，与经典对话，在此基础上揭示思想家对于思想的传承与发展。当然，毫无疑问，陈先生的思想史研究也有着非常明显的现代关怀，他关于蒙学研究的文章就是要回应西方现代化理论、韦伯理论对儒家所提出的现代挑战。从这一意义上说，儒学要想回应各种现代议题，离不开思想史的客观研究。

另外，陈先生的中国哲学、中国思想研究始终有一个国际视野，他的心态和方法是开放的、多元的。他认为，为了更好地理解中国思想，引入比较的视野是非常必要的，既可以拓宽我们的视野，也可以开拓新的研究领域，因此他运用多元的研究方法，积极参与并引领国际中国哲学、中国思想研究的发展。

当然，这一切都必须建立在对文献史料的全面掌握、客观而科学的分析

---

[1]　陈来：《中国近世思想史研究》，"序"，第 3 页。

研究基础之上，否则就会造成游谈无根的现象，其研究难以对现有学术积累有所贡献，也就难以获得国际学术社群的认可。按照陈先生的说法，"无论何种与思想史相关联的研究，最基础的研究仍然是对思想文本的研究，没有对于文本的深度研究，不能深入文本的具体诠释，终究难免浮光掠影或对塔说相轮，也就谈不上真正的学术性，更无法对学术的积累作出贡献"。①

陈先生在明清儒学研究中开辟的很多研究领域，已经被学界广泛重视，形成了很多新的研究热点。他从中得出的很多结论，对我们今天的明清儒学研究具有重要的启发、指导作用，这些都是陈先生对于明清中国思想史研究的巨大贡献。更为重要的是，他的研究的意义不仅仅在于解决了一些学术难题，得出了一些客观可靠的结论，更在于其研究方法的示范作用。我们应该学习陈先生将义理、考证融为一体的研究方法，多元开放的研究风格，在此基础上继续前进，推动中国哲学、中国思想研究的发展。

---

① 陈来：《中国近世思想史研究》，"序"，第4页。

孔夫子与现代中国

——陈来的现代中国哲学研究

干春松

（北京大学儒学研究院）

摘　要：陈来对中国近代哲学和近代儒学有诸多研究。他对中国文化的特点进行概括，提炼出中华文明的核心价值，并在价值排序的视野下，对中西价值观进行了定位。面对文化的普遍性和特殊性，陈来提出了新的理解，即"多元普遍性"理论。陈来也十分重视对现代新儒家哲学观的总结，他通过分析梁漱溟、熊十力、马一浮等人的哲学观念，挖掘出了新儒家面对西方和现代思想的冲击时所坚守的儒家立场和价值理性。陈来对新儒家还有着"对话式的推进"，他承接了哲学回应时代的使命，对儒学进行了新的阐释和定位，使当代儒学呈现出多元发展的丰富性。

关键词：陈来　多元普遍性　新儒家　核心价值

中国近代哲学和近代儒学是陈来用力甚多的领域，这一方面是因为近现代是中国文明转入新的历史阶段的一个分界点，另一方面则是基于他对于自己的学术立场的自我认识。他在回忆自己在北大求学生活的一篇文章中说，他在北大听张岱年的课，读冯先生的书，"张先生一下子就把我带到了上个世纪三四十年代的学术传统"里。如果说，冯友兰和张岱年先生是中国哲学学科最重要的奠基者的话，那么，陈来就浸淫在这个传统中，并自觉成为这个学科发展的一个重要环节。2001年由人民出版社出版的《现代中国哲学的追寻》就是陈来对于以北大为轴心的现代中国哲学传统的"回望"。2016

年，此书以《现代儒家哲学研究》之名在北京大学出版社出版，以熊十力、马一浮、梁漱溟、冯友兰为研究对象，即以现代新儒家的"哲学"观念为纲领，探讨了前述几位代表人物的"哲学"探索，从人物的选择和问题意识都可以看出作者的用力之所在。

当然，处于千年未有之大变局之际，儒学面临前所未有的危机，"孔夫子"与"现代中国""现代世界"的关系错综复杂。自20世纪80年代开始，就有传统与现代化的争论，陈来将其体现这个时期对于文化关怀和"批判的继承"的方法的思考的文章结集为《人文主义的视界》一书。该书1997年由广西教育出版社出版。与此同时，随着全球化的程度越来越深，文明对话是增进不同文明、国家之间了解的重要途径。文明对话的前提是说清楚中国的立场，对此，陈来又出版了《孔夫子与现代世界》（北京大学出版社，2011），对全球伦理、儒家与生态伦理、儒家与不同宗教之间的对话等问题做出基于儒家义理的回应。

21世纪以来，国学热兴起，陈来担任清华大学国学研究院院长。清华大学国学研究院曾经是中国近代教育史上传奇性的存在。这种传奇性首先体现在他们所聘请的"四大导师"身上的"魅力"值，无论是梁启超、王国维还是新一代的陈寅恪和赵元任，身上都有"历史大变局"所赋予的政治、社会"影响"加持。其次，清华国学院的学术风格，在方法上是"科学"的，在情感上强调国家认同和民族情感，与晚清国粹派的学术关切既有联系又迥然有别。

以王国维为例，他的学术倾向有三变，由哲学、文学而历史、考古。他注重地上文献和地下文物结合的双重证据法，在"可爱"与"可信"的纠结中，最终选择了"可信"。从王国维的学术倾向而言，它是中西兼容并充分融入现代学科体系的。

从情感上说，清华国学院关注早期中国的形成、边疆史地的演变等与国家认同密切相关的问题，注重史实但并不以"疑古"为手段，所以，无论是王国维的《殷周制度论》，还是陈寅恪的历史研究，乃至梁启超的《先秦政治思想史》，都激发出现代中国国家观念确立的重要助力。

正因为如此，存在才短短几年的清华国学院为现代中国的文史领域培育了大批中坚力量。

2009年清华国学院的复建是中国在经济全球化中取得巨大成功时的一个

文化事件，时代需要所激发的文化自觉和文化自信促使国学热再度兴起，虽然清华大学国学院并没有如 1920 年代那样招收大量的学生，不过，担任国学院院长的陈来对国学热、国学的历史以及与此相关的中西文化问题发表了许多见解。他对这些问题的思考主要收录在《国学散论：陈来随笔录》《中华民族的核心精神》等著作中。

一　国学思潮的演变与多元普遍性

有人说中国近现代以来的文化问题主要是要解决"古今中西之争"。如果说清末的"国学热"对应了现代民族国家建构过程中"国家意识"的凝聚要求的话，那么，民国时期的国学研究，则体现出对以古今问题取代中西差异的文化虚无主义的批评。而 20 世纪末兴起的"国学热"，则是在中国现代化取得初步成就之后，在民族复兴的趋势下的文化自觉和文明反思。21 世纪以来，文化自觉和文化自信已成为新的时代风尚。2012 年 4 月 7 日，陈来在北京大学参加"儒学的复兴——欢迎孔垂长先生暨两岸学者研讨会"时所做的现场发言中指出：政府的理性推动、知识群体的文化自觉、社会文化的重建，特别是中华民族的整体复兴是国学热兴起的主要条件。"中国现代化的成功和迅猛的经济发展是文化复兴的根本条件。中国现代化进程自 20 世纪 90 年代以来快速和成功的发展，导致了国民文化心理的改变。当现代化进程驶入快速发展的轨道、经济发展取得成功之后，国民的文化自信逐渐恢复，文化认同也随之增强。当代的国学热提示着中华民族自我意识的觉醒，体现了民族自尊与自信的高扬，开启了民族文化的自觉，文化自信增强了民族生命力，振奋了民族精神。中华民族的复兴运势是儒学复兴的历史根基。"①

但在众声喧哗的国学讨论中，人们对国学的价值做出了各种各样的概括。哪些内容堪称中华文明的核心价值呢？其提炼过程需要充分了解当代中国和世界的时代特征和文明走向。

作为绵延不绝的五千年中华文化的自然继承者，当代中国之所以是传统

---

① 陈来：《儒学复兴的运势与条件》，载《国学散论：陈来随笔录》，清华大学出版社，2019，第 18 页。

中国的延续是因为其立足于传统中国的自然和文化土壤之上。虽然，儒家的纲常伦理已不复成为人们的行动指南，但数千年文明所积聚的文化基因或文化心理结构依然是中国文化特色的底色。与此同时，中华文明的核心价值还是一个不断构建的过程，即我们需要吸收时代精神而加以发展创新。

中华文明从来不是闭关自守的，从东汉末期佛教的传入到佛教融入中国，从明末的中西初识到1840年之后的中西文化的冲突与接受，中华文明始终体现出文化的包容性和融摄性。特别是马克思主义传入中国之后，因其对资本主义制度的深刻批判、社会主义理想与中国传统的天下为公的大同观念的近似性，迅速为中国知识群体所接受，并最终促成了现代中国。因此当我们理解现代中国时，既不能如文化还原论者那样，固守先哲典籍，也不能如西化论者一样，企图从制度移植到文化复制来一个"全盘西化"，而是要通过马克思主义与传统文化、西方文化的结合来理解并凝聚当代中国的核心价值。换言之，处理好中国文化和外来文明之间的关系，正确对待传统和现代的断裂和延续，是构建现阶段中国社会核心价值的关键。

在这些复杂的问题面前，同情地了解认识、创造与转化固有的文化传统是最为基础性的工作。文化发展和价值凝聚不可能在一片空白的基础上进行，必然是在已有的文化基础之上的接受、转化并创造。陈来在2014年3月9日的"齐鲁大讲堂"所做的"中华传统价值观的传承和发展"的讲演中，强调社会主义核心价值观要培育、要践行，其落脚点就是一定要突出核心价值观与传统美德之间的关系。"首先，习近平同志讲话的基本精神就是社会主义核心价值，要以中国文化的主流基本价值观作为基础，作为源泉，作为立足点，作为根基，作为根本，作为命脉。"①

陈来对国学思潮的反思和核心价值的阐述收录在《中华文明的核心价值：国学流变与传统价值观》一书中。该书除了梳理国学思潮的变迁之外，还收录了他在美国、韩国和国内各地所做的以传统价值为主题的演讲记录。在这本书中，陈来通过对思维方式、价值观念、文化连续等核心问题的思考来概括和提炼他所认识的中国价值观。在他看来，中国人关于宇宙和世界的独特认识，奠定了中华文明价值观的哲学基础。他指出价值观和宇宙观之间

---

① 陈来：《中华文明的核心价值：国学流变与传统价值观》，生活·读书·新知三联书店，2015，第230页。

是相互联系的。"在古代思想中可以明显看到,一定的宇宙观倾向于一定的价值观,或者一定的宇宙观基于一定的价值观,二者往往是相互联系的。关联性的宇宙观和关联性的价值观正是这样的关系。"① 在此基础上,陈来从六个方面来概括中华文明的基本思维方式。(1)关联宇宙。把世界上的事物看作关联性的存在。(2)一气充塞。将事物的生成和发展看作气的聚散。与西方的原子论不同,中国人强调的是物质的连续性。(3)阴阳互补。阴阳之间的相互联结、相互作用、相互渗透、相互转化,为对方提供存在的条件,这与非此即彼的观念不同。(4)变化生生。在宇宙的大化流行中,没有一成不变的事物,不断会有新的东西形成。(5)自然天理。中国的世界观不承认造物主,认为万物是自生和自然的,这也意味着看重人的价值。(6)天人合一。人与自然、天道的一致,使天地万物构成一个不可分割的整体,因此,儒家强调亲亲仁民爱物,即由对周边的人的爱扩充至天地万物。

这样的思维方式从有形和无形的层面不断影响中国人的价值观念。我们可以从制度、民族和地域这些有形的层面来描述这个文明的框架,也可以从哲学发展史来勾勒价值演变过程,但是这一切的核心和基础则是思维特性和观念体系。由于中华文明的延续性,这种在轴心时期就形成的思维方式至今仍有巨大的影响力。

世界观和思维方式的特殊性通过一个文明体的价值偏好得到呈现。在中国,这种偏好在轴心时代就已经形成。拿"世俗"和"超越"这个世界文明的基本问题来看,与那些重视来生和神界、视人世与人生为幻境、追求超自然的满足的取向不同,中国文化更倾向于"积极的、社会性的、热忱而人道的价值取向"②。在这样的取向下,崇仁和尊礼成为轴心时期的中华文化的基本价值。

在轴心时期,中国的诸子百家提出了各自的社会道德价值观。相比之下,儒家的道德价值更具有包容性和扩展性,特别是在孟子等儒家学者的总结下,逐渐形成了以"四德五常"为核心的道德德目系统。儒家的仁义礼智信等德目,不仅是个人道德品性(比如仁是温厚慈爱,义是坚持道义,礼是守礼敬让,智是明智能辨,信是信用和坚持),也是社会价值的指针(仁是

---

① 陈来:《中华文明的核心价值:国学流变与传统价值观》,第32页。
② 陈来:《中华文明的核心价值:国学流变与传统价值观》,第38页。

仁政惠民，义是正义的原则，礼是文化秩序，智是实践智慧）。

总括地说，价值偏好是一种文明比较视角下的总结，这就要求论者不仅了解中华文明自身的特征，也要对世界文明的格局特别是西方价值观有所体认。在这方面陈来体现出宏阔的知识积累。首先，他肯定了世界文明的丰富成果及其对人类生活的正面影响："毫无疑问，我们应当坚持和守护人权宣言中的所有要求，并努力使之实现。"[1] 但他又辩证地指出，对于这些价值的承认，也不意味着我们将这些价值看作唯一的、最高的价值，更不意味着所有的伦理道德只是要为个人人权提供支持。陈来认为权利话语和权利思维是有局限的，权利思维往往把个人的利益放在第一位，强调个人权利必须优先于集体目标，这样做的后果是，个人的义务、责任和美德维度难以建立。陈来还指出，在西方文化的主流理解中，人权是个人面对国家或者说政府提出的道德要求，因此，个人的权利指向的是政府的责任和义务，"故人权观念只涉及政府的责任和义务，却无法界定个人对社会、家庭、他人的义务和责任"[2]。其后果就是强调个人对社会的要求，忽视个人对社会的责任，强调个人对自己权利的保护，而忽视个人也要尊重他人的权利和责任。

与一百多年来国人在文化问题上的非此即彼式的思维偏见不同的是，陈来采用的是一种价值排序的思考，他说："现代亚洲的价值与现代西方的价值的不同，不是所有的价值要素都不同，而是价值的结构、序列不同，价值的重心不同。"[3] 据此，陈来认为中华文化的价值应为当今世界的价值体系提供独特的资源，来阻遏个人主义的泛滥。"仁爱原则、礼教精神、责任意识、社群本位都是与个人主义相反的价值立场。由此发展的协同社群、礼教文化、合作政治、王道世界，是当今世界的需要。"[4] 要用社群协调来对治个人主义，用礼教精神来区别律法主义，用合作的政治区别冲突的政治，并用共存共生的天下主义来纠正强力霸权主义。[5]

在价值排序的视野下，陈来提出了他对中西价值观的定位。第一，相

---

① 陈来：《中华文明的核心价值：国学流变与传统价值观》，第58页。
② 陈来：《中华文明的核心价值：国学流变与传统价值观》，第59页。
③ 陈来：《中华文明的核心价值：国学流变与传统价值观》，第60页。
④ 陈来：《中华文明的核心价值：国学流变与传统价值观》，第61页。
⑤ 参见陈来《中华文明的核心价值：国学流变与传统价值观》，第61~62页。

比于近代西方人重视个人自由，中国文化的价值观强调个人对他人、对社群，甚至对自然的责任。因为在中国文化的理解中，个人不是原子式的存在，而是关联性存在的一方。第二，相比于强调权利优先性的西方近代价值，中国文化在人和人的关系中，主张义务，以对方为重。第三，在个人与整体何者为本的比较中，中国文化认为个人的价值不能高于社群价值，这个社群包括家庭、国家等多重面向。第四，因为注重整体和互相以对方为重，所以，对待冲突，儒家看重协调与和解，主张和而不同，以协商化解冲突。

陈来的这些认识是建立在他的理论思考上的，他在长期的思考中形成了对于文化的普遍性和特殊性关系的新的理解，即"多元普遍性"理论。这种认识具有突破性，校正了西方中心主义或建立在西方中心主义基础上的东方主义的自我轻贱的文化观。我们现在之所以陷于普遍性/特殊性、全球性/地方性这样的两极化观念不能自拔，主要是在理论上不能突破西方中心主义的话语魔咒，从而难以真正建立起文化自信。在陈来看来，东西方文化都有其内在的普遍性因素，只是因为特殊的历史社会条件，西方文化的内在普遍性得到比较充分的体现，而其他地区的文化则还没有充分地展开，"今天，只有建立全球化中的多元普遍性观念，才能使全球所有文化形态都相对化，并使它们平等化"[1]。

中国现阶段的核心价值建设，必须建立在文化自觉和文化自信基础上，而要通过文化自觉达成文化自信，必须让中华文明的核心价值成为其源头活水。不仅如此，我们还需要有一种建立在全球文明整体把握的认识高度。"西方的文明比较早地把它自己实现为了一种普遍的东西，而东方文明在实现自己普遍性的方面，现在还没有做到最充分的程度。"[2] 这么说的要义在于我们不能在批评西方中心主义的时候，以另一种排他性的"普遍性"来树立文化的本位意识，而应该以各美其美、美美与共的理念来让多元的文化资源来共同构建"多元普遍性"的观念，这或许是目前最为合理的文化立场。

---

① 陈来：《中华文明的核心价值：国学流变与传统价值观》，第63页。
② 陈来：《从儒家的角度看普世价值问题》，载《国学散论：陈来随笔录》，第75页。

二 "哲学的回应" 与新儒学的建构： 从《现代儒家哲学研究》谈起①

　　陈来在《百年来儒学的发展和起伏》的演讲中曾将"'九·一八'事件爆发到抗战结束"这一特定时期内，儒家"对整个近代西方文化对中国的冲击和挑战的回应"称为"哲学的回应"。在演讲中陈来认为，这一"哲学的回应"以民族意识高涨的抗日战争为主要背景，主要以哲学的方式回应时代问题，新的儒学也由此得到建构与阐发，其代表人物有熊十力、马一浮、梁漱溟、冯友兰等。②他们正是《现代儒家哲学研究》一书的研究对象。

　　陈来特别重视对现代新儒家哲学观的总结。在发表于《文史哲》2022年第1期的《20世纪中国哲学史论述的多元范式》一文中，他进一步展开了收录于《现代儒家哲学研究》中的《现代新儒家的"哲学"观念》一文中的内涵，特别是将熊十力的哲学探索看作20世纪中国哲学范式中特别重要的一种。他认为胡适在写《中国哲学史大纲》和冯友兰在撰写两卷本《中国哲学史》的时候，其自身的哲学体系并没有完成，而其时熊十力借由《新唯识论》已"显示其大哲学家"的风范，而《十力语要》这样的作品中，对中国哲学史的论述，也处处显示出远见卓识。③这突出表现在熊十力"哲学观"的独特性上。在熊十力看来，西方哲学将哲学视为爱智之学，但哲学并不只是爱智，也有"理智思辨"的一面，不可以将此认为是非哲学、非宗教，此"当为哲学正宗"④，由此可见熊十力先生并没有接受欧洲中心的哲学观，而是从多元普遍主义的立场来看待哲学的。

　　陈来认为熊十力的哲学观深刻影响了张岱年先生⑤以及港台新儒家等人，对中国哲学的问题意识和内容结构做出了独特的贡献。

————————

① 这部分的梳理感谢张华元的基础性工作。

② 陈来：《百年来儒学的发展与起伏》，《文汇报》2013年6月3日"文汇学人"专栏。

③ 陈来：《20世纪中国哲学史论述的多元范式》，《文史哲》2022年第1期。

④ 陈来：《20世纪中国哲学史论述的多元范式》，《文史哲》2022年第1期。

⑤ 1990年代我在采访张岱年先生的时候，他多次提到熊十力希望收他入门下的意思。他们的学术倾向虽然有很大差异，但在1930年代，熊十力的确十分赏识张岱年先生。

（一）新儒家的"哲学"观念

在讨论"哲学观"时，陈来喜以熊十力和梁漱溟做比较来立论，这是十分合适的：一方面他们之间有深厚的交往，不但互相了解对方的想法，而且亦经常提出直言不讳的"批评"意见。另一方面，与熊十力以纯粹哲学思考为志业所不同的是，梁漱溟认为他不是"学问中人"而是"问题中人"。按梁漱溟的概括，他自己是从中国社会实际去寻找解决中国问题的方法，而熊十力是从经典和书本出发来勾勒他自己的社会理想。在《现代新儒家的"哲学"观念》一文中，陈来就聚焦两人对"哲学"观念的认识差异，来讨论现代中国哲学的可能发展方向。

不同于"以哲学只是爱智"①的梁漱溟，"从一开始，熊十力就不是仅仅站在西方哲学传统来理解'哲学'，而是从世界多元的哲学思想传统来看哲学的'定义'"②，在他眼中，儒家与道家"这种既有理智思辨而又不限于理智思辨的哲学，才应当被视为哲学的正宗"③。正是基于对中国传统"身心性命"之学的认可，熊十力接受并改造了西方哲学中的本体论，"在熊十力看来，反身践履为深究宇宙人生真际之要，正是因为宇宙的本体亦即是人生的本体"④。

然而，对于熊十力先吸收西方哲学本体论、宇宙论的划分，再以儒学中二者的"一体一贯"克服西哲中二者的割裂性等试图借助"哲学"体系诠释并发展儒学的努力，梁漱溟大加否定。对此，陈来引用并分析了梁漱溟的相关批评，结合梁漱溟本人的学术实践，揭示了其中不合理之处："梁漱溟把熊十力的策略概括为'先混进去，再拖过来'，即先把儒学混入哲学，再把一般治哲学者拉向身心之学方面来。可以看出，梁漱溟对'哲学'的理解，完全限止于西方的知识传统，他自己持这样一种胶着的理解，却要求熊十力把学术分类加以清理，来改变西方学术风气之失，这似乎是矛盾的。"⑤梁漱溟、熊十力与马一浮都认为所谓"本体"不能通过思辨知解的方法去认识，

---

① 陈来：《现代儒家哲学研究》，北京大学出版社，2018，第3页。
② 陈来：《现代儒家哲学研究》，第3页。
③ 陈来：《现代儒家哲学研究》，第3页。
④ 陈来：《现代儒家哲学研究》，第8页。
⑤ 陈来：《现代儒家哲学研究》，第13~14页。

但正如陈来所言："合乎逻辑的结论应当是，改变西洋追求本体的知识论方式，建立一种可以切近本体的方式，而不是取消本体论。"①

对于哲学中的唯物、唯心之分，熊十力也是批判中的接受；但他认为中国哲学的唯物唯心论与西方哲学有所不同，"中国的唯物论和唯心论，最终都追求精神物质不可分的境界，不求二者之分，而求二者之合。他特别指出，中国的唯心论是追求一种心物圆融无碍的境界，与贝克莱式的唯心论大有不同"②。这一方面是接受了哲学基本问题的说法，另一方面则没有拘泥成说，而是从中国哲学的发展，梳理出中国唯物唯心传统的独特性。对比梁漱溟、马一浮强调思辨知解与反己修养的对立从而斥"哲学"为"第六识之学""比量之学"，"熊十力吸收了西方哲学的长处以补中国哲学之短，又把哲学理解为超乎西方传统爱智的意义，在哲学的观念中加入了东方和中国传统的学术意义，力图拓展哲学的世界性"③。陈来通过对比研究熊十力与同时代其他儒家学者对于"哲学"观念的认识与态度，使近代儒家构建新思想体系的路向分歧得以呈现，而熊十力在近代的中国哲学继承发展中所做的重大贡献也得以彰显。近年来陈来出版的《仁学本体论》《儒学美德论》等著作，有明显的哲学体系创构的设想。在《仁学本体论》一书中，陈来就是从熊十力的"本体"等观念出发，来推进中国思想的哲学化。丁耘概括，陈来的"仁学本体"是"化用斯宾诺莎之实体说，为接续熊十力，立本体兼摄心、物"④；并认为陈来综合了熊十力的宇宙论和李泽厚的情本体，并讲这种综合上溯至朱熹，符合儒家哲学之大宗。

（二）心物关系与价值理性——新儒家的不妥协

新儒家之哲学面向固是陈来面对当今学科发展的现实状况与中西文化交融所必须回应的问题。然回到新儒家本身，新儒家之哲学探索无法与其价值关切相分离，否则其哲学研究便无法承担民族文化生命载体之使命。而若以熊十力和梁漱溟为现代新儒家之开端，就必然会涉及他们对心物关系的

① 陈来：《现代儒家哲学研究》，第 16 页。
② 陈来：《20 世纪中国哲学史论述的多元范式》，《文史哲》2022 年第 1 期，第 38 页。
③ 陈来：《现代儒家哲学研究》，第 20 页。
④ 丁耘：《哲学与体用——评陈来教授〈仁学本体论〉》，载《道体学引论》，华东师范大学出版社，2019，第 407 页。

思考。

心物关系是中国传统思想的重要论域，当近代儒学侧重于从个人修养和道德理想主义来归纳儒家之现代价值的时候，心物关系更成为现代新儒家的符号。在儒学的继承发展中，尽管熊十力、梁漱溟与马一浮在是否接受"哲学""本体论"等观念上存在着显著分歧，但三人都不认可将"心"与"物"视为割裂开来的两端，而在二者之间，又都坚持"心"的主导地位。

熊十力的体用论是他个人思想体系中最具特色也最基础的组成部分，"集中讨论宇宙实体与宇宙万象的关系"①，是研究其心物关系思想的入手处。不同于佛教视万有皆空或西方哲学割裂本体与现象，熊十力认为宇宙万象皆是实有，且体不离用，用外无体，全体变而为用。陈来引用熊氏"心是实体之功用，是变动不居；物亦是实体之功用，是变动不居，心物只是功用之两方面，不可破析为二"而提出熊十力的实体既非精神也非物质，既含精神性也含物质性，这是一种中国哲学所独有的超越本体和现象，即用见体的本体观。②为了解释实体之变动而成大用，熊氏还引入《周易》中的"翕""辟"二词，认为功用有翕辟两方面，辟为精神，翕为物质，故所谓功用，本是精神物质混然为一之大流。对此，陈来解释说，熊十力认为精神的力量更为主要，整个宇宙的生生不息的发展主要就是由精神推动的。而熊十力的"翕辟成变"的观念，则充满了传统的辩证法的精神，即相反相成，而非互相排斥，由两端相反之几，却成事物之变成和发展，对此熊十力认为实体之性既有恒常之一面，又有生生不息的一面，这就破斥佛老以空言体，以静言体所带来的"消极"的态度。③

对于熊十力体用论的理论基础与价值，陈来有切当的评论："在基本思想上，熊十力所以坚持实体不在功用之外、肯定精神对于物质的主导、认定实体自身是变动生生的，显然是因为他以儒家世界观为基础。所以，他的体用论可视为儒家刚健、崇德、用世等价值的本体论基础。正是在这一点上与佛教或斯氏都不相同。"④而"熊十力哲学，就其论精神物质的关系而言，唯心主义是很明显的，就其主张宇宙大生命而言，受叔本华、柏格森的影响也

---

① 陈来：《现代儒家哲学研究》，第 23 页。
② 陈来：《现代儒家哲学研究》，第 38 页。
③ 陈来：《现代儒家哲学研究》，第 40 页。
④ 陈来：《现代儒家哲学研究》，第 42 页。

很突出。在论实体和功用的关系上，虽然他使用了中国传统哲学范畴'体''用'和印度佛教范畴'性''相'，而就其理论思维说，不能不说是受到西方哲学关于本体现象问题讨论的影响"①。通过参照对比佛教、传统儒学与西方哲学中相关理论，陈来彰明了熊十力有承袭、有吸纳又有创新的"新儒家"立场。

在对心物关系的讨论中，熊十力尚只是"不可破析为二"，马一浮则直言"心外无物"。在对马一浮"心物论"的研究中，陈来从马氏引自陆九渊的"宇宙内事即吾性分内事"命题入手，明白易晓地揭示了马氏"强调宇宙万象即在吾心之内"②的基本立场，说明了其继承自中国哲学心学传统的观念——"己与物，性与天是'一体''一性'的，即具统一性的，从而知性便能知天，尽己便是尽物。"③而在此之上，陈来先生做了一个极为重要的说明："马一浮及心学传统所以使用一种强势的陈述'己外无物'，主要是要人用功向里，返求体证，所以我们必须具体地而不是从文字表面上去了解心学传统中的强势命题。事实上，对于具有'诗化哲学'特性的中国哲学的多数'本文'的阐释，都须以'以意逆志''心知其意'为首要工夫，这是治中西哲学史的一个重要不同。"④

所以，尽管马一浮屡屡直言"心外无物"，但实际上他"并不是认定宇宙中只有心而没有物"⑤，而"'心外无物'毋宁说是'物不离心''离心无物'立场的一种表述，即没有独立于心的外物"⑥。马一浮受佛教唯心思想影响亦深，曾以禅宗公案与二程语录批驳邵雍人—物论，从而"反对把人与物看成迭为主客的对待"⑦。陈来梳理了佛教唯心思想源流，又联系儒家传统心学思想，仔细剖析了马一浮唯心论的理论基础。

马一浮曾为熊十力《新唯识论》作序并大加赞叹，认为熊著"自吾所遇世之谈者，未能或之先也"⑧。陈来从熊著入手，借助熊十力新唯识论思想理

①　陈来：《现代儒家哲学研究》，第41~42页。
②　陈来：《现代儒家哲学研究》，第90页。
③　陈来：《现代儒家哲学研究》，第92页。
④　陈来：《现代儒家哲学研究》，第92页。
⑤　陈来：《现代儒家哲学研究》，第93页。
⑥　陈来：《现代儒家哲学研究》，第94页。
⑦　陈来：《现代儒家哲学研究》，第95~96页。
⑧　马一浮：《新唯识论序》，载《马一浮全集》第二册上，浙江古籍出版社，2013，第23页。

解马一浮心物论，认为熊十力的"离识无境说"和马一浮"离心无物说"在基本思想倾向上是一致的，并认为熊著有助理解马一浮"了境唯心，离心无境"的具体含义，但也说马一浮和熊十力之佛学取向有很大差异，马一浮更多地继承《大乘起信论》和华严的思想，唯识的思想并不占主要地位。① 这种分别非心知其意者所不能解也。

陈来认为梁漱溟人心论中所采用的"宇宙大生命"命题，既强调心主宰乎身，又将宇宙万物归入同一个奋进不息的"大生命"。陈来写道："梁漱溟认为，人心的自觉便是宇宙本体，人心之体即宇宙本体，这已经是一种本体论了。这种本体论实是以精神、生命本性为宇宙本体，这与熊十力、马一浮'把心说为本体'的思想距离未远。"②

然而，这种"民胞物与"式的观念在近现代中国是遭受了巨大挑战的。西方"向外求知"的科学取得了巨大成就，伴随着其殖民运动对近现代中国社会造成了巨大的冲击。"物"的力量显而易见且迫在眉睫，在这种情势之下，熊、马、梁三人尽管在思想体系构建中有着不同的"应变"路向，但对于心物关系的基本立场却仍不妥协。"事实上，用韦伯的话说，现代化的过程就是一个价值理性与工具理性相冲突的过程"③，而现代新儒家面前所呈现的，"正是面对现代世界与工具理性的极大发展而同样发展着的价值危机"④。

"完全放弃价值关怀去从事工具性的研究，难免会产生善恶并进的局面，对此，章太炎的'俱分进化'论已有深刻揭示。现代科学与人类伦理之间的冲突随着克隆技术、人工智能的发展越发尖锐，如何建构以人类可持续发展的科学伦理已成为共识。"马一浮提出对立于现代学术分科的"六艺论"，尤其反对人"自安卑陋"，成为工具。在复性书院的创办工作中，马一浮更是坚持不开设任何足为谋生技艺的课程，认为"有体必有用，未有通经义而不能治事者"。陈来以"即内在即超越"概括马一浮的心学思想特质，并认为"这就是马一浮何以强调与西方'哲学'不同的

---

① 陈来：《现代儒家哲学研究》，第 109 页。
② 陈来：《现代儒家哲学研究》，第 214 页。
③ 陈来：《现代儒家哲学研究》，第 66~67 页。
④ 陈来：《现代儒家哲学研究》，第 67 页。

'圣证'之学"①。

陈来并没有将马一浮的"六艺论"视为民族文化特殊性的一种表达，他认为，在马一浮这里"六艺是真正世界性的东西，世界的文化都应该纳入这个体系里面来衡量，它是一个普世性的体系"②。梁漱溟的文化路向说也是如此。"梁漱溟的想法是，在我们今天遇到第一步的任务，是全盘承受西方文化，这是非常现实主义的，不得不全盘承受它。可是接下来呢，未来是中国文化的复兴，再未来是印度文化的复兴。"这种对文明的理解，并不以某一种文化作为"历史的终结"，这才是真正的世界主义。③

尽管同样认为科学方法有其局限性，不能用来"发明本心"，但相对于梁漱溟与马一浮，熊十力对于现代科学及科学方法有着更积极的态度，"他完全肯定科学方法对于认识客观世界的有效性、系统性、严密性，承认科学发展所借助的观测工具与实验手段大大提高了人类感知世界的能力，赞美科学在认识世界、改造世界、创造财富方面的巨大力量"④。陈来以"智识合一"为中心，比较分析了熊十力智识论与理学见闻之知、德性之知与佛教智识之辨乃至于阳明心学致知论之间的联系与区别，认为："虽然他仍然采取某种价值优先的立场，他的体系中已消解了价值与知识在传统意义上的紧张，使二者在相当程度上获得某种平衡，并摒弃了传统心学通过对'支离外索'的批判而表现的某种反智主义，体现出在坚持儒学价值理性优先的前提下，较大限度地容纳科学与知识地位的努力。"⑤

但是，即便在熊十力的体系中，儒学的价值理性依然是"优先"的。"在熊十力看来，科学与知识本身并不是不合理的，但运用知识的主体若无道德价值的制约，知识就会成为助纣为虐的帮凶。"⑥

新儒家们对于传统儒学中的价值理性有着近乎顽固的坚持，而马一浮与梁漱溟更是抱持一种坚定的信念，即随着人类文明的进一步发展，传统儒家文化中的价值理性将重新受到重视。

———————————

① 陈来：《现代儒家哲学研究》，第 114 页。
② 陈来：《中华文明的核心价值》，第 195 页。
③ 陈来：《中华文明的核心价值》，第 195~196 页。
④ 陈来：《现代儒家哲学研究》，第 60 页。
⑤ 陈来：《现代儒家哲学研究》，第 69~70 页。
⑥ 陈来：《现代儒家哲学研究》，第 67 页。

三 "哲学的回应"与"价值的回应"
——新儒家之后，儒学何为？

事实上，"哲学的回应"并不是一个孤立的命题，它是陈来先生在近现代中国的时间轴上，与"宗教的回应""文化的回应"等一并提出来的。2013 年 6 月 3 日的《文汇报》刊登了陈来在香港孔教学院题为《百年来儒学的发展与起伏》的讲演。讲演梳理了一百年来儒学所遭受的四个冲击与一个机遇。在对四个冲击的回应中，首先是"宗教的回应"，所指的就是康有为关于孔教的设想。在科举制度废除乃至蔡元培废止读经之后，儒家生存的制度依托已经瓦解。"所以需要在一个新的框架里，找到它能够生存、能够发挥作用的基础。"① 参照西方文化中的基督教，康有为便想到了设立孔教。虽然孔教会的建立以失败告终，不过陈来认为"我们也可以看作这是儒学在百年历程回应冲击的第一个环节，儒学在第一个阶段所做的努力"②。

在思考现代儒学的时候，我就倾向于以康有为为其开端。"现有的新儒学谱系将新儒家的人物框定于现代学科体系中的儒家学者，于是儒家的存在合理性就被局限于儒家学说的哲学化解读，脱离了作为儒学生命源泉的经学基础。"③ 这样的划分就是从中西文化的冲击和交融中来思考现代儒学的问题的。我们并不能因为康有为的孔教回应不够成功而否定其作为现代儒学建构的第一个系统的模式的努力。而后来的文化回应、哲学回应和社会回应，虽然各有特点，但最终的关切点，还是在国家认同和民族文化价值的建立之上，是相同目标下的不同"现代性"方案。

陈来对现代新儒家的研究具有对话式的推进，对冯友兰的新理学的研究自不在话下，对熊十力的研究，就是吸收了其"本体"概念在奠基他的"仁学本体论"，也有许多研究则是要纠正人云亦云的偏见，故而，亦当引起人们的关注。

譬如该书对于梁漱溟思想立场的把握，陈来先秉持着客观严谨的态度，

① 陈来：《百年来儒学的发展与起伏》，《文汇报》2013 年 6 月 3 日"文汇学人"专栏。
② 陈来：《百年来儒学的发展与起伏》，《文汇报》2013 年 6 月 3 日"文汇学人"专栏。
③ 干春松：《康有为与现代儒学思潮的关系辨析》，《中国人民大学学报》2015 年第 5 期。

通过对其著作文本的大量分析论证，纠偏了梁氏"反对科学与民主"的不当说法，并对梁氏做了公允的思想定位："梁漱溟与欧化派在社会思想上的不同，在于梁漱溟在与欧化派同样要民主、科学、工业革命、个性发展之外，他还要社会主义。在社会—政治—经济的改造主张方面，梁漱溟前半截是与欧化论一致的，后半截则是社会主义。所以，说梁漱溟是保守主义、是反现代化、是反科学民主，都是不正确的。"① 更进一步，陈来以"世界语境"（即当时世界社会、思想的变动情势）呈现梁氏复杂思想的生成背景，申明了"新文化运动的内部紧张与分歧，新文化运动的变化和发展，并不都是在中国文化语境中独立产生和孤立发展的"②。对熊十力、马一浮的研究，陈来也都在严谨客观的哲学系统研究之上，进一步追溯了哲学家的思想源流与历史背景，却又不失治哲学的立场。

进入 21 世纪，港台新儒家逐渐式微，那么"以哲学的方式承担起自身时代使命的"③ 新儒学也应该有新的方式来回应时代的使命。2013 年，陈来发表了《新儒家之后，儒学何为?》一文，他说："不能认为有儒家哲学家才有儒学存在，这是一种片面的看法。儒学在最基础的层面上，不仅仅是经典的解说，同时是中国人的文化心理结构。在民间、在老百姓的内心里面，儒学的价值持久存在着；中国人的伦理观念，今天仍然受到传统儒家伦理的深刻影响。"④ 由此，陈来提出了儒学发展的两个方向：学术儒学与文化儒学。

学术儒学是包括哲学性的儒学研究在内的各种学术形态的存在，比如经学研究、儒学史的研究和儒家思潮研究；而文化儒学则涉及政治、社会生活的方方面面。陈来认为改革开放以来的文化思潮与儒学有千丝万缕的联系，比如"儒学与民主的关系、儒学与人权的关系、儒学与经济全球化的关系、儒学与现代化的关系、儒学与文明冲突的关系、儒学与建立和谐社会的关系等等"⑤。这体现出儒学在当代中国思想界的"在场"方式。由此，他认为亦应关注儒学在未来中国文化发展中的意义，尤其是重构民族精

---

① 陈来：《现代儒家哲学研究》，第 138 页。
② 陈来：《现代儒家哲学研究》，第 139 页。
③ 参见陈来《百年来儒学的发展与起伏》。
④ 陈来：《国学散论：陈来随笔录》，第 29 页。
⑤ 陈来：《国学散论：陈来随笔录》，第 30 页。

神、确立道德价值、奠定伦理秩序、创造共同价值和增强国家的凝聚力等。

儒学作为一种有生命力的思想，其价值和活力的延续就在于每一个思考者和践行者的努力。陈来的现代新儒学研究是一种研究、对话和开掘的综合性的态势，从而使当代儒学呈现出多元发展的丰富性。

元亨之际的文化思考

——陈来先生与中华优秀传统文化的创造性转化及创新性发展

赵金刚

摘　要： 陈来先生自 20 世纪 80 年代起，就试图化解传统与现代的二元对立，他从"多元文化结构"的角度思考传统在现代社会中的位置，强调价值理性传统的连续性与现实价值。特别是陈来先生破除一元普遍性而建立多元普遍性，以此重新思考普遍性的存在模式，即普遍性并非非此即彼的排他性模式，而是各个文明都含有内在普遍性；普遍性的实现需要条件，但不能以覆盖性的方式替代其他文明的普遍性价值。在这样的文化观基础上，陈来先生在思考马克思主义基本原理与中华优秀传统文化关系的基础上，挺立仁体，阐扬新四德，进一步思考传统儒学美德在当代中国的价值。

关键词： 多元结构　多元普遍　传统与现代　仁体　美德
陈来儒学思想　元亨之际

在同代学者当中，陈来先生是较早确定儒学价值立场的学者①。自 1987 年以来，陈来先生就持续关注"文化儒学"，从对中华优秀传统文化和西方现代化理论的研究出发，一方面化解传统与现代的紧张，另一方面积极建构，努力实现中华优秀传统文化的创造性转化与创新性发展。与不少学者民

---

① 参见翟奎凤"修订版后记"，载《陈来儒学思想录》，翟奎凤选编，华东师范大学出版社，2016，第 301 页。陈来先生也指出，在 20 世纪 80 年代早期，他虽然不是极端的西化派，但文化立场也跟当时的思潮比较接近，但在访美期间受杜维明先生影响，之后坚定地站在守护中华文化的立场上了。参见陈来《在中国哲学史学科中作出最好的成绩》，载《中国哲学年鉴·2022》，中国社会科学出版社，2022。

族主义乡愁般的思考不同，陈来先生对传统文化的立场建立在深入的理论研究与思考的基础上。他肯定文化保守主义、民族文化的主体性并非"情感"主导，而是立基于"理性"，立足于中国现代文化的健康发展，以全球文化的和谐发展为导向。陈来先生系统回答了儒学及其价值传统在近代化社会文化中究竟有无意义的问题，探索将儒学价值落实在社会文化空间与个人精神人格当中，进而从儒学价值出发，从理论上探索改变反传统主义和反儒思潮带来的社会失序与价值混乱的可能，在哲学上为儒家价值奠定新的本体论基础，发挥出儒学在当代的"全体大用"。陈来先生面对传统与现代，展现出一中道平衡的文化观，而其文化立场特别在意理论上防止"弊病"的出现，则四平八稳似朱子。研究陈来先生的文化观，有助于我们在中华民族伟大复兴、中华文化复兴的今天，进一步促进中华优秀传统文化的创造性转化与创新性发展，可以说陈来先生的很多思考，将成为未来中华文化建设的基础。

详细梳理陈来先生的思考历程，我们可以 2000 年为限，将他的思考大致分为两个阶段：在 2000 年之前，陈来先生的文化思考，主要是从理论上化解传统与现代的紧张，从理论上解构反传统立场的合理性，对反传统的各种理论进行了彻底批判；2000 年之后，陈来先生更主动地承担起文化自觉的使命，其思考形态以建构为主，一方面重点揭示中华文化的核心价值，另一方面则从哲学建构出发，为中华文化确立了新的哲学基础。当然，这两个阶段并非截然割裂的。陈来先生 21 世纪以来的很多思考，萌发于 21 世纪之前，有些思考早在 20 世纪 80 年代就已经开始，如他对儒家美德的研究。但我们将其思考历程概括为以上两个阶段，有助于我们发现陈来先生文化观的一些特点。

一 传统与现代

早在 1987 年，陈来先生就已经登场肯定文化保守主义，对近代以来的文化思潮做出系统性梳理[①]。此外值得注意的则是 1988 年夏天由新加坡东亚哲学研究所主办的"儒学发展的问题及前景"学术研讨会。来自中国以及美

①　关于此点，陈来先生自己有较为详细的叙述，参见陈来、翟奎凤《陈来先生儒学思想访谈录》，载《陈来儒学思想录》，第 3~4 页。

国、加拿大、日本、新加坡的四十余位学者参加了此次会议。会议会集了各派思潮代表人物，特别是 20 世纪 80 年代大陆三大思潮代表性人物。此次会议的实况汇集于《儒学发展的宏观透视》一书。从书中，我们可以真切地看到与会学者当时的文化观和文化立场，特别可以看到，20 世纪后很多被称为传统文化的标志性人物，当时的中华文化立场也并不十分坚定。综观整个记录，对传统的坚定维护，海外当推杜维明先生，大陆则数陈来先生。在捍卫传统的核心价值、坚守民族文化的主体性上，陈来先生丝毫不犹豫，他对传统的看法，始终坚持自身尺度，不夹杂任何外在标准，而对反传统的观点，陈来先生则能从理论与实践两方面展开反驳。

陈来先生为此次会议提交了两篇文章：一篇是《传统儒学的评价与反思——有关今年儒学讨论的参考资料》，此文详细梳理了当时各派关于儒学的态度，展示了陈来先生对当时思想界状态的充分了解，这也是陈来先生研究的基本品质——其所思所想，不是无的放矢的玄想，无论是吸收、借鉴，还是批评、对话，都是站在对相关观点的充分了解之上的，这就与很多人物的文化活动形成了反差，值得当代学者充分学习；一篇是《多元文化结构中的儒学及其定位》，这是陈来先生的正式参会论文，其中众多观点在今天中国优秀传统文化的"两创"中仍旧是不刊之论。

《多元文化结构中的儒学及其定位》一文针对近代以来激进主义对儒家文化的批评指出：

> 当我们要求儒学包容科学、民主，以及要求儒学为现代化过程提供直接的功利性精神动源时，不免产生疑问：我们可曾向佛教要求浮士德精神，向神道要求民主理论，向印度教要求个性解放，或向天主教要求科学认识论和方法论？面对上述各宗教传统在现代社会仍有强大生命力的现象，人们自然会想到，为什么在关于儒学的现代转化和发展上我们会提出如此众多的要求，而我们对于儒学提出的从本体论、心性论、认识论、伦理学的改进要求为什么没有在其他传统中（包括中国本土的佛教与道教）作为现代转化的要求？或者，在对儒学的转化的要求中我们是否应当区分必要条件和充分条件，以避免把最高要求当成最低要求？①

---

① 陈来：《多元文化结构中的儒学及其定位》，《天津社会科学》1989 年第 1 期。

陈来先生批评以功利主义要求儒家要为现代化提供动力的观点，认为这种要求是一元论的表现，背后有一种急功近利的心理，是对儒学的求全责备。面对儒学与现代，我们不能要求把儒学改造为一个包容了所有现代化社会需要的价值的体系，不能苛求老内圣开出新外王——其实不管老内圣能否开出新外王，都不影响我们思考儒学在现代社会的价值。陈来先生的疑问，在会议上得到了同为文化保守主义者的杜维明先生的肯定，也得到了持不同立场的甘阳先生的肯认。这一发问深刻有力，成为本次会议的一个亮点。

延续1987年《中国近代思想的回顾与前瞻》一文"要求儒家伦理在现代社会与现代政治经济制度在社会实践方面相配合，以适宜的形式保持自己为社会生活不可或缺的部分"[1]的论断，陈来先生抛弃了老内圣开出新外王等改造儒学的文化模式，认为不能要求儒家为现代中国提供一切，也不能让儒家恢复它在传统中国的地位。就此，陈来先生特从"多元文化结构"的角度提出化解传统与现代紧张的方案。陈来先生指出，"一种思想在某一种文化中发生的功能效果，是和整个文化的结构与该思想体系由结构所决定的在整个文化体系中的地位必然地联系在一起的"[2]。在传统社会起主导作用的儒家，面对西方冲击，产生诸多问题，"结构的不合理造成儒学的'越位'效应，即造成道德价值超越了自己的份位，侵入政治、认识、艺术等领域中去"[3]，今天则需要"建构一个新的文化结构，调整儒学在新的文化结构中的地位，使其越位等消极性得以排除，而使其价值理性的积极性得以继续发挥"[4]。"文化的现代化不是以决裂传统为途径，其关键可能在配置合理的文化元素和获得一个良性的结构，使多元文化系统的合成指向较为理想的方向，而不是强求系统中每一元素都指向同一方向。"[5]面对当代中国文化问题，不应一味苛责儒家，让儒家背负沉重的"罪孽"，"不是就儒家自身思考儒家进一步发展的途径和方式，而是把它置于多元互动的整个中国文化现代建构中综合地设计它的发展"[6]。这样一个结构的建立，意味着"让儒学回到

---

① 陈来：《中国近代思想的回顾与前瞻》，载《传统与现代——人文主义的视界》，生活·读书·新知三联书店，2009，第25页。
② 陈来：《中国近代思想的回顾与前瞻》，载《传统与现代——人文主义的视界》，第29页。
③ 陈来：《中国近代思想的回顾与前瞻》，载《传统与现代——人文主义的视界》，第30页。
④ 陈来：《中国近代思想的回顾与前瞻》，载《传统与现代——人文主义的视界》，第30页。
⑤ 陈来：《中国近代思想的回顾与前瞻》，载《传统与现代——人文主义的视界》，第31页。
⑥ 陈来：《中国近代思想的回顾与前瞻》，载《传统与现代——人文主义的视界》，第31页。

它应有的位置，这可以说是'重新定位'的问题。儒学的重新定位并不排斥批判和发展。对儒学的批判继承和现代阐释也必然包含着调整、反思、补充、发展的意义"①。可以说这一思考真正意识到了文化结构的多元与多样，深刻地指出了症结所在，并给出了化解矛盾的方案。当前我们思考中华优秀传统文化的"两创"重要的也是立足中华文化复兴的全盘，找准儒学以及传统的当代定位，"凯撒的归凯撒，孔子的归孔子"，促进儒学积极因素的发挥，"多元文化结构"的实践，在今天是尤为迫切的时代课题。

此种"多元"的立场，是陈来先生文化观的基本内容。从此种多元文化结构的立场出发，陈来先生反对以功利主义立场审视儒学以及中国传统，不能苛求儒家富国强兵、加强法制、发展高科技。陈来先生指出，"从功能角度丧失了对儒学的信任，本来是近代中国人的通习，现在加上了引进的从韦伯到帕森思对儒家伦理从经济功能上的批判，更强化了知识分子在功能坐标中判断文化价值的倾向。在内外比较的强烈反差中，最容易滋长'全盘西化'的主张，当这种主张变成一种民众的普遍心理时，文化激进主义的再次当道就毫不奇怪了"②。"每一次对传统的批判反思，都出现在中国'现代化受挫'的关键时期，都是以当时社会普遍的'现代化受挫感'为基础的。换言之，每当现代化受挫的时期或有强烈受挫感的时期，就会出现对现代化受挫的一种文化上的追问，追问现代化困难的文化原因。"③ 建立在此种心态上的反传统，显而易见是情绪性的，是带着急功近利心理的非反思性态度，这也是20世纪文化热中很多学者的基本心态。而从理论上，则可以看出此种心态的逻辑困境。陈来先生在1988年发表的《化解"传统"与"现代"的紧张》一文中指出：

> 如果以"强国强种"作为终极标准并引入文化领域以判断文化价值，那么，不但一切与强国强种无直接关联的文化价值，包括道德、宗教、审美等等变得一钱不值，人类永恒的和平、正义、和谐的理想也全无意义，以这些价值为核心的文化传统自然都在摒弃之列，即如自由、平等、博爱的价值也只在工具理性的意义上承认其地位。从另一个方面

① 陈来：《中国近代思想的回顾与前瞻》，载《传统与现代——人文主义的视界》，第32页。
② 陈来：《20世纪文化运动的激进主义》，载《传统与现代——人文主义的视界》，第92页。
③ 陈来：《跋语：世纪之交话传统》，载《传统与现代——人文主义的视界》，第334~335页。

说，如果富国强种是绝对的目的，那么如果有其他手段比自由、平等、博爱更有效用，自由平等的牺牲也是理所当然的。在这样的立场上，帝国主义、军国主义的道路也是可以接受的。由此可见，在社会达尔文主义和中国内忧外患的背景下，丧失了价值理性标准，使最先进的中国人完全陷入功利主义。①

这就深入了功利主义思维的逻辑困境，对之进行了有普遍性意义的批判。

同时他不把儒学与现代化对立来看，不认为传统与现代必定是紧张的。在他看来，第一，儒学虽然无法产生现代价值，但是儒学能够包容现代价值并促进中国的现代化，这点在工业东亚的实践中可以得到支持。第二，儒学能够对"现代病"起到价值调节的作用。儒学在当代中国文化结构中的重要位置，既体现在民族凝聚力的提升、民族文化自信的塑造上，也体现在儒学自身拥有的克服现代道德性与现代性分裂的重要价值上。发挥儒学的积极要素，有助于中国实现去现代病的现代化。第三，陈来先生还特别强调，儒学的复兴依赖于现代化，认为传统思想复兴的最大条件就是现代化。早在1987年，陈来先生就预言，"一旦中国实现了现代化，儒家传统的再发展一定会到来，那时候，浮面的反传统思潮将会消失，代之而起的必然是植根于深厚民族传统的文化复兴"②。1991年底陈来应香港的《二十一世纪》杂志之邀，在篇首"展望二十一世纪"专栏写了他对儒学的展望《贞下起元》一文，文中指出："儒家思想，在二十世纪知识分子从文化启蒙、经济功能、政治民主等全方位的批判中，经历了两千多年来最为严峻的考验，但是站在二十世纪即将走过的今天，放眼儒家文化的未来命运，没有理由绝望或悲观。恰恰相反，我确信，在经历了百年以来，特别是最近一次的挑战和冲击之后，儒学已经度过了最困难的时刻，已经走出低谷。"③我们看到，陈来先生的预言一次次实现，步入21世纪，中国从民间到政府，都展现了传统文化复兴的态势。面对晚近国学热的兴起以及儒家文化的复兴，陈来先生更是指出，"政

---

① 陈来：《化解"传统"与"现代"的紧张——"五四"文化思潮的反思》，载《传统与现代——人文主义的视界》，第42~43页。
② 陈来：《中国近代思想的回顾与前瞻》，载《传统与现代——人文主义的视界》，第28页。
③ 陈来：《陈来儒学思想录》，第119页。

府推动是环境，知识群体是关键，社会文化是基础，而儒学的复兴最根本的条件则是中华民族的复兴和重新崛起，换句话说，中国现代化的成功和迅猛的经济发展是文化复兴的根本条件"①。陈来先生始终不把传统与现代截然对立，此种文化立场，是陈来先生思考特别有价值的地方。陈来先生强调，"只有在去除儒学不合时代的内容的同时，理直气壮地正面肯定其对于现代社会生活有价值的精神和原理，使之合法化地作用于国民教育和文化建设，才能重建统一的国民道德与稳健的国民精神，走向合理的现代社会"②。这是陈来先生站在其对传统与现代研究的立场上，对传统当代地位的肯认，是当下应该具有的实践态度。

其实要求"老内圣开出新外王"，在文化尺度上，已经把评判权让渡给了西方，让渡给了现代性，不自觉地用"开出"西方价值作为评判儒学现代转化成功的标准，已经将儒学"降维"。面对此种不自觉的"妥协"态度，陈来先生始终以中国自身、以儒家文化为思考尺度，这也就是陈来先生自己所讲，"我的立场是'以中为体'，'中'就是中国、中国文化"③。对中体的坚持，陈来先生是有高度自觉的。我们可以看到，一方面，陈来先生始终强调儒家价值的普遍性地位，反对以相对主义的立场看待中国文化，如在评判新儒家1958年文化宣言时，陈来先生认为，该宣言"主要以西方人作为对话的对象，没有全面地与中国近代的启蒙运动或中国近代的全盘反传统思想体系进行对话"④，在与西方人对话时，不自觉地让渡了评判文化的权利；另一方面，陈来先生不采取简单的否定或辩护的姿态面对西方文化，在讨论中国文化与西方文化价值观念的对话时，他不是从名词上纠结传统有没有西方哪些东西，而是从问题实质上挖掘传统的价值，思考站在儒家精神立场上是否可以接受西方现代价值，接受之后能不能从儒家立场做更深刻的思考。可

---

① 陈来：《儒学复兴的运势》，《社会科学报》2012年5月17日，第6版。其实陈来先生正是有着对传统与现代关系的深入理解，才使得他拥有在今天看起来特别"神奇"的预见力。在新加坡召开"儒学发展的问题及前景"研讨会的同年，陈来先生曾与某位激烈的反传统主义代表在北京大学电教中心展开辩论。该代表认为不彻底否定传统，中国就不会走向现代化，陈来先生则指出，如果连五千年的传统都能轻易否定，那么激进地反对三十多年的传统也是可能的。由于当时的文化氛围，该代表的观点赢得了众多听众的喝彩，但历史的发展则验证了陈来先生理性思考的预见力。

② 陈来：《现代中国文化与儒学的困境》，载《传统与现代——人文主义的视界》，第111页。

③ 陈来：《陈来儒学思想录》，"代序"第23页。

④ 陈来：《启蒙反思三题》，《学海》2010年第6期。

以看到，一个时期不少学者面对西方价值的态度是"你有我也有"，即使有些学者极端地强调儒家价值的"独特性""超越性"，其实在标准上已经不自觉地上了对方的船，潜移默化地以对方为尺度了。陈来先生自觉地"以中为体"是他的思考超越新儒家以及当代很多学者的重要特征。

陈来先生有针对性地指出了反传统主义在理论上的问题并回应了这些问题，对反传统主义在学理上进行了深入批判，丝毫不回避理论上的锋芒，在学术上没有一丝"乡愿"。这其中最为重要的，就是陈来先生对韦伯理论的吸收、借鉴与批评。韦伯是当代中国不少学者借以批判传统的资源，而陈来先生则是国内较早关注并回应韦伯问题的学者。

早在 1987 年发表的《中国近代思想的回顾与前瞻》一文中，陈来先生就借鉴韦伯工具理性与价值理性区分的观点，指出"要求以价值理性为主体的儒学为以工具理性发展为内容的经济改革作出具体贡献是一种苛求，因为价值传统并不因为它不能提出具体改革方案便失去自己的内在价值"[①]。陈来先生始终强调，"最根本的把握就是认为'东西古今'的问题其实本质上就是价值理性和工具理性的关系问题"[②]。他从价值理性的独立地位，强调传统的内在价值，这是他反对以功利主义评价儒学的基础，也是他强调儒学作为价值理性连续发展重要性的理论基点。而从韦伯的二分看待中国传统与现代的观点，以前没有学者讲过。

同时，陈来先生强调儒学传统对现代性的包容与适应，更是对韦伯思想的扬弃。其实韦伯早就指出过，虽然儒学传统无法发展出现代性价值，但在现代性被中国接收后，儒家传统却可以包容、适应现代性。陈来先生很早就敏锐地抓住了这一点[③]，而国内大多数学者在借用韦伯资源时往往只关注韦伯理论的前半截，即儒家无法产生现代性，可以说，陈来先生对韦伯现代性理论的把握，超越国内众多学者。同时，韦伯在指出儒学能够同化现代性时，却认为这是"中国式的石化"——中国会比其他文化更加热烈地"拥抱"现代生产方式，由于缺乏此世与彼岸的张力，人类的精神生活可能会进入"精神生活的中国式僵化"[④]。而陈来先生却指出，"一切宗教传统都与现

---

① 陈来：《中国近代思想的回顾与前瞻》，载《传统与现代——人文主义的视界》，第 25 页。
② 陈来：《陈来儒学思想录》，"代序"第 7 页。
③ 参见陈来《世俗儒家伦理与后发现代化》，《二十一世纪》1994 年第 2 期。
④ 参见李猛《"中国式的石化"：韦伯论儒家生活之道的世界文明后果》，未刊稿。

代化有冲突，都必然对现代化发展中的物欲横流、价值解体、人性异化、人际疏离、文化商业化等消极因素持批判态度。同时，我们又须承认现代化是一个不可避免的发展，在这样一种情境中，与世俗世界具有过分紧张关系的宗教，就显得不适应；而儒教这种在世俗中求神圣、注重与世界适应的、重视道德与文化的体系，可能会在同化的过程中与市场工具理性形成比较合理的紧张"①。对于现代化以及现代化与儒学的关系，陈来先生并不持韦伯式的悲观立场，此种立场是中国尺度的"此世""在世"的态度。此外，陈来先生还特别指出了韦伯研究儒家与研究新教不一致的地方，即韦伯在研究新教伦理时关注的是世俗伦理，而在研究儒家时关注的则是精英传统，没有从世俗儒家伦理的角度分析问题。他指出，"韦伯所有在儒家伦理方面所下的错误论断，都是因为他只就精英儒家文化立论，而忽略了世俗儒家文化"②，"由于他主要着眼于精英儒家伦理，立下了许多论断，使得他的论断与他自己偶尔利用的旅行者的报道，发生矛盾。更重要的是，这使得他的理论在解释东亚及中国在模拟现代化过程中的迅猛发展方面，显得无能为力"③。正是指出了韦伯理论自身的不融贯，陈来先生才分析出，"就世俗儒家文化来说，韦伯的论断'儒教的理想与禁欲的基督新教的职业概念之间，甚至存在着更强烈的紧张性'，也是不适当的"④，"在经济行为上，中国文化训练的人具有自我约束和勤俭执业的品质，在模拟现代化的过程中可发挥积极的作用，而功利动机的合法化则为中国人提供了心态的支持"⑤，这也即陈来先生探索蒙学与世俗儒家伦理文章的理论意蕴所在。

二　多元与动态

我们特别强调陈来先生 1988 年发表的《多元文化结构中的儒学及其定位》一文，与笔者对陈来先生文化理论价值的理解有关。笔者以为，此文是陈来先生"多元普遍性"观点的滥觞，而"多元普遍性"这一思考，即是对

① 陈来：《儒家伦理与中国现代化》，载《传统与现代——人文主义的视界》，第 240 页。
② 陈来：《陈来儒学思想录》，第 145 页。
③ 陈来：《陈来儒学思想录》，第 146 页。
④ 陈来：《陈来儒学思想录》，第 145 页。
⑤ 陈来：《陈来儒学思想录》，第 146 页。

以列文森为代表的海外学者主张儒学已死、已经走入博物馆的观点最有力的反驳，亦是我们当下思考中华文化、思考人类文明新形态所应具有的基本文化立场。

我们可以发现，近代反传统的激进主义，其思维特征是"一元"的，这种"一元"的文化模式，往往将复杂的世界要素进行化约，在对待中国现代化建设时，则表现为各种形态的"文化决定论"；在面对世界文化时，则展现为排他的某种中心主义，特别是西方中心主义；在实践上，则期待用"一招鲜"的方式，希望短、平、快地全盘解决问题，因此在历史实践中就会显得急功近利、简单粗暴①。机械性、僵化性，是一元论的首要特征。我们可以从陈来先生对近代以来激进主义的描述中，发现一元论思维的上述特征。还值得注意的是，很多学者对自身陷入"一元"往往不自觉，如陈来先生指出，孔汉思等人希望在不同文明之间找出共同，以此促进世界和平，"其实仍是一种一元论的思维方式，难道我们就不能想象一种中国式的'和而不同'的思路吗？没有必要期望所有宗教最后的趋同并由以解决世界的冲突，这种期望只能是对多元文化的否定。信仰、伦理上的共同处不能保证和平共处，共同处多也不等于共处容易"②；也有些学者为了反对一元，坚持多元，但导向了各种形态的相对主义。在这点上，"多元普遍"的观点，无疑具有重大的理论意义。

所谓多元，首先，在面对文化与政治、经济等关系时，强调结构性地看待问题。工具理性具有普遍性，价值理性同样具有普遍性。陈来先生讲，"东西方的价值理性传统并无古今高下之分，人文价值必须有自己独立的尊严和领地"③。此即陈来先生在化解传统与现代紧张时特别强调的，在一个结构中，定位各要素的作用，最终形成合力，而不是期待某一个要素能够发挥所有作用，这样一方面会造成要素的越位，一方面也会导致对要素的苛责。结构中的要素，其价值或作用的发挥都具有普遍性，普遍地作用于现代社会的每一个活动单元，而其普遍性的实现，则有待系统合力。

---

① 此点在人格特征上亦有体现，从《儒学发展的宏观透视》一书的讨论部分，即可看出。
② 陈来：《谁之正义，何种伦理？——儒家伦理与全球伦理》，载《孔夫子与现代世界》，北京大学出版社，2011，第14~15页。
③ 陈来：《化解"传统"与"现代"的紧张——"五四"文化思潮的反思》，载《传统与现代——人文主义的视界》，第52页。

其次，面对世界上各文明系统，强调各种文明的价值都具有普遍性，不能认为在现代社会只有西方文明具有普遍性，非西方文明是特殊性的存在，也即上面引文所说东西方价值理性传统无古今高下之分。陈来先生指出：

> 当代文化和哲学的发展显示出，根源性、民族性、地方性，与世界性、现代性、普遍性，已不再是启蒙时代所理解的非此即彼的对立，而是"对立统一"的辩证关联。现代化可以有不同的文化形式，哲学也可以有不同的文化形式；哲学问题是没有时代性的，它本身不需要现代化，但提出问题和处理问题的方式却有时代性。①

陈来先生以一种辩证的、历史的姿态看待传统与现代、不同文化的关系，强调各文明提出的价值具有的根源性与普遍性。陈来先生区分了"内在的普遍性"和"实现的普遍性"，"内在的普遍性"强调某种文化在历史过程中具有的普遍化能力，"实现的普遍性"则强调具有内在普遍性的文化在一定条件、环境中的实现状态。陈来先生讲：

> 在我们看来，这种普遍和特殊只有时间的差别，西方较早地把自己实现为普遍的，东方则尚处在把自己的地方性实现为普遍性的开始，而精神价值的内在普遍性并不决定于外在实现的程度。在我们看来，东西方精神文明与价值都内在地具有普遍性，这可称为"内在的普遍性"，而内在的普遍性能否实现出来，需要很多的外在的、历史的条件，实现出来的则可称为"实现的普遍性"。②

一种文明，可能因为历史机缘，较早地实现了普遍性，但这种实现却不能压制和覆盖其他文明的普遍性，按陈来先生的讲法，全球化不能变成"有主词的全球化"。随着历史的发展，历史可能为其他文化的普遍性实现提供契机。因此，我们不能仅将西方自由、民主视作普遍性价值、东方价值，如仁爱、平等，依旧具有普遍性。这里，我们可以看到，具有内在普遍性的文明，其关系也可以是多样的，在其实现普遍性的过程当中，可能会出现"文明的冲突"，但是，如果能在一种世界性的文化结构中，合理地发挥各种文

---

① 陈来：《陈来儒学思想录》，第29页。
② 陈来：《陈来儒学思想录》，第36页。

明的地方性作用，发挥出各文明内在的和平性要素，同时在各文明、文化之间逐步确立"承认的文化"，则有可能化解文明的冲突，做到文明间的"美美与共"，而这也即是我们当下思考的"人类文明新形态"。陈来先生指出：

> 相对于西方多元主义立场注重的"承认的政治"，在全球化文化关系上我们则强调"承认的文化"，这就是承认文化与文明的多元普遍性，用这样的原则处理不同文化和不同文明的关系。这样的立场自然是世界性的文化多元主义的立场，主张全球文化关系的去中心化和多中心化即世界性的多元文化主义。从哲学上讲，以往的习惯认为普遍性是一元的，多元即意味着特殊性；其实多元并不必然皆为特殊，多元的普遍性是否可能及如何可能，应当成为全球化时代哲学思考的一个课题。①

这一课题的深化，自然值得今天的学者进一步开展，但是，这样的理论，其意义却是显而易见的。除上述化解文明的冲突的意义外，我们也可以看到，这样一种文化观，是对"历史终结"说的内在瓦解。历史终结说，根源就在于坚持西方一元普遍，而且认为这种普遍性的充分实现，就意味着人类历史不会再有新鲜的发展。但今天的历史发展，恰恰证明，我们不能期待"历史的终结"以实现人类的发展理想，西方对普遍性的极端诉求，反而可能使人类历史走入死胡同。多元的普遍，恰恰看到了文明间的动态平衡，亦即在人类历史的不同关口，拥有不同价值系统的文明，可以在不同时期，为解决人类问题提供新的可能，为人类发展提供新的发展思路。普遍性之间不仅仅有竞争关系，在其普遍性的实现过程当中，不同的文明的交往，反而可以促进不同文化自身的创造性转化。我们可以说，一元普遍的观点，不仅仅压制其他文化的发展，也对自身文化的发展造成了封闭，将自身文明变成僵化的实体，将自我与他者同时带进死胡同；而从多元普遍性的立场，我们则可以在"美人之美"的过程中，吸收不同文明的长处，发展自身文明，以一种开放性的姿态深化人类价值。

回到中国近代问题，特别是列文森提出的"博物馆"说，我们同样可以看到多元普遍说在解决中国内在文化问题时的重要意义。列文森认为，

---

① 陈来：《陈来儒学思想录》，第36页。

由于西方的冲击，儒学已经走入博物馆，对现代中国已经失去了实际效用。如果站在陈来先生的理论视角，我们可以认为，列文森实际上没有注意到价值理性的连续性，而之所以会如此，就在于列文森依旧持"一元普遍"的立场。列文森在谈到儒学走入博物馆的逻辑历程时，一个关键性的要点就在于"普遍性"的替换，亦即西方文明的普遍性，由于其在近代中国的有用性，逐渐替代了原本在中国占据普遍性地位的儒学思想。这里列文森实际上认为，在一个现实的文化系统当中，只有一种文化价值，可以发挥完整的体用皆在的普遍性效用，而在普遍性选择的过程当中，西方文明由于其在现代社会的效力，成为最终的赢家。列文森只是在实现的普遍性角度看待问题，同时，对西方文化的普遍性效力的根深蒂固的坚持，才使得他对儒学的近代命运有如此的判断。如果我们回到多元普遍的立场，回到多元文化的结构当中，就不难看出列文森的问题所在，以及对列文森博物馆说的最深刻的回应——当今儒学不是要在所有领域发挥作用，而是要在一个新的文化结构当中，发挥其作为价值理性的作用。而中国在接受西方工具理性以及某些价值理性普遍性的同时，也可以发挥儒学在价值理性中的普遍作用，儒学的普遍价值也可以随着历史的发展推扩出去，给予人类文明面对现代性问题解决的方案。不同的普遍性文明之间的关系，绝不是替代性或覆盖性的。这是我们从多元普遍说的立场，对人类文明新形态做出的思考。

同时，从多元普遍出发，我们也可以更加凸显陈来先生自身哲学建构、文化思考的特点。作为一个文化保守主义者，陈来先生既不主张全盘西化，也不主张复古，而是在结构中合理地安顿古今东西的位置，以期各要素都发挥积极的作用。当代中国的传统文化复兴，同样需要在传统文化领域警惕一元性思维，即认为传统万能，儒家文化可以全盘解决中国当下面对的各种问题，这样就会走向另外一种急功近利与简单化约。

多元普遍说能够展现出陈来先生作为哲学家的历史感，即动态地、历史地、结构地看待人类文化，而不是机械地、僵化地、独断地对文化的理论和现实做出评判。当然，我们也可以从多元普遍性的论述，看到陈来先生对现实问题的强烈关切。多元普遍性的观点对未来人类文化发展的意义，仍旧值得我们挖掘。

三　创造与振兴

进入 21 世纪，陈来先生不断强调，"如何面对当今世界、当今社会的现实处境（包括扩大民主、社会正义和公共福利等）而发出自己的声音，表达自己的态度，不能不成为新的考验。……进入了一个治国安邦的时代。在文化上，从上个世纪的'批判与启蒙'，走向了新世纪的'创造与振兴'"①，这样一个"治国安邦"的时代即所谓元亨之际，而"创造与振兴"则是陈来先生在这个时代，自觉承担起的使命，其很多思考和写作，都是围绕中华文明的创造性转化与创新性发展开展的。我们可以从如下几方面来看陈来先生的贡献。

首先，陈来先生较早关注儒学与马克思主义的关系，并注重两者的"结合"。相较一般学者，陈来先生对儒学和马克思主义都有深入的了解。儒学自不待言，在马克思主义领域，陈来先生在青年时期就阅读了大量经典原著，对马克思主义基本原理有着较为深刻的理解。在陈来先生看来，阻碍儒学与马克思主义结合的，主要是极左的假马克思主义以及他们人为构造出的一些障碍：

> 在中国大陆，长期以来，妨碍正确理解儒学的历史价值与现代意义的力量，不仅来自于自由主义对儒学的激进否定，极左的假马克思主义在近几十年的批判儒学的运动中扮演重要角色。……90 年代中期，一个正在兴起的、小规模的批儒运动主要来自教条主义和假马克思主义。他们认为孔子学说是一个非常封建的学说，认为马克思主义与孔子的教义，无论如何是两个对立的体系，认为马克思主义和儒学的关系应该是批判性的否定关系，把儒学仅仅看成一种维护封建专制统治的地主阶级的意识形态；为了把马克思主义与中国文化对立起来，用虚幻的手法提出"如果我们天真地以为从'国学'中可以找到立国之本或重建民族精神的支柱，而马克思主义作为外来文化可以置之一边，那么未免太迂腐了"，"不排除有人企图用'国学'这一可疑的概念来达到摈弃社会主义新文化于中国文化之外的目的"。教条主义和假马克思主义无视中华民

---

① 陈来：《孔子与当代中国》，载《孔夫子与现代世界》，第 11 页。

族的历史主体性，无视民族利益和民族前途，无视历史转型中的现实困难，假意识形态的威权，把赞成正确理解儒学和要求善用传统资源以对治现实问题的主张扣以"复古主义"的帽子，企图以政治化的话语打击不同的学术意见，这无疑是90年代改革开放潮流中的一种倒退的表现。同时，也可看出，在把儒学视作"农业文明"、"专制意识形态"方面，教条主义与文化激进主义是受同一种启蒙话语所支配的。①

中国马克思主义在发展过程中不能摒弃中华民族的历史主体性，要超越抽象的教条，而从中国文化发展的具体看待两者的关系，不能忘记中国实际和中国问题具有目标的意义，这是解决儒学和马克思主义结合问题的一个立足点。陈来先生特别强调：

> 马克思主义是发展的，中国化的马克思主义是与时俱进的。我们讲儒学和马克思主义的关系，这个马克思主义应以当代中国的马克思主义为主体。……紧密结合社会主义文化建设的实际，不断开创马克思主义与中华文化相结合的新局面。

> 马克思主义是指导我们事业的理论基础，儒学是中华传统文化的主干。我们要进行有中国特色社会主义的实践，就不能不重视这两者之间的关系：如果只关注以儒学为核心的中国传统文化，而不坚持马克思主义，那么我们的社会主义实践就会失去指导思想，我们的社会主义建设也就名存实亡；反过来说，如果只坚持经典的马克思主义理论，而不去研究以儒学为核心的中国传统文化，那么，我们的社会主义建设就会失去中国特色。②

陈来先生的这些观点对于我们今天思考马克思主义基本原理同中华优秀传统文化的结合，具有重要的理论意义。

其次，陈来先生特别注重在新时期阐扬中华文明的核心价值。陈来先生很多文章越出纯粹的专业研究，而以明晰、通俗、晓畅的笔触向大众传播中华优秀传统文化，用现代汉语述说中华文明的核心价值，具有深刻的实践意义，为儒学在当今重新进入社会文化和生活伦理提供了门径，这是陈来先生

---

① 陈来：《现代中国文化与儒学的困境》，载《孔夫子与现代世界》，第152～160页。
② 陈来：《陈来儒学思想录》，第121～122页。

当代实践方式的探索。当代专业知识分子如何在公共生活中发挥作用？是否只能像传统儒家那样"学而优则仕"才能对现实有实际影响？其实陈来先生的实践为我们展现了当代儒家知识分子实践的一个方向，即讲清楚传统是什么，传统的价值何在。在传统复兴的初期，此种工作尤为重要，这种"讲清楚"是对传统的"正本清源"。特别是我们看到，在国学热的背景下，大量打着国学旗号的伪国学也同时出现，反而阻碍了传统的复兴，这就更需要向公众讲清楚传统的本来面目与核心价值。陈来先生在这方面的工作，无疑是当代学者中最具代表性的，如他从以人为本、以民为本、以德治为本、以修身为本和以家庭为本五个方面揭示了儒家的治国思想，从人生态度、道德理想等几方面讲清楚了儒家的人生观。更为重要的是，陈来先生与现代价值比较，勾勒出了中华文明核心价值观最重要的特征：

> 第一，道德比法律更重要。第二，社群比个人更重要。个人指个体，社群小到家庭、家族、宗族，大到社区、国家、民族。第三，精神比物质更重要。第四，责任比权力更重要。儒家所认为的责任是宽泛的，可以是对家庭的责任、对团体的责任，也可以是对社会、对民族的责任。第五，民生比民主更重要。孟子就认为老百姓有了温饱生活才能做好其他事情。第六，秩序比自由更重要。第七，今生比来世有价值。儒家奉行积极的现世主义，它非常看重今生现世的事物。第八，和谐比斗争有价值。第九，文明比贫穷有价值。儒家始终对文明有很高的认知度，早期儒家提倡礼，礼就是一个文明的体系、文明的标志，一切人类文明的建构都属于礼，所以儒家最保守礼、发展礼，并传承礼，它的文明意识非常突出。第十，家庭比阶级有价值。[①]

以上十条，是陈来先生在对比西方现代价值的基础上，对中华文明特征的彰显。这里特别要注意陈来先生断语的分寸。陈来先生强调一方比另一方更重要，绝非排他性的断语，不是不要另一方，而是在吸收另一方价值的同时，凸显中华文明的价值意义。回到上文所讲的多元结构，我们可以说，陈来先生不是在价值之间做非此即彼的选择，而是要在多元结构、在中国主体下，安顿这些价值，而中华文明的核心价值由此彰显了其独特性，也在这一

---

① 陈来：《陈来儒学思想录》，第 105 页。

结构中获得了生机。

再次，挺立仁体，在仁体的彰显中，安顿价值。在《仁学本体论》中，陈来先生指出："一，仁为本体，是万有之本；二，仁本体是流行统体；三，仁本体是生生之源；四，仁本体是仁与万物为一体。"[①] 仁体，直接将价值本源作为宇宙、世界的本体，将价值视为形而上学的根本，直接为当下社会与人的道德重建提供了哲学基础。《仁学本体论》前十一章重点阐释"体"，而第十二章"仁统四德"则是对具体的"用"的阐释，也即对价值的诠释。这一阐释依旧建立在对"仁体"内容的重新诠释的基础上，尤其是用"新四德"——仁爱、自由、平等、公正[②]——去重新赋予传统儒学所讲的"仁包四德"以当代使命。陈来先生指出，"在现代社会，四德论应有所发展，已有的仁义礼智四德，仍有其价值和意义，但儒家仁学必然以仁为基础，来对现代社会的普遍价值原则，加以贯通。……传统四德多就道德价值或私德而言（当然不限于私德），而新四德或五德则主要内容就社会价值而言，但两者不是相排斥的，可以说是相补充、相配合的"[③]。这样一种价值体系，以"仁"为结构的核心，包容现代价值，展现出一种包容精神。同时，在"新四德"当中，四者的关系并不是平铺、并列，而是用"仁爱"去统贯其他三者，仁爱优先于其他三种价值，这就突出了中华文化的主体性地位。无论是对于传统中国价值还是其他价值，陈来先生都是立基于仁体进行阐发。如当代学者特别注重挖掘儒家"和"（和谐）的当代价值，但很多学者在阐发时，依旧"缺了上一截"，这样阐发出的和谐是无根的，也无法从根源上看到"和"的意义。陈来先生则主张"仁体和用"，他指出：

> "和"虽然是儒家文化的基本取向，但从儒家的价值结构来看，"和"还不是儒学的究极原理。"和"是用，而不是体。"和"的后面还有一个基础，这就是"仁"。"仁"是体，"和"是用。……"以仁为体，以和为用"的文化实践结构，体现了儒学与西方文化不同的精神特色。如果没有一个普遍的道德原理作为基础，要建立后冷战时期健全的

---

① 陈来：《仁学本体论》，生活·读书·新知三联书店，2014，第68页。
② 加上"和谐"，则是陈来先生所讲的"新五德"。
③ 陈来：《仁学本体论》，第429页。

全球文化，是不可能的。儒家传统的"仁"可以作为当今世界人类共同观念的一个道德基础。

这就从普遍性的角度，强调了"和"的重要意义。这种从普遍性的"仁体"出发阐释价值，是陈来先生文化观的又一核心特色。

最后，阐扬儒学美德，化解当代道德问题。在《儒学美德论》中，陈来先生面对近代以来的中国道德问题，再次强调我们不能苛责儒家没有现代要求的某些德性，而是要看儒家的普遍性原则能否推出或接纳这些价值。陈来先生指出："要用动态和发展的观点理解'儒家'，特别是'近代新儒家'，而避免用一个单一的本质主义的儒家概念去判断儒家的多元体现和历史发展。传统儒家的体现形态本身就是多元的，不是单一的。而无论近代或现代、当代的新儒家学者，都不再与传统儒家完全一致。他们大都批判地肯定工业文明、民主政治、科学发展、现代化社会组织，并广泛吸收现代价值观；但在基本道德价值、基本人生理念、基本修身方法以及文化认同上，仍坚持肯定儒家的基本观念。"① 陈来先生不是要将儒家伦理收摄于美德伦理，或用美德伦理的框架"套"儒家伦理，而是希望在对话关系中凸显儒家特色与当代意义。该书虽从"美德伦理"而出，但真正深入的则是"儒家伦理""中国问题"，美德伦理更多是一个问题参照、切入。在陈来先生看来，孔子提供了一种普遍价值，这种普遍价值展现在君子人格上。只有从君子人格出发，我们才能看到儒家伦理本身具有的原则与美德的统一、德性与德行的统一、道德与非道德的统一、公德与私德的统一、道德境界与超道德境界的统一等特征。君子人格以及君子人格的培养，展现了儒家美德论的各个面向，同时，这一人格的提出，也区别于西方美德伦理学的论述构架，而显示出儒家美德论的价值。更为重要的是，挖掘出儒学美德论的一般特点以及"君子"的独特地位，更可为克服当下问题提供方向，即我们可以回到儒家的君子论述，重新思考今天的道德养成问题，以"君子人格"的培养为重点，而不是片面地区分"公德—私德"。

上述诸方面，特别是《仁学本体论》和《儒学美德论》二书的价值，已经引起了学界的广泛讨论，越来越多的学者注意到了陈来先生说法的价值，而陈来先生的很多思考，也成了研究相关问题所绕不过去的环节。

---

① 陈来：《儒学美德论》，生活·读书·新知三联书店，2019，第156~157页。

在 2010 年发表的《二十世纪的儒学研究与儒学发展》一文中，陈来先生写道："只有对两千多年来的儒学，包括它和社会、制度的互动，进行深入细致的研究，才能真正了解这一伟大的传统及其偏病，才能对中国文化的未来发展有真正的文化自觉，也才能回应世界范围内儒学研究的挑战。"① "只有在学术上、理论上对儒学进行梳理和重建，才能立身于哲学思想的场域，得到论辩对方的尊重，与其他思想系统形成合理的互动；也才能说服知识分子，取信于社会大众，改良文化氛围，为儒学的全面复兴打下坚实的基础。"② 系统地审视陈来先生对传统与现代关系的省思、勾画中国哲学的未来，我们可以说这正是陈来先生的"夫子自道"。陈来先生正是以这样的姿态，从理论上给出了深刻的、有说服力的文化观点。

---

① 陈来：《二十世纪的儒学研究与儒学发展》，载《孔夫子与现代世界》，第 270 页。
② 陈来：《二十世纪的儒学研究与儒学发展》，载《孔夫子与现代世界》，第 274 页。

先秦两汉哲学研究

从知识到价值

——《庄子》"知"观念发微

郑博思

（清华大学国学研究院）

摘　要：《庄子》中的"知"具有知识论和价值论两方面含义。世俗性的、常识性的"知"，以"妄心"为出发点，以关系和对待的方式认知时空中的、形而下的事物；"真知"以"无心"或"常心"，观照本然蕴藏于心中的"道"，以此感通万物。"真知"所导向的价值论具有解构常识的作用，从而形成《庄子》独特的生命观以及伦理政治学说。《庄子》的"真知"作为价值论，也是常识性的、知识性的"知"的归宿。

关键词：庄子　知　知识　真知　价值

"知"作为一种能力，在《庄子》文本中，具有较为复杂的意涵：有时它表示对事物的知识性的探求，有时则表示对本根之"道"的体认。如果仅以"知识论"的角度审视《庄子》的"知"观念，它似乎不过承继和延续了《老子》"为学日益，为道日损"的观念，表示对知识性事物的排斥，因而具有某种反智主义倾向，进而引出《庄子》哲学与"不可知论"的暧昧关系。如严北溟认为，"庄子并不怀疑客观世界的存在，只因为世界是无穷的，而人的生命和知识有限，他灰心了，就主张不必去追求知识"；同时他又指出，"（庄子）把真理认识的相对性予以绝对化，因而走向不可知论的"①。

---

① 严北溟：《应对庄子重新评价》，《哲学研究》1980 年第 1 期。

任继愈先生也认为："庄周由此推论出人的知识的作用是靠许多不知道的事情的衬托，如果没有大量的无所知，知识也将失去价值。这里，他不但抹煞了知识对实践的积极作用，相反地倒认为知识靠'无知'才有价值。在理论上给不可知论制造了温床。……从此进一步，就会得出：既然不能求得完全的知识，就不必求知。再进一步，就会得出齐是非、一物我、彻头彻尾的不可知论。"① 事实上，《庄子》文本中的"反智"与"不可知"，融合了"养生""应世"等复杂的观念范畴，不仅涉及知识论，更多地涉及价值论方面。因此，必须在庄子文本的具体语境中寻绎"知"以及"去知"的具体理论内涵，由此方可揭示庄子"知"观念的全貌。

一 关系性的视角下的"知"

张岱年先生指出，"先秦哲学中，论'知'最详者为墨家"②。墨家有"知，材也"（《墨子·经上》）的说法，《经说上》解"材"为"知也者所以知也"，这里的"知"无疑是指一种知性能力。同时《经上》又说"知，接也"；《经说上》云："知：知也者以其知过〔遇〕物，而能貌之，若见。"如果以现代科学对"知"的理解，所谓"知也者"，即具有"知"之"材"的认识主体，"其知"即所谓"知"之"材"，"物"是认识的客体，"知"这一行为所达到的效果就是"能貌之"。《经说上》将《经上》所谓"接"理解为一种"关系"，这种以"关系"解释"知"的表达在《庄子》中是有所继承的：

> 知者，接也；知者，谟也；知者之所不知，犹睨也。（《庚桑楚》）

成玄英疏云："夫交接前物，谋谟情事，故谓之知也。"《庚桑楚》分辨了两种"知"：一种是"交接前物"的"知"，即现代汉语所谓"感性知觉"；一种是"谋谟情事"的"知"，大体可以等同于现代汉语的"理性认知"。无论是感性知觉的"知"还是理性认知的"知"，《庚桑楚》都将其作为某种"关系"来处理，即所谓"接"。这里无论"物"或是"情事"，都

---

① 任继愈：《庄子探源——从唯物主义的庄周到唯心主义的"后期庄学"》，《哲学研究》1961 年第 2 期。

② 《张岱年全集》（第 4 卷），河北人民出版社，1996，第 673 页。

只是"知"的客体，即认识的对象。那么认识的主体是什么呢？《庚桑楚》虽云"去就取与知能六者，塞道也"，但显然无法将"道"直接与"知"关联，事实上按照《庄子》的语言风格，所谓"志之勃""心之谬""德之累""道之塞"四者是可以相互关联的，因此"知"的主体即"心"，这种说法在《齐物论》中亦有呈现。

> 大知闲闲，小知间间；大言炎炎，小言詹詹。其寐也魂交，其觉也形开，与接为构，日以心斗。缦者，窖者，密者。（《齐物论》）

成玄英云："构，合也。窖，深也，今穴地藏谷是也。密，隐也。交接世事，构合根尘，妄心既重，（渴）〔竭〕日不足，故惜彼寸阴，心与日斗也。其运心逐境，情性万殊，略而言之，有此三别也。""妄心"不仅是"交接世事""构合根尘"的结果，它也对以后的"知"发生着作用，可以说它进一步呈现为某种经验习性或思考方式。因此在《庄子》的知识论所呈现的关系中，"心"是认识外物和情事的主体，或者说是感性和知性活动的发动者；因为主体的"心"的有限性，故作为知识论的"知"亦是有限的。

然而在《庄子》乃至道家哲学体系中，个体的"心"另有感通"道"的功能，在此种意义上可称作"无心"或"常心"[①]；因为"无心"或"常心"与前文所谓"妄心"是一心的不同状态，故在"心"与"道"的感通中，知识性的"知"发挥的是相对负面的作用。

> 闻以有翼飞者矣，未闻以无翼飞者也；闻以有知知者矣，未闻以无知知者也。瞻彼阕者，虚室生白，吉祥止止。夫且不止，是之谓坐驰。夫徇耳目内通而外于心知，鬼神将来舍，而况人乎！（《人间世》）

所谓"以无知知者"，所"知"之对象即为天地万物，即是通过"体道"而达到与天地万物的感通之境。"虚室生白"之"白"，成玄英释之为"道"，意谓对"道"的观照。郭象云："夫使耳目闭而自然得者，心知之用外矣"，意谓去除"心知"是达"道"之境界的前提。这即是说，"知"是"心"感通"道"的屏障，正如蒙培元将认知心、嗜欲心、喜怒哀乐之心与

[①] 如唐君毅指出："庄子之言心有二：其一为庄子之所贬，另一为庄子之所尚。"见唐君毅《中国哲学原论·导论篇》，台湾学生书局，1986，第121页。

道德心都作为心灵所受到的束缚①。相反，一旦"心"与"道"得以感通，"真知"才得以呈现。

> 且有真人而后有真知。何谓真人？古之真人，不逆寡，不雄成，不谟士。若然者，过而弗悔，当而不自得也。若然者，登高不慄，入水不濡，入火不热。是知之能登假于道者也若此。(《大宗师》)

成疏云："夫圣人者，诚能冥真合道，忘我遗物。怀兹圣德，然后有此真知，是以混一真人而无患累。""冥真合道"即"心"之体"道"，此处"冥真合道"与"忘我遗物"几乎是等同关系，即与"道"感通便无"我"亦无"物"；无"我"亦无"物"即是对作为主体的"心"的"接"的状态的否定。具而言之，"逆寡""雄成""谟士"即是有"物"有"我"的"知"；"悔"和"自得"亦是有"物"有"我"的"知"；"慄""濡""热"还是有"物"有"我"的"知"。三者既包含了感性直观，也包含了理性判断，都仅仅是一般的知识性的"知"而非"真知"。这种一般性的"知"亦被某些学者称作"俗知"②。因此"冥真合道"与"知"是截然相反的两条路径。

二 道物之分："真知"与"知"的界限

《庄子》对于"知者，接也"这般表述和意涵的否定，并非针对普遍性的、常识性的"知"，也即是说，《庄子》在一定程度上肯定常识性的"知"；相对地，《庄子》否定将"真知"作为一种认识上的主客对待的关系来理解。换而言之，《庄子》对"知"与"真知"进行了划界，即所谓"其知有所至矣"，这说明《庄子》并非全然的不可知论。这里需要说明的是，《庄子》中的"知"与"真知"，并非截然的对于"物"和"道"的认识和体达，不同于《老子》对道物二分的强调，《庄子》强调"道"寓于"物"之中，因此"知"与"真知"不可能截然分裂；然而不同于"物"的有限

---

① 蒙培元：《心灵超越与境界》，人民出版社，1998，第209~211页。
② 如张松辉创造性地使用"俗知"这一词语以区分"真知"，认为"俗知"是"一般世俗人的知识"；并认为因为"俗知"本身的不可靠，以及追求"俗知"的有害，故庄子对"俗知"是排斥的。见张松辉《庄子研究》，人民出版社，2009，第105页。

性，"道"是无限的，这就决定了对现实中的任何具体的"物"的认知，都不可能直接通达"道"，即通达"真知"。应该说一般性的"知"仅仅是对"真知"部分的体认，这里的"部分"是指对可通过感性和知性所把握的部分，而在感性和知性能力所把握的"部分"之外，则是纯粹的"真知"的范围。

> 古之人，其知有所至矣。恶乎至？有以为未始有物者，至矣，尽矣，不可以加矣。其次以为有物矣，而未始有封也。其次以为有封焉，而未始有是非也。（《齐物论》）

《庄子》文本中多以"古之人"承载其理想人格。《庄子》认为的理想人格的对"物"的"知"是有界限的，这一界限最为完善的划分，就在于认识到"未始有物"，即认识到物之有限性。而"未始有封""未始有是非"则是每况愈下的认知水平，即在"物"的相对客观的认知中杂入了多余的事实判断，直至依据主观做出的价值判断。《齐物论》此处所论的"知"，仅是从由外向内的"感知"的角度言说"知"。与之对应的则是《则阳》对"或使""莫为"两种本原论的讨论。

> 斯而析之，精至于无伦，大至于不可围，或之使，莫之为，未免于物而终以为过。或使则实，莫为则虚。……道不可有，有不可无。道之为名，所假而行。或使莫为，在物一曲，夫胡为于大方？（《则阳》）

此处郭象云"季真之言当也"，实则以己度人之解释。所谓"或之使，莫之为，未免于物而终以为过"，意思是说：无论季真的"莫为"说，还是接子的"或使"说，都是就具体之"物"而言的；然而不同于现实之"物"，"道"无法用"莫为""或使"的属性加以规定和限制。贯穿《老子》《庄子》之"道"论的一点在于，"道"与"物"的一个根本区别是，在某两个逻辑矛盾的属性中，"物"只能占据其一，而"道"不受这一逻辑的限制，因而它可以是既占据其一且占据其二的。这便能解释《老子》言"道"既说"强为之名曰大"，又说"可名于小"。与此相同，"或使""莫为"两种说法，仅对现实的具体之"物"有所限制，即所谓"在物一曲"，人的知性无法穷究"道"背后的动力或源泉。与此相似的是《齐物论》中对"有始"问题的追问和讨论。

> 有始也者，有未始有始也者，有未始有夫未始有始也者。有有也
> 者，有无也者，有未始有无也者，有未始有夫未始有无也者。(《齐物
> 论》)

《齐物论》篇以近乎"悬置"的态度回答了对于"有始"的无限追问，认为无论以"有始""无始"回答万物本原的问题，都会导致无限地向前推论，这种推论无法穷极的原因恰恰在于时间与空间的不可究极。而作为认知的对象的"物"，因为受到时间、空间限制，永远处于流变之中，这个角度亦是难以把握的。因此，《则阳》和《齐物论》二篇从由内向外的知性推理的角度，再次为人的"知"划定了界限。由此可见，《庄子》认为一定时空范围内的"物"，准确地说是有限的、现实的"物"，是感性和知性所能穷达的上限，亦是"知"与"真知"之间的界限。

如果说一般性的"知"无法体认有限的、现实的"物"以外的存在，那么，"真知"是否能够体认有限的、现实的"物"呢？换而言之，《庄子》理论中是否具有"知—物""真知—道"这样的一一对应关系呢？从道物关系上，《庄子》强调"道"的遍在性以及与物的共在性，或者说强调"道"与物的"不离"。较为典型的说法即见于《大宗师》与《知北游》二篇。

> 夫道，有情有信，无为无形；可传而不可受，可得而不可见；自本
> 自根，未有天地，自古以固存；神鬼神帝，生天生地；在太极之先而不
> 为高，在六极之下而不为深，先天地生而不为久，长于上古而不为老。
> (《大宗师》)
> 东郭子问于庄子曰："所谓道，恶乎在？"庄子曰："无所不在。"东
> 郭子曰："期而后可。"庄子曰："在蝼蚁。"曰："何其下邪？"曰："在
> 稊稗。"曰："何其愈下邪？"曰："在瓦甓。"曰："何其愈甚邪？"曰：
> "在屎溺。"东郭子不应。(《知北游》)

《大宗师》篇言明，"道"先于天地万物，即所谓"自古以固存"；且是天地万化之原生动力的来源，即"神鬼神帝，生天生地"。之后四句则言"道"具有超越时间、空间的特性，或者说不为时间、空间所限制。而在《知北游》篇，庄子言"道"之"无所不在"，即便在极为污秽的"屎溺"中依然存有"道"，意谓"道"之存在不以"物"之价值有所损益，因为所

谓"价值"不过是人依据主观做出的分判，非物所固有。结合《大宗师》与《知北游》对"道"的描述，不难理解，《庄子》的"道"既具有"超越性"，且具有"普遍性"。其中"超越性"是指"道"超越了现实之"物"一切的属性上的限制，而现实之物最为根本的属性便是时间和空间；正是因为"道"具有的超越性，它能够普遍地存于万有之中。

另外，既然"知"作为"真知"的部分呈现，一旦"真知"得以体认，那么常识性的"知"也必然有所得，此之谓"以恬养知"。

> 古之治道者，以恬养知；知生而无以知为也，谓之以知养恬。（《缮性》）

此处所谓"治道"或为"洽"，即合于"道"，合于"道"即谓"恬"。成疏云："恬，静也。""恬"是得道之人所应然的"静"的状态，具体表现即"知生而无以知为也"，也就是说"知"作为一种能力，它自然地产生，但是人却无须刻意地使用它。由此可见，"真知"是"知"产生的充分条件，有"真知"则必然有"知"。

既然万物不离"道"而存在，且"道"是万物的本根本体，那么可以推断，《庄子》的"真知"既然可以体认本根之"道"，亦可体认有限的、现实的"物"。可以如此表述，《庄子》区分了有限的"知"和无限的"真知"；有限的"知"仅能认识有限的、现实的事物，无法认知超越性的、遍在性的"道"；无限的"真知"不仅能体认超越性的、遍在性的"道"，亦能通过"道"体认有限的、现实的"物"。且由于"知"是"真知"的部分呈现，一旦对"道"有所体认，那么"知"也随之在其应然领域发挥作用，表现为对常识性事物的感应和知觉。

三 作为知识论归宿的"真知"

既然"知"与"真知"都能认识或体认有限的、现实的"物"，而二者作用方式有所差别，那么二者对同一事物认知或体认的结果是否相同，这是又一个值得讨论的问题。

从作用方式上，"真知"所以不同于"知"，在于它无须依托"关系性"或"对待性"的认知方式；换而言之，使用知性认识事物时，必然连结"妄心"与"物"，它形成了一种主客的关系结构，即所谓"接"。但是"真知"

感知"物"则是经由对遍在性的"道"的体认，以"感通"的方式体认有限性的事物。从认知主体上，"知"的主体是"人心"，具体而言是人之感官与知性。感官与知性首先触碰到的是认知对象的物理属性，即体积、颜色、声音、气味等属性，表现为"物"的差异性。"真知"并没有一个认知主体，或者说"无心"或"常心"是一个非主体性的"主体"，它仅与遍在性的、超越性的"道"感通，而"道"是一个整全的存在，在不同事物中是"通而为一"的，不因事物而有所损益；进而作为"真知"所体认的"道"之承载者的"物"，是混沌了物理属性的差别的。因此"真知"体认下的万物是"齐"的，即表现为万物的"同一性"。据此，在面对同一事物时，"知"与"真知"分别表现为对"物"之"差异性"与"同一性"的认知和体认，或者说是对形而下的"物"与形而上的"道"的认知和体认——前者往往与事实判断相关联，后者则与《庄子》独特的价值判断相关联。

> 故为是举莛与楹，厉与西施，恢恑憰怪，道通为一。其分也，成也；其成也，毁也。凡物无成与毁，复通为一。唯达者知通为一，为是不用而寓诸庸。……劳神明为一而不知其同也，谓之朝三。（《齐物论》）

莛为屋梁，楹为舍柱，厉为丑人，西施则为美姬。郭象云"理虽万殊而性同得"，成疏亦谓"自得之情惟一"，均是以物之尽其性而言"通为一"；事实上此处之"通为一"非就物之尽其自性。所谓"无成与毁"，即是以一种超越时间空间的角度而言，而具体之物在时空中有生灭损耗，唯"道"无生灭变化，因此"复通为一"即就物背后的本根之"道"而言。以"道"观之，物无所谓成毁贵贱；而所谓"唯达者知通为一"之"达者"，即所谓有"真知"的"真人"。因此，"道通为一"是"真人"以"真知"体认的结果，与之相对的则是"劳神明为一"的"知"。现实中对某一事物的价值评价，往往出现具有差异的判断。在《庄子》看来，出现这种差异的根源就在于以"关系性"的认知方式来认知事物，而非由"道"而观"物"的体认。可以说差异性的价值评判是将"心"作用于"物"的直接结果：面对不同事物，认知主体产生的观感有所差别；而面对同一事物，处于流变之中的认知主体亦会产生不同的主观感受。价值评价可谓因时因事均有所差别。换而言之，一旦以"妄心"取代"无心"或"常心"，所有情感欲望诸因素都与"物"发生了关系，这就产生"以道观之，物无贵贱；以物观之，自贵而相贱；以俗观之，贵贱不在己"（《秋水》）这样的结果。因此，只有"真知"方能表现为价值观念上的"齐等"，因为它排除了"心"的作用，而这就是作为修养方法的"心斋"的作用。"心斋"不仅是达到"真知"的途径，也是从知识论转向价值论的枢纽。这也解释了"真人"何以作为体认"真知"的前提。

正是因为《庄子》哲学赋予了价值论以优先性，《庄子》篇章中反复出现看似有悖于常识的论述。

> 小人则以身殉利，士则以身殉名，大夫则以身殉家，圣人则以身殉天下。故此数子者，事业不同，名声异号，其于伤性以身为殉，一也。（《骈拇》）

从常识角度来看，小人、士、大夫、圣人身份不同、追求各异，无论在事实或是价值评价上，都不应将四者等而视之。然而以《庄子》的视角看来，所谓"性"即"道"在具体生命的呈现，"伤性"的行为即对现实生命中的"道"的损伤，从认知方面而言，均不合于"道"。从这一角度上来看，四者也是"同一"的。更为典型的一例则是庄子与惠施的"濠梁之辩"：

> 庄子与惠子游于濠梁之上。庄子曰："鯈鱼出游从容，是鱼之乐也。"惠子曰："子非鱼，安知鱼之乐？"庄子曰："子非我，安知我不知鱼之乐？"惠子曰："我非子，固不知子矣；子固非鱼也，子之不知鱼之乐，全矣。"庄子曰："请循其本。子曰'汝安知鱼乐'云者，既已知吾知之而问我，我知之濠上也。"（《秋水》）

有关"濠梁之辩"历代注家多有论述，一般认为在"濠梁之辩"中，惠施秉持的是逻辑论证或事实判断，而庄子则接近一种直觉思维①。惠施认为，"乐"是一种情感和心境，人与人的情感难以融通，而人与物的情感亦难以

---

① 比较有代表性的如杨向奎先生的说法，他认为在"濠梁之辩"中，庄子是诡辩的一方，而惠施只是做客观的分析。见朱东润主编《中华文史论丛》（第八辑），上海古籍出版社，1978，第210页。张岱年先生认为，庄子肯定"鱼之乐"是"以类比为依据的直觉"。见《张岱年全集》（第8卷），河北人民出版社，1996，第399页。张洪兴指出，庄子体道的方式主要是直觉思维，即以"非分析、非逻辑的方法，通过知觉、感悟、内省等方式"把握道。见张洪兴《〈庄子〉"三言"研究》，学苑出版社，2011，第94页。

融通，故庄子不知鱼之是否为乐。庄子此处仅以"我知之濠上"作答，似乎带有诡辩的意味。如果从"知"与"真知"的分别来看"濠梁之辩"，或许可以讨论，庄子所谓"知鱼之乐"是否以"道"为体认路径的"真知"；所谓"鱼之乐"并非一种常识性的情感，而是超越情感的根植于"性"的"乐"。蔡林波从语言学方面加以诠释，认为"'濠梁'，可谓'无木'之梁、'无形（物）'之桥，其隐含的义理为'无-物'……'无-物'则意味着解除'物性'，而进入'道'的存在之域"①。由此，进一步可以说明"濠梁之辩"中庄子的作答，正是遵循着"体道"而做出的价值判断，在此意义上不必称之为"诡辩"。

如果说"真知"所导向的价值判断具有解构常识的作用，那么在《庄子》文本中，"真知"的这种作用最终是沿着生命学说和伦理政治学说两个方向发展的。从生命学说的角度，由于知性所认识的是对象的物理属性，当认知对象是个体的"生命"时，它所关注的必然是生命的物理特征，具体而言就是形体的保全和寿命的延续，即《养生主》"保身""全生""养亲""尽年"之谓。然而《庄子》的生命学说区别于单纯的形体方面的保养。

> 吹呴呼吸，吐故纳新，熊经鸟申，为寿而已矣；此道引之士，养形之人，彭祖寿考者之所好也。（《刻意》）

《刻意》篇认为，"天地之道，圣人之德"在生命学说中体现为"不道引而寿"，这意味着彭祖的养生之术并非《庄子》理想的生命学说，理想的生命学说所应关注的是超越于形体的部分。那么超越于"形"的是否即"神"呢？庄子的生命学说又是否提倡一种"神不灭"论呢？

> 今（之）大冶铸金，金踊跃曰"我且必为镆铘"，大冶必以为不祥之金。今一犯人之形，而曰"人耳人耳"，夫造化者必以为不祥之人。今一以天地为大炉，以造化为大冶，恶乎往而不可哉！（《大宗师》）

《大宗师》此语借子来将死所发之论，述《庄子》生命学说。《大宗师》篇认为，人之生灭犹铁之铸形，铁既可为镆铘，亦可为他物。人之生化亦如

---

① 蔡林波：《齐物知道：〈庄子〉"濠梁之辩"的哲学意涵》，《四川大学学报》（哲学社会科学版）2018 年第 6 期。

此。此生有亡尽，亡尽即返于大化之中。这里需要注意的是，铁既不必为镆铘，返于大化之人也不必复为人。《大宗师》这一寓言实则反对了原始的鬼神观念和轮回观念。如果说"真知"体认的是终极之"道"，那么生命亡尽、返回大化的过程，亦是感悟"真知"的过程。因此从生命学说的角度，"真知"即体现为冥合生死，将死生视作一贯的放达的生命态度。

从伦理政治学说的角度，"真知"首先表现为对外在伦理规范的拒斥，这是"无为"的一个方面。

> 及至圣人，蹩躠为仁，踶跂为义，而天下始疑矣；澶漫为乐，摘僻为礼，而天下始分矣。（《马蹄》）

"蹩躠"为"用力之貌"，"踶跂"为"矜恃之容"，"澶漫"是"纵逸之心"，"摘僻"是"曲拳之行"，形容四者为"浇伪"，即超越本性（"德"）所应然具有的范围。《马蹄》篇此处是从外在教化的角度看待仁、义、礼、乐等伦理规范，它造成的直接后果，便如《在宥》篇所讲，成为"桁杨椄槢"和"桎梏凿枘"①。因此在《庄子》看来，仁、义、礼、乐等伦理规范，只能限制人的外在行为而缺少与"道"的贯通，还停留于"物"的层面，亦归属于"知"的范畴。因此这些伦理规范无法感通人的"心"，从而出现伦理规范被"大盗"所利用，成为窃国工具的荒谬现象。

其次，如何理解和处理邦国间的争斗，也是伦理政治学说所要解释的问题。常识性的"知"所衡量的是邦国的现实利益，包括国土的大小和人口的多寡等因素；"真知"则提供了更为开放的视角以面对邦国间的争端。

> 有国于蜗之左角者曰触氏，有国于蜗之右角者曰蛮氏，时相与争地而战，伏尸数万，逐北旬有五日而后反。（《则阳》）

《则阳》篇中，戴晋人以蜗角之国的争斗喻两国之争，以劝说魏王寝兵。从常识角度看，邦国之争乃兵家大事，正所谓"国之大事，在祀与戎"，然而戴晋人则视其为"蜗角之国"间的争斗，这源于他首先以"四方上下有穷

---

① 语出《庄子·在宥》篇："吾未知圣知之不为桁杨椄槢也，仁义之不为桎梏凿枘也，焉知曾史之不为桀跖嚆矢也！"成疏云："椄槢，械楔也。凿，孔也。以物内孔中曰枘。械不楔不牢，梏无孔无用。"意思是，圣、知、仁、义等伦理条目，虽然具有限制人的力量却不必然指向"善"，故可能沦为社会统治者作恶的武器。

乎"的宏观景象引导魏王，使魏王承认"四方上下"的"无穷"。"四方上下"的"无穷"是超越于常识性的"知"的认识范畴的，戴晋人将论述视角推衍至"知性"所能穷达的对象之外，实则是引导魏王对"真知"有所体认，即所谓"游心"之境。此处的"心"之"游"的状态恰恰剥离了包含情感欲望的"心"，故达到"真知"。"真知"所体达的是四方上下的"无穷"，以此对比现实中的"知"所认知的"通达之国"，从而说服魏王放弃用兵。这便是《庄子》"真知"在伦理政治学说中的影响和体现。

总之，《庄子》文本中揭示了两种"知"——世俗性的、常识性的"知"与真知"。前者以"人心"为主体，以关系和对待的方式认知时空中的、形而下的事物；后者以"无心"或"常心"，观照本然蕴藏于心中的"道"，以此感通万物。"知"所认知的是物理世界的具体事物的属性，进而做出事实判断；"真知"体认的是"通为一"的"同一性"，进而做出"万物齐一"的独特价值判断。"真知"所导向的价值判断具有解构常识的作用，这种作用沿着生命学说和伦理政治学说两个方向而发展，进而形成《庄子》独特的"齐生死"的生命观以及"无为"的社会伦理与政治学说。故在《庄子》文本中，作为"知识论"的"知"虽然是被加以肯定的，但同时价值论又是知识论的最终归宿。张岱年先生在《中国哲学大纲》中曾指出，中国哲学的特色可归纳为六个方面①；庄子"知"的观念几乎成为中国哲学这六个特征的天然注脚。因而仅仅用评价"知识论"的"可知论"或"不可知论"来概括作为价值论的"知"，难以全面且准确地覆盖《庄子》"知"的观念的意涵。

---

① 张岱年先生将中国哲学的特色归纳为六个方面，这六个方面即"一天人""合知行""同真善""重人生而不重知论""重了悟而不重论证""既非依附科学亦不依附宗教"。见张岱年《张岱年全集》（第2卷），河北人民出版社，1996，第5~9页。

论谶纬之学与两汉今古文经学之关系[*]

任蜜林

（中国社会科学院大学哲学院　中国社会科学院哲学研究所）

摘　要：谶纬是图谶和纬书的合称。就与经学的关系来讲，纬书的关系更为密切。纬书的形成虽然与谶有着密切关系，但谶在纬书形成过程中的作用不应被夸大。从西汉经学发展的历史和特点以及现存纬书的资料来看，纬书主要还是西汉今文经学发展的一个结果。古文经学与谶纬的关系非常复杂。在东汉之前，古文经师对于谶纬基本上采取赞同的态度。到了东汉，谶纬取得了"国宪"的地位。一些古文经师虽然批评谶纬，但由于其不可置疑的地位，他们也积极从图谶中寻找有利于自己的资源以争取上层的认可。谶纬对于东汉的经学发展产生了重要影响。这种影响既包含今文经学，也包含古文经学；既有经学思想方面，也有经学实践方面。可以说，如果脱离开谶纬，我们对东汉经学就不能有全面深刻的认识。

关键词：谶纬　今文经学　古文经学

到了西汉中期以后，统治开始逐渐衰落，社会、政治矛盾日益凸显和加重，朝廷腐败，外戚专权，农民起义时有发生。在这种情势下，一方面，民间改朝换代的呼声日益高涨，不断有人鼓吹"再受命"的思想；另一方面，汉代统治阶级为了论证政权的合法性，对于符命、祥瑞的需求也越来越大。风靡一时的谶纬之学就是在这种情况下应运而生的。

---

* 本文系国家社会科学基金青年项目"两汉经学的演变逻辑研究"（14CZX026）、国家社会科学基金重大项目"董仲舒传世文献考辨与历代注疏研究"（19ZDA027）、国家社会科学基金重大项目"纬书文献的综合整理与研究"（20&ZD226）的阶段性成果。

一　谶纬的源流与形成

对于谶纬的形成，在东汉的时候就已经开始讨论。张衡曰：

> 立言于前，有征于后，故智者贵焉，谓之谶书。谶书始出，盖知之者寡。自汉取秦，用兵力战，功成业遂，可谓大事，当此之时，莫或称谶。若夏侯胜、眭孟之徒，以道术立名，其所述著，无谶一言。刘向父子领校秘书，阅定九流，亦无谶录。成、哀之后，乃始闻之。《尚书》尧使鲧理洪水，九载绩用不成，鲧则殛死，禹乃嗣兴。而《春秋谶》云"共工理水"。凡谶皆云"黄帝伐蚩尤"，而《诗谶》独以为"蚩尤败，然后尧受命"。《春秋元命包》中有公输班与墨翟，事见战国，非春秋时也。又言"别有益州"。益州之置，在于汉世。其名三辅诸陵，世数可知。至于图中讫于成帝。一卷之书，互异数事，圣人之言，势无若是，殆必虚伪之徒，以要世取资。往者侍中贾逵摘谶互异三十余事，诸言谶者皆不能说。至于王莽篡位，汉世大祸，八十篇何为不戒？则知图谶成于哀、平之际也。且《河》《洛》、六艺，篇录已定，后人皮傅，无所容篡。①（《后汉书·张衡列传》）

在张衡看来，谶纬在西汉成帝、哀帝之后才逐渐出现，其理由主要有：一是汉朝取代秦朝，是非常重要的事情，但在当时谶纬并没有出现。二是在夏侯胜、眭孟这样当时著名的经学家的著作中也没有关于谶纬一言半句的记载。三是在刘向、刘歆父子校定古代图书的时候，也没有关于谶纬的记录。张衡分别取了西汉早、中期的事件和人物以此证明谶纬出现在成帝、哀帝之后。其实，思考起来，张衡的这种论证是有问题的。一是张衡并没有对谶纬加以区分：谶是预言，纬是解释经学的著作；二者出现时间也不同，谶的形成较早，纬的出现则靠后。在春秋时期就已经出现谶言，顾炎武曰："《史记·赵世家》扁鹊言秦穆公寤而述上帝之言，公孙支书而藏之，秦谶于是出矣。……然则谶记之兴，实始于秦人而盛于西汉之末也。"②（《日知录·图谶》）《赵

---

① 范晔：《后汉书》，中华书局，1965，第1912页。
② 顾炎武：《日知录》，中华书局，2022，第1519~1520页。

世家》除了记载了秦穆公的谶言外，还记载了赵简子的谶言。到了秦始皇时，则先后有"亡秦者胡也""今年祖龙死"的谶言。而且在汉代初年，贾谊、刘安等人的著作中也都提到了谶言，如贾谊《鹏鸟赋》曰："异物来萃，私怪其故。发书占之，谶言其度。"① 《淮南子·说山训》曰："六畜生多耳目者不祥，谶书著之。"② 这说明张衡说的"自汉取秦""莫或称谶"是站不住脚的。二是张衡从夏侯胜、眭孟的著作中没有谶言并不能推出当时不存在谶言。三是刘向、刘歆父子校定图书时没有谶书同样也不能推出谶言的不存在。何况在《汉书·艺文志》中还有"《图书秘记》十七篇"的记载？陈苏镇认为"秘记"的用法与"图书"大致相同，有时泛指官府图籍，有时特指谶纬；并指出："刘向父子著录的《图书秘记》十七篇，当然泛指官府图籍文书，因而很可能是谶纬。"③

张衡还认为谶纬的记载与经书以及谶纬之间存在着矛盾之处，如《春秋纬》中的"共工理水"与《尚书》说的是尧让鲧、禹父子治水，谶纬中的"黄帝伐蚩尤"与"蚩尤败，然后尧受命"等。以此来断定谶纬非圣人所作，而是后世虚伪之徒制作的。张衡还根据谶纬中记载益州、汉成帝而不及王莽来断定谶纬形成于西汉哀、平之际。张衡的这种推断多少有些问题，因为谶纬在汉光武帝的时候经过一次整理，删掉了关于王莽的记载："帝以敏博通经记，令校图谶，使蠲去崔发所为王莽著录次比。"④ （《后汉书·儒林列传》）在中元元年（公元 56 年），汉光武帝还"宣布图谶于天下"。⑤ （《后汉书·光武帝纪下》）至此谶纬八十一篇的篇目就固定下来了。可见张衡所见的谶纬是光武帝时经过整理定型的八十一篇，因此，张衡对于谶纬形成的论述是不完全正确的。

针对张衡的看法，清代学者徐养原、汪继培、周治平、金鹗、李富孙等人作有同名文章《纬候不起于哀平辨》以反驳之。徐养原曰：

> 图谶乃术士之言，与经义初不相涉。至后人造作纬书，则因图谶而

① 班固：《汉书》，中华书局，1962，第 2226 页。
② 刘文典：《淮南鸿烈集解》，中华书局，2013，第 531 页。
③ 陈苏镇：《〈春秋〉与"汉道"——两汉政治与政治文化研究》，中华书局，2011，第 419 页。
④ 范晔：《后汉书》，第 2558 页。
⑤ 范晔：《后汉书》，第 84 页。

牵和于经义。其于经义，皆西京博士家言，为今文之学者也。盖前汉说经者好言灾异，《易》有京房，《尚书》有夏侯胜，《春秋》有董仲舒，其说颇近于图谶，著纬书者因而文饰之。……后汉《小黄门谯敏碑》称"其先故国师谯赣，深明典奥，纤录图纬，能精微天意，传道京君明"。盖东京之世，以纬为内学。而谯、京说《易》，流于术数，故遂以明纬推之，其实谯赣时安得有纬耶？《庄子·天道》篇"孔子西藏书于周室，翻十二经，以说老聃"。其说本属汗漫，而说者以六经六纬当之，谬矣。迨《李寻传》，始有六经六纬之文。……夫纬书虽起于西京之末，而书中之说，多本于先儒。故纯驳杂陈，精粗互见，谈经之士，莫能废焉。①

徐氏认为，纬书与图谶相关而又相异。图谶是方士所作，与经学不相关涉；而纬书则是解释经学之作。但二者又有关联，即后人在造作纬书的时候受到图谶的影响，并把图谶和经学联系起来。在他看来，图谶之所以能和当时的今文经学牵连起来，是因为二者有着相近的地方，如今文经学好言灾异与图谶极为相近。徐氏虽然对张衡的说法提出了异议，但也认为纬书兴起于西汉末年，只不过认为其中所说有很多本于先秦儒家。汪继培、周治平、金鹗、李富孙等人皆认为纬书之起早于哀平。汪继培曰："纬候之书，周季盖已有之。"周治平曰："纬候之术，由来尚矣。汉张衡谓成哀之后，始闻谶纬。荀悦谓纬候起于中兴之前，皆非也。夫京房察六日七分之卦气，与《洪范》之七卜同归；翼奉辨六方五性之从违，与《夏小正》之《月令》相隶；《周官》十辉，郎颉演为风角之占；《内经》五运，谯赣因作纳甲之例。谁云纬候起于哀平哉！"金鹗曰："纬候之书，说者皆谓起于哀平之世，非也。……其醇者，盖始于孔氏，故郑康成以为孔子所作；其驳者，亦起于周末战国之时。"李富孙曰："七纬俪经而行，多孔氏七十子之遗言。相传孔子既述六经，知后世不能稽同其意，别立纬及谶八十一首以遗来世。后为方士所采取，又以诞妄之说附益之。"② 诸人所说虽有差异，然皆认为纬书之源应在西汉哀、平之前，因为书中之材料有出于西汉哀、平之前者。

除了以上诸人之外，还有很多学者认为纬书出于西汉哀、平之前者，其中有认为起于太古者，如清代俞正燮《纬书论》曰："纬者，古史书也。……孔

① 阮元：《诂经精舍文集》，商务印书馆，1936，第347~348页。
② 阮元：《诂经精舍文集》，第348~353页。

子定六经，其余文在太史者，后人目之为纬，则百二十国史皆纬也。"①
（《癸巳类稿》卷十四）刘师培曰："乃世之论谶纬者，或谓溯源于孔氏，或
谓创始于哀平。吾谓谶纬之言，起源太古。"② 有认为起于周世者，如清任道
镕《纬捃》序曰："纬学之立，实始周世。其后由纬有候有图，遂以有
谶。"③ 与前人看法不同，其认为先有纬后有谶。有认为起于春秋者，如孙毂
《古微书·雒书纬》曰："汉儒传《洪范》以'初一五行'六十五字径为洛
书本文。既有本文，又何云'戴履肩足，白文二十五，黑文二十'也？虽
然，纬书若出汉世者，便应演《洪范》之文，而语不及《范》，固知出春秋
季世矣。"④ 有认为起于战国者，如陈延杰在《谶纬考》中说："谶纬说成
立，始于战国方士。盖齐人好怪迂，秦人信神仙。故燕齐海上方士之失职
者，皆得逞其术以迷惑人主，于是谶纬起矣。……初不过为方士之说，其后
诸生博士，多通其术，遂相率言阴阳术数而以之诡俗矣。世儒言谶纬起于哀
平之末，是不然。纬候之书，伪起哀平；若图谶，则战国末年已风行矣。"⑤
有认为起于西汉者，如南宋郑樵曰："谶纬之学，起于前汉。及王莽好符命，
光武以图谶兴，遂盛行于世。"⑥（《通志·艺文略》）有认为非一时所作者，
如郑学韬在《谶纬起源及其学说之兴替》中说："盖纬之初起，本杏坛讲说
之辞。孔子之教人，务尽空空如也，执其两端而竭焉。故因六艺之文，旁及
天文地理，古史旧闻，无所不包，门弟子退而记之。所谓圣人作经，贤者纬
之也。……是知纬书之起，在孔子既没之后，非一人一时之作。即一书之
中，其说亦不必出于一人。夫既非圣人之典则递相增益，斯亦谶纬厄已。而
说者以增益者尽出方士，亦属武断。然纬之名不见两汉之藉，故后世竟言起
于哀平，良有以也。"⑦ 有认为起于邹衍者，如陈槃说："谶纬中所载迷信之
说，前古多有之。然前古虽亦有此迷信，不可谓此即谶纬也。所谓谶纬，槃
以为当溯原于邹衍及其燕齐海上之方士。"⑧ 这些说法各有道理，皆有根据，

---

① 《俞正燮全集·癸巳类稿》，黄山书社，2005，第689页。
② 刘师培：《谶纬论》，《国粹学报》1905年第1卷第6期，第6页。
③ 《纬书集成》，上海古籍出版社，1994，第1404页。
④ 《纬书集成》，第375页。
⑤ 陈延杰：《谶纬考》，《东方杂志》1924年第21卷第6号，第62页。
⑥ 郑樵：《通志二十略》，中华书局，1995，第1489页。
⑦ 郑学韬：《谶纬起源及其学说之兴替》，《国专月刊》1937年第4卷第5号，第39~40页。
⑧ 陈槃：《谶纬溯原上》，《中央研究院历史语言研究所集刊》1943年第11本，第317页。

令人莫知所从。

其实，谶纬的形成有一个过程，不是一蹴而就的。因此，在探讨谶纬的形成时一定把其起源和成书区分开来，这就涉及我们如何看待谶与纬的关系问题。对于谶与纬的关系，大致有两种看法：一种认为谶与纬异名同实，二者没有区别。持这种看法的有顾颉刚、陈槃、钟肇鹏等人，如顾颉刚说："谶，是预言。纬，是对经而立的：经是直的丝，纬是横的丝，所以纬是解经的书，是演经义的书，自《六经》以及《孝经》都有纬。这两种在名称上好像不同，其实内容并没有什么大分别，不过谶是先起之名，纬是后起的罢了。……又因为有图、有书、有谶、有纬，所以这些书的总称，或是图书，或是'图谶'，或是'谶纬'，或是'谶记'，或是'纬书'。又因《尚书纬》中有十数种为《中候》，亦总称为'纬候'。"① 陈槃说："谶纬之称，不一而足。统而言之则曰'谶纬'。'谶'出在先，'纬'实后起，'谶'书之别名也"；"所谓谶也，符也，录也，图也，书也，候也，纬也，汉人通用，互文，未始以为嫌也。盖从其验言之则曰'谶'，从其征信言之则曰'符'，从所谓《河图》文字之颜色言之则曰'绿'。从其有图有字言之则曰'图'，曰'书'，从候望星气与灾祥之征候言之则曰'候'，从其托《经》言之则曰'纬'。同实异名，何拘之有"；"所谓'谶'、'符'以至'候''纬'之属，无不自邹衍书变化而出。邹衍之书，以验为第一义，故由此而依托之书如'符''录''图''书''候'之属，亦曰'验'书，旋又转为'谶'书。谶亦验也。时君尊经，始有'纬'书，用是为阿谀苟合之工具。由'谶'至'纬'，不过形式上一转变，从而标新名目。其实质则'谶''纬'一也"。② 钟肇鹏也说："汉代的谶纬是儒学宗教神学化的产物。在汉人的著述中所谓'经谶''图谶'实际上都包括纬书，而'谶''纬'也往往互称，并无区别。"③

另一种看法则认为谶、纬有别，谶是一种预言性的东西，而纬则是用来解释经书的。持这种看法的有胡应麟、《四库全书总目》等，如胡应麟曰："世率以谶纬并论，二书虽相表里而实不同。纬之名，所以配经，故自《六

① 顾颉刚：《汉代学术史略》，东方出版社，1996，第116~117页。
② 陈槃：《谶纬释名》，《中央研究院历史语言研究所集刊》1943年第11本，第297、300、302页。
③ 钟肇鹏：《谶纬论略》，辽宁教育出版社，1991，第9页。

经》《语》《孝》而外，无复别出。《河图》《洛书》等纬，皆《易》也。谶之依附《六经》者，但《论语》有谶八卷，余不概见，以为仅此一种。偶阅《隋经籍志》，注附见十余家，乃知凡谶皆托古圣贤以名其书，与纬体制迥别。盖其说尤诞妄，故隋禁之后永绝，类书亦无从援引，而唐、宋诸藏家绝口不谈。"①《四库全书总目提要》曰："儒者多称谶纬，其实谶自谶，纬自纬。谶者，诡为隐语，预决吉凶。纬者，经之支流，衍及旁义。盖秦、汉以来，去圣日远，儒者推阐论说，各自成书，与经原不相比附，如伏生《尚书大传》、董仲舒《春秋阴阳》，核其文体，即是纬书，特以显有主名，故不能托诸孔子。其他私相撰述，渐杂以术数之言，既不知作者为谁，因附会以神其说。迨弥传弥失，又益以妖妄之词，遂与谶合而为一。"②

上面两种看法虽然不同，但都认为从谶到纬有一个发展过程，谶出乎前，纬成于后。而且从词义来看，谶与纬也不同。谶是应验的意思。《说文·言部》曰："谶，验也。有征验之书。河、洛所出书曰谶。"《释名》曰："谶，纤也。其义纤微而有效验也。"而纬则是与经相对应的意思。《说文·糸部》曰："经，织从丝也。""纬，织横丝也。"段玉裁注曰："'织横丝'者，对上文'织从丝'而言，故言丝以见缕，经在轴，纬在杼。《木部》曰：'杼，机之持纬者也。'引申为凡交会之称。汉人左右六经之书谓之秘纬。"谶与纬在含义和形成时间上都是不同的，因此，我们对于谶纬的形成应该以一种历史的眼光来看待。

就现有材料来看，最早对"谶"明确记载的是《史记·赵世家》。这一点顾炎武已经指出："《史记·赵世家》扁鹊言秦穆公寤而述上帝之言，公孙支书而藏之，秦谶于是出矣。……然则谶记之兴，实始于秦人而盛于西汉之末也。"③（《日知录·图谶》）《史记·赵世家》曰：

> 赵简子疾，五日不知人，大夫皆惧。医扁鹊视之，出，董安于问。扁鹊曰："血脉治也，而何怪！在昔秦缪公尝如此，七日而寤。寤之日，告公孙支与子舆曰：'我之帝所甚乐。吾所以久者，适有学也。帝告我：晋国将大乱，五世不安；其后将霸，未老而死；霸者之子且令而国男女

---

① 胡应麟：《四部正讹》，商务印书馆，1935，第36页。
② 永瑢等：《四库全书总目》，中华书局，1965，第47页。
③ 顾炎武：《日知录》，第1519~1520页。

无别.'公孙支书而藏之,秦谶于是出矣。献公之乱,文公之霸,而襄公败秦师于殽而归纵淫,此子之所闻。今主君之疾与之同,不出三日,疾必间,间必有言也。"

居二日半,简子寤。语大夫曰:"我之帝所甚乐,与百神游于钧天,广乐九奏万舞,不类三代之乐,其声动人心。有一熊欲来援我,帝命我射之,中熊,熊死。又有一罴来,我又射之,中罴,罴死。帝甚喜,赐我二笥,皆有副。吾见儿在帝侧,帝属我一翟犬,曰:'及而子之壮也,以赐之。'帝告我:'晋国且世衰,七世而亡,嬴姓将大败周人于范魁之西,而亦不能有也。今余思虞舜之勋,适余将以其胄女孟姚配而七世之孙。'"董安于受言而书藏之。以扁鹊言告简子,简子赐扁鹊田四万亩。

他日,简子出,有人当道,辟之不去。从者怒,将刃之。当道者曰:"吾欲有谒于主君。"从者以闻。简子召之,曰:"嘻,吾有所见子晳也。"当道者曰:"屏左右,原有谒。"简子屏人。当道者曰:"主君之疾,臣在帝侧。"简子曰:"然,有之。子之见我,我何为?"当道者曰:"帝令主君射熊与罴,皆死。"简子曰:"是,且何也?"当道者曰:"晋国且有大难,主君首之。帝令主君灭二卿,夫熊与罴皆其祖也。"简子曰:"帝赐我二笥皆有副,何也?"当道者曰:"主君之子将克二国于翟,皆子姓也。"简子曰:"吾见儿在帝侧,帝属我一翟犬,曰'及而子之长以赐之'。夫儿何谓以赐翟犬?"当道者曰:"儿,主君之子也。翟犬者,代之先也。主君之子且必有代。及主君之后嗣,且有革政而胡服,并二国于翟。"简子问其姓而延之以官。当道者曰:"臣野人,致帝命耳。"遂不见。简子书藏之府。①

秦穆公和赵简子的预言后皆应验,不免有后人追加的成分。然此预言亦不晚于秦始皇统一六国之前,所以可以被视为最早的谶语。至秦始皇时,有《录图书》之类的谶语。《史记·秦始皇本纪》曰:

三十二年,……始皇巡北边,从上郡入。燕人卢生使入海还,以鬼神事,因奏《录图书》曰"亡秦者胡也"。始皇乃使将军蒙恬发兵三十万人北击胡,略取河南地。

---

① 司马迁:《史记》,中华书局,1982,第1786~1788页。

三十六年，荧惑守心。有坠星下东郡，至地为石。黔首或刻其石曰"始皇帝死而地分"。始皇闻之，遣御史逐问，莫服。尽取石旁居人诛之，因燔销其石。始皇不乐，使博士为《仙真人诗》，及行所游天下，传令乐人歌弦之。秋，使者从关东夜过华阴平舒道，有人持璧遮使者曰："为吾遗滈池君。"因言曰："今年祖龙死。"使者问其故，因忽不见，置其璧去。①

前面已经提到《录图书》可能是卢生一类的方士所作。始皇听此预言，令蒙恬带三十万人北击胡人，而未想到此预言所说乃秦将亡于"胡亥"。"今年祖龙死"亦指始皇，祖者，始也；龙者，皇也。后来这个谶语也竟应验，始皇于次年病死于路上。《吕氏春秋·观表》亦曰："人亦有征，事与国皆有征。圣人上知千岁，下知千岁，非意之也，盖有自云也。绿图幡薄，从此生矣。"②《绿图》即卢生所奏之《录图书》。据此，《绿图》即是圣人预测吉凶的东西。《吕氏春秋》成书于始皇八年，可知，《绿图》在此之前就已存在了。

秦末，社会混乱，民不聊生。不少起义者以预言性的东西争取民心，如"楚虽三户，亡秦必楚""大楚兴，陈胜王"等。汉初，陆贾、贾谊谈及图录。陆贾曰："（夫子）按纪图录，以知性命，表定六艺，以重儒术。……乃天道之所立，大义之所行也。"③（《新语·本行》）贾谊曰："故黄帝职道义，经天地，纪人伦，序万物，以信与仁为天下先。然后济东海，入江内，取绿图，西济积石，涉流沙，登于昆仑。于是还归中国，以平天下。天下太平，唯躬道而已。"④（《新书·修政语上》）长沙、淮南语涉谶言。贾谊《鵩鸟赋》曰："异物来萃，私怪其故。发书占之，谶言其度。"⑤《淮南子·说山训》曰："六畜生多耳目者不祥，谶书著之。"⑥ 文、武之时，社会稳定，鲜有谶语。然灾异屡臻，祥瑞不绝，皆类后世之谶纬也。到了西汉中后期，也有不少人造作谶纬。《汉书·李寻传》曰：

---

① 司马迁：《史记》，第252、259页。
② 许维遹：《吕氏春秋集解》，中华书局，2009，第580页。
③ 王利器：《新语校注》，中华书局，2012，第142~143页。
④ 阎振益、钟夏：《新书校注》，中华书局，2000，第359页。
⑤ 班固：《汉书》，第2226页。
⑥ 刘文典：《淮南鸿烈集解》，第531页。

初，成帝时，齐人甘忠可诈造《天官历》《包元太平经》十二卷，以言"汉家逢天地之大终，当更受命于天。天帝使真人赤精子，下教我此道。"忠可以教重平夏贺良、容丘丁广世、东郡郭昌等。中垒校尉刘向奏忠可假鬼神罔上惑众，下狱治服，未断病死。①

甘忠可诈造《天官历》《包元太平经》等以神其事，虽未提及谶纬，但实为谶书。《汉书·王莽传上》曰："及前孝哀皇帝建平二年六月甲子下诏书，更为太初元将元年，案其本事，甘忠可、夏贺良谶书臧兰台。"② 此足证甘忠可、夏贺良所作为谶纬之书。

现存史料中最早提及纬书的是《汉书·李寻传》：

《书》云"天聪明"。盖言紫宫极枢，通位帝纪。太微四门，广开大道。五经六纬，尊术显士。翼张舒布，烛临四海。少微处士，为比为辅。故次帝廷，女宫在后。圣人承天，贤贤易色，取法于此。③

文中提到"五经六纬"，然对其所指为何，却有不同看法。孟康曰："六纬，五经与《乐纬》也。"张晏曰："六纬，五经就《孝经纬》也。"二人皆认为"六纬"指纬书。颜师古同意孟康的说法，亦认为"六纬"指五经和《乐纬》。然亦有认为"六纬"指星宿者。刘攽曰："正言星宿，何故忽说五经，盖谓二十八舍。"王先谦曰："姚鼐云：'言天文当为人主所取法。此五经者，五经星也；六纬者，十二次，相向为六。故人主当法之，以尊五行之术，显十二州之士耳。与经书谶纬何涉哉？'先谦案：《天文志》'太微廷掖门内六星，诸侯；其内五星，五帝坐。'五帝者，《晋志》，黄帝坐在太微中，四帝星夹黄帝坐，盖即五经；六纬者，六诸侯。《天官书》同。盖汉世天文家说如此。"④ 到底二者孰为正确？李学勤说：

"五经六纬"两句，是承上"紫宫极枢"等四句，一气贯通而下。李寻先提北宫紫微，继说南宫太微，由太微四门，讲到"广开大道"，即君主的求贤。这就很自然地引至"五经六纬，尊术显士"。汉人称儒

① 班固：《汉书》，第 3192 页。
② 班固：《汉书》，第 4094 页。
③ 班固：《汉书》，第 3179 页。
④ 王先谦：《汉书补注》，上海古籍出版社，2012，第 4907~4908 页。

学为术，《说文》训"儒"为"术士之称"。"尊术显士"，便是尊显专
治"五经六纬"的儒学之士。刘歆以至王先谦之说，均系误解。①

这种解释比较合理。汉武帝时已经立"五经"博士，说明"五经"已经确
立。纬书是解释经学的，到了成帝时有"六纬"亦很正常。李学勤又说：
"李寻说'五经六纬'，足知当时各种纬书已很齐备，而且得到士林的重视。
元延上距成帝即位不过二十年，纬书的发展不可能如此迅速，其起源必然在
更早的年代。"② 李氏推断甚甚，然纬书之作必在武帝立"五经"博士之后。
朱彝尊曰："按纬谶之书，相传始于西汉哀平之际。而《小黄门谯敏碑》称
其先故国师谯赣深明典奥、谶录、图纬，能精微天意，传道与京君明。则是
纬谶远本于谯氏、京氏也。"③ 谯赣即焦延寿，京君明即京房。《汉书·儒林
传》曰："京房受《易》梁人焦延寿，延寿云尝从孟喜问《易》。会喜死，
房以为延寿《易》即孟氏学，翟牧、白生不肯，皆曰非也。"④ 可知京房曾
向焦延寿学《易》，而碑文中说焦延寿"深明典奥、谶录、图纬"，这说明当
时已有纬书。京房是元、成帝时人，孟喜是昭帝时人，则焦延寿大概生活在
昭、元之间。所以纬书在成帝以前已经有之，但其作应在武帝立"五经"博
士之后。

王莽篡汉之时，符命之说流行。元始五年（公元5年）十二月，汉平帝
去世。"是月，前辉光谢嚣奏武功长孟通浚井得白石，上圆下方，有丹书著
石，文曰'告安汉公莽为皇帝'。符命之起，自此始矣。"⑤ 这里说的"符命
之起，自此始矣"，显然是说对于王莽应当为皇帝的符命从这时开始兴起。
因为符应之说，早已有之。远不必言，近在此前王莽秉政之时就有所谓"光
耀显章，天符仍臻，元气大同。麟凤龟龙，众祥之瑞，七百有余"的符瑞。
此符一献，王莽得以"居摄"，被称作"摄皇帝"，并改元为"居摄"。居摄
三年（公元8年），广饶侯刘京、车骑将军千人扈云、太保属臧鸿又先后奏
了关于王莽当皇帝的符命。刘京所奏齐郡新井，言："七月中，齐郡临淄县

---

① 李学勤：《古文献丛论》，上海远东出版社，1996，第265页。
② 李学勤：《〈易纬·乾凿度〉的几点研究》，《清华汉学研究》（一），清华大学出版社，
　1994，第24页。
③ 朱彝尊：《经义考》，中华书局，1998，第1537页。
④ 班固：《汉书》，第3601页。
⑤ 班固：《汉书》，第4078~4079页。

昌兴亭长辛当一暮数梦，曰："吾，天公使也。天公使我告亭长曰：摄皇帝当为真。即不信我，此亭中当有新井。'亭长晨起视亭中，诚有新井，入地且百尺。"① 扈云所奏乃巴郡石牛，臧鸿所奏则为扶风雍石，二者皆至未央宫前殿。王莽与王舜等前往观看，在石前得到铜符帛图，文曰："天告帝符，献者封侯。承天命，用神令。"② 王莽奏言王太后，让其批准天下奏事，直接称"皇帝"，而不再称"摄皇帝"，并改"居摄三年"为"初始元年"。梓潼人哀章看到王莽居摄，也作铜匮，有两个书检，一为"天帝行玺金匮图"，一为"赤帝行玺某传予黄帝金策书"。后者言汉高祖刘邦奉天命传位给王莽。上面还写了王莽大臣八人、王兴、王盛及哀章自窜姓名共十一人为辅佐。哀章还持匮到高庙，以付仆射。王莽到高庙拜受了"金匮神嬗"，正式继位为皇帝，改国号为新。王莽还征集人对谶纬进行整理，《汉书·王莽传上》曰：

> 是岁，莽奏起明堂、辟雍、灵台，为学者筑舍万区，作市、常满仓，制度甚盛。立《乐经》，益博士员，经各五人。征天下通一艺教授十一人以上，及有逸《礼》、古《书》、《毛诗》、《周官》、《尔雅》、天文、图谶、钟律、月令、兵法、《史篇》文字，通知其意者，皆诣公车。网罗天下异能之士，至者前后千数，皆令记说廷中，将令正乖缪、壹异说云。③

《汉书·王莽传中》曰：

> 秋，遣五威将王奇等十二人班《符命》四十二篇于天下。德祥五事，符命二十五，福应十二，凡四十二篇。其德祥言文、宣之世黄龙见于成纪、新都，高祖考王伯墓门梓柱生枝叶之属。符命言井石、金匮之属。福应言雌鸡化为雄之属。其文尔雅依托，皆为作说，大归言莽当代汉有天下云。④

可以知道，为了"正乖缪、壹异说"，王莽曾对谶纬进行过一次编定。为了杜绝人们随意制作符命，其又颁布《符命》四十二篇以作为符命标准，其中

---

① 班固：《汉书》，第4093页。
② 班固：《汉书》，第4094页。
③ 班固：《汉书》，第4069页。
④ 班固：《汉书》，第4112页。

包括德祥五事、符命二十五、福应十二。符命与谶纬有很大的关系，陈槃说："谶纬之产生，与符应之说，故有不可分离之性。盖此类符应说之结集，实为谶纬之基本材料。"① 王莽对于谶纬和符命的整理，是对谶纬的第一次结集。

东汉光武帝非常推崇图谶，所以也命人对谶纬进行了整理。尹敏曾校定图谶，"帝以敏博通经记，令校图谶，使蠲去崔发所为王莽著录次比"②。薛汉亦曾在"建武初，为博士，受诏校定图谶"。③（《后汉书·儒林列传》）中元元年（公元56年），光武帝还"宣布图谶于天下"（《后汉书·光武帝纪下》）④，光武颁布的图谶有八十一篇。张衡曰："至于王莽篡位，汉世大祸，八十篇何为不戒？则知图谶成于哀、平之际也。且《河》、《洛》、六艺，篇录已定。后人皮傅，无所容篡。"⑤（《后汉书·张衡列传》）李贤注曰："《衡集》上事云：《河》、《洛》五九，六艺四九，谓八十一篇也。"⑥ 这是说《河图》《洛书》四十五篇，《七经纬》三十六篇，总共八十一篇，张衡所说"八十篇"系概指。

从上可知，谶的出现比较早，而纬则至在汉武帝立"五经"博士之后才慢慢形成，最后到光武帝"宣布图谶于天下"，纬书的八十一篇才得以定型。

纬书与图谶虽然有着密切的关系，但是不能把二者混同起来。就与经学的关系来讲，纬书更为密切。至于图谶，原本方士之言，其与经书毫无关系，只不过当时造作纬书的人受到当时风气的影响，不得已把图谶牵和于经书。《四库全书总目提要》曰："盖秦、汉以来，去圣日远，儒者推阐论说，各自成书，与经原不相比附，如伏生《尚书大传》、董仲舒《春秋阴阳》，核其文体，即是纬书，特以显有主名，故不能托诸孔子。其他私相撰述，渐杂以术数之言，既不知作者为谁，因附会以神其说。迨弥传弥失，又益以妖妄之词，遂与谶合而为一。"⑦ 徐养原亦曰："图谶乃术士之言，与经义初不相

---

① 陈槃：《秦汉间之所谓"符应"论略》，《中央研究院历史语言研究所集刊》1947 年第 16 本，第 58 页。

② 范晔：《后汉书》，第 2558 页。

③ 范晔：《后汉书》，第 2573 页。

④ 范晔：《后汉书》，第 84 页。

⑤ 范晔：《后汉书》，第 1912 页。

⑥ 范晔：《后汉书》，第 1913 页。

⑦ 《四库全书总目》，第 47 页。

涉。至后人造作纬书，则因图谶而牵和于经义。其于经义，皆西京博士家言，为今文之学也。盖前汉说经者好言灾异，《易》有京房，《尚书》有夏侯胜，《春秋》有董仲舒，其说颇近于图谶，著纬书者因而文饰之。"①《四库提要》、徐养原都看到了图谶与纬书相近的一面，但把伏生的《尚书大传》、董仲舒的《春秋繁露》即当作纬书则是不正确的。纬书虽然相对经学而言，但不能把所有解释经学的著作都当作纬书。纬书只是特定时代下的产物，因此，对于纬书的形成和发展只能放在两汉经学的发展脉络中加以考察。

二 谶纬与今文经学

纬书的形成虽然与谶有着密切关系，但谶在纬书形成过程中的作用不应被夸大。从西汉经学发展的历史和特点以及现存纬书的资料来看，纬书主要还是西汉今文经学发展的一个结果。

对于谶纬与今文经学的关系，前人早已有所注意。清代徐养原说："图谶乃术士之言，与经义初不相涉。至后人造作纬书，则因图谶而牵和于经义。其于经义，皆西京博士家言，为今文之学者也。盖前汉说经者好言灾异，《易》有京房，《尚书》有夏侯胜，《春秋》有董仲舒，其说颇近于图谶，著纬书者因而文饰之。"②周予同说："西汉今文学所谓天人相与之学，所谓阴阳灾异之谈，实都是纬谶的'前身'或'变相'。"③日本学者安居香山对《诗纬》《春秋纬》《易纬》等的形成做了深入的考察，认为《诗纬》与齐诗、《易纬》与孟喜及京房易学、《春秋纬》与《春秋》公羊学有着密切关系。④钟肇鹏也说："在学术上今文经学在汉代居于统治地位。纬书为西汉末的产物，纬以配经，故纬书中经说都采今文经说。如《易纬》推演孟京易说，《诗纬》为齐诗说，《春秋纬》为公羊家说，这是最明显的。后汉立十四

① 阮元：《诂经精舍文集》，第347～348页。
② 阮元：《诂经精舍文集》，第347～348页。
③ 周予同：《纬书与经今古文学》，见朱维铮编校《周予同经学史论》，上海人民出版社，2010，第38页。
④ 〔日〕安居香山：《纬书的成立及其展开》，东京国会刊行社，1979，第149～191、309～311、227～257页。

博士也全是今文而经师亦援引谶纬为证。因之谶纬与今文经学有着密切的关系。"① 其实从现存纬书资料来看，其明确提到今文经师的名字，如《春秋纬》中提到了公羊学的领袖公羊高，"公羊全孔经"（《演孔图》）、"传我书者，公羊高也"（《说题辞》）。② 这就更加证明了谶纬与今文经学的关系。

从纬书的形成来看，其是西汉今文经学发展到一定程度下的产物。西汉经学发展到中期以后，都发生了一种歧变。这种歧变就是经学的发展受到阴阳五行思想的重大影响。在儒家五经中，本来就包含阴阳五行思想，如"阴阳"出自《周易》《诗经》，"五行"源于《尚书》，但它们并不是经学的核心内容。这种思想转变首先表现在《春秋》上。《春秋》是今、古文经学争论的最核心的经典。今文《春秋》在当时以公羊学为主。董仲舒是当时的公羊学大师，他的思想中就有大量的阴阳五行成分。《汉书·五行志》曰："董仲舒治公羊《春秋》，始推阴阳，为儒者宗。"③ 这说明阴阳思想在董仲舒那里占有非常重要的地位。而且他的思想在当时有着重要的影响，所以"为儒者宗"。从《春秋繁露》的篇目中就可以看出阴阳五行思想对董仲舒的影响。以阴阳命名的篇目有：《阳尊阴卑》《阴阳位》《阴阳终始》《阴阳义》《阴阳出入》《天地阴阳》。以五行命名的有：《五行对》《五行之义》《五行相生》《五行相胜》《五行顺逆》《治水五行》《治乱五行》《五行变救》《五行五事》。其他篇目中涉及阴阳五行思想的更是不胜枚举。从篇名可知，其涉及的内容和范围相当广泛，如社会尊卑秩序、天地自然、治理水灾、救治祸乱等。《汉书·董仲舒传》亦曰："仲舒治国，以《春秋》灾异之变推阴阳所以错行，故求雨，闭诸阳，纵诸阴；其止雨反是。"④ 此后，西汉的公羊学传承都来自董仲舒。因此，《春秋纬》的形成必然与董仲舒的后学有关，因为当时传春秋学的只有董仲舒一系。如果我们承认《春秋纬》是解释《春秋》的，那么我们就不能否认其形成与董仲舒学派的关系。实际上，从内容来看，《春秋纬》确实与《春秋》公羊学有着密切关系。如《春秋纬》发挥了《春秋》公羊学"孔子作《春秋》说""三科九旨说""七缺说"等思想。除此之外，《春秋纬》在很多地方还对《公羊传》《春秋繁露》的经文做了直

① 钟肇鹏：《谶纬论略》，第116页。
② 〔日〕安居秀山、中村璋八辑《纬书集成》，河北人民出版社，1994，第584、855页。
③ 班固：《汉书》，第1317页。
④ 班固：《汉书》，第2524页。

接的解释和发挥。

我们先来看《春秋纬》对于《公羊传》经文的解释，如《公羊传·隐公元年》曰："元年者何？君之始年也。春者何？岁之始也。王者孰谓？谓文王也。"① 《春秋元命包》曰："元年者何？元宜为一。谓之元何？曰君之始元也"，"春者，岁之始也，神明推移，精华结纽"。② 又如《公羊传·隐公元年》曰："賵者何？丧事有賵。賵者盖以马，以乘马束帛。车马曰賵，货财曰賻，衣被曰襚。"③《春秋说题辞》曰："知生则賻，知死则賵。賻之为言助也，賵之为言覆也。舆马曰賵，货财曰賻，玩好曰赠，决其意也。衣被曰襚，养死具也。赠，称也。襚，遗也。"④ 可见，纬书对公羊学的内容做了解释和发挥。其他方面纬书受公羊学影响还有很多，如灾异思想等。

董仲舒也是公羊学的代表人物，其思想对纬书形成也有重要影响。前面已经提到纬书中的篇名多三字就与董仲舒《春秋繁露》有很大关系。不仅篇名上如此，而且在思想内容上也是如此。纬书或直接抄取《春秋繁露》内容，如《诗纬·汎历枢》："《诗》无达诂，《易》无达言，《春秋》无达辞"⑤ 抄于《春秋繁露·精华》，不过"《易》无达言"，《精华》作"《易》无达占"。又如《乐纬·稽耀嘉》："殷之德，阳德也，故以子为姓；周之德，阴德也，故以姬为姓"。⑥ 或发挥《春秋繁露》中的思想，如《春秋繁露·三代改制质文》曰："周爵五等，《春秋》三等，《春秋》何三等？曰：一商一夏，一质一文。商质者主天，夏文者主地。《春秋》主人，故三等也。"⑦《春秋元命包》曰："王者，一质一文，据天地之道，天质而地文"；"质家爵三等者，法天之有三光也；文家爵五等者，法地之有五行也。合三从子者，制由中也"；⑧ 等等。

在西汉经学中，《春秋》公羊学本来就有阴阳灾异思想，自不待言。然

① 刘尚慈：《春秋公羊传译注》，中华书局，2010，第 1 页。
② 〔日〕安居香山、中村璋八辑《纬书集成》，第 605、603 页。
③ 刘尚慈：《春秋公羊传译注》，第 8 页。
④ 〔日〕安居香山、中村璋八辑《纬书集成》，第 872 页。
⑤ 〔日〕安居香山、中村璋八辑《纬书集成》，第 482 页。
⑥ 〔日〕安居香山、中村璋八辑《纬书集成》，第 546 页。
⑦《春秋繁露》，上海书店，2012，第 148 页。
⑧ 〔日〕安居香山、中村璋八辑《纬书集成》，第 622 页。

而这种思想的影响在西汉中期以后开始逐渐扩展到其他经典中，其中最明显的例子莫过于易学了。我们知道，西汉易学本于田何，田何传丁宽、王同、周王孙等人，丁宽又传田王孙，田王孙传施雠、孟喜、梁丘贺，由是《易》有施、孟、梁丘之学。可见，西汉易学传到施雠、孟喜、梁丘贺始有分派。在此之前，各家虽有不同，但并未明显分派。其中孟喜诈造了一部"《易》家候阴阳灾变书"，从而改变了易学性质，使易学变成了以阴阳灾异为主的象数之学。我们虽然不知道"《易》家候阴阳灾变书"是一部什么样的书，但孟喜之父是当时的春秋学和礼学大家，因此，可以推断，孟喜的思想应当受到其父的影响。这样看来，易学的阴阳灾异学说与春秋学有着密切关系。这说明西汉易学的阴阳灾异思想是孟喜最先引入的。可见，孟喜之学虽然传自田王孙，但已经把阴阳灾变学说融到易学。而焦延寿又对孟喜易学做了篡改，所以他们的易学与田何等不同。因此，皮锡瑞称他们为"易之别传"："据班氏说，则易家以阴阳灾变为说，首改师法，不出于田何、杨叔、丁将军者，始于孟而成于京。班氏既谓二家不同，而《艺文志》又有《孟氏京房》十一篇，《灾异孟氏京房》六十六篇，似二家实合为一者。盖又京氏托之孟氏，而非孟氏之本然也。孟氏得易家书，焦延寿得隐士说，则当时实有此种学，而非其所自创。《汉志》易家有《杂灾异》三十五篇，是易家本有专言灾异一说，而其传此说者，仍是别传而非正传。"① 以灾异学说解《易》是孟、京易学的一个特点，其对汉易影响甚大。《易纬》明显有着这种特征，因此，《易纬》的形成与孟喜的易学革命有着密切关系。

孟喜易学方面的著作已经失传，只有一部分保存在唐僧一行的《卦议》中。孟喜的卦气说用《周易》的卦象解说一年节气的变化，即把六十四卦和四时、十二月、二十四节气、七十二候配合起来，形成一个有机的系统。唐一行《卦议》引孟喜卦气说曰：

> 自冬至初，中孚用事。一月之策，九六七八，是为三十。而卦以地六，候以天五，五六相乘，消息一变，十有二变而岁复初。坎、震、离、兑，二十四气，次主一爻，其初则二至二分也。……故阳七之静始于坎，阳九之动始于震，阴八之静始于离，阴六之动始于兑。故四象之

---

① 皮锡瑞：《经学通论》，中华书局，2017，第19页。

变，皆兼六爻，而中节之应备矣。①（《新唐书》卷二十七上）

这是说，从冬至初候开始，以中孚卦配之。一月的天数，刚好与筮法中九六七八之数的总和相等。"卦以地六"是说每月配五卦，每卦主六日余；"候以天五"则指七十二候的两候之间五日有余。五乘以六为三十日，代表一月的节气。一年有十二个月，所以其节气的变化有十二阶段。这十二阶段往复循环，故称"十有二变而岁复初"。然后又以坎、震、离、兑四正卦分别主六个节气，每一爻主一个节气。这样二十四节气便和《周易》的四卦联系起来。二十四节气又有中、节之分，每月月首称节，月中称中。这样二十四节气又可分十二节气和十二中气。四正卦的初爻分别主冬至、夏至、春分、秋分，二十四爻主二十四节气，所以说"四象之变，皆兼六爻，而中节之应备矣"。按照《新唐书·历志》四正卦之外的六十卦又配以七十二候，这样《周易》的六十四卦便与四时、二十四节气、七十二候有机地联系起来。

孟喜的这种思想对于《易纬》影响很大，《易纬》也讲卦气、六日七分等思想。《易纬·稽览图》曰：

> 卦气起中孚，故离、坎、震、兑各主其一方，其余六十卦，卦有六爻，爻别主一日，凡主三百六十日。余有五日四分日之一者，每日分为八十分，五日分为四百分日之一，又为二十分，是四百二十分。六十卦分之，六七四十二，卦别各得七分，是每卦得六日七分也。②

不难看出，与孟喜一样，《易纬》也认为卦气从中孚卦开始。又以离、坎、震、兑四正卦主四时，余六十卦每卦各主六日七分。这与孟喜卦气说相同，可能受到孟喜的影响。京房也讲卦气说和六日七分说，但与孟喜不同，以六十四卦三百八十四爻与一年之日数相配。唐僧一行《卦议》曰："京氏又以卦爻配期之日，坎、离、震、兑，其用事自分、至之首，皆得八十分日之七十三。颐、晋、井、大畜，皆五日十四分，余皆六日七分。"③（《新唐书》卷二十七上）朱伯崑说："孟喜以六十卦三百六十爻配一年之日数。而京房则以六十四卦三百八十四爻配一年之日数。其日数的分配是，四正卦的初

---

① 欧阳修：《新唐书》，中华书局，1975，第599~560页。
② 〔日〕安居香山、中村璋八辑《纬书集成》，第181页。
③ 欧阳修：《新唐书》，第598~599页。

爻，即主二至和二分之爻，各为一日八十分之七十三；颐、晋、升、大畜，此四卦各居四正卦之前，各为五日十四分；其余卦，皆当六日七分。"① 可见，与孟喜卦气说不同，京房用六十四卦和一年的日数相配。而《易纬》与孟喜相同，皆以六十卦三百六十爻配一年的日数，这说明《易纬》的卦气学说受到孟喜思想的影响，应为孟喜后学所作。其余《易纬》的灾异说、大衍之数等也与孟、京易学有着密切关系。

不只《春秋纬》《易纬》如此，其余《尚书纬》《诗纬》《礼纬》等也与今文经学有着密切关系。对于尚书学传承，《汉书·儒林传》曰：

> 伏生，济南人也，故为秦博士。孝文时，求能治《尚书》者，天下亡有，闻伏生治之，欲召。时伏生年九十余，老不能行，于是诏太常，使掌故朝错往受之。秦时禁《书》，伏生壁藏之，其后大兵起，流亡。汉定，伏生求其《书》，亡数十篇，独得二十九篇，即以教于齐、鲁之间。齐学者由此颇能言《尚书》，山东大师亡不涉《尚书》以教。伏生教济南张生及欧阳生。②

可见，汉代尚书学传自济南伏生。伏生传张生和欧阳生，欧阳生传兒宽，兒宽传欧阳生子，此后欧阳世世相传，是为欧阳氏学。张生传夏侯都尉，都尉传夏侯始昌，始昌传夏侯胜，是为大夏侯之学。胜传夏侯建，是为小夏侯之学。伏生著有《尚书大传》，原书已佚，现存有后人辑本。我们从《尚书大传》辑本中可以看出纬书与今文《尚书》有着密切关系。

纬书中有许多思想与《尚书大传》相似，如《尚书大传·夏传》曰："古者天子三公，每一公三卿佐之，每一卿三大夫佐之，每一大夫三元士佐之，故有三公、九卿、二十七大夫、八十一元士，所与为天下者，若此而已。"③《春秋汉含孳》曰："三公在天为三台，九卿为北斗。故三公象五岳，九卿法河海，二十七大夫法山陵，八十一元士法谷阜，合为帝佐，以匡纲纪。"④ 纬书中三公、九卿等显然受到《尚书大传》的影响。又如《尚书大传·西伯戡耆》曰："周文王至磻溪，见吕望。文王拜之，尚父曰：望钓得

---

① 朱伯崑：《易学哲学史》（第一卷），昆仑出版社，2005，第 155 页。
② 班固：《汉书》，第 3603 页。
③ 陈寿祺：《尚书大传》，中华书局，1985，第 41 页。
④ 〔日〕安居香山、中村璋八辑《纬书集成》，第 814 页。

玉璜，刻曰：周受命，吕佐检德合，于今昌来提。"① 《尚书中候》曰："王即田鸡水畔，至磻溪之水，吕尚钓于厓。王下拜曰：切望公七年，乃今见光景于斯。尚立变名答曰：望钓得玉璜，刻曰：姬受命，吕佐旃，德合昌，来提撰，尔雒钤，报在齐。"② 二者文字虽然有所不同，但意思却无大异，只不过《尚书中候》对《尚书大传》做了发挥。纬书还直接抄取《尚书大传》内容，如《尚书考灵曜》曰："主春者张，昏中，可以种谷；主夏者火，昏中，可以种黍；主秋者虚，昏中，可以种麦；主冬者昴，昏中，可以收敛。"③ 此是原封不动抄录《尚书大传·唐传》。

除了伏生《尚书大传》外，纬书还受到伏生后学的影响，如《洪范五行传》的灾异思想就对纬书产生了很大影响。《洪范五行传》认为君主的貌、言、视、听、思五事要符合它们自己的性质，如貌要恭、言要从、视要明、听要聪、思要容。如果君主貌不恭、言不从、视不明、听不聪、思不容，就会出现灾异。如其说："一曰貌。貌之不恭，是为不肃，厥咎狂，厥罚常雨，厥极恶。时则有服妖，时则有龟孽，时则有鸡祸，时则有下体生于上之痾，时则有青眚青祥，维金沴木；次二曰言。言之不从，是谓不艾，厥咎僭，厥罚常阳，厥极忧。时则有介虫之孽，时则有犬祸，时则有白眚白祥，维木沴金。……"④ 这是说，如果君主貌不恭敬，则会有雨灾，还会有服妖、龟孽等怪异现象；如果君主言语不顺，则会有旸灾，还会有虫孽、犬祸等怪异现象。其他视不明，则有奥灾；听不聪，则有寒灾；思不容，则有风灾。"五事"出于《尚书·洪范》，不过《尚书大传》把五事同灾异联系起来，这对汉代思想产生了重大影响。纬书的灾异思想亦在其中，如《尚书纬》曰："恒雨、恒旸、恒寒、恒风，此咎征也，人主五事失道，则杂星之凶者出而应之。"⑤ 纬书或直接抄取《尚书大传》原文，或发挥今文《尚书》思想，这都说明纬书受到西汉今文尚书学的影响。

汉代今文诗学有齐、鲁、韩三家，《汉书·儒林传》曰："言《诗》于

---

① 陈寿祺：《尚书大传》，第49页。
② 〔日〕安居香山、中村璋八辑《纬书集成》，第411页。
③ 〔日〕安居香山、中村璋八辑《纬书集成》，第349页。
④ 陈寿祺：《尚书大传》，第63~65页。
⑤ 〔日〕安居香山、中村璋八辑《纬书集成》，第395页。

鲁则申培公，于齐则辕固生，燕则韩太傅。"①《鲁诗》上承自浮丘伯而始于申培公，《齐诗》传自辕固生，《韩诗》则始于韩婴。在诗今文三家中，一般认为纬书与《齐诗》关系最为密切。《齐诗》始于辕固生，辕固生传夏侯始昌，始昌传后苍，苍传翼奉、萧望之、匡衡。《齐诗》著作在曹魏时已亡，其遗说仅存于《汉书·翼奉传》、《匡衡传》以及《后汉书·郎颐传》等中。

从现有资料来看，《齐诗》主要讲六情、五际等思想。《汉书·翼奉传》曰：

> 臣闻之于师，治道要务，在知下之邪正。人诚乡正，虽愚为用；若乃怀邪，知益为害。知下之术，在于六情十二律而已。北方之情，好也。好行贪狼，申子主之；东方之情，怒也。怒行阴贼，亥卯主之。贪狼必待阴贼而后动，阴贼必待贪狼而后用，二阴并行，是以王者忌子卯也。《礼经》避之，《春秋》讳焉。南方之情，恶也。恶行廉贞，寅午主之；西方之情，喜也。喜行宽大，巳酉主之。二阳并行，是以王者吉午酉也。《诗》曰："吉日庚午。"上方之情，乐也。乐行奸邪，辰未主之；下方之情，哀也。哀行公正，戌丑主之。辰未属阴，戌丑属阳，万物各以其类应。②

这是把喜、怒、哀、乐、好、恶六情和十二地支配合起来，并配以六方、六德。翼奉认为，君主如果知道六情、十二律，就可以知道人的邪正，因为人的性情和律历是相通的。所以他说："《诗》之为学，情性而已。五性不相害，六情更兴废，观性以历，观情以律。"③"五性"指仁、义、礼、智、信五常。所谓"观性以历"是指通过五行、十天干来了解"五性"。

对于"五际"，《汉书·翼奉传》曰："《易》有阴阳，《诗》有五际，《春秋》有灾异，皆列终始，推得失，考天心，以言王道之安危。"④又曰："臣奉窃学《齐诗》，闻五际之要，《十月之交》篇，知日蚀、地震之效昭然可明。"⑤然对于"五际"的具体内容，翼奉却未明言。应劭认为"五际"

---

① 班固：《汉书》，第3593页。
② 班固：《汉书》，第3167~3168页。
③ 班固：《汉书》，第3170页。
④ 班固：《汉书》，第3172页。
⑤ 班固：《汉书》，第3173页。

指君臣、父子、兄弟、夫妇、朋友，此以五伦解释五际，显然与《齐诗》之说不符。孟康注曰："《诗内传》曰：'五际：卯、酉、午、戌、亥也。'"①《诗内传》即《齐诗内传》。不过在《后汉书·郎颛传》中李贤注引孟康说却作《韩诗外传》。后人根据这两点推断《齐诗》和《韩诗》都有五际说。然而从内容来看，二书所引孟康之说完全相同，故应出于同一著作，也就是说《诗内传》和《韩诗外传》必有一误。我们知道，五际学说与《齐诗》有着密切关系。从现有资料来看，我们不能发现《韩诗》也讲五际说的文献。因此，这里的《诗内传》应是《齐诗内传》。其实清代学者臧镛堂已经指出这一错误，陈乔枞说："孟注所引《诗内传》，臧氏镛堂云是《齐诗内传》之文也。班志虽不载而《汉纪》谓辕固生作《诗》内、外传可证齐诗有《内传》矣。《后汉书·郎颛传》注引孟康说作《韩诗外传》，盖即《齐诗内传》之讹。臧说是也。"（《齐诗翼氏学疏证》卷下）臧氏虽然指出《诗内传》是《齐诗内传》，但把作者说成辕固则是有问题的，因为《史记》和《汉书》对辕固作《诗》内、外传的情形都没有丝毫的记载。从现有文献来看，五际说应是翼奉的创造，这样《诗内传》便应出于翼奉或其后学。然而史书对于翼奉的著作也未曾记载。这样看来，孟康所引的《诗内传》很可能就是《诗纬》。我们知道，纬学在汉代曾被崇为"内学"，因此，纬书被称作"内传"，如《郎颛传》把《易纬》称作《易内传》就是一个明显的证据。可以看出，孟康所说乃《诗纬》的说法，同样未必符合翼奉所说。从上下文来看，翼奉说的"五际"应该就是他所说的仁、义、礼、智、信"五性"。

以上是翼奉的"五际""六情"思想。这些思想在纬书中也有反映，如《春秋演孔图》曰："《诗》含五际六情，绝于申。"对于"六情"，纬书并未解释。宋均注曰："六情，即六义也，一曰风，二曰赋，三曰比，四曰兴，五曰雅，六曰颂。"这以《诗》之六义来解释六情显然不确。对于"绝于申"，宋均注曰："申，申公也。"②这种解释更加离谱。从内容来看，此说的"五际六情"显然是翼奉思想，"绝于申"含义虽然不明，但"申"绝非申公，而应指十二地支中的"申"。除了"五际六情"外，纬书还讲"四始五际"，如《诗纬·汎历枢》曰："卯酉为革政，午亥为革命。神在天门，出

---

① 班固：《汉书》，第 3173 页。
② 〔日〕安居香山、中村璋八辑《纬书集成》，第 583 页。

入候听。""卯，《天保》也；酉，《祈父》也；午，《采芑》也；亥，《大明》也。""然则亥为革命，一际也；亥又为天门，出入候听，二际也；卯为阴阳交际，三际也；午为阳谢阴兴，四际也；酉为阴盛阳微，五际也。"① 这是《诗纬》的五际学说。《诗纬·汎历枢》曰："《大明》在亥，水始也；《四牡》在寅，木始也；《嘉鱼》在巳，火始也；《鸿雁》在申，金始也。"② 这是《诗纬》的四始学说。我们前面说过，《诗纬》的"五际"说与翼奉并不相同。二者内容虽然不同，但都用阴阳五行思想来解释《诗经》。因此，《齐诗》的"五际"说对纬书的形成有着重要影响。

对于礼学，《汉书·儒林传》曰："言《礼》则鲁高堂生。"③ 高堂生传徐生，徐生传其孙延、襄。又有瑕丘萧奋以《礼》为淮阳太守，奋传孟卿，卿传后苍，苍传戴德、戴圣、庆普，所以礼学有大戴、小戴、庆氏之分。礼学在汉有《礼记》《仪礼》《周礼》之分，《礼记》《仪礼》属今文学，《周礼》属古文学。其中，《礼记》中的明堂阴阳、祥瑞等思想对纬书形成有重大影响。

《礼记》吸收了阴阳五行思想，其以此观念为基础安排君王四时十二月的政令，如《月令》："孟春之月，日在营室，昏参中，旦尾中。……是月也，天气下降，地气上腾，天地和同，草木萌动。王命布农事，命田舍东郊，皆修封疆，审端经术。善相丘陵阪隰土地所宜，五谷所殖，以教道民，必躬亲之。田事既饬，先定准直，农乃不惑。……是月也，不可以称兵，称兵必天殃。兵戎不起，不可从我始。毋变天之道，毋绝地之理，毋乱人之纪。"④其他月份也是如此，有其该做之事，有其不该做之事。如果君王不按照所在月份要求做事，则会出现灾异，如《月令》："孟春行夏令，则雨水不时，草木蚤落，国时有恐。行秋令，则其民大疫，猋风暴雨总至，藜莠蓬蒿并兴。行冬令，则水潦为败，雪霜大挚，首种不入。"⑤ 这种思想对纬书产生了重要影响，如《尚书纬》曰："气在于春纪，可以勤农桑，禁斩伐，以安国家。如是则岁星行度，五谷滋矣。政失于春，星不居其常。"⑥

---

① 〔日〕安居香山、中村璋八辑《纬书集成》，第480~481页。
② 〔日〕安居香山、中村璋八辑《纬书集成》，第480页。
③ 班固：《汉书》，第3593页。
④ 朱彬：《礼记训纂》，中华书局，1996，第213~225页。
⑤ 朱彬：《礼记训纂》，225~226页。
⑥ 〔日〕安居香山、中村璋八辑《纬书集成》，第394页。

《礼记》还认为君王的盛德可以带来祥瑞而避免灾异，如《礼运》曰："圣王所以顺，……用水、火、金、木、饮食必时，合男女、颁爵位必当年德，故无水旱昆虫之灾，民无凶饥妖孽之疾。……故天降膏露，地出醴泉，山出器车，河出马图，凤凰麒麟皆在郊椒，龟龙在宫沼，其余鸟兽之卵胎，皆可俯而窥也。"① 《大戴礼记·盛德》亦曰："圣王之盛德，人民不疾，六畜不疫，五谷不灾，诸侯无兵而正，小民无刑而治，蛮夷怀服。"② 这种思想后来也被纬书吸收，如《孝经援神契》曰："王者德至天，则景星见。""德至深泉，则黄龙见，醴泉涌，河出图，洛出书。"③

《礼记》中的明堂思想也对纬书产生了影响，如《大戴礼记·明堂》曰："明堂者，古有之也。凡九室，一室而有四户八牖，三十六户，七十二牖。以茅盖屋，上圆下方。明堂者，所以明诸侯尊卑。"④ 纬书对于《礼记》明堂思想做了发挥，并使其神秘化，如《孝经援神契》曰："明堂者，天子布政之宫，八窗四闼，上圆下方，在国之阳。"⑤《礼纬·含文嘉》曰："明堂所以通神灵、感天地、正四时。"⑥《礼记》还在解释自然现象等方面影响了纬书，如《大戴礼记·曾子天圆》曰："阴阳之气各静其所，则静矣。偏则风，俱则雷，交则电，乱则雾，和则雨，阳气胜则散为雨露，阴气胜则凝为霜雪。阳之专气为雹，阴之专气为霰，霰雹者，一气之化也。"⑦ 纬书亦以阴阳二气解释自然现象，如《春秋元命包》曰："阴阳和而为雨；阴阳散而为露；阴阳凝而为霜；阴阳合而为雷；阴阳激而为电。……"⑧

从上可知，今文经学对纬书的形成有重要影响。皮锡瑞曰："汉有一种天人之学，而齐学尤盛。《伏传》五行，《齐诗》五际，《公羊春秋》多言灾异，皆齐学也。《易》有象数占验，《礼》有明堂阴阳，不尽齐学，而其旨略同。"⑨ 纬书正是汉代这种天人之学影响下的产物。只有在西汉今文经学的历史发展中，我们才能对纬书的形成有着比较深入的认识。如果脱离开西汉今

① 朱彬：《礼记训纂》，第355~356页。
② 王聘珍：《大戴礼记解诂》，中华书局，1983，第142页。
③ 〔日〕安居香山、中村璋八辑《纬书集成》，第974、977页。
④ 王聘珍：《大戴礼记解诂》，第149页。
⑤ 〔日〕安居香山、中村璋八辑《纬书集成》，第967页。
⑥ 〔日〕安居香山、中村璋八辑《纬书集成》，第496页。
⑦ 王聘珍：《大戴礼记解诂》，第99页。
⑧ 〔日〕安居香山、中村璋八辑《纬书集成》，第606~607页。
⑨ 皮锡瑞：《经学历史》，中华书局，2008，第106页。

文经学的脉络，那么纬书的形成则无从谈起。

三 谶纬与古文经学

如上所述，谶纬与今文经学有着密切关系。那么谶纬与古文经学的关系又如何呢？《隋书·经籍志》对此有所论述：

> 宋均、郑玄并为谶律之注。然其文辞浅俗，颠倒舛谬，不类圣人之旨。相传疑世人造为之后，或者又加点窜，非其实录。起王莽好符命，光武以图谶兴，遂盛行于世。汉时，又诏东平王苍正五经章句，皆命从谶。俗儒趋时，益为其学，篇卷第目，转加增广。言五经者，皆凭谶为说。唯孔安国、毛公、王璜、贾逵之徒独非之，相承以为妖妄，乱中庸之典。故因汉鲁恭王、河间献王所得古文，参而考之，以成其义，谓之"古学"。当世之儒，又非毁之，竟不得行。①

谶纬起于王莽喜好符命，光武帝在建立东汉的过程中也利用了谶纬，后来还宣布"图谶于天下"，这样谶纬便盛行起来。当时说经学者都以谶纬为标准。因为批判谶纬，古文经学受到当时儒者的打压，从而没有被立于学官。

按照《隋书·经籍志》的说法，古文经学与谶纬完全是水火不容。冯友兰说："'古学'即所谓古文家之经学。其说经不用纬书谶书及其他阴阳家之言，一扫当时'非常可怪之论'，使孔子反于其'师'之地位。"② 钱穆也认为当时是否相信谶纬是区分今文经学与古文经学的一个重要标准："经学治谶、不治谶之界，即为今学、古学之界矣。"③ 今学经师无有不言图谶者，古学家则不言谶。到了贾逵的时候，古学家才开始兼言图谶。

其实古文经学与谶纬的关系远比《隋书·经籍志》、冯友兰和钱穆说得复杂。康有为认为，纬书与今文经学关系密切，未杂刘歆古文伪说，而谶则受到刘歆古文经学的窜改。其说："纬书虽多诞奇之说，然出西汉以前，与今文博士说合，犹无刘歆伪说也。其时与古说合者，则歆所窜入，大致则与古文绝界分疆者也。……纬与谶异，《汉书·王莽传》'征通图谶者'，是谶

---

① 魏征：《隋书》，中华书局，1973，第 903 页。
② 冯友兰：《中国哲学史》（下册），华东师范大学出版社，2001，第 57 页。
③ 钱穆：《两汉经学今古文平议》，商务印书馆，2001，第 248 页。

乃歆、莽之学，歆所攻者盖专在纬也。"① 蒙文通则认为古文经学对于谶纬既有批判的也有赞同的，其说："信谶纬者今文家有之，古文家亦有之，辟谶纬古文家有之，今文家亦有之，非独一家之过也。"② 在顾颉刚看来，谶纬与今文经学关系更为密切，但其五德系统则受到了古文经学的影响。他说："它（纬书）的思想是今文家的，它的五德系统是古文家的。它确实是今文家的嫡系，因为董仲舒、京房、翼奉、刘向一班大师的思想莫不如此；从这一班人的思想出发，应当汇成这样大的一个尾闾。"③ 吕思勉则指出今古文经学之所以与谶纬关系不同，在于其形成时间早晚有异："世每以纬说多同今文，而为古文家开脱，其实此乃由造作之初，古文说尚未出耳。援谶文以媚世谐俗，两家经师，固无二致矣。"④ 周予同对于谶纬与今古文经学的关系做了深入的论述。他说："汉代五经家，不仅今文学家与纬谶有密切的关系；就是古文学家及混淆今古文学者，其对于纬谶，也每有相当的信仰。至于反对纬谶的，如《文心雕龙·正纬》篇中所举的'桓谭疾其虚伪，尹敏戏其深瑕，张衡发其僻缪，荀悦明其诡诞'，都是完全出于个人见解的超脱，和经学学统上没有多大的关系。""古文学在学统上本与纬谶立与相反的地位。但汉代古文学者，因为或阿俗学，或投主好，或别具深心，所以也多与纬谶有关。"⑤ 周氏的说法比较全面，但其把桓谭、尹敏等古文学家对于谶纬的态度完全归于个人立场则是不确切的。王葆玹对于古文经学与谶纬的关系也做了深入的辨析。在他看来，古文经学在汉代有两个支系，"分别源于河间献王的宫廷和西汉皇家的秘府，在两汉之交分别由刘歆和王莽代表"⑥；从而认为两系对于谶纬的态度是不同的，王莽一系的古文经学对于谶纬是支持的，并受其影响的，刘歆一系的古文经学对于谶纬则是反对的。

可以看出，对于谶纬与古文经学的关系，学界目前尚有不同意见。既然二者关系如此复杂，那么这就需要我们对其重新进行考察。古文经学和谶纬都是在西汉中后期开始逐渐兴起的两股思想潮流，因此，我们的考察也须从

① 康有为：《新学伪经考》，中华书局，2012，第243页。
② 蒙文通：《经学抉原》，上海人民出版社，2006，第82页。
③ 顾颉刚：《中国上古史研究讲义》，中华书局，1988，第312页。
④ 吕思勉：《秦汉史》，上海古籍出版社，2005，第741~742页。
⑤ 朱维铮编《周予同经学史论著选集》（增订版），上海人民出版社，1994，第56、58页。
⑥ 王葆玹：《今古文经学新论》，中国社会科学出版社，1997，第145页。

古文经学的兴起开始。

古文经学最先是由刘歆开始提倡的。他曾在秘府校定秘书，见到古文《春秋左传》而大好之；又引用传文来解释经文，从而使《左传》章句、义理皆明。刘歆还想把《春秋左传》《毛诗》《逸礼》《古文尚书》等古文经典列于学官。他在《移让太常博士书》中说：

> 汉兴，去圣帝明王遐远，仲尼之道又绝，法度无所因袭。时独有一叔孙通略定礼仪，天下唯有《易》卜，未有它书。……至孝武皇帝，然后邹、鲁、梁、赵颇有《诗》《礼》《春秋》先师，皆起于建元之间。当此之时，一人不能独尽其经，或为《雅》，或为《颂》，相合而成。……时汉兴已七八十年，离于全经，固已远矣。及鲁恭王坏孔子宅，欲以为宫，而得古文于坏壁之中，逸《礼》有三十九，《书》十六篇。天汉之后，孔安国献之，遭巫蛊仓卒之难，未及施行。及《春秋》左氏丘明所修，皆古文旧书，多者二十余通，臧于秘府，伏而未发。孝成皇帝闵学残文缺，稍离其真，乃陈发秘臧，校理旧文，得此三事，以考学官所传，经或脱简，传或间编。传问民间，则有鲁国柏公、赵国贯公、胶东庸生之遗学与此同，抑而未施。此乃有识者之所惜闵，士君子之所嗟痛也。往者缀学之士不思废绝之阙，苟因陋就寡，分文析字，烦言碎辞，学者罢老且不能究其一艺。信口说而背传记，是末师而非往古，至于国家将有大事，若立辟雍、封禅、巡狩之仪，则幽冥而莫知其原。①

当时古文经学的来源有二：一是鲁恭王坏孔子宅所得，一是秘府所藏。前者主要有《逸礼》《尚书》，后者则是《春秋左传》。刘歆批评当时的今文博士是"信口说而背传记，是末师而非往古"。所谓"口说"，指今文经典开始并未成书，而是经过一个口耳相传的过程，后来才被整理成书，如《春秋公羊传》就是到了汉景帝时才由公羊寿和胡毋生共同"著于竹帛"。所谓"末师"则指传公羊学、穀梁学的先师都是孔门七十二弟子的后学。在刘歆看来，相比《春秋左传》，《公羊传》和《穀梁传》等今文经学在时间上与孔子相去更远，是"传闻"和"亲见"的不同，因此它们在记载上有详略的不同；而且在国家遇到辟雍、封禅、巡狩等礼仪的大事上，今文学者对其内容

---

① 班固：《汉书》，第1968~1970页。

并不清楚。因此，刘歆主张立古文经学于学官。汉平帝时，王莽还让刘歆参与明堂、辟雍的兴建，并且取得了成功。

刘歆对于古文经学的立场暂置一边，但从中可以看出辟雍、封禅、巡狩等礼仪问题是古文经学的重要内容。在现存纬书资料中可以看到关于这些礼仪的相关记载，如封禅制度。

> 管子又云：封禅者，须北里禾、鄗上黍、江淮之间三脊茅，以为藉，乃得封禅。
>
> 帝王起，纬合缩，嘉应贞祥，封禅刻石纪号也。
>
> 封于泰山，考绩燔燎，禅于梁父，刻石纪号。①（以上《孝经钩命决》）
>
> 桓公欲封禅，管仲曰：昔圣王功成道洽，符出，乃封泰山。今皆不至，凤皇不臻，麒麟遁逃，未可以封。②（《尚书中候·准谶哲》）
>
> 刑法格藏，世作颂声。封于泰山，考绩柴燎。禅于梁甫，刻石纪号。英炳巍巍，功平世教。③（《礼纬》）
>
> 汉大兴之，道在九世之王。封于泰山，刻石著纪。禅于梁父，退省考五。
>
> 帝刘之九，会命岱宗。不慎克用，何益于承。诚善用之，奸伪不萌。④（以上《河图·会昌符》）

可以看出，这里既有对汉代以前封禅思想的记载，也有对东汉初年封禅情况的叙述。

对于辟雍，纬书也有论述：

> 天子亲临辟雍，尊事三老，兄事五更。
>
> 天子临辟雍，亲割牲以养三老。⑤（以上《孝经援神契》）
>
> 天子辟雍，所以崇有德，褒有行。⑥（《礼纬》）

---

① 〔日〕安居香山、中村璋八辑《纬书集成》，第 1013、1007 页。
② 〔日〕安居香山、中村璋八辑《纬书集成》，第 442 页。
③ 〔日〕安居香山、中村璋八辑《纬书集成》，第 533 页。
④ 〔日〕安居香山、中村璋八辑《纬书集成》，第 1178 页。
⑤ 〔日〕安居香山、中村璋八辑《纬书集成》，第 968 页。
⑥ 〔日〕安居香山、中村璋八辑《纬书集成》，第 532 页。

除此之外，纬书对于与辟雍相近的明堂制度也有很多记载，如：

> 明堂之制，东西九筵，筵长九尺也。明堂东西八十一尺，南北六十三尺，故谓之太室。
>
> 明堂，文王之庙。夏后氏曰世室，殷人曰重屋，周人曰明堂。东西九筵，筵九尺，南北七筵。堂崇一筵。五室，凡室二筵。盖之以茅，宗祀文王于明堂，以配上帝。① （以上《孝经援神契》）
>
> 明堂在辰、巳者，言在木、火之际。辰，木也；巳，火也。木生数三，火成数七，故在三里之外，七里之内。② （《春秋合诚图》）
>
> 明堂所以通神灵，感天地，正四时，出教令，崇有德，章有道，褒有行。③ （《礼纬·含文嘉》）

纬书中明堂制度基本上沿袭了《考工记》《礼记》《大戴礼记》等说法，不过有的地方也不尽相同，如《大戴礼记》认为明堂位于近郊三十里，而纬书则认为在三里之外、七里之内。

从上可知，现存纬书中有很多关于封禅、辟雍、明堂等制度的记载，可以想象原来纬书对于这些礼仪制度的记载应该更为详细。在刘歆看来，这些制度都是今文经学所不重视或不明晓的。据此，可以推断纬书对于这些制度的论述应该受到刘歆的影响或刺激。

五德终始思想也是刘歆之说和纬书的共有内容。顾颉刚认为，纬书的"五德系统是古文家的"。④也就是说，纬书的五德终始说受到古文经学的影响。陈苏镇则认为刘歆的五德终始说受到谶纬的影响。他说："《世经》的'五德终始'说是在谶纬'五德终始'说的基础上稍加修改而成的，《世经》所述古帝王也有少昊，尧和汉也都是火德，则是沿袭谶纬之说。"⑤ 这两种说法截然相反，二者孰是孰非？我们先来看刘歆《世经》关于五德终始的说法，《汉书·律历志下》曰：

> 《春秋》昭公十七年"郯子来朝"，《传》曰：昭子问少昊氏鸟名何

---

① 〔日〕安居香山、中村璋八辑《纬书集成》，第967页。
② 〔日〕安居香山、中村璋八辑《纬书集成》，第777页。
③ 〔日〕安居香山、中村璋八辑《纬书集成》，第496页。
④ 顾颉刚：《中国上古史研究讲义》，第312页。
⑤ 陈苏镇：《〈春秋〉与"汉道"——两汉政治与政治文化研究》，第444页。

故？对曰："吾祖也，我知之矣。昔者，黄帝氏以云纪，故为云师而云名；炎帝氏以火纪，故为火师而火名；共工氏以水纪，故为水师而水名；太昊氏以龙纪，故为龙师而龙名。我高祖少昊挚之立也，凤鸟适至，故纪于鸟，为鸟师而鸟名。"言郯子据少昊受黄帝，黄帝受炎帝，炎帝受共工，共工受太昊，故先言黄帝，上及太昊。稽之于《易》，炮牺、神农、黄帝相继之世可知。

太昊帝：《易》曰："炮牺氏之王天下也。"言炮牺继天而王，为百王先，首德始于木，故为帝太昊。……《祭典》曰："共工氏伯九域。"言虽有水德，在火、木之间，非其序也。任知刑以强，故伯而不王。秦以水德，在周、汉木火之间。周人迁其行序，故《易》不载。

炎帝：《易》曰："炮牺氏没，神农氏作。"言共工伯而不王，虽有水德，非其序也。以火承木，故为炎帝。教民耕农，故天下号曰神农氏。

黄帝：《易》曰："神农氏没，黄帝氏作。"火生土，故为土德。与炎帝之后战于阪泉，遂王天下。始垂衣裳，有轩冕之服，故天下号曰轩辕氏。

少昊帝：《考德》曰：少昊曰清。清者，黄帝之子清阳也，是其子孙名挚立。土生金，故为金德，天下号曰金天氏。

颛顼帝：《春秋外传》曰：少昊之衰，九黎乱德，颛顼受之，乃命重黎。苍林昌意之子也。金生水，故为水德。天下号曰高阳氏。

帝喾：《春秋外传》曰：颛顼之所建，帝喾受之。清阳玄嚣之孙也。水生木，故为木德。天下号曰高辛氏。

唐帝：《帝系》曰：帝喾四妃，陈丰生帝尧，封于唐。盖高辛氏衰，天下归之。木生火，故为火德，天下号曰陶唐氏。

虞帝：《帝系》曰：颛顼生穷蝉，五世而生瞽叟，瞽叟生帝舜，处虞之妫汭，尧禅以天下。火生土，故为土德。天下号曰有虞氏。

伯禹：《帝系》曰：颛顼五世而生鲧，鲧生禹，虞舜禅以天下。土生金，故为金德。天下号曰夏后氏。……

成汤：《书经·汤誓》：汤伐夏桀。金生水，故为水德。天下号曰商，后曰殷。……

武王：《书经·牧誓》：武王伐商纣。水生木，故为木德。天下号曰周室。……

汉高祖皇帝，著《纪》，伐秦继周。木生火，故为火德。天下号曰
"汉"。①

在《左传》中，郯子只是叙述黄帝、炎帝、共工、太昊等人名号，并未指出
他们之间存在着前后相代的关系。刘歆则以《春秋》和《易传》为依据，按
照五行相生的顺序来安排帝王的世系。刘歆又根据《说卦》"帝出乎震"章，
认为最早的帝王与震卦相对，震卦属木，所以最早的帝王应为木德。《系辞
下》曰："古者包牺氏之王天下也。"因此，刘歆认为最早的帝王是伏羲。这
样，伏羲就应为木德。而在《春秋》中，他认为太昊最早，因此，伏羲就是
太昊帝。这样第一代确立了，按照《系辞下》"包牺氏没，神农氏作"的记
载，神农便为第二代。在《春秋》中，共工本应为第二代，但刘歆认为共工
"伯而不王"，虽有其德，非其序也，因此，只能居于"闰统"的地位。这样
炎帝便居于第二代了。因此，神农便成为炎帝，其德为火。炎帝之后的帝王
依次为黄帝土德、少昊金德、颛顼水德、帝喾木德、帝尧火德、帝舜土德、
伯禹金德、成汤水德、周代木德，秦与共工相同，非其序，为闰统，这样汉
便为火德。

纬书的五德终始说则比较复杂，从现有材料来看既有五行相胜说，也有
五行相生说。我们先来看五行相胜说：

黄帝起，大螾见。②（《河图·说征》）

夏道将兴，草木畅茂，郊止青龙。③（《尚书中候·考河命》）

有神牵白狼衔钩而入商朝。金德将盛，银自山溢。④（《洛书·灵淮
听》）

文王比隆兴，始霸伐崇，作灵台，受赤雀丹书，称王制命示天意。⑤
（《易纬·是类谋》）

这与《吕氏春秋·应同》《史记·封禅书》记载的邹衍五德终始说一致，其

① 班固：《汉书》，第 1011~1023 页。
② 〔日〕安居香山、中村璋八辑《纬书集成》，第 1175 页。
③ 〔日〕安居香山、中村璋八辑《纬书集成》，第 431 页。
④ 〔日〕安居香山、中村璋八辑《纬书集成》，第 1258 页。
⑤ 〔日〕安居香山、中村璋八辑《纬书集成》，第 299 页。

为土、木、金、火、水的相胜次序。黄帝为土德，木克土，故夏用木德；金克木，故商用金德；火克金，故周用火德。代火者必水，故继周者必用水德。然后代水者又为土德，依次往复循环。

除了相胜说外，纬书大多采用的是五行相生说，《春秋文曜钩》对此有明确论述：

> 太微之座，五帝之廷，苍则灵威仰，白则白招矩，黄则含枢纽，赤则赤熛怒，黑则协光纪。黑帝之精，润以纪衡；赤帝之精，燥以明量；黄帝之精，安以主度；白帝之精，轨以正矩；苍帝之精，以开玄窈。五帝降精，万情以导。凡王者皆用正岁之日，正月祭之，盖特尊焉。……五行相生不相克，十二次顺行不相逆。于是乎五德所重，五行所降，五帝御世，惑運列宿。[1]

在纬书看来，五天帝主宰着人间帝王的兴衰。天上之神主宰着人间的政治秩序，而人间的政权变化皆出于天上五帝之替代。这种替代的顺序是按照五行相生的顺序来进行的，"五行相生不相克"。《春秋运斗枢》曰：

> 岁星帅五精聚于东方七宿，苍帝以仁良温让起，皆以所舍占国；荧惑帅五星聚于南方七宿，赤帝以宽明多智略起；填星帅五精聚于中央，黄帝以重厚贤圣起；太白帅五星聚于西方七宿，白帝以勇武诚信多节义起；辰精帅五精聚于西方七宿，黑帝以清平静洁通明起。[2]

岁星帅五精聚于东方七星，木德兴，则苍帝起；火星帅五精聚于南方七星，火德兴，则赤帝起；土星帅五精聚于中央，土德兴，则黄帝起；金星帅五精聚于西方七星，金德兴，则白帝起；水星帅五精聚于西方七星，水德兴，则黑帝起。"五精"即是五天帝或五行之精。五德之中一德兴盛，余四德皆从属之。而且五帝皆有不同德性，如苍帝仁良温让、赤帝宽明多智、黄帝重贤厚圣、白帝勇武诚信、黑帝清平静洁。

正因为五天帝是按照五行相生的次序替代，人间帝王也应遵循相同的顺序。

---

① 〔日〕安居香山、中村璋八辑《纬书集成》，第668~669页。
② 〔日〕安居香山、中村璋八辑《纬书集成》，第727页。

伏羲氏以木德王天下，天下之人未有室宅，未有水火之和，于是乃仰观天文，俯察地理，始画八卦。

轩辕氏以土德王天下，始有堂室，高栋深宇，以避风雨。① （以上《春秋内事》）

大星如虹，下流华渚，女节气感，生白帝朱宣。（宋均注曰：朱宣，少昊氏也。）

瑶光之星如霓，贯月正白，感女枢幽房之宫，生黑帝颛顼。② （以上《河图》）

尧火精，故庆都感赤龙而生。③ （《春秋元命包》）

舜曰：朕维不仁，萤荚浮着，百兽凤晨。若稽古帝舜曰重华，钦翼皇象。帝舜至于下稷，荣光休至。黄龙负卷舒图，出水坛畔，赤文绿错。④ （《尚书中候·考河命》）

夏后氏金行，初作苇茭，言气交也。殷人水德，以螺首，慎其闭塞，使如螺也。周人木德，以桃为梗，言气相更也。⑤ （《春秋内事》）

这里的伏羲木德、黄帝土德、少昊金德、颛顼水德、尧火德、夏金德、商水德、周木德与刘歆《世经》的说法完全一致。对于帝王的替代顺序，《春秋命历序》曰："炎帝号曰大庭氏，传八世，合五百二十岁。黄帝一曰帝轩辕，传十世，二千五百二十岁。次曰帝宣，曰少昊，一曰金天氏，则穷桑氏，传八世，五百岁。次曰颛顼，则高阳氏，传二十世，三百五十岁。次是帝喾，即高辛氏，传十世，四百岁。""帝喾传十世乃至尧，后稷为尧官。"⑥ 这里的世次与刘歆《世经》的顺序完全一致，并且也没有"共工"的位置。因此，炎帝、帝喾的五德应分别为火德和木德。

对于秦，纬书中有关于其为金德的说法，如《易纬·通卦验上》曰："孔子表《洛书·摘亡辟》曰：亡秦者，胡也。丘以推秦白精也，其先星感，

① 〔日〕安居香山、中村璋八辑《纬书集成》，第887页。
② 〔日〕安居香山、中村璋八辑《纬书集成》，第1222页。
③ 〔日〕安居香山、中村璋八辑《纬书集成》，第591页。
④ 〔日〕安居香山、中村璋八辑《纬书集成》，第428页。
⑤ 〔日〕安居香山、中村璋八辑《纬书集成》，第887页。
⑥ 〔日〕安居香山、中村璋八辑《纬书集成》，第881~882页。

河出图，挺白以胡谁亡。"① 《尚书考灵曜》曰："秦失金镜，鱼目入珠。"②
《尚书帝命验》曰："有人雄起，戴玉英，履赤矛，祈旦失籥，亡其金虎。"③
《尚书中候》曰："维天降纪，秦伯出狩，至于咸阳，天振大雷，有火下，化
为白雀，衔箓集于公车。"④ 这里的白精、金镜、金虎、白雀都意味着秦为金
德。此外，还可以看到以汉代秦的思想。陈苏镇说："西汉自武帝太初改制
后，依五行相胜的顺序定周为火德，秦为水德，汉为土德，以示秦胜周、汉
又胜秦的历史过程。谶纬改周为木德，秦为金德，汉为火德，还是五行相胜
的顺序，理论上仍然比较质朴，与太初改制有明显的继承关系。《世经》对
共工、帝挚和秦的安排则细腻周全得多，与太初之制相去较远。以情理推
之，应当是谶纬之说在先，《世经》之说在后。"⑤

其实陈氏的说法是不确切的，因为纬书中除了以汉代秦的说法外，还有
以汉代周的说法。《尚书中候·日角》曰：

> 夫子素案图录，知庶姓刘季当代周，见薪采者获麟，知为其出。何
> 者？麟者，木精。薪采者，庶人燃火之意，此赤帝将代周。⑥

《春秋汉含孳》曰：

> 经十有四年春，西狩获麟。赤受命，苍失权，周灭火起，薪来得
> 麟。孔子曰：丘览史记，援引古图，推集天变，为汉帝制法，陈叙
> 图录。⑦

这是说孔子根据河图的记载，知道刘邦将要代替周朝而为正统。周为木德，
木生火，故继周者应为火德。麟代表木德，薪代表火德，所以西狩获麟，表
示周灭汉兴。因此，孔子为汉制法，陈述受命之图。可以看出，这里已经把
秦朝排除在五德之外。在上所引《易纬·通卦验上》的"丘以推秦白精"后

① 〔日〕安居香山、中村璋八辑《纬书集成》，第 197 页。
② 〔日〕安居香山、中村璋八辑《纬书集成》，第 356 页。
③ 〔日〕安居香山、中村璋八辑《纬书集成》，第 372 页。
④ 〔日〕安居香山、中村璋八辑《纬书集成》，第 417 页。
⑤ 陈苏镇：《〈春秋〉与"汉道"——两汉政治与政治文化研究》，第 444 页。
⑥ 〔日〕安居香山、中村璋八辑《纬书集成》，第 451 页。
⑦ 〔日〕安居香山、中村璋八辑《纬书集成》，第 815 页。

也说"秦为赤躯，非命王"，这说明孔子虽然推定秦为"金德"，但同样说其非受命之王。这与刘歆《世经》"非其序"的说法是一致的。因为西汉中后期，相生说逐渐占有主导地位，且汉为火德说得以确立，所以秦失其五行之次，只得列为"闰统"。① 在纬书中，我们虽然不能看到汉为火德的记载，但可以看到黄帝土德、尧为火德、周为木德等记载，如《春秋考异邮》曰："黄帝将起，有黄雀赤头，占曰：黄者土精，赤者火荧，雀者赏萌。余当立。"②《春秋运斗枢》曰："赤龙负图以出河见，尧与太尉舜等百二十臣集发，藏大麓。"③《春秋感精符》曰："孔子按录书，含观五常英人，知姬昌为苍帝精。"等等④。这个系统与刘歆的系统相同，也是按照五行相生的顺序排列的。因此，汉在这个系统中应为火德。

通过上面研究，我们可以知道纬书的五德终始说比较复杂：既有邹衍的五行相胜说，也有刘歆的五行相生说；既有以汉代秦说，也有以汉代周说。因此，可以推定纬书的五德终始说受到了刘歆《世经》的影响。

除了五德终始说外，三统说也可以说明谶纬与刘歆的前后关系。系统的三统说最早是由董仲舒提出的。董仲舒认为历史是按照黑、白、赤三统的顺序依次循环的，如夏代为正黑统，商代为正白统，周代为正赤统，代周的朝代则又为正黑统，依此类推，循环不已。董仲舒曰：

> 三正以黑统初。正日月朔于营室，斗建寅。天统气始通化物，物见萌达，其色黑。……正白统奈何？曰：正白统者，历正日月朔于虚，斗建丑，天统气始蜕化物，物始芽，其色白。……正赤统奈何？曰：正赤统者，历正日月朔于牵牛，斗建子，天统气始施化物，物始动，其色赤。……⑤（《春秋繁露·三代改制质文》）

三统虽然有别，但都属于"天统"。三统是按照逆行的方式循环（"逆数三而复"），即寅、丑、子的顺序。

刘歆在董仲舒的基础上创造了新的三统说，《汉书·律历志上》曰：

---

① 顾颉刚：《秦汉的方士与儒生》，上海古籍出版社，2005，第73页。
② 〔日〕安居香山、中村璋八辑《纬书集成》，第780页。
③ 〔日〕安居香山、中村璋八辑《纬书集成》，第713页。
④ 〔日〕安居香山、中村璋八辑《纬书集成》，第741页。
⑤ 董仲舒：《春秋繁露》，上海书店，2012，第146页。

三统者，天施，地化，人事之纪也。十一月，乾之初九，阳气伏于地下，始著为一，万物萌动，钟于太阴，故黄钟为天统，律长九寸。……六月，坤之初六，阴气受任于太阳，继养化柔，万物生长，椊之于未，令种刚强大，故林钟为地统，律长六寸。……正月，乾之九三，万物棣通，族出于寅，人奉而成之，仁以养之，义以行之，令事物各得其理。寅，木也，为仁；其声，商也，为义。故太族为人统，律长八寸，……此三律之谓矣，是为三统。

天统之正，始施于子半，日萌色赤。地统受之于丑初，日肇化而黄，至丑半，日牙化而白。人统受之于寅初，日萆成而黑，至寅半，日生成而青。天施复于子，地化自丑毕于辰，人生自寅成于申。①

地统虽然与未相对应，但与三正相配则配其冲位，即丑，"其于三正也，黄钟子为天正，林钟未之冲丑为地正，太族寅为人正"（《汉书·律历志上》）。可见，与董仲舒相比，刘歆把三统分属天、地、人，并按照子、丑、寅顺序的方式循环。

在纬书中，我们也能看到三统说的相关论述，如《乐纬·稽耀嘉》曰：

其天命以黑，故夏有玄珪；天命以赤，故周有赤雀衔书；天命以白，故殷有白狼衔钩。

夏以十三月为正，息卦受泰。法物之始，其色尚黑，以平旦为朔；殷以十二月为正，息卦受临。法物之牙，其色尚白，以鸡鸣为朔；周以十一月为正，息卦受复。法物之萌，其色尚赤，以夜半为朔。②

这是董仲舒的黑、白、赤三统说，并按照寅、丑、子逆序的方式循环。除此之外，纬书还有刘歆的三统说，《春秋感精符》曰：

十一月建子，天始施之端，谓之天统，周正，服色尚赤，象物萌色赤也；十二月建丑，地始化之端，谓之地统，殷正，服色尚白，象物牙色白；正月建寅，人始化之端，谓之人统，夏正，服色尚黑，象物生色

---

① 班固：《汉书》，第 961、984~985 页。
② 〔日〕安居香山、中村璋八辑《纬书集成》，第 551、547 页。

黑也。此三正，律者亦以五德相承。①

这种顺序是按照子、丑、寅顺序的方式循环，并把三统分属天、地、人，而且指出其与律历的关系，显然受到刘歆三统说的影响。可以看出，纬书的三统说，既有董仲舒的三统说，又有刘歆的三统说，说明其只能产生在刘歆之后。

我们还可以从"河图""洛书"的内容来看谶纬与刘歆的关系。"河图"在先秦最先指一种玉石或典册，后来逐渐演化成一种祥瑞。"洛书"的形成则晚于"河图"，其一开始就被当成祥瑞。在汉代，"河图""洛书"主要指祥瑞，到了刘歆的时候才把二者与八卦、九畴对应起来。《汉书·五行志上》曰：

> 《易》曰："天垂象，见吉凶，圣人象之；河出图，洛出书，圣人则之。"刘歆以为虙羲氏继天而王，受《河图》，则而画之，八卦是也；禹治洪水，赐《洛书》，法而陈之，《洪范》是也。②

刘歆之前，从未有人把"河图""洛书"同八卦、《洪范》联系起来。刘歆孤明先发，首先把它们对应起来。他认为《洪范》中上天赐给大禹的"九畴"就是"洛书"。而《洪范》所说的"初一曰五行，次二曰羞用五事，次三曰农用八政，次四曰叶用五纪，次五曰建用皇极，次六曰艾用三德，次七曰明用稽疑，次八曰念用庶征，次九曰向用五福、畏用六极"65字就是"洛书"本文。刘歆的说法，一方面受到《易传》的影响；另一方面可能受到《庄子》的启发，把"九洛"生解为"九畴洛书"。刘歆的这种说法在现存纬书中也有反映：

> 伏羲氏有天下，龙马负图出于河，遂法之画八卦。又龟书，洛出之也。（《尚书中候》）
> 神龙负图出河，虙牺受之，以其文画八卦。（《尚书中候·握河纪》）
> 乃受舜禅，即天子之位。天乃悉禹《洪范》九畴，洛出龟书五十六

---

① 〔日〕安居香山、中村璋八辑《纬书集成》，第745页。
② 班固：《汉书》，第1315页。

字（按：当为六十五字），此谓洛出书者也。①（《尚书中候·考河命》）

这种以八卦为"河图"、九畴为"洛书"的说法应该受到刘歆思想的影响。

陈苏镇认为，刘歆关于《河图》《洛书》的说法否定了《隋书·经籍志》中关于"谶纬中'自黄帝至周文王所受'《河图》《洛书》本文十五篇的真实性"。陈氏虽然看到了上引《尚书中候》的说法，但认为这类文字晚出，可能是受到刘歆的影响而成的。② 陈氏的这种看法显然是有问题的，因为我们只能把谶纬文献看成一个整体，除了少量具有明显时代特征的材料外，很难对其在时间上进行具体划分。而且《隋书·经籍志》的记载本身是有矛盾的：

> 《易》曰："河出图，洛出书。"然则圣人之受命也，必因积德累业，丰功厚利，诚著天地，泽被生人，万物之所归往，神明之所福飨，则有天命之应。盖龟龙衔负，出于河、洛，以纪易代之征，其理幽昧，究极神道。先王恐其惑人，秘而不传。说者又云，孔子既叙六经，以明天人之道，知后世不能稽同其意，故别立纬及谶，以遗来世。其书出于前汉，有《河图》九篇，《洛书》六篇，云自黄帝至周文王所受本文。又别有三十篇，云自初起至于孔子，九圣之所增演，以广其意。又有《七经纬》三十六篇，并云孔子所作，并前合为八十一篇。③

这里对《河图》《洛书》的形成列出两种看法：一是认为二者是表明朝代更替的受命之书，其是龟、龙从河水、洛水中所负而出；一是认为《河图》《洛书》出于前汉，乃孔子所作。其具体又包括两个部分：一是从黄帝到周文王的受命本文，共有《河图》九篇、《洛书》六篇；一是从黄帝到孔子"九圣"所增演的文字。不难看出，《隋书·经籍志》的前后叙述是有矛盾的，其前面说"纬与谶"皆是孔子所作，则《河图》《洛书》以及《七经纬》都应包括在内；但下面又把它们的形成分成三个阶段，《河图》九篇、《洛书》六篇似乎产生于周文王之后，另外的三十篇由黄帝到孔子的"九圣"逐渐增演而成，《七经纬》则完全是孔子所作。二说虽然不同，但都不能作

① 〔日〕安居香山、中村璋八辑《纬书集成》，第399、422、432页。
② 陈苏镇：《〈春秋〉与"汉道"——两汉政治与政治文化研究》，第447页。
③ 魏征：《隋书》，第940页。

为《河图》《洛书》形成的历史事实。而且《隋书·经籍志》在这里混淆了作为祥瑞的"河图""洛书"和作为书籍的《河图》《洛书》。谶纬中关于"河图""洛书"的说法既有先秦时期祥瑞的解释，也有刘歆的说法，这说明其只能形成于刘歆之后。

通过以上对谶纬与刘歆思想的对比，可以知道谶纬在形成过程中受到了刘歆思想的影响。同时，谶纬对刘歆也产生了一定的影响，如其在建平元年改名"秀"，应劭认为这就是受到了《河图·赤伏符》"刘秀发兵捕不道"谶语的影响。① 谶纬对于刘歆的影响应该主要在政治方面，其思想方面应该没有受到谶纬的影响。

王莽也是提倡古文经学的著名人物。他与刘歆在年少的时候同为黄门郎，交情甚好，王莽秉政之后，刘歆也受到重用。王莽和刘歆有相同的学术志趣，对于古文经学都有推崇。

与刘歆不同，王莽在推崇古文经学的同时，还推崇谶纬。《汉书·王莽传上》曰：

> 是岁，莽奏起明堂、辟雍、灵台，为学者筑舍万区，作市、常满仓，制度甚盛。立《乐经》，益博士员，经各五人。征天下通一艺教授十一人以上，及有逸《礼》、古《书》、《毛诗》、《周官》、《尔雅》、天文、图谶、钟律、月令、兵法、《史篇》文字，通知其意者，皆诣公车。网罗天下异能之士，至者前后千数，皆令记说廷中，将令正乖缪、壹异说云。②

明堂、辟雍、灵台等礼仪制度是刘歆非常重视的，王莽对于这些也非常重视，还把它们付诸实践。王莽还征集天下异能之士，前后多达千余人，以起到"正乖缪、壹异说"的目的。这里涉及的内容既有《逸礼》、古《书》、《毛诗》、《周官》等古文经学，也有天文、图谶、月令、兵法等阴阳术数之

---

① 按：刘歆改名是否应谶，史家颇有争议。钱穆曰："哀帝名欣，讳曰喜。刘歆之改名，殆以讳嫌名耳。宣帝名询，兼避洵、荀，改荀子曰孙子。"（《刘向歆父子年谱》）陈槃亦认为此谶"可能于举事之后，由其本人抑或臣属故造此符，随而流传长安，君惠微有所闻，而以歆处国师之尊，素怀怨望，同时侍卫莽者又为谋谋金门之人，益以姓名切合，假以符说，可号召成事，故寄其希望于歆之身"（陈槃：《秦汉间之所谓"符应"论略》，《中央研究院历史语言研究所集刊》1948年第16本，第55、58页）。
② 班固：《汉书》，第4069页。

学。这里的"古《书》"应该指"《古文尚书》"。这次征集人数之多，规模之大，可谓前所未有，其中涉及"图谶"者应该不少，这应该是谶纬的第一次结集。

王莽秉政，为了给篡汉提供依据，符命之说盛行。前面所说谢嚣所奏丹书、刘京所奏齐郡新井、哀章所作铜匮等皆符命之类。这些"符命"无非都是为了给王莽代汉提供依据。对于"符命"与谶纬的关系，陈槃曾说："秦汉间信奉符应之说，谶纬缘是产生。谶纬中包含之思想，自不止一事，然而符应思想，要为其骨干。""谶纬之产生，与符应之说，故有不可分离之性。盖此类符应说之结集，实为谶纬之基本材料。"① 与此相反，陈苏镇则认为"符命"与谶纬是对立的关系。他说："王莽的'符命'，性质与谶纬相近，诉诸天意的说法也与谶纬一脉相承。但它不称《河》《洛》之书，不借先王之口，直接伪造天帝神灵的旨意，形式更加粗俗。其政治用意则与谶纬截然相反，公然为王莽篡汉制造神学依据。所以，谶纬与'符命'虽是一根神学藤上的瓜，内涵却完全不同。在'符命'当道的新莽时期，谶纬只能和汉朝一起被当作历史遗迹封存起来。"② 这种说法并不确切，前面已经说过王莽曾经征集天下异能之人，其中就包含通晓谶纬之人。王莽在篡汉的过程中除了引用"符命"外，也引用了甘忠可、夏贺良的谶书。现在我们之所以看不到谶纬中关于王莽的材料，是因为这些材料在东汉光武帝整理谶纬时已经被删除了。

王莽虽然利用"符命"篡夺了刘汉政权，但在政治改制上却依据古文经学。除了前面所说的明堂、辟雍、灵台和征集通晓《逸礼》《周官》《毛诗》等古文经学的经师外，王莽还参考《周官》《礼记》等作"九命之赐"，按照周寿昌的归纳，其具体内容为衣服、车马、弓矢、斧钺、矩鬯、命珪、朱户、纳陛、虎贲。③ 而"九赐"在现存纬书中也有记载，如《礼含文嘉》曰："九赐：一曰车马，二曰衣服，三曰乐则，四曰朱户，五曰纳陛，六曰虎贲，七曰弓矢，八曰铁钺，九曰矩鬯。"④ 两相比较，二者内容大同小异，

① 陈槃：《秦汉间之所谓"符应"论略》，《中央研究院历史语言研究所集刊》1947 年第 16 本，第 55、58 页。
② 陈苏镇：《〈春秋〉与"汉道"——两汉政治与政治文化研究》，第 449 页。
③ 王先谦：《汉书补注》，第 6076 页。
④ 〔日〕安居香山、中村璋八辑《纬书集成》，第 500~501 页。

只有"命珪"与"乐则"不同。就现有资料来看，王莽"九赐"乃是其根据《周礼》《礼记》等书所成，而且之前王莽还曾征集包括通晓图谶的天下之士，由此可以推断当时纬书的"九赐"思想应当是在王莽"九命之赐"之后形成的。① 王莽还依据《周礼》《王制》设置官员，"置卒正、连率、大尹，职如太守；属令、属长，职如都尉。置州牧、部监二十五人，见礼如三公"②（《汉书·王莽传中》）。

到了东汉，光武帝宣布图谶于天下，谶纬取得了王朝的正统地位。国家的一切大法都要以谶纬为依据。光武之后，明、章诸帝对于谶纬亦深信不疑。《后汉书·张衡列传》曰："初，光武善谶，及显宗、肃宗因祖述焉。"③ 汉明帝曾让樊鯈等人用谶纬来正五经异说，"永平元年，拜长水校尉，与公卿杂定郊祠礼仪，以谶记正《五经》异说"④（《后汉书·樊鯈列传》）。汉章帝则因《尚书璇玑钤》"有帝汉出，德洽作乐，名予"改太乐官为"太予乐"⑤（《后汉书·曹褒列传》）。可以看出，谶纬在当时的地位已经超过经学。谶纬与今文经学有着更为密切的关系，因此在当时，今文学家的立场一般是支持谶纬的。而古文学家则对谶纬则持批评的态度，当时代表人物有桓谭、郑兴、尹敏等。

《后汉书·桓谭列传》说桓谭"博学多通，遍习五经，皆训诂大义，不为章句。能文章，尤好古学，数从刘歆、杨雄辨析疑异"。⑥ 桓谭的学术立场完全是古文经学的。在王莽的时候，桓谭就对当时盛行的符命之说加以反对，当时天下之人都献符命以谄媚王莽，其能够独守自身，默然不语。光武帝信谶，很多事情都用谶纬决定。桓谭就上疏对此加以批判，认为先王记述应以仁义正道为本，而非有奇怪荒诞之事，且谶纬是"诸巧慧小才伎数之人"所作，荒诞不经，欺愚惑众，人主以其为断，误之甚也。后来"诏会议

---

① 纬书的"九赐"应该受到《韩诗外传》的影响。《韩诗外传》卷八曰："传曰：诸侯之有德，天子锡之：一锡车马，再锡衣服，三锡虎贲，四锡乐器，五锡纳陛，六锡朱户，七锡弓矢，八锡钺鈇，九锡秬鬯。"《礼纬》与此基本相同，唯"乐器"作"乐则"，且前后顺序不同。考虑王莽曾征集图谶之士，其并没有采纳图谶中的"九赐"，而取《周礼》《礼记》"九命之赐"，可以推断当时谶纬并无"九赐"之说。

② 班固：《汉书》，第4136页。

③ 范晔：《后汉书》，第1911页。

④ 范晔：《后汉书》，第1122页。

⑤ 范晔：《后汉书》，第1201页。

⑥ 范晔：《后汉书》，第955页。

灵台所处"，光武帝问桓谭说："吾欲谶决之，何如？"桓谭默然良久，回答说："臣不读谶。"光武帝问他什么原因，桓谭极力说"谶之非经"。这一回答激怒了光武帝，说桓谭"非圣无法"，要把他斩首。桓谭极力求情方得获免。然桓谭亦因此被贬出京，闷闷不乐，死于途中。

郑兴年少时学的是《公羊春秋》，晚年则精通《左传》，还带领门人跟从刘歆讲解经义。《后汉书·郑兴列传》曰："兴好古学，尤明《左氏》《周官》，长于历数，自杜林、桓谭、卫宏之属，莫不斟酌焉。世言《左氏》者多祖于兴。"① 可见郑兴的《左传》学在当时影响很大，可谓当时古文经学的代表人物。郑兴对于谶纬也持反对态度。光武帝向郑兴询问郊祀的事情时说："吾欲以谶断之，何如？"郑兴回答说："臣不为谶。"光武帝听了之后非常生气，说他"不为谶，非之邪？"郑兴只好找个借口说他不懂谶纬。这件事情虽然得到了光武帝的谅解，但郑兴也因为不善谶而未得到重用。

尹敏也是当时古文经学的代表人物，《后汉书·儒林列传》说他："初习欧阳《尚书》，后受古文，兼善《毛诗》《穀梁》《左氏春秋》。"② 当时光武帝以尹敏博通经记，让其校勘图谶，除去里面关于王莽的记载。尹敏回答说："谶书非圣人所作，其中多近鄙别字，颇类世俗之辞，恐疑误后生。"光武帝听了之后很不高兴。尹敏还编造了一条"君无口，为汉辅"的谶语以说明谶纬并非圣人所作。光武帝知道后虽然没有怪罪他，但也没有再重用他。

以上所说三人都有明显的古文经学立场，他们对于谶纬的态度在一定程度上也反映了当时古文经学主流对于谶纬的看法。此外，当时对谶纬批判的张衡、王充等人，也与古文经学有着密切关系，如张衡对于古文学家扬雄就非常推崇。王充则"好博览而不守章句"。"不守章句"是当时古文经学的一个特点，这说明王充的立场与古文经学是相近的。

古文学家虽然多数不信谶纬，但他们也援引谶纬以同今文经学做斗争，古文经学大师贾逵就是其中的代表之一。光武帝时曾经要立《左传》《穀梁传》于学官，但因二家经师不晓图谶而未成功。贾逵认为《左传》与图谶有相合的地方，如图谶所说的刘氏为尧后的说法不见于五经，而《左传》则明确言之。五经都说颛顼替代黄帝，这样尧就不能是火德。而《左传》则言少

① 范晔：《后汉书》，第 1223 页。
② 范晔：《后汉书》，第 2558 页。

昊代黄帝，尧在这个系统中则为火德。只有尧是火德，汉才能相应地是火德。在这一点上只有《左传》与图谶才是相合的。贾逵的说法得到汉章帝的嘉许，让他从《公羊》弟子中选取儒生教授《左氏春秋》。这样，《左传》的地位就得到确立了。可见，古文经学的地位还是靠谶纬取得的，这说明谶纬的作用在当时是相当大的。

综上可知，古文经学与谶纬的关系非常复杂。大致说来，在东汉之前，古文经师对于谶纬基本上采取赞同的态度，在思想方面还影响了谶纬，如刘歆的很多思想在谶纬中都有体现。而王莽一方面利用符命、谶纬为自己篡夺政权积极制造舆论，另一方面在政治改制上则主要依靠古文经学。到了东汉，谶纬取得了"国宪"的地位，虽然遭到一些古文经师的批评，但由于其不可置疑的地位，古文经师也积极从图谶中寻找有利于自己的资源以争取上层的认可。

四　谶纬对东汉经学的影响

东汉建国，谶纬起到了非常重要的作用。光武帝在起事时就受到"刘氏复起，李氏为辅"谶语的怂恿。后来光武帝接连胜利，基本已经掌握大局。当时公孙述自称天子，于是众人都劝刘秀即皇帝位。当时光武一时难以拿定主意，最后在《赤伏符》谶语的鼓动下才下定决心。《后汉书·光武帝纪上》曰：

> 行至鄗，光武先在长安时同舍生强华自关中奉《赤伏符》，曰："刘秀发兵捕不道，四夷云集龙斗野，四七之际火为主。"群臣因复奏曰："受命之符，人应为大，万里合信，不议同情，周之白鱼，曷足比焉？今上无天子，海内淆乱，符瑞之应，昭然著闻，宜答天神，以塞群望。"光武于是命有司设坛场于鄗南千秋亭五成陌。六月己未，即皇帝位。[①]

《后汉书·郊祀志》中也有同样记载，并标其为《河图·赤伏符》。"四七之际火为主"，颜师古注曰："四七二十八也。自高祖至光武初起合二百二十八

---

① 范晔：《后汉书》，第 21~22 页。

年，即四七之际也。汉火德，故火为主也。"① 这条谶语在当时流行很早，刘歆就曾因此改名为刘秀。《汉书·王莽传下》曰："先是，卫将军王涉素养道士西门君惠。君惠好天文谶记，为涉言：'星孛扫宫室，刘氏当复兴，国师公姓名是也。'涉信其言，以语大司马董忠，数俱至国师殿中庐道语星宿，国师不应。后涉特往，对歆涕泣言：'诚欲与公共安宗族，奈何不信涉也！'歆因为言天文人事，东方必成。"② 《汉书·刘歆传》曰："初，歆以建平元年改名秀，字颖叔云。"③ 应劭解释说，刘歆改名也是为了应《赤伏符》之谶。《后汉书·窦融列传》也可证明此说，其说："汉承尧运，历数延长。今皇帝姓号见于图书，自前世博物道术之士谷子云、夏贺良等，建明汉有再受命之符，言之久矣，故刘子骏改易名字，冀应其占。及莽末，道士西门君惠言刘秀当为天子，遂谋立子骏。"④ 《后汉书·邓晨列传》曰："王莽末，光武尝与兄伯升及晨俱之宛，与穰人蔡少公等宴语。少公颇学图谶，言刘秀当为天子。或曰：'是国师公刘秀乎？'光武戏曰：'何用知非仆耶？'坐者皆大笑，晨心独喜。"⑤ 可见，刘秀当为天子之谶在王莽时就已有之，光武当时亦有应谶之心理。

汉光武帝执政之后，在中元元年（公元 56 年）"宣布图谶于天下"。其继承者对于谶纬也非常推崇，《后汉书·张衡列传》曰：

> 初，光武善谶，及显宗、肃宗因祖述焉。自中兴之后，儒者争学图纬，兼复附以妖言。⑥

上之所好，下必甚焉。当时一切大事，如制礼作乐、封禅祭祀、判定经学优劣、官职任免等，皆取决于谶纬。在东汉一代，谶纬又被称为"内学""秘经"，《后汉书·方术列传》曰："后王莽矫用符命，及光武尤信谶言，……自是习为内学（注曰：内学谓图谶之书也。其事秘密，故称内），尚奇文，贵异数，不乏于时矣。"⑦ 《苏竟列传》曰："夫孔丘秘经（注曰：秘经，幽秘

---

① 范晔：《后汉书》，第 22 页。
② 班固：《汉书》，第 4184 页。
③ 班固：《汉书》，第 1972 页。
④ 范晔：《后汉书》，第 798 页。
⑤ 范晔：《后汉书》，第 582 页。
⑥ 范晔：《后汉书》，第 1911 页。
⑦ 范晔：《后汉书》，第 2705 页。

之经，即纬书也），为汉赤制。"①"内学""秘经"说明纬书的地位在当时已经超过经书。

汉明帝时，还让东平王刘苍"正五经章句，皆命从谶"，从而造成了"言五经者，皆凭谶为说"（《隋书·经籍志》）的局面。我们可以从《后汉书》看到这种局面：

> 苏竟，字伯况，扶风平凌人也。平帝世，竟以明《易》为博士讲《书》祭酒，善图谶，能通百家之言。②（《后汉书·苏竟列传》）

> （樊）鯈字长鱼，……就侍中丁恭受《公羊严氏春秋》。……永平元年，拜长水校尉，与公卿杂定郊祠礼仪，以谶记正《五经》异说。③（《后汉书·樊鯈列传》）

> （沛献王）辅矜严有法度，好经书，善说《京氏易》、《孝经》、《论语传》及图谶，作《五经论》，时号之曰沛王通论。④（《后汉书·光武十王列传》）

> 李郃，字孟节，汉中南郑人也。……父颉，以儒学称，官至博士。郃袭父业，游太学，通《五经》，善《河》《洛》风星。⑤

> 廖扶，字文起，汝南平舆人也。习韩《诗》、欧阳《尚书》，教授常数百人。……专精经典，尤明天文、谶纬、风角、推步之术。⑥

> 樊英，字季齐，南阳鲁阳人也。少受业三辅，习《京氏易》，兼明《五经》。又善风角、星算，《河》《洛》七纬，推步灾异。⑦

> 韩说，字叔儒，会稽山阴人也。博通《五经》，尤善图纬之学。⑧（以上皆见《方士列传》）

这里学习图谶的人大多为今文学者。苏竟"以明《易》为博士讲书祭酒"，虽然不知其所明《易》是今文还是古文，但当时立于学官的是施、孟、梁

---

① 范晔：《后汉书》，第 1043 页。
② 范晔：《后汉书》，第 1041 页。
③ 范晔：《后汉书》，第 1122 页。
④ 范晔：《后汉书》，第 1427 页。
⑤ 范晔：《后汉书》，第 2717 页。
⑥ 范晔：《后汉书》，第 2719 页。
⑦ 范晔：《后汉书》，第 2721 页。
⑧ 范晔：《后汉书》，第 2733 页。

丘、京等今文《易》学，因此，可以推断其所学的应是今文《易》学。樊儵所习《严氏春秋》、廖扶所习《韩诗》与欧阳《尚书》皆为今文学。沛献王、樊英所习的《京氏易》同样属于今文学。至于李郃、韩说所通"五经"，虽然不明，但根据沛献王所作《五经论》来看可能也是今文经学。

谶纬对于当时经学的影响，还反映在汉碑中。

> 《杨震碑》：明《尚书》欧阳、河洛纬度。（《隶释》卷十二）
> 《袁良碑》：典郡职重，亲执经纬。（同上卷十）
> 《周憬碑》：总六经之要，括河洛之机。（《金石古文》卷九）
> 《郭泰碑》：考览六经，探综图纬。（《金石萃编》卷十二）
> 《李翊碑》：通经综纬，兼究古雅。（《隶释》卷九）
> 《刘熊碑》：敦五经之玮图。（《隶释》卷五）①

杨震、袁良等皆为当时名士，这些人一般皆通经学。这说明图谶之学在东汉士大夫那里有着很大势力。

不但今文学与谶纬有着很大关系，就是反对谶纬的古文学者亦不能完全摆脱谶纬的影响。谶纬在东汉虽然得到大多数人的拥护，但亦遭到一些学者的反对，如前所说尹敏、桓谭、郑兴、张衡、贾逵等。尹敏、桓谭、郑兴虽不信谶，但亦因此而未受到重任。张衡虽反对谶纬，但亦援引谶纬之说，如张衡《东京赋》曰："宓妃攸馆，神用挺纪。龙图授羲，龟书畀姒。"②贾逵则认为，图谶所言汉为尧后说在五经中找不到证据，而《左传》独有明文。古文学家虽然不太信天人灾异之类的东西，但他们为了达到自己的目的，也对谶纬加以利用，这些都说明谶纬在当时影响是很大的。

在当时的封禅、制礼作乐的经学实践上，谶纬也产生了很大的影响。《后汉书·张纯列传》曰：

> 三十年，纯奏上宜封禅，曰："自古受命而帝，治世之隆，必有封禅，以告成功焉。《乐动声仪》曰：'以《雅》治人，《风》成于《颂》。'有周之盛，成、康之间，郊配封禅，皆可见也。《书》曰：'岁二月，东巡

---

① 以上所引碑文，皆引自吕宗力《从汉碑看谶纬神学对东汉思想的影响》，《中国哲学》（第12辑），人民出版社，1984，第107~108页。

② 萧统编《文选》，上海古籍出版社，1986，第100~101页。

狩，至于岱宗，柴'，则封禅之义也。"①

光武帝听了张纯的奏言，未许。建武三十二年（公元 56 年），光武帝决定到泰山封禅，而封禅的原因乃是其读了《河图·会昌符》。《续汉书·祭祀上》曰："三十二年正月，上斋，夜读《河图·会昌符》曰：'赤刘之九，会命岱宗。不慎克用，何益于承。诚善用之，奸伪不萌。'感此文，乃诏松等复案索《河》《雒》谶文言九世封禅事者。松等列奏，乃许焉。"② "赤刘之九"指刘秀是汉高祖的九世孙，所以其认为《河图》所说的正是他自己。因此，他让虎贲中郎将梁松等收集谶纬中有关九世封禅的内容。二月，光武帝便让人先把这些刻在山石上，其刻文引了《河图·赤伏符》《河图·会昌符》《河图·合古篇》《河图·提刘子》《洛书·甄曜度》《孝经钩命决》等有关刘秀受命封禅的内容。

当时的礼乐制度也受到谶纬的影响。《后汉书·曹褒例传》曰：

> 曹褒字叔通，鲁国薛人也。父充，持《庆氏礼》，建武中为博士，从巡狩岱宗，定封禅礼。还，受诏议立七郊、三雍、大射、养老礼仪。显宗即位，充上言："汉再受命，仍有封禅之事，而礼乐崩阙，不可为后嗣法。五帝不相沿乐，三王不相袭礼。大汉当自制礼，以示百世。"帝问："制礼乐云何？"充对曰："《河图·括地象》曰：'有汉世，礼乐文雅出。'《尚书璇玑钤》曰：'有帝汉出，德洽作乐，名予。'"帝善之，下诏曰："今且改太乐官曰太予乐，歌诗曲操，以俟君子。"拜充侍中。
>
> 会肃宗欲制定礼乐，元和二年下诏曰："《河图》称'赤九会昌，十世以光，十一以兴'。《尚书璇玑钤》曰：'述尧理世，平制礼乐，放唐之文。'予末小子，托于数终，曷以缵兴，崇弘祖宗，仁济元元？《帝命验》曰：'顺尧考德，题期立象。'且三五步骤，优劣殊轨，况予顽陋，无以克堪，虽欲从之，末由也已。每见图书，中心恧焉。"褒知帝旨欲有兴作，乃上疏曰："昔者圣人受命而王，莫不制礼作乐，以著功德。功成作乐，化定制礼，所以救世俗，致祯祥，为万姓获福于皇天者也。

---

① 范晔：《后汉书》，第 1197 页。
② 范晔：《后汉书》，第 3163 页。

> 今皇天降祉，嘉瑞并臻，制作之符，甚于言语。宜定文制，著成汉礼，丕显祖宗盛德之美。"①

汉章帝和曹氏父子制礼作乐所依据的皆是谶纬。章帝后来命曹褒："依准旧典，杂以《五经》谶记之文，撰次天子至于庶人冠婚吉凶终始制度以为百五十篇。"朱浮、张奋等也根据谶纬认为汉应制礼作乐。《后汉书·朱浮列传》曰："浮又以国学既兴，宜广博士之选，乃上书曰：'夫太学者，礼义之宫，教化所由兴也。陛下尊敬先圣，垂意古典，宫室未饰，干戈未休，而先建太学，进立横舍，比日车驾亲临观飨，将以弘时雍之化，显勉进之功也。……'臣浮幸得与讲图谶，故敢越职。"帝然之。②《后汉书·张奋列传》曰："汉当改作礼乐，图书著明。"③

最能体现谶纬对东汉经学的影响是白虎观会议。东汉建初四年（公元79年），汉章帝召集太常、将、大夫、博士、议郎、郎官及诸生、诸儒于白虎观，讲议《五经》异同。汉章帝亲自称制临决，并让人作《白虎议奏》，后来班固又将这次会议纪录编辑整理为《白虎通义》。《白虎通义》虽讨论《五经》异同，却以谶纬来判定经学的优劣。

从《白虎通》中，我们可以发现其确实大量征引谶纬以作为其立论的根据。在宇宙论、性情说、伦理观、历史观以及封禅、祭祀等制度上，《白虎通》都受到纬书的影响。如《白虎通义·天地》曰：

> 始起先有太初，后有太始，形兆既成，名曰太素，混沌相连，视之不见，听之不闻，然后判清浊，既分，精曜出布，庶物施生。精者为三光，号者为五行。……故《乾凿度》云："太初者，气之始也。太始者，形之始也。太素者，质之始也。阳唱阴和，男行女随也。"④

这种宇宙论完全采纳了纬书的观点，其并不讳言，并直接引用《易纬·乾凿度》来论证自己的观点。

又如对三纲六纪的论述，《白虎通义·三纲六纪》曰：

---

① 范晔：《后汉书》，第1202页。
② 范晔：《后汉书》，第1144~1145页。
③ 范晔：《后汉书》，第1199页。
④ 班固：《白虎通义》，上海书店，2012，第322页。

> 三纲者，何谓也？谓君臣、父子、夫妇也。六纪者，谓诸父、兄弟、族人、诸舅、师长、朋友也。故《含文嘉》曰："君为臣纲，父为子纲，夫为妻纲。"又曰："敬诸父兄，六纪道行，诸舅有义，族人有序，昆弟有亲，师长有尊，朋友有旧。"①

这里的"三纲六纪"思想出自《礼纬·含文嘉》。

在灵台、明堂等制度上，《白虎通》也取法于纬书。《白虎通义·辟雍》曰：

> 天子所以有灵台者何？所以考天人之心，察阴阳之会，揆星辰之证验，为万物获福无方之元。《诗》云："经始灵台。"天子立明堂者，所以通神灵，感天地，正四时，出教化，宗有德，重有道，显有能，褒有行者也。②

按：《礼纬·含文嘉》曰，"礼：天子灵台，所以观天人之际、阴阳之会也，揆星度之验征、六气之瑞应、神明之变化，睹因气之所验，为万物获福于无方之原"，"明堂所以通神灵，感天地，正四时，出教令，崇有德，章有道，褒有行"。③ 可见，《白虎通》基本上抄于纬书。其他在性情、灾异、三正、礼仪等方面，《白虎通》都受到纬书的影响，在这里就不赘述了。正如清代学者庄述祖所言："《论语》、《孝经》、六艺并录，传以谶记，援纬证经。自光武以《赤伏符》即位，其后灵台郊祀，皆以谶决之，风尚所趋然也。故是书之论郊祀、社稷、灵台、明堂、封禅，悉櫽括纬候，兼综图书，附世主之好，以绳道真，违失六艺之本，视石渠为驳矣。"④ 有学者统计，《白虎通》中有百分之九十的内容出于谶纬。⑤ 这种说法虽然有些夸大，但的确反映了谶纬对于当时经学的重要影响。

从上可知，谶纬对于东汉的经学发展产生了重要影响。这种影响既涉及今文经学，也涉及古文经学；既涉及经学思想方面，也涉及经学实践方面。可以说，如果脱离开谶纬，我们对东汉经学就不能有全面深刻的认识。

---

① 班固：《白虎通义》，第 316 页。
② 班固：《白虎通义》，第 303 页。
③ 〔日〕安居香山、中村璋八辑《纬书集成》，第 495、496 页。
④ 陈立：《白虎通疏证》，中华书局，1994，第 609 页。
⑤ 侯外庐：《中国思想通史》（第二卷），人民出版社，1957，第 229 页。

儒家"经权"思想的独特性与历史性

——从学说到社会治理

梁 诚

（清华大学哲学系）

摘 要："经权"作为儒学的传统范畴，在哲学、伦理、法律等多个领域被深入挖掘研究，本文拟从学说到社会治理，从多向度对经权思想的历史性与内涵做相应探讨，将经权学说落实于宋明以来的社会治理，从制度法律到教化治理、由理论到实践，分析经权思想的历史意义。在儒学史中，经权思想绝非搬弄权术，而是涵摄道德实践、政治伦理、社会治理的综合考量；其内蕴的政治哲学至今仍为儒学保持现代性，与社会、与世界相联系的有力依据。

关键词： 经权 反经 行权 社会治理

前 言

"经权"作为儒学的传统范畴，在先秦、汉唐、宋明清等历史时期已经过多层次、多角度的探讨，如经权的内涵、经权间关系、经权在经世致用中的意义等，是随着时代发展不断增添新的内涵的一对哲学范畴，通过对经权思想的深入探讨，亦可对时代思想的发展脉络有所把握。"经"与"权"首先作为独立范畴出现，在诸多经权学说的研究文献中，学者们对其起源、发展做了梳理，如葛荣晋先生参考清代学者马瑞辰的观点，认为最初的"权"，乃是从手作"攫"，与"拳"相通，有以手卷物之义，以此而有"勇力""拳勇"之义。"由'拳'到'攡',再由'攡'到'权',把'攡'字改为'权'字；指出以'权'与'道'并称，上升为'以权言道'的方法论高度，完成权字从'称锤'转化为哲学范畴的过程，则发端于孔子"①，并沿经权思想发展进程对重点人物、核心篇章进行了梳理；张立文先生在其《中国哲学范畴发展史（人道篇）》经权论一章中对经权思想的演变做了社会历史性分析。②

哲学史研究外，学者们还对诸思想家的经权思想进行了个案研究，如吴震《从儒家经权观的演变看孔子"未可与权"说的意义》、杨光《孟子经权思想研究》、何超凡《朱熹经权观研究》、赵清文《"良知"与"经权"——王阳明的经权观及其启蒙意义》、岳天雷《高拱的权变方法论及其实践价值》等③，综合分析思想家的经权学说。

另有经权思想的相关专题研究，如不同时期阶段"经权观"的异同分析，以陈徽《先秦儒家经权说及公羊家对它的思想推进》，刘晓婷、黄朴民《儒家"权"论的两种路径——兼论汉宋"经权"观的内在一致性》、刘增光《汉宋经权观比较析论——兼谈朱陈之辩》④ 为代表。经权思想的伦理学研究，以王剑《论先秦儒家解决道德两难问题的经权智慧——中西比较的视域》、颜玮媛《儒家经权思想的伦理研究》、平飞《守经善道与行权合道：儒家经权思想的伦理意蕴》⑤ 为代表。法学视角下的经权思想研究，如张文勇

---

① 葛荣晋先生在其《中国哲学范畴通论》第二十六章中，同样对经权思想的演变做了梳理。见葛荣晋《中国古代经权说的历史演变》，《孔子研究》1987 年第 2 期。

② 张立文：《中国哲学范畴发展史（人道篇）》，中国人民大学出版社，1985，第 709~741 页。还可参看杨国荣《儒家的经权学说及其内蕴》，《社会科学》1991 年第 12 期。

③ 吴震：《从儒家经权观的演变看孔子"未可与权"说的意义》，《学术月刊》2016 年第 2 期。杨光：《孟子经权思想研究》，硕士学位论文，吉林大学哲学社会学院，2012。何超凡：《朱熹经权观研究》，硕士学位论文，湘潭大学哲学系，2014。岳天雷、岳洋洋：《朱熹经权思想研究述评》，《朱子学研究》第 35 辑，第 221~234 页。赵清文：《"良知"与"经权"——王阳明的经权观及其启蒙意义》，《浙江社会科学》2018 年第 2 期。岳天雷：《高拱的权变方法及其实践价值》，《孔子研究》2001 年第 3 期。

④ 陈徽：《先秦儒家经权说及公羊家对它的思想推进》，《哲学分析》2020 年第 4 期。刘晓婷、黄朴民：《儒家"权"论的两种路径——兼论汉宋"经权"观的内在一致性》，《管子学刊》2021 年第 1 期。刘增光：《汉宋经权观比较析论——兼谈朱陈之辩》，《孔子研究》2011 年第 3 期。

⑤ 王剑：《论先秦儒家解决道德两难问题的经权智慧——中西比较的视域》，《孔子研究》2013 年第 3 期。颜玮媛：《儒家经权思想的伦理研究》，硕士学位论文，湖南师范大学伦理学系，2013。平飞：《守经善道与行权合道：儒家经权思想的伦理意蕴》，《江海学刊》2011 年第 2 期。

《传统"经、权"观与中国宋代司法》① 等。各领域"经权"研究已趋近成熟，本文拟从学说到社会治理角度，对经权思想的历史性与内涵做相应探讨。

一 经权学说的开展向度

对经权学说的研究在中国哲学史中有多个开展向度，首先是对其内容的持续关注。各家对"经"的理解并无较大出入，"经"本义为织物纵线，并由此衍为"平""直"等义，后又引申为常道、因循之则等含义。《论语·子罕》篇"可与共学，未可与适道；可与适道，未可与立；可与立，未可与权"一条，是对"权"理解的起点，共学、适道、立与权并非不可调和的矛盾，适道且权方为理想境界；在此处，孔子并未将"权"之内涵加以限定②，后儒对"权"内涵的诠释亦为论辩焦点之一。在《论语·尧曰》篇"谨权量，审法度，修废官，四方之政行焉"一条中，"权"和"量"字用其名词本义，即"称锤"和"斗斛"；《孟子·梁惠王上》"权，然后知轻重；度，然后知长短"中的"权"是做动词"称量"义；《墨子·经上》"两利相权取其重，两害相权取其轻"，亦是将"权"做动词，为"衡量""权衡"义。

《春秋公羊传》首次将"经""权"二者对举③，"权者何？反于经，然后有善也。权之所设，舍死亡无所设。行权有道，自贬损以行权，不害人以行权。杀人以自生，亡人以自存，君子不为也"（《桓公十一年》）。此条与

---

① 张文勇：《传统"经、权"观与中国宋代司法》，南京大学法学院《2013年第七届法律文化全国博士论坛论文集》，2013，第719~728页。

② 对于此条的注解，历代学者有不同的理解方式，未有定论。有学者对此条的核心论题加以归纳，如钱穆先生将此条归纳为"进学之阶程""择友取益"之本，参看钱穆《论语新解》，生活·读书·新知三联书店，2002，第245~246页；吴震先生将此条理解为"只有可与共同权衡天下事务之人才是真正的同道中人，与这样的人一起才可以共享对政治、道德等社会公共事务的思考与判断，才可以共同承担重整秩序的重任"，参看吴震《从儒家经权观的演变看孔子"未可与权"说的意义》，《学术月刊》2016年第2期。

③ 孟子对"经""权"各有讨论，如"君子反经而已矣。经正，则庶民兴"（《孟子·尽心下》），"嫂溺援之以手"（《孟子·离娄上》）；在《离娄上》中将"礼"与"权"关联讨论，未将"经""权"做对举。

"经"对举之"权"是"反于经"①且"善"之权,"行权"须设置必要条件,非涉生死不可行权;具体行权还需遵守一定原则,即只可自贬损而不可害人。由此得出,早期"经权"学说更为重"经",对"权"的触发堪称苛刻,无论是前提、动机目的及行为准则都有着极强的道德意蕴。"出忽立突"一事,最可体现《公羊传》的经权思想,郑庄公死已葬后,祭仲为宋人所迫立本不应称王的公子突为王,祭仲在"权"后"从其(宋人)言"而立突,《公羊传》对此的解释为"祭仲不从其言,则君必死,国必亡;从其言,则君可以生易死,国可以存易亡"(《桓公十一年》),事关郑国存亡,祭仲别轻重后"逐君以存郑",虽有罪却功有余,虽反经却合于道,正是"权"之实证。

董仲舒在《公羊传》的基础上,对"经权"学说做进一步发展。"《春秋》有经礼,有变礼。为如安性平心者,经礼也。至有于性,虽不安于心,虽不平于道,无以易之,此变礼也。……明乎经变之事,然后知轻重之分,可与适权矣。"(《春秋繁露·玉英第四》)董仲舒此处"明乎经变之事"即为适权前提,只有在"无以易"的前提下,在衡量轻重后方可行权。他同时指出"夫权虽反经,亦必在可以然之域。不在可以然之域,故虽死,亡终弗为也,公子目夷是也。故诸侯父子兄弟不宜立而立者,《春秋》视其国与宜立之君无以异也。此皆在可以然之域也"(《春秋繁露·玉英第四》),此是对"不在可以然之域"及"可以然之域"②做了界限区分,明确"经""权"的适用领域。

宋儒"经权"学说同汉代有明显差异。首先,以小程和朱子为代表的宋儒从理学角度对公羊"反经之权"做了思考与修正。"(小程)子曰:世之学者,未尝知权之义,于理所不可,则曰姑从权,是以权为变诈之术而已也。夫临事之际,称轻重而处之以合于义,是之谓权,岂拂经之道哉?"(《二程集·论道篇》)③在伊川看来自汉以来,对"权"的理解便已有误,

---

① 陈徽在其《先秦儒家经权说及公羊家对它的思想推进》一文中指出有从经之权与反经之权,从经之权是通过权衡或权度事物之宜使经旨得以真正地落实,是对生生之道的回护;反经之权是极端情境下的不得已之为,唯有反经方得"返经"(善)。

② 如"在可以然之域,即为合道",见董仲舒著,苏舆点校《春秋繁露义证》,中华书局,1992,第79页。

③ 程颢、程颐:《程氏粹言》卷一,《二程集》,中华书局,2004,第1176页。

近人对"权"的理解多为变诈或权术，于理不合；对"权"合于理的解释应为"临事之际，称轻重而处之以合于义"，"权只是经所不及者"①，此合于义者，便是"经"了；小程质疑"权"为"反经合道"，指出"权便是经"，小程子的"经"乃是更广义地涵括了"权"之理。

朱子虽承继程子思想，但对"经权"说亦有不同于小程的理解。在注《论语·子罕》篇"可与立，未可与权"条时，朱子引程子"汉儒以反经合道为权，故有权变权术之论，皆非也。权只是经也。自汉以下，无人识权字"②为证后，又加以按语"先儒误以此章连下文偏其反而为一章，故有反经合道之说。程子非之，是矣。然以孟子嫂溺援之以手之义推之，则权与经亦当有辨"。③可见朱子赞同程子对汉儒的批评，"但是伊川见汉儒只管言反经是权，恐后世无忌惮者皆得借权以自饰，因有此论耳。然经毕竟是常，权毕竟是变"④，若仅言"反经是权"而不对"权"加以限制，只会使权流于权诈。但同时朱子又指出经权自当有辨，经权是对举之两物，其界限应做厘清⑤，"大抵汉儒说权，是离了个经说；伊川说权，便道权只在经里面"⑥，在非常理的、反经底时节，也须得行权，但权依旧不离乎经，"然事有必不得已处，经所行不得处，也只得反经，依旧不离乎经耳，所以贵乎权也"⑦。姑且不论小程对汉儒"经权"的理解是否全面，但适时说"权"时，与"权术""权谋"相连的情形十分明显，与早期儒学道德意蕴丰富的"权"

---

① 《程氏遗书》卷十八，《二程集》，第234页。

② 朱熹：《四书章句集注》，中华书局，2013，第116页。虽朱子此处引程子语，但据现存《二程集》未发现其原文，分别于《二程遗书卷十八·伊川先生语四》"论事须着用权。古今多错用权字，才说权，便是变诈或权术。不知权只是经所不及者，权量轻重，使之合义，才合义，便是经也。今人说权不是经，便是经也。权只是称锤，称量轻重。孔子曰：'可与立，未可与权。'"（《二程集》，第234页）及《二程遗书卷二十二上·伊川先生语八上》"盖言权实不相远耳。权之为义，犹称锤也。能用权乃知道，亦不可言权便是道也。自汉以下，更无人识权字。"见程颢、程颐《二程集》，第295页。散见小程之意，原文疑佚失。

③ 朱熹：《四书章句集注》，第116页。

④ 黎靖德编《朱子语类》，中华书局，1986，第989页。

⑤ "义可以总括得经、权，不可将来对权。义当守经，则守经；义当用权，则用权，所以谓义可以总括得经、权。若可权、义并言，如以两字对一字，当云'经、权举'乃可。伊川曰：'惟义无对。'伊川所谓'权便是经'，亦少分别。须是分别经、权自是两物；到得合于权，便自与经无异，如此说乃可。"见《朱子语类》卷三十七，第990页。

⑥ 黎靖德编《朱子语类》，第991页。

⑦ 黎靖德编《朱子语类》，第992页。

说相去甚远，甚至失去道德性，走向"变诈之术"①。宋儒正是在此流弊下，从理学视角恢复"权"的道德性，将经权关系容纳于"道"下的常变关系，以承圣人之道。

其次是对其道德性的强调。"经权"② 自其对举而成为系统学说起便内蕴道德性，非仅为施行效验之"术"（此亦为后世学者诟病）。《公羊传》释"权"为"反于经，然后有善"时，便是将"权"置于伦理"善"下，对"行权"之目的进行讨论。后文对"行权"之前提进行讨论，行"权"需满足条件，在"权"违背"经"之大义、实践活动遭遇非"权"无以易的道德两难时，若其动机和结果是善（或趋于善），在此困境下可用权。儒家"权"的最高追求是两全，只有无法两全时，才会参以"两害相权取其轻"的权衡法，以贬损部分自我利益为代价行权；若自存自生是以杀人害人为代价，则不可为。这要求行权者自身具备极高的道德水准，无论是个人道德修养还是公共领域都是"权"的展开领域。这将在第三部分进行讨论，此处不详细展开。

在"有善"外，汉儒如董仲舒对"经""权"做了"大德""小德"的区分③，诸侯在"可以然的领域"（合道）即"权"的领域，可以有出入的"小德"，而在不可以然的领域应守经，虽死而终不为，此谓大德；将"权"归于小德，是对"权"道德性的限定，是对"经"权威性的维护，由此可见"经""权"的道德属性，非为"权术"之"权"。宋儒如程颐还指出"权"应"合于义"，朱熹认为"经者，道之常也；权者，道之变也。道是个统体，贯乎经与权"④，以义为准则，当守经时便须守经，当用权时则用权，以义括

---

① 徐寓与杨道夫均录有春秋经一条，"道夫录云：'近时言春秋者，皆是计较利害，大义却不曾见。如唐之陆淳，本朝孙明复之徒，他虽未能深于圣经，然观其推言治道，凛凛然可畏，终是得圣人之意思。春秋之作，盖以当时人欲横流，遂以二百四十二年行事寓其褒贬。恰如今之事送在法司相似，极是严紧，一字不轻易。若如今之说，只是个权谋智略兵机谲诈之书尔。圣人晚年痛哭流涕，笔为此书，岂肯恁地纤巧！岂至恁地不济事！'"黎靖德编《朱子语类》，第 2174~2175 页。

② 随不同历史阶段，此处"经"可与"礼"、"常"、"道"等做内涵关联，"权"可与"变"做内涵关联。

③ "夫权虽反经，亦必在可以然之域。不在可以然之域，故虽死，亡终弗为也。……故诸侯在不可以然之域者，谓之大德；大德无踰闲者，谓正经。诸侯在可以然之域者，谓之小德，小德出入可也。权谲也，尚归之以奉巨经耳。"见董仲舒《春秋繁露·玉英》，上海书店出版社，2012，第 128 页。

④ 黎靖德编《朱子语类》，第 989 页。

经权。明儒如王阳明以"良知"为"经","良知"既为权衡善恶的标准，又为"权"的合理性依据，"经"与"权"落实于人的道德实践，在"致良知"的理论与实践体系中完成了统一。①

再次是对"行权者"与"行权领域"的分疏。初步以汉宋做时代区分，早期儒学对"谁可行权"这一问题并未过多关注。该问题多以仁义冲突的个案形式出现，如嫂溺援之、窃负而逃、祭仲立突、目夷篡立等。通过个例来分析人物或事件的道德性。至宋代，儒者从理学角度分析"权"，如朱子指出须是圣人方可与权，"所谓经，众人与学者皆能循之；至于权，则非圣贤不能行也"②，对于"经"众人可循可学，但如颜子这等贤者，恐怕也不敢议权。权是在通贯经后的道德实践，若未解权之义而贸然行权，则容易落入"权诈"之境。这导致一个问题的出现：若仅圣人可行权，"嫂溺援手"便限于圣贤而失却常人领域的普遍意义，因此吴震先生在其《从儒家经权观的演变看孔子"未可与权"说的意义》一文中对朱熹之权做了区分，一是道德领域之权，是众人常人所能行之权，具有普遍性意义，如"嫂溺援手"；二则在政治领域，非"大贤不能行之"，即便是圣人，行权也是有条件的："如汤放桀，武王伐纣，伊尹放太甲，此是权也。若日日时时用之，则成甚世界了！"③ 圣人也不可时时用权，圣人用权处，常人不一定可用权，"如'舜不告而娶'，岂不是怪差事？以孟子观之，那时合如此处。然使人人不告而娶，岂不乱大伦？所以不可常用"④，可见政治角色在政治领域之行权也受到一定制约。⑤

明代思想家高拱在《问辨录》中表达了与汉儒宋儒不同的经权观，"无时无处，无非权也，是日用而饮食者也。由是观之，权之为用，常耶变耶，无不有者耶，固可得而识也"（《问辨录·论语》）⑥，直接反驳前儒"权"是"不得已而为之"，是"权诈之术"，是政治领域的"圣人可与"的观点，承认只要是德才兼备的君子（同小人做比），随其所用均为善，着手于常可以

---

① 详参赵清文《"良知"与"经权"——王阳明的经权观及其启蒙意义》，《浙江社会科学》2018 年第 2 期。

② 黎靖德编《朱子语类》，第 989 页。

③ 黎靖德编《朱子语类》，第 990 页。

④ 黎靖德编《朱子语类》，第 993 页。

⑤ 参见吴震《从儒家经权观的演变看孔子"未可与权"说的意义》，第 29~30 页。

⑥ 见高拱《问辨录·论语》，《高拱论著四种》，中华书局，1993，第 164 页。

守经，用之于变则可以行权①，肯定了"权"在社会政治生活中的普遍性，认为无时无处不在行权，打破"权"的限定性，向更广泛的个人与公共领域延伸。

最后是关注其具备的实践性现实向度。经权学说自诞生起便非停留于纯粹的理论层面，始终具备现实性。前所提及高拱经权思想打破"用权"的政治限定性，统而观之，明代哲学整体便有生活化倾向，以往限定于某一专业领域或某一群体的思想学说被应用得更为广阔。以明世宗嘉靖朝"大礼议"为例，阳明未直接参与讨政，但可在与门人交往过程中窥见其态度：

> 故今之为人上而欲导民于礼者，非详且备之为难，惟简切明白而使人易行之为贵耳。中间如四代位次及祔祭之类，固区区向时欲稍改以从俗者，今皆斟酌为之，于人情甚协。盖天下古今之人，其情一而已矣。先王制礼，皆因人情而为之节文，是以行之万世而皆准。其或反之吾心而有所未安者，非其传记之讹阙，则必古今风气习俗之异宜者矣。此虽先王未之有，亦可以义起，三王之所以不相袭礼也。若徒拘泥于古，不得于心，而冥行焉，是乃非礼之礼，行不著而习不察者矣。后世心学不讲，人失其情，难乎与之言礼，然良知之在人心，则万古如一日。苟顺吾心之良知以致之，则所谓不知足而为屦，我知其不为蒉矣。（《寄邹谦之二》丙戌，《王文成公全书》卷六）

王阳明从其"致良知"的哲学系统出发，认为此"礼"是出自良心、本乎人情。强行拘泥于古礼而失于人情，在阳明处是不可与之言礼的。基于其本心的政治观，只有顺乎良知之礼、得于其心，方得"先王制礼"之旨。这种必要的"斟酌"（循良知而顺人情）虽并未直接言"经权"，但不可否认蕴含着"经权"的内核，循良知为守经，顺人情为行权，着重强调行权的正

---

① 在《论语直讲》"君子不器"一段中，高拱有相近说法："'君子'是成德之人。'器'是器皿，各自为用而不能相通者也。孔子说，人之德有未成者，虽或可用，然能乎此者不兼乎彼，只是一才一艺而已，譬如器皿一般，各自为用，而不能以相通。惟君子之人，其德己备，其才己全，故能随所用而皆善，如用之于小则能小，用之于大则能大，用之于常则能守经，用之于变则能行权，盖无往而不宜也，岂若器之各自为用，而不能相通者乎？故曰'君子不器'。若此人者，国家所当大任，而不可例之于常人也。"见高拱《日进直讲·论语直讲》，《高拱论著四种》，第297页。

当性立足于"一念之良知",行权仍属致知之学①,稍有私意便会良知不安。

由阳明在"大礼议"一事中的倾向,我们可以明确看出"本心"的政治哲学在现实政治事务中的体现:对于当时政治生活中重要的礼制,他认为,只要本于人心(良知),因乎人情,皆可以尊崇;但如果对于礼制的态度走向极端,在礼仪上泥古不化,蔽守于外在的形式,纠缠于礼仪的节文,则由此而发生的一切争议毫无意义。② 从前文及阳明论及心学与禅学差异的部分文段③中可以看出,阳明言"礼"亦是言心,若离良知本心而言礼,则是其所以为自私自利之禅学,在其天地万物一体的哲学体系下,阳明将政治归于道德问题的倾向,出现了泛伦理化特征,把政治活动当作伦理活动,不是将"权"仅集中于政治操作领域,而是将其政治理论、哲学思想扩大至整个社会乃至天地万物的涵括范围。

从"内容"、"道德性的强调"、"对行权者与行权领域分疏"及"现实性"四个向度着手研究经权思想,可整合其内在的历史一贯性。虽然经权学说的内容在不同历史时期有所变化,但其对"义""善"的趋向,对"经""常"的复归,对道德实践和社会治理的积极导向作用是恒常不变的,而这正是经权思想在当代社会得以延续的内在要求,是经权思想历史

---

① "抑亦求诸其心一念之良知,权轻重之宜,不得已而为此邪?使舜之心而非诚于为无后,武之心而非诚于为救民,则其不告而娶,与不葬而兴师,乃不孝不忠之大者。而后之人不务致其良知,以精察义理于此心感应酬酢之间,顾欲悬空讨论此等变常之事,执之以为制事之本,以求临事之无失,其亦远矣!其余数端,皆可类推,则古人致知之学,从可知矣",见《传习录中·答顾东桥书》,《王文成公全书》卷二,中华书局,第63页。

② 朱承:《治心与治世——王阳明哲学的政治向度》,上海人民出版社,2008,第125页。

③ "呜呼!心学何由而复明乎!夫禅之学与圣人之学,皆求尽其心也,亦相去毫厘耳。圣人之求尽其心也,以天地万物为一体也。吾之父子亲矣,而天下有未亲者焉,吾心未尽也;吾之君臣义矣,而天下有未义者焉,吾心未尽也;吾之夫妇别矣,长幼序矣,朋友信矣,而天下有未别、未序、未信者焉,吾心未尽也。吾之一家饱暖逸乐矣,而天下有未饱暖逸乐者焉,其能以亲乎?义乎?别、序、信乎?吾心未尽也,故于是有纪纲政事之设焉,有礼乐教化之施焉,凡以裁成辅相、成己成物,而求尽吾心焉耳。心尽而家以齐,国以治,天下以平。故圣人之学不出乎尽心。禅之学非不以心为说,然其意以为是达道也者,固吾之心也,吾惟不昧吾心于其中则亦已矣,而亦岂必屑屑于其外?其外有未当也,则亦岂必屑屑于其中?斯亦其所谓尽心者矣,而不知已陷于自私自利之偏。是以外人伦,遗事物,以之独善或能之,而要之不可以治家国天下。盖圣人之学无人己,无内外,一天地万物以为心;而禅之学起于自私自利,而未免于内外之分,斯其所以为异也。今之为心性之学者,而果外人伦,遗事物,则诚所谓禅矣;使其未尝外人伦,遗事物,而专以存心养性为事,则固圣门精一之学也,而可谓之禅乎哉!"见《重修山阴县学记》,《王文成公全书》卷七,第312~313页。

性与独特性的体现。

二 经权思想在社会治理中的运用

前文已述经权学说不仅在道德领域，还在政治领域中得以体现。中国古代的社会、政治与经济在宋明时期出现极大的变化。面对复杂的社会环境，国家统治者与各级官吏无法依赖陈旧条例治理国家，必须结合形势对各项制度进行变革，以维护平稳的政治社会环境。本节即从宋代律法与明代社会改革两点分析社会治理中的经权运用。宋代商品经济的发展，社会道德为功利所冲击，诉讼相应增多，法律关系错综复杂，宋代司法审判制度亦是日益严谨，司法官员在司法审判中须努力追求"情、理、法"的圆融，方可实现社会的治理①。以宋淳熙十四年南康军民妇阿梁一案为例，阿梁一案因审词有异，先后经过十一次审理才做最终判决，适时凶手叶胜已身死，同案另一嫌犯阿梁已入狱九年，经前十任官吏推堪，案件已十分详尽；但因阿梁多次翻供，第十一次供词与前十次不同，仍无法验证阿梁供词的真实性，因此不能确认阿梁同谋身份。若以此次推堪为据，则前十位官吏依律必以失入罪，最终只能将此案定为疑案；② 阿梁行为有疑，若定为同谋则必判死刑，依宋代律法制度疑罪从轻。"十四年三月八日，诏南康军民妇阿梁特贷命，决脊杖二十，送二千里外州军编管。"③ 免除阿梁死罪，脊杖二十，发配至两千里外的外州落户监管。刑部尚书在权衡后做此判决亦是寻求"情理法"之圆融，

---

① 参见张文勇《传统"经、权"观与中国宋代司法》，南京大学法学院《2013年第七届法律文化全国博士论坛论文集》，第719~728页。

② 还可参见一说法："（阿梁）今乃抱儿立于门外半时之久，以俟其夫之死，及见其夫之出，闻其夫之声，知其事之不成，然后随声叫呼以求救。"见朱杰人、严佐之、刘永翔主编《朱子全书》第21册，上海古籍出版社，2002，第917页。

③ 刑部尚书葛邲言："阿梁因与叶胜同谋，杀夫程念二，叶胜身死在狱，今已九年，节次翻异，凡十差官勘鞫，已降指挥处斩。既差官审问，又行翻异，复差江东提刑耿延年亲勘。今延年申请，程念二元系叶胜杀死，阿梁初不同谋，与前来十勘不同。今若便以提刑司所勘为据，则十次所勘官吏皆合坐以失入之罪，干连者众。以一人所见而易十次所勘，事亦可疑；若不以提刑司所勘为据，则又须别差官再勘。叶胜既以瘐死狱中，阿梁得以推托，淹延岁久，追逮及于无辜，委是有伤和气。窃谓九年之狱，十官之勘不为不详矣，而犹有异同，则谓之疑狱可也。夫罪疑〔为〕〔惟〕轻，则阿梁当坐死。既不死，则所有前后推勘官吏亦难坐以失入之罪。乞自圣裁。"见徐松《宋会要辑稿》，上海古籍出版社，2014，第8553页。

是对律法不完善之处的妥帖补充，正是宋代司法制度中"经权"思想的体现。

阳明论"权"者颇丰，除"权力"之"权"外，涉及"经权""权量"之"权"多集中在其政治、军事等社会治理政务中，在治水灾、征粮、治盗贼等多篇疏文中都有体现①，如在《攻治盗贼二策疏》中特向上请令以"便宜行事"，便是其在治军过程中有更大的行权空间；在《征收秋粮稽迟待罪疏》中力陈百姓及官员之苦，"伏望皇上悯各官之罪，出于事势之无已，特从眚灾肆赦之典，宽而宥之，则法虽若屈，而理亦未枉。必谓行令之始，不欲苟挠，则各官之罪实由于臣，即请贬削臣之禄秩，放还田里，以伸国议。如此，则不惟情法两得，而臣亦可以借口江西之民免于欺上罔下之耻矣"（《征收秋粮稽迟待罪疏》），从天理人情、道德教化等各个角度请求宽宥救赦，力图在政治秩序、严明律法、官员权责、民众利益、教化劝善等各方面寻求平衡，正是阳明"经权"思想在社会治理中的体现。天地万物为一体的哲学体系下的"治世"乃是以"治心"为根基，从纯乎天理的良知本心体认世界、教化民众，便可实现治世。② 阳明从心学出发，将治世的问题归于治心，将政治社会中的问题收摄为人的道德本心，③ 不仅依托外在的法理、形式，还通过实现乡约等民间教化方式来实现社会成员的"治心"，是用力于内。若只局限于权谋而不在心体上涵养德性，只堪为"术"，长此以往必将出现以"利"为导向的社会政治局面，不可称作"善治"。这种内外相合的社会治理方式体现了阳明的政治思想，更是心学在社会治理领域的新尝试。

阳明学派在民间社会推动的讲学教化、制定乡约等劝善运动正是其依托思想学说而自发产生的"治世"行为，是思想家将其学说落实于社会治理的直接尝试，是对自上而下官方治理途径的一种补充，亦是一种"权"法。阳明学派"治心即治世"的政治理论无疑带有理想主义色彩，将外在的社会治理内化于民众的道德修养提升与自我治理，虽难以落实于现实的政治生活，

---

① 具体可参《攻治盗贼二策疏》，《王文成公全书》卷九，第383页；《申明赏罚以励人心疏》，《王文成公全书》卷九，第378页；《征收秋粮稽迟待罪疏》，《王文成公全书》卷十三，第539~542页；《宽恤禁约》，《王文成公全书》卷十七，第696~697页。

② 朱承认为："'治世'不成，原因在于'治心'不力，反过来，如果'治心'彻底，则'治世'无碍。"见朱承《信念与教化：阳明后学的政治哲学》，上海人民出版社，2018，第50页。

③ 朱承：《治心与治世——王阳明哲学的政治向度》，第144页。

但提供了不同于官方自上而下的另外一条治理思路。高拱代表着明代儒学的另外一个发展向度，即实学。前文所论高拱的"经权"思想，"夫权也者，既以轻重言，则是无常变，无巨微，而无不为之低昂者也。非谓不得已始用之，而得已可不用也，一时无权，必不得其正也。非谓钧、石始用之，而铢两可不用也，一物无权，必不得其正也"①，此为其无时无物不用权的思想基础，"得道之深，乃能权也"，同汉宋儒的思想一贯②，对"中""正"的道德追求依旧内蕴其中，行权得中则物得其正。"是故事以位异，则易事以当位；法以时迁，则更法以趋时"，当这一理论下落在社会治理中，便体现为高拱的改革与经世实践，"人臣而不知权，则何以酌缓急、称轻重，事君治民，处天下之事而得其正乎？彼所谓害诚而不足贵者，乃是揣摩捭阖者流，不可谓权也"③。在具体事务上，高拱对以事君治民、处天下之事而得其正的权法进行了相应改革，如其在隆庆四年《议处商人钱法以苏京邑民困疏》中提出对商法、钱法进行改革以推动商业发展，还有革除官吏陈弊陋习、整肃官吏等措施。高拱的经权思想符合其实学精神，并贯穿其政令措施实践，是适应明代社会结构的社会治理思想④。

小　结

政治从来都是儒家哲学的应有之义，儒者对政治生活的强烈关注是其重要特质，"为政以德"，"道德"成为儒家治世不可或缺的思想内涵，儒家德治自孔子定其型范后，便一直以此为基准进行演变。徐复观在其《释〈论语〉"民无信不立"》中指出："孔、孟乃至先秦儒家，在修己方面所提出的标准，亦即在学术上所立的标准，和在治人方面所提出的标准，亦即在政治上所立的标准，显然是不同的。修己的、学术上的标准，总是将自然生命不断地向德性上提，决不在自然生命上立足，决不在自然生命的要求上安设

---

① 《问辨录·论语》，第 162 页。
② "盖经乃有定之权，权乃无定之经。无定也而以求其定，其定乃为正也"，《问辨录·论语》，第 161 页；又见《朱子语类·卷三十七》中载朱熹语，"经是已定之权，权是未定之经"，乃是同义，见《朱子语类》，第 989 页。
③ 《问辨录·论语》，第 160 页。
④ 详细分析可参岳天雷《高拱的权变方法论及其实践价值》，《孔子研究》2001 年第 3 期；岳天雷《高拱的实学思想及其实政价值》，《中州学刊》2000 年第 5 期。

人生的价值。治人的、政治上的标准，当然还是承认德性的标准，但这只是居于第二的地位，而必以人民的自然生命的要求居于第一的地位。治人的、政治上的价值，首先是安设在人民的自然生命的要求之上，其他价值必附丽于此一价值而始有其价值。"① 古代中国的政治思想要求"人君从道德上转化自己，将自己的才智与好恶舍掉，以服从人民的才智好恶"②，"秦汉一统后，君主专制的政治形态（即政体）成立，此'德治'一观念复随之用于其上而扩大，而其基本用心与最高境界仍不变。在大一统的君主专制之形态下，皇帝在权与位上是一个超越无限体。……而儒者于此亦始终未想出一个办法使政权为公有"③，显而易见此"德治"无法落实于专制政体，以"治国平天下"为最高政治理想的思想家，不得不探索可用于实践的治世"权法"。

本文重点关注"经权"的思想内涵及其在社会治理层面的实践，此处做一简要总结。"经权"的内涵随时代发展有较大变迁，早期认为唯有涉生死方可行权，且只可自贬损而不可害人。至汉代认为须有"无以易"的前提方可行权，且权虽是反经之举，但必须限定于可以然之领域。宋代儒者反对将权理解为权术，认为"权只是经所不及者"，须合于义；小程认为"权即是经"，其经可理解为广义的天理；朱子认为经权仍需有辨，"然事有必不得已处，经所行不得处，也只得反经，依旧不离乎经耳，所以贵乎权也"，在非常理的、反经底时节，也须得行权，但权经仍不可分开来说。明儒经权思想发生了较大变化，阳明的经权思想统摄于其哲学体系，出现泛道德化倾向；高拱明确指出"权"可以被应用于更广阔的个人和公共领域。另外，本文对经权学说的开展向度做了四方面讨论，包括经权的主要内容，涵盖关键时期、重点思想家及著作；道德性强调，即以两全为"权"的最高追求；对"行权者"与"行权领域"进行分疏，明确理学视域下经权学说的新关注点；经权学说的现实向度。高拱将经权学说落实于宋明以来的社会治理，从制度法律到教化治理、由理论到实践探讨经权思想的历史意义。可见经权思想绝非搬弄权术，而是涵摄道德实践、政治伦理、社会治理的综合考量。

哲学史中，还有一组同"经权"内涵略有相近的范畴即"常变"。与

---

① 徐复观：《释〈论语〉"民无信不立"》，《中国思想史论集续篇》，上海书店出版社，2004，第266页。

② 徐复观：《中国的治道》，《中国思想史论集续篇》，第322页。

③ 牟宗三：《政道与治道》，吉林出版集团有限责任公司，2010，第30页。

"常变"多应用于宇宙论、天理流行论中不同，本文关注的"经权"是人道论，多以人为守经行权的对象，有明确的主体性，通常对行权主体的道德与能力有一定要求。"常变"虽也被应用于社会领域，但多集中于对社会规律的诠释，是集体的效验。在价值取向方面，经权同道德性始终关联在一起。"经权"同"常变"一样是经历史选择后不可被取代的重要思想，而"经权"因同"人"的紧密联系而在政治思想、社会治理等多个领域被继承与开新，随社会发展、历史变革而不断被赋予新的思想内涵。与"常变"比较，"经权"学说在哲学史中的不可替代性更为明确；"经权"虽不可被替代，但在哲学家的思想体系及哲学史中并不居核心地位，从本文所引的材料可以看出"经权"学说通常内蕴于哲学家的思想中，借由《论语·可与共学章》的理论诠释，拓展至政治思想与社会治理的领域。明清以降，实学兴起，"经权"理论体系基本构建完毕，即便"经权"的思想内涵随历史变迁不免再次发生变化，其内蕴的政治哲学至今仍为儒学保持现代性，与社会、与世界相联系的有力依据。

宋明理学研究

宋代儒佛之辩的发展与转向

李春颖

（中国政法大学国际儒学院）

摘　要： 儒佛之辩在宋代经历了不同的发展阶段：宋初关注社会现实问题；北宋理学创立期注重儒佛大防；南宋深入理论内部进行思想辨析。宋代儒佛关系错综复杂，是因为随着儒学自身的发展，辟佛的重点、辟佛所要达成的目标也在不断变化。唐至宋初，儒者希望通过打击佛教为儒学创造空间，以排佛来辅翼儒学复兴；理学创立期，儒者首要目标是自立吾理，划清儒佛界限，挺立儒家价值；在理学完善、成熟阶段，则需深入理论内部划清儒佛界限，确立理学正统。以儒学发展的不同阶段为背景，宋代儒佛之辩的发展与转变呈现出一种清晰的理路。

关键词： 儒佛之辩　义利之辩　作用见性

自佛教传入中国，儒佛之辩经历了持久的讨论，至唐中晚期越发激烈。进入宋代后，随着儒学兴起，儒佛之辩的焦点从夷夏之辩、礼俗教化、政治经济等现实领域深入精微的哲理辨析。宋代成为中国历史上儒佛之辩的高峰。儒门在"自立吾理"的宗旨下，将辟佛作为一项重要议题，与佛教展开一场持久的逐步深入的论辩。宋代儒者一方面肩负儒学复兴的使命，通过构建精微的形而上学和心性论重新阐发儒学精髓，为往圣继绝学，恢复儒家道统；一方面拒斥隋唐以来在思想和礼俗上兴盛的禅宗，划清儒佛分界，确立儒家门户。这两个使命相互交织，使得宋代儒学的兴起一直伴随着拒斥与借鉴佛学并存的复杂状况。

宋代理学家大都辟佛，也大都有学佛参禅的经历，如二程、杨时、张九成、朱熹等，程颐在《明道先生行状》中描述程颢"出入于老、释者几十年"[1]。与此同时，一些宋代禅师面对儒家辟佛，主动寻求儒佛思想相通之处，如智圆号"中庸子"，提出"释道儒宗，其旨本融"[2]；契嵩主张"儒佛者，圣人之教也。其所出虽不同，而同归乎治"[3]；大慧宗杲与士大夫广泛交往，既参禅也讨论儒家经典……这使得直到两宋之际，儒佛关系尚未真正厘清。二程后学中浸染禅学越发明显。在朱子看来，杨时门下出张九成，陆学在江西兴起，正是儒门杂佛未能肃清导致的。

就儒学内部来看，宋代理学经历了确立和逐步完善的过程。宋代儒佛关系看起来错综复杂，正是因为随着理学自身的发展和需要，辟佛的重点、辟佛所要达成的目标也在不断变化。对比北宋诸公和朱子辟佛，我们能清晰地看到这种变化。宋初辟佛大都重在现实问题；二程、张载辟佛重在儒佛之大防，确立儒家思想主体地位；到南宋朱子时理学既立，则需要在思想理论深处划清儒佛界限，这同时也是儒学内部清理门户、确立理学正统的需要。正是在这个意义上，朱子言："自伊洛君子之后，诸公亦多闻辟佛氏矣。然终竟说他不下者，未知其失之要领耳。"[4] 朱子评价伊洛之后诸公辟佛不得要领，实际上是因为辟佛的关注点和目标改变了。根据关注重点和目标的变化，宋代儒佛之辩的发展与转向大体可分为三个阶段：宋初以孙奭、石介、孙复等为代表，至欧阳修发生转变；理学创立期，以二程、张载等北宋理学家为代表；南宋以朱熹为代表。

一 宋初：社会现实问题

佛教自传入中国就一直伴随着与儒、道之间的辩论，三教关系的讨论在中国思想史中持续不断，但各个时代侧重点不同。自韩愈激烈辟佛，儒佛关系成为唐宋思想界的重要论题，自韩愈至宋初，儒者辟佛主要着眼于佛教的社会现实影响，因而批评集中在政治经济和社会礼俗两大方面。面对禅宗盛

---

① 程颢、程颐：《二程集》，《明道先生行状》，中华书局，2004，第638页。
② 释智圆：《闲居编》卷16，《三笑图赞并序》，《卍续藏经》第101册，台北：新文丰出版公司，1983，第99页。
③ 契嵩：《镡津文集》，《大正新修大藏经》第52册，台北：中华佛典协会，2016，第686页。
④ 黎靖德编《朱子语类》卷126，中华书局，1986，第3039页。

行，韩愈写作两篇著名的排佛檄文《原道》《论佛骨表》，提出"人其人，火其书，庐其居"，其基本主张是申明佛教在政治经济、社会礼俗等方面的危害，通过说服君主，进而从制度上打击压制佛教。这一路径现实、直接，若能被君主接受则行之有效，通过政治制度打击佛教，为儒学获得发展空间。

宋初儒者延续了韩愈辟佛的思路，宋真宗时任诸王府侍读的孙奭上书请求减损修寺度僧，宋真宗反对道："释道二门有助世教，人或偏见，往往毁訾，假使僧道时有不捡，安可即废？"① 真宗朝僧尼数量持续增长，达到了宋代的高峰。② 宋仁宗时期，经济困难逐渐凸显，一批有识之士在倡导推行政治改革的同时，重申佛教危害，提倡复兴儒学，恢复社会信仰和礼俗秩序。宋初三先生中石介、孙复愤起排佛，石介写作《怪说》《中国说》等抨击佛教，言"彼其灭君臣之道，绝父子之亲，弃道德，悖礼乐，裂五常，迁四民之常居，毁中国之衣冠，去祖宗而祀夷狄，汗漫不经之教行，妖诞幻惑之说满……"③ 重在从儒佛礼教不同、夷夏之辨批判佛教。孙复在《儒辱》中写道："且夫君臣、父子、夫妇，人伦之大端也，彼则去君臣之礼，绝父子之戚，灭夫妇之义。以之为国则乱矣，以之使人贼作矣。儒者不以仁义礼乐为心则已，若以为心则得不鸣鼓而攻之乎！"④ 也是从破坏社会礼俗、违背儒家礼教方面来抵制佛教。宋初儒者排佛在内容和路径上都基本延续了韩愈的思路。

自韩愈至宋初，排佛的主流是批判佛教在政治经济、礼俗教化两方面造成的现实问题，以此凸显佛教的危害，期望通过打击佛教势力遏制佛教发展来达到复兴儒学的目的。这一思路在庆历三年欧阳修作《本论中》篇中得到扭转：

> 及周之衰，秦并天下，尽去三代之法，而王道中绝……佛于此时，乘间而出。千有余岁之间，佛之来者日益众，吾之所为者日益坏。井田

---

① 《佛祖统纪》卷44，《大正藏》第49册，第403页。

② 《佛祖统纪》卷44，第406页记载，天禧五年（1021）"是岁天下僧数三十九万七千六百五十人，尼六万一千二百四十人"。

③ 石介：《徂徕石先生文集》卷5，中华书局，1984，第61页。石介排佛的思想可以参考《怪说》上中下三篇，《徂徕石先生文集》卷5，第60~64页。

④ 《孙明复小集·儒辱》。

最先废，而兼并游惰之奸起，其后所谓蒐狩、婚姻、丧祭、乡射之礼，凡所以教民之具，相次而尽废……佛于此时，乘其隙，方鼓其雄诞之说而牵之，则民不得不从而归矣。①

然则将奈何？曰：莫若修其本以胜之……然则礼义者，胜佛之本也。②

欧阳修指出佛教在中国盛行的根本原因是儒教衰微，礼法毁坏，佛教方能乘虚而入。以往儒者辟佛，期望通过攻击佛教来复兴儒学，实际上颠倒了本末，并非佛教兴盛导致儒学衰微，而是儒学衰微让佛教获得了机会和土壤。到宋代，佛教传入中国一千多年，历史上不乏有识之士辟佛，但都未能实现，甚至"扑之未灭而愈炽"，是因为方向错了。对佛教只单纯采取操戈而逐之——批判其社会危害、驱逐打压佛教僧众，归根结底只是在表象上做"工夫"，未能触及问题的根本。

问题的根本在于儒门淡薄，儒教衰微，在思想深度上无法广泛吸引士大夫阶层，在社会礼俗上无力规范引导百姓日常生活。欧阳修提出"修其本以胜之"，自家根本立得住，外来佛教自然无法盛行。欧阳修认为儒家根本在于礼义，并在《本论下》中进一步提出："今尧、舜、三代之政，其说尚传，其具皆在，诚能讲而修之，行之以勤而浸之以渐，使民皆乐而趋焉，则充行乎天下，而佛无所施矣。"③通过讲明、推行儒家礼教，重新确立儒学的主体地位，则佛教影响消退。

欧阳修"修其本以胜之"的主张完全扭转了此前儒者排佛的思路，将重点从攻击佛教拉回到讲修儒学，这一思想影响深远。稍后北宋五子重在讲明儒家思想，阐发儒学精义，宋代儒学复兴寻到了正确的路径，并不断积累，达到了儒学史上的第二次高峰。

朱子多次谈到北宋儒者辟佛，对欧阳修贡献评价一般，如"本朝欧阳公排佛，就礼法上论，二程就理上论，终不如宋景文公捉得正赃出"④，认为欧阳修排佛就礼法言，未能抓到根本。虽然欧阳修提出"修其本以胜之"中的

---

① 欧阳修：《文忠集》卷17，《本论中》，四库全书本，第545~546页。
② 欧阳修：《文忠集》卷17，《本论中》，第547~548页。
③ 欧阳修：《文忠集》卷17·居士集卷17，《本论下》，第550页。
④ 黎靖德编《朱子语类》卷126，第3038页。

"本"确是指儒家礼法，但他思想贡献的重点在于"修本"。庆历初年，宋代理学尚未形成，濂洛关闽思想尚未显现，欧阳修提出修儒学之根本已经是极具前瞻性的思想，不可能进一步指出此后宋明理学确立的新儒学体系。朱子对欧阳修及北宋诸公辟佛的评价，基于南宋辟佛的新形势和新问题，两宋辟佛的重点不同。

二　北宋：自立吾理

欧阳修倡导的"修其本以胜之"，随着北宋五子思想渐趋成熟而获得了扎实的理论基础。随着洛学、关学的兴起，二程、张载等人将"修本"落实在"自立吾理"上，通过阐发儒学深刻而精微的内涵，为传统儒学构建形而上基础，进而在思想和礼俗两方面影响社会现实生活。礼法不再是复兴儒学的根基，根基是儒家思想，即此后被统称为宋明理学的各学派。北宋辟佛在短时间内，由延续唐代对佛教社会影响的批判，转向对儒学自身衰微的反省，再进一步发展为对儒学思想的重新阐发，通过"自立吾理"从根本上消减佛教的影响。

二程、张载对佛教的批判重在儒佛之大防，即儒佛在思想、价值上的根本差异。其中"义利之辨"是最重要的分判原则。以生死一事为例，二程不在"迹"上讨论，不重在批判佛教对儒家丧礼祭礼的破坏，而是进一步揭示佛教生死轮回思想的根本目的是自我解脱，其思想的本质是追求私利。

> 释氏本怖死生，为利岂是公道？唯务上达而无下学，然则其上达处，岂有是也？元不相连属，但有间断，非道也。……或曰："释氏地狱之类，皆是为下根之人设此，怖令为善。"先生曰："至诚贯天地，人尚有不化，岂有立伪教而人可化乎？"[1]
>
> 至如言理性，亦只是为死生，其情本怖死爱生，是利也。[2]

死生轮回是佛教接引信众的重要内容，劝人行善积德，低者祈求福报，高者追求超脱轮回。二程认为这种思想的本质在于求"利"，无论是祈求福

---

① 程颢、程颐：《二程集》，《遗书》卷13，第139页。
② 程颢、程颐：《二程集》，《遗书》卷15，第149页。

报还是超脱生死轮回，归根结底都是在追求自我的利益，行善积德是为了避免死后下地狱，为来生祈福，或者让自己脱离生死轮回之苦。"为利岂是公道"，此"利"指向儒家"义利之辨"，是德性修养的关键点。个人德性修养应指向对天理、天道的体认和承担，将个体生命放置于天地之间，此是"义"；与之相比，佛教死生观念着眼于个体的恐惧和福祸，劝人行善的本质是个体追求趋利避害，此是"利"。"下学上达""至诚贯天地"，儒家的德性价值来源于天理天道，个体德性修养也指向体认天理、参与天地造化，北宋儒者立足于此，方能指出儒佛思想的差异所在。

二程对佛教思想的批驳，是建立在"自立吾理"基础上，也就是站在宋代理学的立场上，对佛教思想进行外在批评。这与此前儒者排佛不同，政治经济礼俗问题是现实问题，即便不是儒家学者，同样可以从国家治理、社会问题等角度指出此类问题；思想价值方面的批评，则须首先挺立儒学自身的价值，方能以此攻彼。

从儒学立场批驳佛教思想，不需从佛学理论内部挖掘其问题，而是自理论外部进行整体的价值评判。对于这点二程有明确的讨论：

> 释氏之说，若欲穷其说而去取之，则其说未能穷，固已化而为佛矣。只且于迹上考之。其设教如是，则其心果如何，固难为取其心不取其迹，有是心则有是迹。王通言心迹之判，便是乱说，不若且于迹上断定，不与圣人合。其言有合处，则吾道固已有；有不合者，固所不取。如是立定，却省易。①

佛教在中国经历漫长发展，无论是典籍还是思想理论都渊深博大，若从佛理内部进行批评，则需先耗费大量精力对其学习研究，往往迷失于其中，甚至转而信仰佛教。二程认为从"迹"上考察即可，心与迹大体是一致的，有是心则有是迹。"迹"是指表象，"心"是指思想根基、价值基础。二程虽是从表象（迹）上排佛，但与宋初儒者从外在影响、现实问题上排佛不同。二程言"迹"是与"心"通，也就是通过表象来批驳佛教的思想价值，判定的标准则是儒家思想。其言"于迹上断定，不与圣人合"，是通过自立吾理，以儒家思想作为标准，衡量判别佛教思想的谬误。

---

① 程颢、程颐：《二程集》，《遗书》卷15，第155页。

张载思想体系与二程不同，批驳佛教的着手之处也不同，但原则相同，都是以儒家立场批驳佛教。张载提出"虚空即气"，通天地一气，天地间只有气的聚散隐显，没有绝对的无、虚空，这既是张载气论的起点，也是他批驳佛教的重要立足点。以"虚空即气"为基础，张载认为："若谓万象为太虚中所见之物，则物与虚不相资，形自形，性自性，形性、天人不相待而有，陷于浮屠以山河大地为见病之说。"① 佛教以真实的山河大地人伦日用为虚幻，正是因为不理解太虚即气。气化流行从不间断，无论有无、隐显、聚散、出入、形与不形……都是气的不同状态，宇宙整体乃是真实存有。佛教视此真实存有为虚幻，希望超脱于此寻求真实，恰恰是最大的谬误。张载对佛教思想的批评，基本出于这一原则。仍举死生为例：

> 浮屠明鬼，谓有识之死受生循环，遂厌苦求免，可谓知鬼乎？以人生为妄，可谓知人乎？天人一物，辄生取舍，可谓知天乎？孔孟所谓天，彼所谓道。惑者指游魂为变为轮回，未之思也。大学当先知天德，知天德则知圣人，知鬼神。今浮屠极论要归，必谓死生转流，非得道不免，谓之悟道可乎？②

佛教以生死轮回为苦，以人生为虚幻，期望超脱轮回。从张载立场看，这正是因为不能理解生死。生是气之凝聚，死是气之消散，都是气化流行的不同状态，并非人死之后尚有鬼魂流转轮回。站在儒家立场上，更确切地说站在关学的立场上，张载认为佛教不知死生、不知鬼神、不知人、不知天，是由"自立吾理"而展开的对佛教的外在批评，重在价值与立场。

以二程、张载为代表的北宋理学家，因为构建了以天理、天道或气论为核心的哲学体系，在思想价值上有了坚定的皈依，因而对佛教的批评不再集中于政治经济礼教等现实影响，而是转向了价值、立场，即儒佛之大防。他们重在从儒佛在精神追求和理论基础上的重大差异入手，展开对佛教的全面批驳。

三 南宋：弥近理而大乱真

以二程、张载为代表的北宋理学家辟佛，重在理论基础和价值判断，对

---

① 张载：《张载集》，《正蒙·太和篇》第一，中华书局，2006，第8页。
② 张载：《张载集》，《正蒙·乾称》第十七，第64页。

佛学思想中精微的心性论很少批驳，二程甚至在一定程度上肯定佛学中精微的心性论，尤其是程颢，曾明确讲过佛教有"敬以直内"和"识心见性"之学：

> 彼释氏之学，于"敬以直内"则有之矣，"义以方外"则未之有也。①
> 彼所谓"识心见性"是也。若"存心养性"一段事则无矣。②

"敬以直内"指内在心性之学；"义以方外"指现实生活中的伦理教化。在程颢看来，虽然佛教价值信仰与儒家相悖，破坏儒家礼法，不能为现实生活带来有益指导，但佛学中的心性论有值得肯定的部分，其心性论思想与儒学有相通之处，即便卫道甚严的程颐也说过"佛说直有高妙处"③。二程一方面极力排佛，另一方面不全盘否定佛学，一定程度上肯定佛学的心性论。这种态度在二程本人及其门人看来并无不妥，但带来的影响却十分复杂。

从宋代理学外部来看，禅宗思想早于理学，其精微的心性论影响深远，本心佛性、识心见性等思想为人所熟知，儒佛心性思想有相似之处，因而自宋代起就一直有人认为理学是吸收借鉴禅宗思想构建起新的儒学体系；从理学内部来看，二程门人及再传弟子多有参禅经历，对佛教思想并不全然排斥，加之宋代多位高僧兼通儒佛，士大夫与之往来密切，这使理学在发展传承中与佛教多有交融，尤其在心性论上难以厘清。二程对佛学思想的部分肯定，杨时、谢良佐、游酢等程门高徒对佛学的吸收，张九成、陆九渊等心学一系的出现，都在提示北宋诸公辟佛不彻底，在理学发展中逐渐展现出儒佛心性论、工夫论上界限模糊的状况。叶适的批评一定程度上言中了南宋理学群体辟佛面对的尴尬处境：

> 按程氏答张载论定性"动亦定，静亦定，无将迎，无内外"；"当在外时，何者为内"？"天地普万物而无心"，"圣人顺万事而无情"；"扩然而大公，物来而顺应"；"有为为应迹，明觉为自然"；"内外两忘，无事则定，定则明"；"喜怒不系于心而系于物"：皆老佛庄列常语也。程

---

① 程颢、程颐：《二程集》，《遗书》卷4，第74页。
② 程颢、程颐：《二程集》，《遗书》卷13，第139页。
③ 朱熹：《二程外书》卷12，四库全书本，第12页。

张攻斥老佛至深，然尽用其学而不自知者，以《易大传》误之，而又自于《易》误解也。①

程颢答张载的《定性书》是理学重要篇目，涉及心性论、工夫论、境界论，对理学发展影响深远。叶适举《定性书》中诸多重要论述，认为属于佛学、道家内容，二程张载等人表面攻击佛教，实际上自身思想已经沦为佛学。叶适此言并非特例，从宋代至今，理学与佛教的关系在学界一直有讨论。分析叶适所举程颢杂佛之语，涵盖了性、心、情、明觉、境界论、工夫论，几乎涉及理学所有重要概念。面对此种情境，深入儒佛理论内部，在思想上，尤其是在本体论、心性论方面划清儒佛界限，就成为南宋理学家必须面对，且十分紧迫的任务。

面对以上问题，朱子作为洛学正统和南宋理学的领军者，一方面需要划定儒佛思想界限，不满意于仅仅在现实影响或价值立场上排佛；另一方面从儒学理论内部清理杂佛的内容，肃清儒门，确立儒学正统。这两点共同促使朱子重新审视儒佛关系，反思此前儒者排佛存在的不足：

> 本朝欧阳公排佛，就礼法上论，二程就理上论，终不如宋景文公提得正赃出。②
>
> 自伊洛君子之后，诸公亦多闻辟佛氏矣。然终竟说他不下者，未知其失之要领耳。释氏自谓识心见性，然其所以不可推行者何哉？为其于性与用分为两截也。③

以上两段内容在朱子谈儒佛关系时多次提及，并非偶然之语。唐宋诸公奋起排佛，积累多年，逐步深入，在朱子看来却未能切中要害，"失之要领"。到朱子时，儒学复兴已经取得了显著成效，理学思想在北宋五子开出的规模下，有长足发展。这时"自立吾理"不再是儒家最紧迫的任务，深入思想理论内部划清儒佛界限，总结和清理当时并存的理学各个学派，确立儒学正统，成为越来越紧要的事项。朱子之所以对二程辟佛存在微词，也在于此。

---

① 叶适：《习学记言序目》卷50，中华书局，1977，第751页。
② 黎靖德编《朱子语类》卷126，第3038页。
③ 黎靖德编《朱子语类》卷126，第3039页。

与北宋儒者辟佛相比，朱熹重在从思想理论内部对儒佛做严格分判。这一工作的主战场转向儒学内部。宋代理学经过长期的发展，在体系确立之后，必须对自家的重要思想、概念、命题做出梳理，在这些重要思想上给出儒佛分判的界限和原则，这样才能在儒佛关系中确立儒学思想的独特性，严守学派分界。叶适的批评给出了提示，因为涉及理学许多重要概念和论题，逐一清理这一工作必然庞大艰难。朱熹辟佛的重点就是此前未被清晰分辨的理学中近似于佛学的概念。朱子在《答吴斗南》中言："佛学之与吾儒虽有略相似处，然正所谓貌同心异、似是而非者，不可不审。"① 朱子辟佛重在其思想似是而非、"弥近理而大乱真"之处。尤其是心性论，禅宗言"识心见性"与儒学相似，洛学自二程起便没有深入分判儒佛识心见性的根本差异，导致儒佛在精微的思想理论中界限模糊，不能真正实现辟佛。南宋儒佛之辩以此为思想背景展开，并交织着划清儒佛界限与肃清儒门两项使命。

南宋儒佛在思想上界限模糊主要有两方面原因，一是使用概念相同或相似，如心、性、知觉、常惺惺、活泼泼、察识、主静等；二是某些哲学思想相似。因此朱子辟佛选择了两条路径，一是从源头上否定中国佛学的理论来源和概念归属；二是指出儒佛在思想上的根本差别。

就第一点看，朱子多次指出中国佛教并非一个独特的来自异域的思想体系，而是佛教进入中国后在漫长的发展过程中吸收、杂糅道家道教以及儒家思想，逐渐积累演化而来。有些儒佛共用的概念、命题和相似的比喻，很可能是佛教对中国文化的吸收，不能因为使用相同的概念、文字或者表述就模糊儒佛的界限。

> 佛初止有四十二章经，其说甚平。……大抵是偷得老庄之意。②
>
> 达磨未来中国时，如远、肇法师之徒，只是谈庄老，后来人亦多以庄老助禅。③
>
> 曰："'活泼泼地'是禅语否？"曰："不是禅语，是俗语。今有儒家字为佛家所窃用，而后人反以为出于佛者：如'寺''精舍'之类，

---

① 朱熹：《答吴斗南》，《晦庵先生朱文公文集（四）》卷59，《朱子全书》第23册，上海古籍出版社、安徽教育出版社，2002，第2836页。
② 黎靖德编《朱子语类》卷126，第3025页。
③ 黎靖德编《朱子语类》卷126，第3025页。

不一。"①

佛教传入中国经历了汉、魏晋南北朝、隋、唐至宋，在漫长历史中无论是语言文字还是思想内涵都已经大量融入中国文化；为方便传播获得信众，佛教僧人还主动吸收儒道文化，如东晋孙绰的《喻道论》言"周孔即佛佛即周孔"②，唐代慧能的《疑问品第三》言"恩则孝养父母，义则上下相怜"③，宋代契嵩的《寂子集》言"儒佛者，圣人之教也。其所出虽不同，而同归乎治"④。因为佛教极大融入了中国文化，因此在语言文字上区分儒佛是不可能的。如"活泼泼""常惺惺"等日常用语，如"心""性""觉""心传"等概念，儒佛共用的只是语言文字，并非思想内涵。从文字运用上说，也不是儒家吸收佛教，而是佛教吸收中国文化固有资源。

第二点朱熹强调儒佛从"源头便不同"，彻底否定儒佛心性之学有相似之处，认为儒佛不但"下学"不同，"上达"也不同。与二程相比，在这点上，朱子尤为激烈和彻底。

> 某人言："天下无二道，圣人无两心。儒释虽不同，毕竟只是一理。"某说道："惟其天下无二道，圣人无两心，所以有我底着他底不得，有他底着我底不得。若使天下有二道，圣人有两心，则我行得我底，他行得他底。"⑤

引文开头的问题与叶适批判是一致的，许多儒门杂佛者认为儒佛在心性论上有相通之处，虽然儒佛外在表现追求不同，但内在心性上相似。心性论是理学的核心部分，若在心性论上难以区分儒佛，辟佛将难以推进。朱子认为儒佛在心性论上绝不相通，虽然使用概念文字相同，但本质不同。禅宗言性是"作用见性"，"在胎为身，处世名人。在眼曰见，在耳曰闻。在鼻辨香，在口谈论。在手执捉，在足运奔"。⑥ 禅宗以知觉作用言性，在朱子看来目见、耳闻、口言、手持、足奔这种知觉作用没有价值依据。朱子将之比喻

---

① 黎靖德编《朱子语类》卷 126，第 3025~3026 页。
② 《弘明集》卷第三，《喻道论》。
③ 《六祖坛经》，《疑问品第三》。
④ 契嵩：《镡津文集》，《大正新修大藏经》第 52 册，第 686 页。
⑤ 黎靖德编《朱子语类》卷 126，第 3015 页。
⑥ 《景德传灯录》卷第三。

为"无星之秤，无寸之尺"，正是指价值上的"空"。与之相对，理学所言之性，是性即理之性，人性的根本来源是天理。"如视听言貌，圣人则视有视之理，听有听之理，言有言之理，动有动之理，思有思之理……佛氏则只认那能视、能听、能言、能思、能动底，便是性。"① 天理是万事万物的所当然之理和所以然之则，目见、耳闻、口言、手持、足奔等知觉作用需遵循仁义礼智，方得天理本性。正所谓非礼勿视，非礼勿听，非礼勿言，非礼勿动，视、听、言、动不是性，其所依循之理才是本性。简而言之，性是天理，是贯穿耳目手足、日用生活的根本原则和最高价值。依此，朱子批驳佛教尤其是主张"作用见性"的禅宗是性空、理空，而儒家是实理、实性。

朱子批评佛教特别重视"作用见性"，因为"性"作为理学的核心概念，必须与佛教的"性"严格区分，而区分的根本点就是"性"所指向的最高价值不同：儒家性是天理，天地之大德曰生，禀赋于人则为仁义礼智之德；佛性是心、是知觉作用，以天地万物为虚幻。朱子认为，性的内涵是儒佛在思想理论上的根本差异，讲明儒佛之"性"不同，可以从源头上将儒佛区分开来。

"实"与"空"是朱子分判儒佛性理最重要的原则，儒家实理、实性；佛教理空、性空。

> 儒释言性异处，只是释言空，儒言实；释言无，儒言有。②

> 释氏弃了道心，却取人心之危者而作用之，遗其精者，取其粗者以为道。如以仁义礼智为非性，而以眼前作用为性是也。此只是源头处错了。③

> 问佛氏所以差。曰："从劈初头便错了，如'天命之谓性'，他把做空虚说了。吾儒见得都是实。"④

朱子在儒佛之辩以"作用见性"指向佛教的"性空"，在佛教思想中"性空"与"作用见性"并非一组概念，不能对等。性空一般是指大成般若学以万法皆空，万法由因缘和合所生，本无自性，如《大般涅槃经》"十二

---

① 黎靖德编《朱子语类》卷126，第3020页。
② 黎靖德编《朱子语类》卷126，第3015页。
③ 黎靖德编《朱子语类》卷126，第3021页。
④ 黎靖德编《朱子语类》卷126，第3017页。

因缘名为佛性，佛性者即第一义空"，《心经》"是故诸法空相""色即是空，空即是色"。万法本无自性，此为性空，见此真空之妙理，则见诸法实性。"作用见性"是唐代禅宗兴起后，主要由洪州马祖道一开创出的接引、教化弟子的法门，让修习者通过反复思考"是什么？"，即作用者为何的问题，让发问者当下开悟识得本心。很多学者指出朱子以"作用见性"讲"性空"，这是对佛学的误解，并进一步在误解的基础上辟佛。若以南宋儒佛之辩的发展为背景，朱子此举并无不妥。

一方面，朱子甚至整个宋明理学群体辟佛，主要是针对唐宋盛行的禅宗而言，在心性论上与理学相似的也是禅宗。禅宗提倡人人皆有佛性，"即心是佛""明心见性""直指本心"等。禅宗围绕心性展开极为频繁和精深的讨论，如"祖师西来意""柏树子""扬眉瞬目"等许多公案广泛流传，影响巨大。唐宋士大夫修习的佛学大都是禅宗，理学群体中的杂佛者其杂糅的内容也大都来自禅宗思想。禅宗精深的心性论是吸引唐宋士大夫的重要原因，因此朱子辟佛，无论是就现实影响，还是就理论辨析，禅宗都是他的首要对象。

另一方面，朱子辟佛的场域从儒佛之间转到了儒学内部，其关注点不再是儒佛大防，而是佛学中与儒学相似的部分，佛学与儒学共用的概念、命题、思想等。朱子辟佛特别重视"作用见性"，实际上是用"作用见性"来解读"性空"，进而从理论根基和源头上区分儒佛，并排除理学中的杂佛者。他将"作用见性"解读为佛性即目见、耳闻、口言、手持、足奔等知觉作用，觉为空觉，性是空性，无实理贯穿无价值依据。理学从天理下贯至人性，人性天生具有仁义礼智。儒家、佛教从源头上就完全不同，朱子依此判断佛教"源头错了""劈初头便错了"。

朱子用"实"与"空"判定儒佛心性论，佛教性为"作用见性"，心为"空觉"，以此为原则，进一步清理儒门中的杂佛者。

> 龟山举庞居士云"神通妙用，运水搬柴"，以比"徐行后长"，亦坐此病。不知"徐行后长"乃谓之弟，"疾行先长"则为不弟。如曰运水搬柴即是妙用，则徐行疾行皆可谓之弟耶！①

---

① 黎靖德编《朱子语类》卷126，第3022页。

杨时认为禅宗所谓神通妙用、运水搬柴无非妙道，与儒家"尧舜之道在行止疾徐间"相同。朱子断定杨时杂佛，所杂内容正是"作用见性"。儒家以"行止疾徐"言尧舜之道，并非指快走慢走这样的动作，而是指行止符合儒家之道。慢走本身不是尧舜之道，慢走于长者后面是对长者的恭敬，即行动中贯穿的"理"才是尧舜之道。此处朱子判定杨时杂佛的原则与前文分判儒佛的原则相同，儒佛之辩的关注点转向在儒门中分判出正统与杂佛。

在南宋，儒佛之辩的场域实际上已经转向儒学内部，承担了清理儒门、树立理学正统的责任。清理的重点是二程门人及再传弟子中与程朱理学不符的思想，尤其是可能走向弱化"性即理"，导向心学的思想端倪。

> 或问："谢氏常惺惺之说，佛氏亦有此语。"曰："其唤醒此心则同，而其为道则异。吾儒唤醒此心，欲他照管许多道理；佛氏则空唤醒在此，无所作为，其异处在此。"①
>
> 问："张无垢说：'仁者，觉也。'"曰："觉是智，以觉为仁，则是以智为仁。觉也是仁里面物事，只是便把做仁不得。"②

谢良佐以"常惺惺"解释二程提出的主敬工夫，以"知觉言仁"，这些思想受到朱子严格的批驳，认为流入禅学。佛教的"常惺惺"和"知觉"是空，保持内心无杂念、虚灵明觉；儒家"主敬""正心""诚意"等工夫是体认心中的"实理"，知是知此理，觉是觉此理。张九成（号无垢）是南宋初年的重要儒者和理学家，曾受学于杨时，他思想中明显的心学倾向遭到朱子的极力批判，如张九成言"仁者觉也"，朱子认为这是以禅宗"知觉"来阐释儒家最重要的仁德。禅宗的知觉是空的，是一种认识能力，大体与儒家"智"相似，因而说"仁者觉也""知觉言仁"就是搁置了天理从知觉谈德性，已流入禅学了。

以上差异在真正的儒佛分判中并不困难，所以北宋诸儒讨论这类问题比南宋、明代要少得多。程颢就明确以知觉来论仁，完全不将其作为儒佛之辩的内容。南宋儒佛之辩的主战场是儒学内部，即在儒门中分判出正统与杂佛。在儒门之内，这一分判就要精微和复杂得多，但朱子运用的原则是一致

---

① 黎靖德编《朱子语类》卷17，第373页。
② 黎靖德编《朱子语类》卷20，第464页。

的。朱子在分判儒佛中关注的重点问题和分判的基本原则，正是他在清理儒门时关注的问题和运用的基本原则。

结　语

儒佛之辩在宋代经历了不同的发展阶段：从宋初关注社会现实问题，到北宋理学创立期注重儒佛大防，再到南宋深入理论内部进行思想分判。不同阶段，儒佛之辩关注的重点问题和运用的基本原则不同。这造成宋代儒佛之辩看似复杂多变难以厘清的状况。这种变化实际上是随儒学复兴而出现的，儒学复兴在不同阶段对辟佛有不同的目标。唐至宋初，儒者希望通过打击佛教为儒学创造空间，以排佛来辅翼儒学复兴；理学创立期，儒者首要目标是自立吾理，划清儒佛界限，挺立儒家价值；在理学完善、成熟阶段，则需深入理论内部划清儒佛界限，肃清儒门杂佛内容，确立理学正统。以儒学发展的不同阶段为背景，宋代儒佛之辩的发展与转变会呈现出一种清晰的理路。

邵雍哲学的人性论[*]

李 震

（清华大学新雅书院）

摘 要：在北宋理学的人性论建构中，邵雍的方案颇富特色。邵雍将性与体、道、情、命等一系列概念联系起来，所阐发的人性概念，具有精神灵识、天赋本性、淳朴天性、内在精神以及主体性等多方面的含义。这些论述关切的主要不是人的道德善恶，而是人的淳朴天性和精神状态，更多呈现与道家自然人性论的亲缘关系。邵雍的人性论是其儒道兼综思想风格的直接表达。

关键词：邵雍 人性 天性 性情 性命

北宋邵雍以易学名家，在人性理论建构上亦有成就。与同时代的周张二程相比，邵雍的人性论既反映着理学初兴时代的共性，又表现出鲜明的个人特色。考察邵雍的性论，对理解邵雍思想的整体特质、把握理学建构的多样路径，有重要意义。

邵雍哲学的人性论，往往是在与体、道、情、命等概念的关联论述中展开。这种复杂的语境决定了邵雍所谓性，在事物之本真存在的一般意义下，还具备复杂的面向和丰富的含义。具体来说，邵雍所谓性：在性与体的关系中，指精神灵识与天赋本性；在性与道的关系中，指淳朴纯真的天性；在性与情的关系中，指深微内在的精神；在性与命的关系中，则指天赋本质与修养状态。性的这些侧面含义各殊，但有一点是一致的，即都不是以善

＊ 基金项目：清华大学文科自主科研计划专项资助（20215080036）。

恶论性，因而不同于典型儒家意义上的道德义理的人性论，而是更关注个体存在，表现出与道家自然淳朴人性论的亲缘关系。人性论因而成为考察邵雍价值倾向的重要依据。事实上，邵雍思想的道家品格，主要就是通过其心性理论、人生哲学而非易学或自然哲学表达出来的。本文以上述诸组概念为主要语境展开分析，对邵雍的人性论及相关问题做一较为全面的考察。

一　性与体

与其他几组概念大体限定在人性论的范围内不同，体性关系中的性兼包人物，在邵雍的性论中有更基础的位置。本文的分析，便从体性关系入手。

邵雍的体性概念，有两种相关而又有别的含义。这里先看第一种。

《观物外篇》云：

> 性非体不成，体非性不生。阳以阴为体，阴以阳为性。动者性也，静者体也。在天则阳动而阴静，在地则阳静而阴动。性得体而静，体随性而动，是以阳舒而阴疾也。
>
> 气则养性，性则乘气。故气存则性存，性动则气动也。①

邵雍诗《影论吟》云：

> 性在体内，影在形外。性往体随，形行影会。
> 体性不存，形影安在。影外之言，曾何足怪。②

"阳以阴为体，阴以阳为性。动者性也，静者体也"表明，邵雍以体为静为阴，以性为动为阳，这与邵雍哲学中体用对待的情况是一致的；"体随性而动""性则乘气"和"性往体随"表明，性对于体有使动的功能，这也与邵雍哲学中体用主从的关系相符。③ 由此来看，体性关系可以按照体用关

---

① 邵雍：《观物外篇》卷上，《邵雍全集》第 3 册，上海古籍出版社，2015，第 1198、1211 页。
② 邵雍：《影论吟》，《伊川击壤集》卷十九，《邵雍全集》第 4 册，第 388 页。
③ 参见拙文《邵雍哲学的体用论》，《哲学研究》2020 年第 9 期。

系近似地加以理解；或者说，体性是体用的一种特例。①

然而，性为什么可以被理解为用？或者说，体性所谓性究竟是什么含义？按通常的理解，性往往指道德善恶的本性或刚柔缓急的禀性。然而本性或禀性都只是一种性质，既无法运动，也不具有使动外物的功能，这就不免与体性概念"动者性也""体随性而动"的定位相悖。看来，体性之性既然是能够活动的"用"，就该具有与上述本性或禀性不同的含义。

其实，这里所谓性，指的是与形体相对的精神。精神能活动运转，即所谓"动者性也"；精神能使役形体，即所谓"体随性而动"。性的这种用法虽不常见，但有其先例。唐末道书《无能子》云：

> 夫性者，神也；命者，气也。……形骸者，性命之器也，犹乎火之在薪。薪非火不焚，火非薪不光。形骸非性命不立，性命假形骸以显。则性命自然冲而生者也，形骸自然滞而死者也。自然生者，虽寂而常生。自然死者，虽摇而常死。②

"性者，神也"，即是说性为精神；"性命自然冲而生者也"，即是说性命具有活动的功能。③《无能子》此段认为，人的精神虽非外在可见，但有使动形体的功能，因而是常动常生的；人的形体虽能运转，但离精神则无可济，因而是常静常死的。此与邵雍所谓"动者性也，静者体也""性得体而静，体随性而动"之说相近，都是强调精神与形体之间存在动静主从的关系。

类似意义上的性的观念，又可见于崔憬易注：

> 动物以形躯为体为器，以灵识为用为道；植物以枝干为器为体，以生性为道为用。④

崔憬所谓"生性""灵识"，与"形躯""枝干"相对，也是指物之精神。由此来看，崔憬、《无能子》与邵雍所讨论的，都是精神与形体的动静

---

① 体用与体性相比，体用对待主要处理事物之间的体用关系；而在体性关系中，性寓于体之内，所强调的更多是事物内部的体用关系。体用范畴多用于无生命的事物，体性范畴则主要用于描述生物的内在结构。两者相比，体性的结合较体用更为有机、紧密。

② 王明：《无能子校注》，中华书局，1984，第7页。

③ "冲而生"之"冲"，应从王明先生所引《说文》，读为"动"。

④ 见李鼎祚《周易集解》卷十四，中华书局，2016，第442~443页。

主从关系，或者说，都是身心关系问题，而非通常理解的本性或禀性。这种意义上的性其实更近于心，是心的主动性在身心关系维度中的体现。①

《无能子》"性者，神也"之说提示，性与神具有本质性的关联。这种关联在邵雍处也存在。邵雍所谓体性之性，实为神在人物当中的具体化。神本是世界的动因与主宰，落实在个体人物之中，即体现为其精神，也就是性。②故《观物外篇》既云："性则乘气。"又云："神亦一而已，乘气而变化。"③性与神都是精神性的力量，对于物质性的形体都有驾驭役使的功能，这是两者的相似之处。其不同在于：性只就个体事物而言，"只适用于比较有固定形质的事物"④；而神则具有超越性，不局限于一事一物。体现在概念范畴上，就是性多与个体性的体相对言，而神多与普遍性的气相对言；体性范畴讨论具体人物的构成问题，神气范畴则讨论普遍存在的结构问题。同时，性既是神在具体人物中的落实，较无形而不测的神也就更加具有气质性的成分。这一点，用邵雍的话来说，就是"神无方而性有质"⑤。而与性相对的体较与神相对的气，其气化的程度也更深。总体来说，体性范畴是神气范畴之个体化、气质化的产物。⑥

除体性对举外，邵雍有时也以性与气相对言，如前引"气则养性，性则乘气"；但这种说法并不常见，多数情况下，邵雍还是以体与性相对举。而且，当邵雍以性与气相对言时，其所谓气，也不是普遍性的物质存在，而只是指人身之气。如陈来先生所指出的，"气则养性，性则乘气，故气存则性存，性动则气动"的说法更多是在工夫论的意义上言之，而不是像体性一样讨论人物的客观结构问题。⑦

---

① 关于包括《无能子》在内的中国哲学史上身心关系的分析，参见张学智《中国哲学中身心关系的几种形态》，《北京大学学报》（哲学社会科学版）2005年第3期。
② 司马光也有"性者神之赋"（《潜虚》，《四部丛刊三编》，商务印书馆，1936，第1页上、第4页上至第4页下）的说法，与邵雍相近。不过，司马光所谓性，指道德意义上的五常之性，这又与邵雍此处的用法有别。
③ 邵雍：《观物外篇》卷上，《邵雍全集》第3册，第1211、1213页。
④ 陈来：《宋明理学》，华东师范大学出版社，2004，第98页。
⑤ 邵雍：《观物外篇》卷下，《邵雍全集》第3册，第1218页。
⑥ 除体性外，邵雍有时也用形神来表达类似含义。《观物外篇》云："形可分，神不可分。""'精气为物'，形也；'游魂为变'，神也。"（《邵雍全集》第3册，第1214、1222页。）这里的形神与体性大体同义。不过，形神所谓神，与神气所谓神又有不同。后者指天地的动因与主宰，前者只指人的精神。
⑦ 陈来：《宋明理学》，第98页。

在体性关系的第一重含义中，体指形体，性指精神，体性讨论的是身心关系。除此之外，邵雍的体性概念还有一重面向。在后者中，体仍指形体，而性则指本性，体性讨论的是人物本性之构成与来源的问题。这主要是围绕体性与天地的关系展开的。

《观物外篇》云：

> 言性者必归之天，言体者必归之地。
>
> 生者性，天也；成者形，地也。
>
> 夫卦各有性有体，然皆不离乾坤之门。如万物受性于天，而各为其性也。在人则为人之性，在禽兽则为禽兽之性，在草木则为草木之性。①

这是认为，天给出了事物的本性，地给出了事物的形体，合性与体而成物，故凡物必是天地相合而成。

邵雍的这一说法值得注意。如所周知，宋代理学在心性层面上的一大推进，就是提出了天命之性（天地之性）与气质之性的分别。其说由张载提出，至朱子确立。至于邵雍，一般认为在这一问题上未有发明。这种看法未必准确。其实，邵雍"万物受性于天，而各为其性"的观念中，已蕴含了近似意义上的天命之性与气质之性的思想。

张行成释"万物受性于天，而各为其性也"一段，云：

> 天为一，灵性也；地为二，气性也；人为三，种性也。数极于三，万类斯判，故论灵性则无不同，论气性则有不同，至于种性，则物各一类，万万不同矣。人有人之性，禽兽有禽兽之性，草木有草木之性者，气性质性也。人之性人人各不同，禽兽草木之性物物各不同者，习性种性也。所谓天性，则一而已。②

张行成在天性、地性外又提出所谓习性或种性，是其一家之言。抛却此点不论，张行成指出天性无所不同，地性有所不同，并以此解释人与禽兽草木皆受性于天，而又各有其性，则颇切邵雍原意。结合张行成与邵雍之说，

---

① 邵雍：《观物外篇》卷上，《邵雍全集》第 3 册，第 1202、1211~1212 页。
② 张行成：《皇极经世观物外篇衍义》卷七，《景印文渊阁四库全书》第 804 册，台湾商务印书馆，1986，第 164 页。

可以看出，邵雍说中蕴含了这样的观念：具有形体以前，万物有其相同的原初本性，即"受性于天"之性；具有形体之后，万物形成了各别的气性质性，即"各为其性"之性。本性来源于天，形体来源于地，本性与形体结合而得气性质性，因此天与地是万物之两种本性的来源。

二程云"论性不论气，不备；论气不论性，不明"[①]，张载区分天地之性与气质之性，朱子区分天命之性与气质之性。从理与气两个层面理解人性，可说是宋代理学的共同进路。邵雍通过体性—天地结构而区分出的"受性于天"之性与"各为其性"之性，作为对性之双重来源、性之普遍性与特殊性的揭示，与张载、二程以及朱子所论大体相近。[②]

不过，两说之间也有差异。张、程、朱子的区分，更多意在解释人性为何会从先天本善堕入有善有恶的状态；邵雍的区分，则主要是为了解释万物的自然性质为何会有所差别。如果说前者主要是道德问题的话，后者则主要是知识问题；前者可兼有后者知识的维度，后者却较少具有前者道德的含义。

两说的另一不同在于：对张、程特别是朱子而言，区分的标准在于理气；对邵雍而言，区分的标准却在于天地。在前者处，作为本性之一极的理是超越气质的。在后者处，天与地虽有气与形之别，但都属气，由此，以天地为基础的本性也就没有超出气外的成分。如果说前者的区分近于所谓本体论的话，后者则仍不离形质论的范围。

邵雍此说有其渊源。《管子·内业》云："凡人之生也，天出其精，地出其形，合此以为人。"[③] 易学传统中，也素有"乾本气初，故云资始，坤据成形，故云资生"[④] 的说法。邵雍将人物构成追溯至天地，是继承了此种固有的气论传统。但二者所论主要只是形体，并未明言人性。邵雍以天地解释人性，这就由形体构成的问题转为心性构成的问题，由宇宙论转入心性论，从而开启了理学对于性之结构的分析。

另外，邵雍以性属天，在先秦也是常见的观念，《中庸》"天命之谓性"

---

① 程颢、程颐：《河南程氏遗书》卷六，《二程集》上册，中华书局，2004，第81页。
② 此处所谓气质之性，是取朱子而非张载之意，指天之性落在地之体当中呈现出的整体的物性，即邵雍所谓"各为其性"之性，而不是气质本身的属性。
③ 黎翔凤：《管子校注》卷十六，中华书局，2004，第945页。
④ 孔颖达：《周易正义》卷一，《十三经注疏》，阮元校刻，中华书局，2009，第31页。

可为代表。但如程子所言，理学兴起以前，人性论往往是论性则不论气，论气则不论性，尚未明确分辨性的两个层面。邵雍认为性在普遍本性外还有气质性的因素，这就为人性论补上了来源于地的一环。

站在理学主流的立场上看，邵雍区分了"受性于天"与"各为其性"之性，但未展开系统的论述，其宏大细密的程度无疑有所不足；邵雍不曾提出超出气外的理，本体化的程度也有欠缺。不过，如果不是以外在标准审视，而是聚焦学说自身的价值，则应承认邵雍此说自有其意义，其最大意义即在于从传统的气论资源和语境出发，对人性之双重性加以区分。这种区分既构成了北宋理学人性论的先声，也显示出邵雍之学关注经验事物之内在条理的特性。

邵雍体性之性或指精神灵识，或指天赋本性，已如上所述。最后，有必要追问：这两重含义是什么关系？

按一般理解，精神灵识为经验，天赋本性为本质，两者不能等同。这种理解当然是可行的。但值得注意的是，对于上述两种含义，邵雍并未明确区分，而是皆以体性言之。这可能是邵雍分辨未细，但此种分辨未细未尝不蕴涵有某种根本的见解。邵雍可能认为，天赋本性之性与精神灵识之性在根本上就是同一的：作为事物的根本性质，性不能是完全静态的存在，而是必然要作为活动性、主导性的本质倾向表现出来，对事物有所规定。这种活动性、主导性，在有意识的人与物当中，就体现为其精神灵识；在无意识的事物当中，就体现为事物之要求活动的本质倾向。《观物外篇》云：

> 火以性为主，体次之；水以体为主，性次之。
>
> 夫卦各有性有体，然皆不离乾坤之门。如万物受性于天，而各为其性也。在人则为人之性，在禽兽则为禽兽之性，在草木则为草木之性。[1]

水火相比，水的形质性强而活动性弱，故"性为主，体次之"；火的形质性弱而活动性强，故"体为主，性次之"。类似地，卦之性，指的也是与卦体相对的主导型倾向。这种倾向，其实也就是事物之活动的本性。在这个意义上，可以认为，天赋本性之性就是精神灵识之性。

---

[1] 邵雍：《观物外篇》卷上、卷下，《邵雍全集》第3册，第1211、1237页。

二　性与道

性与体之外，邵雍又谈到性与道的关系。这里，性指的是人的淳朴天性。

如果说，在性与体的关系中，性作为天赋本性与精神灵识，主要是一种理论结构的话；那么，在性与道的关系中，性作为淳朴天性，则更多具有实践的面向，体现出邵雍对存在的关注。

《伊川击壤集序》云：

> 性者道之形体也，性伤则道亦从之矣；心者性之郛郭也，心伤则性亦从之矣；身者心之区宇也，身伤则心亦从之矣；物者身之舟车也，物伤则身亦从之矣。①

邵雍认为，道—性—心之间的关系是，道在人的形体中体现为性，性寓于人心，构成了人心的内容，这就是"性者道之形体""心者性之郛郭"的含义。

朱子对邵雍此说极为推崇，认为其说"语极有理"②，张程诸子皆有未及。《朱子语类》载：

> 邵尧夫说："性者，道之形体；心者，性之郛郭。"此说甚好。盖道无形体，只性便是道之形体。然若无个心，却将性在甚处！须是有个心，便收拾得这性，发用出来。盖性中所有道理，只是仁义礼智，便是实理。吾儒以性为实，释氏以性为空。若是指性来做心说，则不可。今人往往以心来说性，须是先识得，方可说。
>
> "性者，道之形体；心者，性之郛郭。"康节这数句极好。盖道即理也，如"父子有亲，君臣有义"是也。然非性，何以见理之所在？故曰："性者，道之形体。"仁义礼智，性也，理也；而具此性者心也。故曰："心者，性之郛郭。"
>
> 正卿问："邵子所谓'道之形体'如何？"曰："诸先生说这道理，

---

① 邵雍：《伊川击壤集序》，《邵雍全集》第4册，第2页。
② 黎靖德编《朱子语类》卷六十，中华书局，1986，第1423页。

却不似邵子说得最着实。这个道理，才说出，只是虚空，更无形影。惟是说'性者道之形体'，却见得实有。不须谈空说远，只反诸吾身求之，是实有这个道理，还是无这个道理？故尝为之说曰：'欲知此道之实有者，当求之吾性分之内。'邵子忽地于《击壤集序》自说出几句，最说得好！"①

类似说法在《朱子语类》中多可见之。从其表述来看，朱子是将邵雍所谓道，理解为天理或义理；将邵雍所谓性，理解为仁义礼智的道德本性；将邵雍所谓心，理解为包有道德本性之心。按朱子的解释，邵雍道—性—心的关系应是：人的道德本性是无形天理之凝聚，心具有人的道德本性，为本性之寓所，并能使其表现出来。

朱子之所以推许邵雍此说，一来是认为"性者道之形体"一句"说得最着实"，体现出理在人身、不假外求的特点；二来是认为"心者性之郭郭"一句体现出心具众理之义。这都是将邵雍所谓道与性理解为道德性理，遵从的是孟子以仁义礼智论性与程子性即理的思路；但就邵雍来说，其所谓道只是指自然的生化过程，其所谓性也只是指人的天赋自然的本性，并不具备明确的道德义理意味。朱子此说是对邵雍的误读。邵雍关注的究竟是什么？其所谓性又有怎样的含义？对此问题的回答，不能截取一二片段孤立观之，而应着眼于《伊川击壤集序》的整体语境。

《伊川击壤集序》云：

> 近世诗人，穷戚则职于怨憝，荣达则专于淫泆。身之休戚发于喜怒，时之否泰出于爱恶，殊不以天下大义而为言者，故其诗大率溺于情好也。噫！情之溺人也甚于水。古者谓水能载舟，亦能覆舟，是覆载在水也，不在人也；载则为利，覆则为害，是利害在人也，不在水也。不知覆载能使人有利害耶？利害能使水有覆载耶？二者之间必有处焉。就如人能蹈水，非水能蹈人也。然而有称善蹈者，未始不为水之所害也。若外利而蹈水，则水之情亦由人之情也；若内利而蹈水，则败坏之患立至于前，又何必分乎人焉水焉？其伤性害命一也。
>
> 性者道之形体也，性伤则道亦从之矣；心者性之郛郭也，心伤则性

亦从之矣；身者心之区宇也，身伤则心亦从之矣；物者身之舟车也，物伤则身亦从之矣。是知以道观性，以性观心，以心观身，以身观物，治则治矣，然犹未离乎害者也。不若以道观道，以性观性，以心观心，以身观身，以物观物，则虽欲相伤，其可得乎！若然，则以家观家，以国观国，以天下观天下，亦从而可知之矣。①

此段的文眼，在于"伤""害"以及与之同义的"覆""溺""败坏""患"，诸语在文中随处可见，极为醒目。如何远"伤"离"害"、保性全命，乃是此段序文的真正主题，也是邵雍道—性—心—身—物结构所要回答的根本问题。从序文强调的主要都是如何才能保全本性而不是如何才能实现本性来看，邵雍这里所说的性主要不是天赋的道德理性，而是淳朴纯真、未受戕害的"天性""真性"②。这是因为，性如果指道德理性，则这种性不仅无需刻意保全，反而是一种力量，是人实现其道德存在的根基；只有当性指向某种自然的朴质时，保全免伤的说法才有意义，因为"朴"的定义在根本上就是以未来的伤害破坏为前提的。以此种素朴之性为基础，邵雍道—性—心的关系所关注的，主要不是道德问题，而是存在问题；邵雍所试图保全的，也就不是人的道德禀赋，而是淳朴自然的精神状态。正如郑开教授所指出的，③ 这种以"素""朴""真"的自然本性来理解人性的思路乃是道家心性论的特色，而与儒家的道德理性思路有着深刻的差异。④

早期道家所理解的人的素朴本性，往往是既排除了情欲因素，也排除了价值因素，因而呈现出既"无情无欲"又"无是无非"的特征。⑤ 与此相比，邵雍所谓性虽然同样拒绝情欲的干扰，但并不否定价值。对于仁义礼智等道德价值，邵雍既不直接将其等同于性，也不特别强调其在自然本性中的存在，且绝不认为这些价值构成了对于本性的戕害。相反，从《伊川击壤集序》主张"以天下大义而为言"、反对一己之情好，以及邵雍诗文中随处可

① 邵雍：《伊川击壤集序》，《邵雍全集》第4册，第1~2页。
② 邵雍诗云："谁能苦真性，情外更生情。""亦恐因而害天性，尧夫非是爱吟诗。"（《放言》《首尾吟》，《伊川击壤集》卷三、卷二十，《邵雍全集》第4册，第47、424页）
③ 郑开：《道家心性论研究》，《哲学研究》2003年第8期。
④ 邵雍"其伤性害命一也"的说法本身就是仿自《庄子·骈拇》"其于伤性以身为殉一也"，其道家意味是十分明显的。
⑤ 郑开：《道家心性论研究》，《哲学研究》2003年第8期。

见的对于道德的揄扬肯定来看，邵雍的理想人格无疑包含了道德价值的维度，而且这种维度只能源自人的本性。就此而言，可以认为，邵雍所谓"性"是在延续了道家性论的素朴之义的同时，又将道德价值的维度看作与生俱来的素朴之性的一部分；或者，参照陈来先生关于有与无的区分，可以认为，邵雍所谓"性"是在无的形式中容纳了有的价值。① 在这方面，邵雍人性论的确带有儒道兼综的色彩。

邵雍性论这种通于儒道的特点，体现在其工夫论上，就是一方面要求"尽性""成性""正性"，一方面又要求保全"天性""真性"，避免"害性"。邵雍诗既云："同道道亦得，先天天弗违。穷理以尽性，放言而遣辞。""成性存存，用志不分。又何患乎，不到古人。""仲尼言正性，子舆言践形。二者能自得，殆不为虚生。"又云："谁能苦真性，情外更生情。""亦恐因而害天性，尧夫非是爱吟诗。"② 前者含有追求成德的儒家意味，后者则更突出保全淳朴天性的道家意涵。两者互为表里，并不矛盾。总体来说，邵雍在性论上是以无包有，以道家包有儒家，以整体性的淳朴天性包有其道德价值，这与后来宋明理学特别是心学传统中强调仁义礼智的道德本性而以道家境界为辅的儒道兼综取向有微妙的差异。

这里可以附带说明淳朴天性意义上的性与心的关系。值得注意的是，在心性关系问题上，邵雍只谈到心是性的居所，心的状态能对性产生影响，并未提到心有无认知、实现其性的功能。这似乎意味着，心的后两种功能在邵雍哲学中并不重要。情况确实如此。就认知义来说，邵雍虽谈到"知性""明性""观性"③，但"明"性的方式不是以思虑之心对其加以对象化的认识，反而是通过"无心"④ 使性自然呈现出来，心在性的呈现过程中不具有正面的作用。其所以如此，在于邵雍所谓性，本就不是可以条分缕析来认识的道德条理，而是整体浑全的淳朴本性，故而只能以非对象化的方式把握。

---

① 参见陈来《有无之境：王阳明哲学的精神》，生活·读书·新知三联书店，2009，第3~9页。

② 邵雍：《观棋大吟》《放言》《答人书意》《成性吟》《首尾吟》，《伊川击壤集》卷一、卷三、卷四、卷十六、卷二十，《邵雍全集》第4册，第4、47、54、329、424页。

③ 邵雍：《天津感事》《重游洛川》《瞻礼孔子吟》《观性吟》，《伊川击壤集》卷四、卷十五、卷十八，《邵雍全集》第4册，第60、63、299、369页。

④ 邵雍诗云："性以无心明，情由鉴止已。"见《重游洛川》，《伊川击壤集》卷四，《邵雍全集》第4册，第63页。

类似地，就实现义来说，邵雍虽谈到"尽性""成性""正性"，但没有凸显心在此过程中的主导作用。其所以如此，同样是由于邵雍所谓性主要不是意志行动之心所能实现的道德本性，而是有待回复的有境界意味的精神状态，这种回复不是勉强用力能完成，只能通过由情返性、消除不合理的意念的"无心"的方式实现。这与张载等其他理学家突出心在成性过程中的作用、强调"心能尽性"①的取向显然不同。此外，除了认知、实现之义，心对于性也不具有明显的发显外化的功能。性发为情，乃是"感其物"②而然，邵雍并未强调其间存在着心的统合使动的作用。总之，在邵雍这里，可以说"心有乎性""心包乎性""心能动性"，但不宜说"心能见性""心能尽性""心能发性"。③这主要是由邵雍对性所做的道家式理解决定的。

三　性与情

与性与道的情况相似，邵雍关于性与情的论述，同样是在对主体存在的关切下展开的。两者的不同在于，性与道关注的是人如何保全天性，性与情则更关心人如何正确认知与行动。

在邵雍哲学中，性与情有专言偏言之别。专言之则性情连言，"性情""情性"同义，指人整体的精神、性格；偏言之则性情分言，性发为情，情根于性，性指深微清明的精神状态，情指发显有滞的精神状态。④本节的讨论，主要围绕后一种含义展开。

看起来，性情关系中的性，与前文精神灵识、天赋本性与淳朴天性之性接近，都是内在的精神结构。但三者之间仍有差别：天赋本性与淳朴天性都是非活动的本质，性情之性却能应接外物，生发感情，因此只能是活动、能生的精神；精神灵识能使役形体，而性情关系中的性却没有使役的对象，因而只能是一种精神状态。正是在上述意义上，本文将性情关系中的性理解为

---

① 张载云："心能尽性，'人能弘道'也；性不知检其心，'非道弘人'也。"见《正蒙·诚明》，《张载集》，中华书局，1978，第22页。
② 邵雍云："感其物则谓之情。"见《伊川击壤集序》，《邵雍全集》第4册，第1页。
③ 关于以朱子心统性情说为代表的理学主流的心性关系，参见陈来《朱子哲学研究》，第257~263、292~298页。
④ 邵雍性情关系中的性并非本性或本质，性情间的发见关系不能做朱子式的已发未发理解。实际上，性与情都是经验的精神状态，发与见只是就情绪可见的程度而言。

深微清明的精神，与此相对，作为性之所发的情，则是情绪外显、有所滞溺的样态。① 性与情的概念，讨论的是人的精神状态问题。

邵雍性情思想的特色和重点，在于其往往扬性抑情，对情持否定的态度。这种否定有多方面的含义。从气质上讲，邵雍认为，性与情虽然都是一气所生，但情禀受的阴气更多，更具气质性的成分，即所谓"阳性而阴情，性神而情鬼"②，在尊阳抑阴的总原则下，情是应当被贬抑的。从存在上讲，邵雍认为，感物而动的情构成了对人的本真天性的伤害，即所谓"谁能苦真性，情外更生情"③，为避免为情所溺而"伤性害命"④，情是应当被否弃的。从认知上讲，邵雍认为，系于一己之私的情是人如实认知的障碍，为实现正确的认知，情是应当被排除的。从修养上讲，邵雍认为，情在精神上易陷于执泥，在工夫上非治本之策，在动机上多涉于偏私，为避免错误的行动，情是应该被否定的。以上诸义中，邵雍尤其侧重认知与修养义。

就认知义来说，《观物外篇》云：

> 任我则情，情则蔽，蔽则昏矣。因物则性，性则神，神则明矣。
> 以物观物，性也。以我观物，情也。性公而明，情偏而暗。⑤

邵雍认为，人如无所系著，任物之真，精神就不会执泥，就能达到神而明之的状态；相反，如囿于私意，碍于成见，情绪则不免偏滞，认知也不免昏蔽。这里，性与情是对"以物观物"与"以我观物"两种认知路向的描述。

就修养义来说，《观物外篇》云：

---

① 邵雍所谓情指喜怒哀乐的情绪，而非恻隐、羞恶、辞让、是非的道德情感。有时，邵雍所谓情也有情欲的成分，如认为感物而发的情往往内含利害之心（"内利而蹈水"，见《伊川击壤集序》，《邵雍全集》第4册，第1页），这里的情就不免有欲望的意味。但整体来看，邵雍所谓情仍以情绪之义为主。
② 邵雍：《观物外篇》卷下，《邵雍全集》第3册，第1237页。
③ 邵雍：《放言》，《伊川击壤集》卷三，《邵雍全集》第4册，第47页。邵雍又云："百病起于情，情轻病亦轻。"见《百病吟》，《伊川击壤集》卷十七，《邵雍全集》第4册，第346页。
④ 邵雍：《伊川击壤集序》，《邵雍全集》第4册，第2页。
⑤ 邵雍：《观物外篇》卷下，《邵雍全集》第3册，第1217～1218页。

颜子不迁怒，不贰过。迁怒贰过，皆情也，非性也。①

　　迁怒、贰过是情绪的滥用，不迁怒、不贰过则是对过度情绪的控制。人能控制其情，则能由执泥归于无滞。② 这里，性与情指无滞与执着两种精神状态。

　　《性情吟》云：

　　践形治性，践迹治情。贤人践迹，圣人践形。③

　　治性即在性上做工夫，从根本处革易身心；治情即在情上做工夫，只在形迹上仿效，而不从本原处改变。这里，性与情关联于内在与外在、根本与浅表这两种工夫路向，区分的是贤人圣人之别。

　　《性情吟》云：

　　君子任性，小人任情。任性则近，任情则远。④

　　从"君子""小人"的说法来看，这里的任性与任情应做道德含义理解。"君子任性"，是说君子持养精神，不溺于情；"小人任情"，是说小人任由情绪主宰行为。邵雍认为，情绪总有偏私，任情而发的行为也就带有不道德的因素。这里，性与情又指向道德与不道德两种行为路径，区分的是君子和小人。

　　上述诸义之间并不存在截然的分界：精神溺于情私，则认知难以客观；认知难以客观，则道德有欠真诚；道德有欠真诚，则工夫不能深入；工夫不能深入，则精神难免不陷于沉溺。《观物外篇》云：

　　知之为知之，不知为不知，圣人之性也；苟不知而强知之，非情而何？失性而情，则众人矣。⑤

①　邵雍：《观物外篇》卷下，《邵雍全集》第 3 册，第 1225 页。
②　张行成云："怒与过，情也；不迁怒，不贰过，制情也，制情亦情也。制情，求以复性也。"见《皇极经世观物外篇衍义》卷八，《景印文渊阁四库全书》第 804 册，第 178 页。
③　邵雍：《性情吟》，《伊川击壤集》卷十四，《邵雍全集》第 4 册，第 281 页。
④　邵雍：《性情吟》，《伊川击壤集》卷十八，《邵雍全集》第 4 册，第 378 页。
⑤　此段文字通行本《观物外篇》与《皇极经世观物外篇衍义》皆无，据南宋吴坚刻本《观物外篇》补。

"不知而强知之"，不仅是一认知问题，而且是一道德问题，其结果不仅是泯为众人，而且是堕为小人。反过来说，人如能由情返性，也就不仅能建立起正确的认识，同时也能成就修养的工夫、道德的人格与精神的境界。就此而言，上述诸义中的性情结构其实是融贯一致的，共同指向理想的圣人人格之成立。

总体来说，邵雍多以性为深微、无滞、神明、公正、正确、道德，而以情为浅表、执着、昏蔽、偏私、错误、不道德，认为情对性有破坏扰动的作用，要求"去己之情"①，由情返性。这种抑情倾向不始于邵雍。《庄子·人间世》早有"无情"之语，主张"不以好恶内伤其身，常因自然而不益生"。董仲舒将性情对立，扬性抑情，以性与情分属于阳与阴。② 王弼亦将性与情相对立，主张"性其情"。③ 佛教亦主无情，认为情在根本上就是虚妄不净的，因而要予以消灭。受佛教影响的李翱也有类似观点，认为："人之所以为圣人者，性也。人之所以惑其性者，情也。喜怒哀惧爱恶欲，七者皆情之所为也。情既昏，性斯匿矣。""情者妄也，邪也。邪与妄，则无所因矣。妄情灭息，本性清明，周流六虚，所以谓之能复其性也。"④ 邵雍的扬性抑情无疑是以上述传统为背景的。其与前人的不同，则在于将性与情看作两种不同的认知、修养和道德工夫路径，加以系统论述。邵雍无我、安乐的工夫取向与其扬性抑情的思想紧密相关。

值得注意的是，邵雍一面强调要去己之情，由情返性；一面又常在诗中表达出鲜明浓烈的情绪，且不以为过。《击壤集》诗云："快心亦恐诗拘束，更把狂诗大字书。""宾朋莫怪无拘检，真乐攻心不奈何。"⑤ 由此来看，情在邵雍哲学中绝非完全负面的存在。实际上，邵雍只是反对为情私所溺以致泪乱知行、伤害性命，但并不认为人应该弃绝情感，同于木石。邵雍在诗中

---

① 邵雍：《观物吟》，《伊川击壤集》卷十七，《邵雍全集》第4册，第341页。
② 董仲舒云："身之有性情也，若天之有阴阳也，言人之质而无其情，犹言天之阳而无其阴也。"见苏舆《春秋繁露义证》卷十，中华书局，1992，第299页。王充引董仲舒说云："天之大经一阴一阳，人之大经一情一性。性生于阳，情生于阴。"见黄晖《论衡校释》卷三，中华书局，1990，第139页。
③ 楼宇烈：《王弼集校释》，中华书局，1980，第217、631~632页。
④ 李翱：《复性书》上、中，《李文公集》卷二，《四部丛刊初编》，商务印书馆，1922，第4页上、第12页上。
⑤ 邵雍：《林下五吟》《答客吟》，《伊川击壤集》卷八、卷十一，《邵雍全集》第4册，第142、214页。

反复咏叹"天地岂无情""万物岂无情",又云"手足情深不可忘"①,正是认为天地万物的倾向与人的道德、审美情感都是有意义的。邵雍的态度与彻底弃绝情感、灭情复性的主张之间,仍有根本的差异。

四 性与命

性与体、性与道、性与情之外,邵雍性论的另一个维度,是性与命的关系。

性命一直是中国哲学史的重要主题。考其渊源,西周以来早期命观念中的道德性,经由孔子的提揭,在天命的观念中得到凝塑。《中庸》提出"天命之谓性",性命开始并提,天命成为性的来源。《易传》提出"穷理尽性以至于命"等说,②性与命被纳入同一个工夫序列中。至此,先秦儒家性命观念的基本格局已经确立。③《中庸》《易传》之外,先秦儒家尚有其他关于性命的论述,如《孟子·尽心》对性命内外的区分,但对后世儒学特别是宋明理学性命观念的影响不如前两者深刻。整体来说,可以认为,《中庸》《易传》构成了后世儒家性命观念主要的思想基础。

《中庸》与《易传》共同构成儒家性命观的基础,但在相当长的时期内,后世学者对命的理解是有偏重的。从汉唐经注看,命往往是在命运的意义上被人认识,其道德性、本质性的含义较少引起注意。郑玄释《中庸》,既云"天命,谓天所命生人者也",以命令之义为说;又引《孝经说》"性者生之质,命者人所禀受度也"④,指出天之命生实以分限意义上的命运气禀为内容。类似的,孔颖达释《中庸》,认为"天命之谓性"之命即《易传》"乾道变化,各正性命"之命,⑤乃"贵贱夭寿之属"⑥;而《易传》"穷理尽性

---

① 邵雍:《秋怀》《初夏闲吟》《独坐吟》《伤二舍弟无疾而化》,《伊川击壤集》卷三、卷六、卷十三,《邵雍全集》第4册,第45、86、101、270页。

② 《说卦》云:"穷理尽性以至于命。"又云:"昔者圣人之作《易》也,将以顺性命之理。"《乾卦·彖传》云:"乾道变化,各正性命。"

③ 相关论述,参见徐复观《中国人性论史·先秦篇》,上海三联书店,2001,第102~104页;陈来《古代宗教与伦理》,生活·读书·新知三联书店,1996,第161~223页;丁为祥《命与天命:儒家天人关系的双重视角》,《中国哲学史》2007年第4期。

④ 孔颖达:《礼记正义》卷五十二,《十三经注疏》,第3527页。

⑤ 孔颖达:《礼记正义》卷五十二,《十三经注疏》,第3527页。

⑥ 孔颖达:《周易正义》卷一,《十三经注疏》,第24页。

以至于命"之命也不过是"一期所赋"的短长吉凶。① 这些解释都不脱命运之义。经注之外，这一时期关于命的一般性论述，也基本是围绕命运展开，董仲舒、王充之论即为显例。总体来看，抽离了命运之命内涵的纯粹道德性、本质性的天命观念，在此时尚未真正凸显。

及至北宋，性命问题得到了更多儒者的关注。学者指出，庆历以降，性命逐渐成为当时的核心话语，儒者率多言之。② 不过，这一时期，儒家的性命思想尚未取得真正突破，仍然受到此前传统的较大影响。在对命的解释上，理学先驱多表现出与汉唐相近的思路。如胡瑗《周易口义》释"乾道变化，各正性命"，云："性者天生之质，有刚柔迟速之别也；命者人所禀受，有贵贱夭寿之等也。……皆天所赋性命之然也。"释"穷理尽性以至于命"，云："命者，则谓长短、凶折、夭亡之类是也。"③ 这仍是将《易传》之命理解为贵贱夭寿的命运之命，其解释路向与前人大体相似。

邵雍在年辈上略晚于胡瑗等理学先驱，其性命论开始呈现转化的特征。邵雍云：

> 天使我有是之谓命，命之在我之谓性，性之在物之谓理。
>
> 《易》曰："穷理尽性以至于命。"所以谓之理者，物之理也。所以谓之性者，天之性也。所以谓之命者，处理性者也。所以能处理性者，非道而何？④

邵雍上说可注意处有二。其一，就形式上看，"天使我有是之谓命"有本于《中庸》，而理性命的结构是本于《易传》，邵雍已经表现出融汇两种经典的倾向，这为性命观念的转向打开了空间。其二，就内容上看，邵雍云"命之在我之谓性，性之在物之谓理"，将命落实为人性与物理，这样的命已不再是贵贱夭寿的气数，而是具有了普遍本质的含义。邵雍认为，人与物的

---

① 孔颖达：《周易正义》卷九，《十三经注疏》，第 196 页。
② 相关研究，参见邓广铭《略谈宋学》，《邓广铭治史丛稿》，北京大学出版社，1997，第 163~176 页；陈植锷《北宋文化史述论》，中国社会科学出版社，1992，第 218~235 页；吴国武《经术与性理：北宋儒学转型考论》，学苑出版社，2009，第 203~209 页。
③ 胡瑗：《周易口义》卷一、卷十二，倪天隐述，《儒藏·精华编》第 3 册，北京大学出版社，2009，第 22、453 页。
④ 邵雍：《观物内篇》，《邵雍全集》第 3 册，第 1150 页；邵雍：《观物外篇》卷下，《邵雍全集》第 3 册，第 1240 页。

本质都来源于天。与此类似，《观物内篇》"所以谓之命者，处理性者也"也认为，天命是区处、分配人性物理的来源和主宰。[①] 与前人相比，邵雍上述解释关心的重点已不再是命运，而是本性的来源与统一性问题。这标志着儒学自身问题意识的更新。

朱子曾以理气为标准，将命区分为两类：

> 命有两般：有以气言者，厚薄清浊之禀不同也，如所谓"道之将行、将废，命也"，"得之不得曰有命"，是也；有以理言者，天道流行，付而在人，则为仁义礼智之性，如所谓"五十而知天命"，"天命之谓性"，是也。二者皆天所付与，故皆曰命。[②]

借用朱子的上述区分，汉唐儒与胡瑗的解释基本遵循的是以气言命的传统，而邵雍则由以气言命转向以理言命。这一转向当然不是仅仅发生在邵雍处，而是普遍地出现在同时代的泛理学群体中。北宋中后期，与邵雍"天使我有是之谓命"相似的表述并不鲜见。二程云：

> 天之付与之谓命，禀之在我之谓性，见于事业（小注：一作物）之谓理。
> 言天之付与万物者，谓之天命。
> 在天为命，在人为性，论其所主为心，其实只是一个道。[③]

王安石云：

> 天使我有是之谓命，命之在我之谓性。[④]

这种以天言命、以人言性、以物言理、将理性命统合为一的思想，是当时纵论性命的学者的普遍观念。相较前人将命理解为气质性的个体命运，这种解释的特点在于以贯穿人与物的普遍本性规定命的内容，从而在万物之间建立起根本的同一性，同时也重新发现了《中庸》《易传》中天命的本质意

---

① 《性理群书句解》释"处理性者也"，云："区处理性而付于人物也。"见熊节《性理群书句解》卷十四，熊刚大注，《景印文渊阁四库全书》第 709 册，第 225 页。
② 黎靖德编《朱子语类》卷六十一，第 1463 页。
③ 程颢、程颐：《河南程氏遗书》卷六、卷十一、卷十八，《二程集》上册，第 91、125、204 页。
④ 见杨时《龟山先生语录》卷三，《四部丛刊续编》，商务印书馆，1934，第 15 页上。王安石此说与邵雍文字全同。从相关记载看，二人之说应是彼此独立，考辨此处不赘。

味。在这一时代性的思潮中，邵雍"天使我有是之谓命"与二程等关于性命的思考具有根本的同质性，共同开启了一个新的儒学局面。①

"天使我有是之谓命"是自上而下地阐述性与理的来源，这是邵雍性命思想的一个侧面。其另一个侧面，则是自下而上地论述修养工夫。后者同样是在理性命结构中展开的。邵雍云：

> 理穷而后知性，性尽而后知命，命知而后至。
>
> 天下之物莫不有理焉，莫不有性焉，莫不有命焉。所以谓之理者，穷之而后可知也；所以谓之性者，尽之而后可知也；所以谓之命者，至之而后可知也。②

这是说，人穷尽天所赋予物的物理，就能知晓自己的本性；充分实现本性，就能知命，知命则能至命。这里所谓命，同样是天命、天道的含义。因此，邵雍实际上是以同天为其工夫论的最终目标，这与其"同于造化"③的追求相呼应，与张载、二程以至命为达于天道的解释也相一致，④而与孔颖达、胡瑗等将至命理解为穷定贵贱夭寿的命运却有根本的差异。这再一次显示出邵雍性命思想的性质。

正是在上述意义上，邵雍将性命之学作为根本的为学方向，认为与性命相比，外在事功都不足为重，故有"经纶亦可为余事，性命方能尽所为"⑤的说法。此所谓性命之学，即指在身心上做工夫，以求上与天同的学问。这种学问追求的是至命同天，而同天也就是成圣，因此，性命之学实际上也就是成圣之学。邵雍云：

> 不至于性命，不足谓之好学。

---

① 至于其间的不同，则在于邵雍关于理性命的探讨较少突出道德的意味，而是更多侧重本性与物理的来源问题。这与邵雍对人性内容的理解有关。

② 邵雍：《观物内篇》，《邵雍全集》第3册，第1175页；邵雍：《观物外篇》卷下，《邵雍全集》第3册，第1224页。

③ 《秋怀》云："我患尚有言，不得同造化。"见《伊川击壤集》卷三，《邵雍全集》第4册，第45页。

④ 《洛阳议论》载二程与张载论"穷理尽性以至于命"，张载以"至于天道"解"至于命"。程颐亦云："理也，性也，命也，三者未尝有异。穷理则尽性，尽性则知天命矣。天命犹天道也，以其用而言之则谓之命，命者造化之谓也。"见《河南程氏遗书》卷十、卷二十一下，《二程集》上册，第115、274页。

⑤ 邵雍：《首尾吟》，《伊川击壤集》卷二十，《邵雍全集》第4册，第415~416页。

得天理者不独润身，亦能润心。不独润心，至于性命亦润。

人言《春秋》非性命书，非也。……圣人何容心哉？无我故也。岂非由性命而发言也？……故曰：《春秋》，尽性之书也。①

所谓至于性命，即尽性至命；所谓润其性命，即从大本大源处变化气质；所谓由性命而无我，即排除了私我而达至最高的普遍性。性命之学所以能实现成圣的目标，归根结底是由于无我。在这一点上，邵雍的性命思想与其工夫论是直接相关的。

最后，值得注意的是，邵雍虽然在性命结构之中排除了私我的成分，以本质之命取代了命运之命，但在性命结构外，邵雍所谈到的命，往往还是命运之义。在大量感喟命运的诗文中，邵雍把命理解为与主体性相对的客观性，认为命运主要是对人起着否定、限制的作用，是使人不得不然的力量。在邵雍看来，命运既不是目的论式的确定结果，也不是行为的合理后果，而是"不知其所以然而然"的无端遭遇。② 这更突出了命的否定、强制意味。应该说，命运问题不仅没有被排除出邵雍的视野，反而在其关怀中占有重要的位置。邵雍的这些论述，反映出其在个体存在与命运问题上的深切体验。

与邵雍相比，张载、二程对命运采取了不同立场。张载区分命与遇，认为"命禀同于性，遇乃适然焉""行同报异，犹难语命，可以言遇"③，将遭遇完全看作偶然，而将命理解为天赋的道德本性，这就将命运问题彻底排除出性命问题的领域。类似的，二程区分命与义，认为"贤者惟知义而已，命在其中；中人以下，乃以命处义""命者所以辅义，一循于义，则何庸断之以命哉"④，也将命运置于道德义理的关切之外。张载、二程所持的无疑是更为彻底的"正其义不谋其利"的儒家态度。相比之下，邵雍虽然同样强调区分在我之德与在外之命，但对个体之遭遇始终不免颇多关注，对于道德义理的坚持并没有使命运问题完全退出邵雍思考的范围。就此来说，邵雍在根本的价值关怀上较张载、二程仍有微妙的区别。

<hr>

① 邵雍：《观物外篇》卷下，《邵雍全集》第 3 册，第 1224~1225、1230~1231 页。
② 《渔樵问对》区分命与分，认为德福一致为分，德福相悖为命。（见《邵雍全集》第 4 册，第 461 页。）命指人所不期而然的、无端的值遇。《观物内篇》云："然而有幸有不幸者，始可以语命也已。"（见《邵雍全集》第 3 册，第 1159 页。）也是强调命的偶然性。
③ 张载：《正蒙·乾称》，《张载集》，第 64 页。
④ 程颢、程颐：《河南程氏遗书》卷二上、卷十一，《二程集》上册，第 18、125 页。

一种儒家的经济学*

——郑伯谦"理财"思想探析

唐纪宇

（国际关系学院公共管理系）

摘　要：郑伯谦的"理财"观念，虽然指向国家层面的财物管理，但它并不完全等同于今天的财政学或公共经济学。因为这些学科更多地关注政府的经济行为以及由此导致的资源配置与利用的问题，而郑伯谦则是在更广的视域里审视"理财"的。在郑伯谦看来，"理财"的重要性一方面在于其与民生问题的紧密关联，另一方面其对于君心的影响也是不容忽视的。因此，"理财"的制度安排上既要防止侈心的萌生，又要满足其奉养的需求。为此，郑伯谦提出了两个基本原则：理国之财非理天下之财与理其出非理其入。而对于"理财"中必不可少的监督环节，郑伯谦认为只有监督者相对于被监督者有"相临之势"，监督才能真正落到实处。

关键词：理财　民生　君心

　　郑伯谦，生卒年份不详，《宋史》中虽偶有提及，但无单独之传记。所流传下来的著作仅有《太平经国之书》一种，恐亦非全本，其点校本收录在周梦江所整理编辑的《二郑集》中。无传记则无法知其生平著述情况，仅存一书亦无法全面了解其学术思想，故其师承关系、所属流派都无从知晓；但从其家学渊源来看，其兄郑伯熊作为永嘉学派的代表人物之一，有过由伊洛

---

　　* 本文为国家社会科学基金一般项目"南宋礼学思想研究"（17BZX051）的阶段性成果。

的性理传统转变为永嘉的事功之学的学术经历，不难猜想郑伯谦应该也是在这样一种氛围下成长起来的。此外，从《太平经国之书》的内容上来看，郑伯谦确实是以《周礼》作为蓝本来探讨一种经世通变的外王之学，与永嘉学派一致。从政治哲学的视角来看，郑伯谦试图揭示一种"好"的制度安排，并通过问答的形式为其"好"在何处做出辩护和说明。[①] 不过郑伯谦并非要进行某种制度创新的工作，而是将历史上业已存在的制度——《周礼》——重新展现出来。因此，郑伯谦的政治哲学是围绕对《周礼》的解释展开的，因而亦可以视为南宋"周礼学"的一个重要组成部分。其在解释学上的特色是"类聚贯通，设为问答"，而不执着于文字学上的考证训诂。这或许与他"推明建官之所以然""以明古法之善"的解释追求有关。

一　与民为生

郑伯谦在解释《周礼》的过程中特别强调其中的"理财"思想，甚至直接将《周礼》视为理财之书。[②] 因此，研究其《太平经国之书》中的思想，从"理财"这一观念入手似乎是再合适不过的了。值得注意的是，强调《周礼》中的经济色彩并不意味着就偏离了基本的解释方向，更不能想当然地判定其背离了孔孟传统。虽然伊洛所宣扬阐发的心性之学（内圣）是孔孟传统中最为核心的内容，但经世致用（外王）同样也是孔孟思想的重要组成部分。从孔子"富之教之"到孟子"养生丧死无憾王道之始也"，先秦儒学从未放弃过对现实政治的思考，也十分重视经济在政治生活中的基础性作用。郑伯谦显然继承了这方面的思想，其言曰："以理财为先务者，天下之事非财则不立，天下之人非财则不聚。财用足，然后百志成。食货通，然后民安居。"[③] 这段话明确地将财富的管理视为其他政治活动得以开展的保证。不仅如此，郑伯谦还为自己的观点找到了经典上的依据，即《大学》和《周易》中都表达了相同的思想。[④] 而在之后的论述中，郑伯谦隐含地表达了国家财

---

① 〔美〕列施特劳斯（Leo Strauss）：《什么是政治哲学》，李世祥等译，华夏出版社，2011，第1~2页。

② 郑伯熊、郑伯谦：《二郑集》，上海社会科学出版社，2006，第180页。

③ 郑伯熊、郑伯谦：《二郑集》，第162页。

④ 《大学》中言："生财有大道，生之者众，食之者寡，为之者疾，用之者舒，则财恒足矣。"《周易·系辞下》中亦有"何以聚人曰财"之语。

富与民众财富之间的对立关系，因此，其心中理想的理财制度并非指向"取民之财"的，而是"正惧其病民之财也"。这意味着《周礼》中的理财观念最终指向百姓生活上的富足，而绝非通过对民众的巧取豪夺获得财政上的充盈。

正是基于这样的指向，郑伯谦详细地阐释了《周礼》中的"九职"观念。郑伯谦认为"九职"的主体其实就是受田之民，而非在农业生产之外另设园圃、虞衡、薮牧、工商、嫔妇之职。因此，九职实际上是一种国家层面的兼职制度，其本质乃在于为民众提供除农业之外的更广泛的收入来源，而非一种分工式的制度安排。这在郑伯谦看来体现的恰恰是先王之制中"与民为生"的政治指向，与之相对的，后世的政治则是"民自为生"，甚至（使民）"无以为生"。在郑伯谦看来，"与民为生"即通过各种手段和途径为民众的生活提供全方位的保障。因此，"与民为生"并非体现在某一个方面的保障上，其言曰："井九百亩，其中为公田，八家皆私百亩，使之相养相，生如是足矣。为之比闾族党州乡，为之邻里酂鄙县遂，为之沟洫浍川畛涂道路以安其生。为之祷祠医药之政，为之賙救补助之法，以卫其生。如是又足矣，而犹以为未也。谓王畿之内皆齐民，而未有特富者，生生之具，虽以粗给，而祭祀丧纪，犹有所不足，而取于常数之外，于是九职之任颁焉。虽臣妾闲民，皆不敢遗，而亦必有以厚其生。"[①]"九职"的意义在于，"好"的政治绝不仅仅是保障民众的日常生计、医疗健康这些基本的生存需求，还应满足民众其他方面（诸如进行祭祀丧纪等伦理活动）的需求，即不只是保民生，还要"厚其生"。而实现这一目标的具体方法，就是不断地为民众创造各种可能的收入来源。当然这是一个很高的要求，因此郑伯谦为治理者提出了一个更低的标准——"民自为生"。也就是说，如果无法做到"与民为生"的话，起码也不要去堵塞民众从事其他事业获取收入的可能，要任"民自为生"，而不要让民众"无以为生"。因此，郑伯谦所谓的"理财"最终指向民生问题，而非单纯地为国家聚敛财富，故其言曰："不反其本，方更图易令，以求丰财，上之公卿大夫，下之百司庶府，中外之学士大夫，日夜讲求理财之策，民何以足，而国何以堪邪？先王之事，吾诚不敢以望后世矣。无

---

① 郑伯熊、郑伯谦：《二郑集》，第133页。

已，则听民之自为生乎！"①

二　君心

在郑伯谦的阐释中，理财的重要作用除了为整个政治生活以及民生提供基础性保障之外，还体现在其对君心的影响方面。在郑伯谦的政治思考中，君心的重要性是不言而喻的。在传统的中央集权的政治结构中，君主作为权力的顶点是一切政治行为的起点。而君主的行为又是受他的思想意念所支配的，因此可以说君心在传统的政治生活中起着某种决定性的作用。不同的君心将产生不同的政治动因，而这又会导致截然不同的政治道路。在《太平经国之书》的"自序"中，郑伯谦便将君心的公私之别看作三代与之后政治的根本差异，其言曰："先王无自私之心，安家者，所以宁天下也；存我者，所以厚苍生也。三代以还，人主始自私矣。以天下遗其子孙，故不得不为久恃无恐之计。"② 其实仅从"君心"这一概念出发，它应该包含君主的品德、情感以及欲望种种因素。但郑伯谦更多的是从公私的角度来理解君心的差异，而判定其是公还是私的重要依据就在于君主政治行为的出发点（政治动机）是更具普遍性（以天下苍生为念）的，还是仅仅以满足自身需求为目标的。

那么，公心在政治生活中为何如此重要？一方面，从理想的政治理念来看，在先秦儒家的政治哲学中一直有"人治""法治"并重的传统，孟子曰："徒善不足以为政，徒法不足以自行。"③ 又曰："先王有不忍人之心，斯有不忍人之政。"④ 在这里，我们可以看到仁爱之心和美善之政都无法脱离对方独自发挥作用，而二者之中又应以仁心更为根本。制度固然重要，好的理念亦需好的制度才能真正落实，制度还可以通过其稳定、客观的特点有效引导人的行为。但任何制度都是由人来制定的，这也就意味着人在制定制度之初的动因和考量将直接影响制度的好坏，我们无法想象将一个狭隘的、自私的目标作为出发点能够产生好的制度来。因此，在郑伯谦的政治思考中将君心之"公"摆在了首要的位置，并将其视为治国的根本。另一方面，从现实的

① 郑伯熊、郑伯谦：《二郑集》，第 134 页。
② 郑伯熊、郑伯谦：《二郑集》，第 109 页。
③ 朱熹：《四书章句集注》，中华书局，2012，第 280 页。
④ 朱熹：《四书章句集注》，第 238 页。

政治逻辑来看，权力的来源决定了权力主体对谁负责，而由此影响其政治行为。孟子曾言："民为贵，社稷次之，君为轻。是故得乎丘民而为天子，得乎天子为诸侯，得乎诸侯为大夫。"① 以往我们会更多地关心其中"贵民"的部分，但这句话实际上为我们揭示了整个政治生活的行为逻辑，即在集权制的国家体制内，由于各级治理者的权力都来自上级，因此一种"唯上"（只对上级负责）的行政逻辑的出现将会是一种必然的结果。那么由此而产生了一个永恒的难题，即在具体的政治生活中怎样才能让各级治理者对被治理者（民众）负责而不是仅仅对上负责。或许也可以这样来表达，政治行为最终顺应民意而非顺应上意是如何可能的。对于这个问题，孟子其实已经做出了回答，答案就是"贵民"②。要想避免"唯上"的政治逻辑可能会出现的对百姓构成侵害的结果，唯一的解决办法就是最上位者要以百姓之所想作为政治行动的目标、以百姓之所需作为制定政策的尺度，即所谓"贵民"。因为在一种"唯上"的政治结构中，君主作为这个结构中的最上位者，其意愿必定会构成在下位的治理者的行为尺度和标准。也可以这样说，由于君主的意愿构成了一切政治行为的起点，因此只有君主的意愿与百姓的好恶相统一——做到"民之所好好之，民之所恶之"——各级的治理者才能在"唯上"逻辑主导下的政治决策中将百姓的意愿摆在首位，整个政府才能成为"为民"的政府，如此才使得仁政在中央集权体制下最终成为可能。在孟子的思考中，唯有最上位的治理者（即君主）对百姓负责，才能将这种为民之心自上而下地传递出去，这也是公心在政治生活中如此重要的原因。

既然君心在整个政治生活中有着如此根本性的作用，那么要想实现理想政治，最直接的方法就是培养君主的公心，将君主打造成品德高尚的人。对此，我们当然可以通过一系列的教化手段来实现这一目标，但在圣王真正出现之前，以私心治天下将永远是政治世界的常态。而以私心治天下的君主，其政治出发点自然会围绕自身的需求以及满足自己的情感和欲望来展开。因此，在政治思考中如何通过制度安排，节制君主的欲望自然就成为一个重要的问题。如此一来，理财自然与君心关联在一起，因为欲望的实现常常表现

---

① 朱熹：《四书章句集注》，第 375 页。
② 在这里需要澄清的是"贵民"绝不等同于"民主"，因为"民主"是一种政体形式，而在中国古代的政治思考中，从来只有唯一的政体形式，即君主制。政治思考都是以此为前提展开的，"贵民"思想亦是如此，它指向君主的政治动机。

为财物的使用和消耗。而财物的无节制使用和过度消耗反过来也会进一步助长君主的欲望。而在郑伯谦看来，在君心的各种过失之中，奢侈之心所带来的危害是最大的，其言曰："君心之非，莫大乎侈心之生。"① 因此如何有效节制财物的使用就变得至关重要了。在郑伯谦看来，如果大臣们不能有效节制财物的使用，那么一个国家的府库越充盈反倒越容易造成君主的荒淫无度，由此进一步惑乱败坏君心。因此，"理财"在治国中不仅不是次要的，反而是辅佐君主的当务之急。

围绕着节制君主之侈心，《周礼》中一系列让人难以琢磨的安排也因此获得了合理的解释。在《节财》一篇中，被设置的提问者提出了这样的问题。冢宰作为群官之首，负有辅佐周天子的重任，掌管全天下的治理，而在其下竟然设有诸如膳夫、庖人、内饔、外饔、亨人、甸师、兽人、渔人、鳖人、腊人．医师、食医、疾医、疡医、兽医、酒正、酒人、浆人、凌人、笾人、醢人、醯人、盐人、幂人、宫人、掌舍、掌次如此之多执掌琐屑事务的属官，其原因何在？一种可能的解释是这些属官所掌管的事务虽然看起来微不足道，都属细枝末节之事，但这些人和事物都与君主的日常生活有着密切的关联，在频繁的接触中势必会对君主的身心构成影响，甚至可能发生因取悦迷惑君主而造成侵夺辅政大臣权柄的恶果。郑伯谦虽然也承认这一点，但在他看来另一个重要的原因则与"理财"有关，因为这些人员、物品在国家财富的消耗中所占的比重巨大，国库的亏空亦常常根源于此。因此，冢宰必须对这些人员的设置以及财物的使用情况做到完全地掌握，这样才能实施有效的监督和管理。

郑伯谦认为，历史上因不善管理（财物的使用）而导致败亡的例子并不鲜见。秦汉以来，在国家治理中已经失去对这方面的监督统御能力，君王在财物的使用上日趋无度，其中尤以汉武帝为甚。但郑伯谦的批评却不止于此，他认为当时的大臣对此种弊端及其解决方法的认知也存在严重不足。建议汉武帝效法高祖、孝文之节俭的贡禹就是其中的代表，其言曰："禹徒知有高祖、孝文之节俭，而岂知有太宰九式之均节邪？"② 在郑伯谦看来，贡禹只知道以高祖、孝文作为节俭的榜样，却不知道从根本上建立起节制财物使

---

① 郑伯熊、郑伯谦：《二郑集》，第 136 页。
② 郑伯熊、郑伯谦：《二郑集》，第 137 页。

用的制度，通过制度抑制各种无度混乱的现象发生，以此来达到节财的目的。因为最有效的治理即人人有章可循、各司其职，而绝非效法某些历史上的榜样。因此，治理应该向《周礼》中的"九式"制度回归，即用九种使用财物的法规来调节、平衡财物的用度。而秦汉以来各种用财无度情况的发生，恰恰是因为"九式之法"的失灵。当"九式"不能发挥其作用时，就会出现"上下始交征利"的情况，由此则"锱铢而取，泥沙而用，竭九州岛之财不足以赡一人之欲，而公私始俱受其病矣。呜呼！是其所以为秦汉矣"。[①]

郑伯谦认为，只有太宰通过式法（即"九式之法"）来管理监督一切国家用度，才能有效地抑制君主为满足个人私欲过度取用财物，也不会有政府的各部门违背式法规则过度供给的情况发生。而当各部门都在式法的约束下有节制地履行自己的职能时，就会带来这样的结果："人主之私心，以式法而碍，则侈心以式法而销。国用不屈，民力不匮，而玉府之财，用始沛然有余。而论道经邦之地，始造原立本于此，而无以蛊坏之也。"[②] 在郑伯谦看来，太宰（即冢宰）之"理财"主要着眼于财物支出的方面。尤其在国家财富充足的时期，太宰的这种监督管理作用更显必要，因为此时政府在财物的使用上往往是随意轻率的，而君王的取用也常常没有节制。因此，郑伯谦认为"九式之法"的作用，上可以"搏节人主"，下可以"堤防百官有司之失物辟名"。

三　切近人情

值得注意的是，虽然郑伯谦认为节制君主之侈心对于政治生活来说至关重要，但他同时又认为这种节制并非无限的。因此，他并不赞同君主过一种过分俭朴的（类似苦行）的生活，甚至历史上被广为赞颂的文景也被郑伯谦认为是不可取的。也正是因为这一点，郑伯谦受到来自四库馆臣的严厉批评。《四库提要》云："其时武统于文，相权可谓重极，而此书宰相一篇，尚欲更重其权。又宋人南渡之余，湖山歌舞，不复措意中原，正宜进卧薪尝胆之戒，而此书《奉养》一篇，乃深斥汉文帝之节俭为非，所论皆不可为

---

① 郑伯熊、郑伯谦：《二郑集》，第 138 页。
② 郑伯熊、郑伯谦：《二郑集》，第 138 页。

训。"① 从这段批评来看，四库馆臣主要质疑郑伯谦所提出的观点不合时宜，即在本应节制相权之时却欲加重其权，本应提倡节俭发奋之时却以节俭为非。这样的批评固然有其道理，但我们亦须平心静气，从理论层面了解郑伯谦以节俭为非背后的逻辑和现实考量。

《四库提要》中针对的思想出现在《奉养》这一篇，开端还是从对《周礼》设官分职的疑惑处说起，以问答的形式展开的。其问题在于从《周礼》的记载来看，在太宰之下既有膳夫、庖人、内饔、外饔、亨人（所谓"膳夫而下"）这些负责君王膳食餐饮的官员，又有甸师、兽人、渔人、鳖人、腊人（所谓"甸师而下"）这些为君王供给野物的官员，还有酒正、酒人、浆人、凌人、笾人、醢人、醯人、盐人这些主管酒水酱醋的官员，另有宫人、掌舍、幕人、掌次（所谓"宫人而下"）这些负责君王住所寝居的官员，甚至在医师之下还设置有食医这种为君王调和搭配饮食的官员。对于如此设置的质疑主要来自两个方面：一是为了照管君王的衣食住行而设立如此多的官员是否妥当，由此又极有可能会因财物的过度消耗而带来对百姓的苛待；二是对这些地方财物的消耗似乎又缺少相应的审计和监察。郑伯谦首先否定了第一种质疑，其基本的逻辑是"以一人而治四海，则必以四海而奉一人"②，既然一个人要负责全天下的治理，那么用天下的财物来供养他也是自然而然的。也就是说，一个人如果治理范围越广、责任越大，那么相应的供奉也应该越重。而且君主自身的安危也直接关系到国家的治理，即所谓："存我则苍生可厚，自安则国家可保。"③ 因此，在郑伯谦看来，"好"的政治安排不仅要养君主之心，还要养君主之身。养心需要太宰经常和君王谈论治国理政的道理以此来提升君王的内在修养，而养身则需要有专职的官员来负责衣食住行的各个方面以此来供奉君王的外在需求。但需要澄清的是，郑伯谦所谓的"养身"，并不是无节制地满足君主的各种物质欲望，而是继承了孟子"居移气、养移体"的观念，这意味着君主应该在一种健康的身心状态下承担起治理国家的重任，故其言曰："必品尝食乃食，所以谨其节；必侑彻以乐，所以导其和；必奉膳而赞祭，所以起其敬；必受祭仆司士之福与挚，所以养其德。惟其然也，是以居移其气，养移其体，君父尊安，心广体胖，耳

① 见《太平经国之书》，文渊阁四库全书本。
② 郑伯熊、郑伯谦：《二郑集》，第 166 页。
③ 郑伯熊、郑伯谦：《二郑集》，第 166 页。

目聪明，血气和平，疾疢不作，而民命国脉不失其所恃，此太宰保护养成之本。"① 在郑伯谦看来，首先，劳心与劳力的区分，是一个社会固有的必然的分工结构，因此"治人者食于人、治于人者食人"也是天下通行的法则，那么治理者就该接受被治理者的供养。其次，这种供养虽然不意味着治理者可以穷奢极欲，但也不至于到苛待自己的程度，影响身心健康状态的地步则更不可取。因为君王作为国家民众所依赖的根本，善待自身的行为本身亦是善待天下。

也正是在这个意义上，郑伯谦开始批评汉以后的一些做法，认为其远离了周公所创立制度的本意。在郑伯谦看来，汉文帝提倡节俭，在位期间宫室、苑囿、车骑、服御没有任何增加，这是可以的；但不至于节俭到"身衣弋绨，足履革舄，夫人衣不曳地，帷帐无文绣"的地步。此外，以节俭著称的梁武帝不食腥荤仅食菜蔬，连宴会的音乐也废除了，最后却落得个饿死的下场。这都是因为后世在设官分职时缺少了《周礼》中记载的负责相关事宜的官员。因此，郑伯谦认为节制当然是必要的，但不能走向"过自贬薄"的极端。

但这不过是郑伯谦批评汉文帝之以节俭治天下的一个方面的原因，另一个重要的原因出现在四库馆臣未曾提及的《内帑》篇中。这篇的问题主要集中在太府、玉府和内府的设置上。在《周礼》中，太府负责君王的府库，掌管财物的收发；玉府则为君王保管金玉、玩好和兵器；而内府负责保管贡赋中的珍奇异物，这些官职的设立意味着在理想的政治中是允许君王拥有自己的私人财物的。那么由此产生的问题是：《周礼》中的这种安排与历史上发生的裴延龄欺罔唐德宗、汉灵帝设置私库以及唐代节度使的羡余之法有何本质区别？对此，郑伯谦从几个方面做了回答：首先，制度的设立要切近人情，君王作为人，自然有自己的喜好嗜欲，不能一味满足，亦不能完全灭绝。故其言曰："周公非不知玩人则丧德，玩物则丧志也。然至于非丧志之物、非丧德之人，人主苟有所好，而无损于为君之大体，亦安得而尽绝之。"② 其次，三府所供奉君主的财物，必是以九赋、九贡作为基础的，并非额外向百姓索取的。最后，财物的供给与使用也是要受到九式约束的。其规

---

① 郑伯熊、郑伯谦：《二郑集》，第 167 页。
② 郑伯熊、郑伯谦：《二郑集》，第 183 页。

则是，在保障其他财物用度的前提下，如果有剩余才供奉给君主，若无剩余自然也就无法供奉。因此，并不是以满足君王好欲为第一要务的。

而在这些理由之中，又以切近人情更为重要，因为在郑伯谦看来，只有"切近人情"的，才是"经久可行"的。因此，一项制度的设置不应只着眼于一时，未来的各种变化因素也应该被考虑进去。也就是说，一项长久可行的制度安排，应是符合人之常情的。如果一项制度需要依赖品德高尚的治理者才能实现，那么这项制度就必然是有问题的，因为它将无法匹配道德水平一般的治理者。故其言曰："使常得如文武之君而处之，固可以恭俭而无欲，安于啬陋，而无所慕乎外也。子孙不能皆贤，不幸继之以庸暗之君，不堪其检制，而奢侈之念不能自克于胸中，郁积磅礴之余，启其暴怒而逞其威虐，一日而发泄之，则人欲横流，反有不可得而遏者。"① 因此，在郑伯谦看来，后世儒者一味去宣扬汉文帝之节俭并以此来要求君王，是对于周公所制之《周礼》本意的背离，而这种背离在现实的政治中必然会导致各种流弊。最后，郑伯谦为三府的设置进行了有力的辩护："夫此三者，既无所损于人主之大体，亦非所以滋人主之侈心，脱使侈心由此而动焉，则冢宰又时以道而养正之，以格其非而易其虑，彼将动顾九式之成法，而一毫不敢有所过差也，又何至于有汉唐末流之弊乎！"② 从整体上看，郑伯谦有关理财的思考是比较周详的，他将理财的影响扩展到君主的身心层面。对于财富的使用固然不能为了穷奢极欲，因为它会开启君王的奢侈之心；但同时也不能过分节俭，以至于背离人之常情，因为这样的安排可能会损害君主的身体而且也是无法长久坚持下去的。

四　理其出与国之财

在明确了理财的重要影响和尺度的问题之后，如何理财就成了重要的问题。对此，郑伯谦提出了"周之理财，理其出而已矣，非理其入也；理国之财而已矣，非理天下之财也"③ 的原则。在这一原则下，第一，确定了理财之所"理"针对的是财物的使用支出而非财物的收入；第二，明确了理财之

---

①　郑伯熊、郑伯谦：《二郑集》，第183页。
②　郑伯熊、郑伯谦：《二郑集》，第184页。
③　郑伯熊、郑伯谦：《二郑集》，第180页。

"财"指的是国家之财而非天下之财。

对于为何"理其出"而非"理其入",郑伯谦以周朝为背景做了充分的说明。首先,由于有良好的经济基础,周朝的取财(即税收)是没有什么困难的,所谓"下之所以输于上者常易办,而上之所以取于下者常不见其难集"。[①]其次,国家亦有多种的收入来源,对内不仅有农民耕种所要交纳的土地税("九职之正赋"),还有其从事各种兼职的税收("九功之正税");对外则有诸侯国进献给君王的贡品("九正之常贡")。而这时太宰只需立法授权给征收者既可。正因为有良好的经济基础和多样的收入来源,政府从民众那里收取财物是相当容易的,国家的储备也常常是充盈的。因此,在当时更值得关注的是为了防止和避免财物使用上的随意与欺骗行为的发生而建立适当的制度。

这种忧虑表现在几个方面:一是忧虑君王的侈心所导致的财物的无节制使用;二是忧虑负责掌管和使用财物的官员有私自侵吞财物以及容忍他人违规占用使用财物的行为;三是担忧以后可能因财物匮乏、府库空虚而导致对百姓的搜刮苛待等行为的出现。正因为有这些忧虑,周公建立了完善的监督机制,即所谓"一毫财赋之出,而数人之耳目通焉"[②]。这里的"数人",指的是《周礼》中所设立的各种与财物支出相关的官职,既包括天官之下设立的太府、玉府、内府、外府、司会、司书、职内、职岁、职币、司裘、掌皮等官职,也包括地官之下设立的泉府、仓人、廪人等官员。其中太府、玉府、内府、外府("太府以下三府")负责收集各种财物以备国家之用;司会、司书、职内、职岁、职币("司会以下四职")负责统计考核各种财物让国家有充足合理的用度。而泉府掌管财物的支出供民之急需、廪人负责分发食粮、仓人则掌管谷物的储藏,三者都与民众的生活有密切的关联,故归入地官之属。对于《周礼》中如此细致的分工安排,郑伯谦也发出由衷的感慨:"未尝不深叹周公措置之合宜,而均节之有法,防闲之周密,而视听之详多也。"[③]

除此之外,对于一些在职能上看似重叠的官职,郑伯谦亦做了细致的辨析和分疏。比如内府的职能看似可以包含玉府,却被区分开来,是因为"一

---

① 郑伯熊、郑伯谦:《二郑集》,第180页。
② 郑伯熊、郑伯谦:《二郑集》,第181页。
③ 郑伯熊、郑伯谦:《二郑集》,第181页。

身之用"与"一国之用"不能混淆。司会与司书看似可以打通，但必须分开设立，是因为财物的统计与考核不能简单用户籍图册的记录来代替。而职内（掌管收入财物的分类明细账目与总账）看似可以兼摄职岁（掌管国家赋税支出），但被列为两种不同的职位，则是因为财物的收入和支出不能让一个人来掌控，这样可能会导致监守自盗，而且收入的细目复杂，也并非一个人所能承担。在郑伯谦看来，这样的安排既确立了明确的分工责任，如法式（财物收支的制度准则）、定数（确定财物数量）以及移用（财物的转移使用）分别交由太宰、太府和职内来负责；又构建起相互之间的配合协作关系，如内府和玉府之间，以及外府和泉府之间的关系即是如此。这些恰恰是周公针对"理财之出"所做的设官分职之深意所在。

五　相临之势

在郑伯谦看来，《周礼》中的理财之所以以"理其出而已矣，非理其入"为原则，其根本的指向在于通过对政府财物支出行为的合理节制从而避免财物的无序和过度使用而导致的苛待虐取百姓行为的发生。总体而论，所谓"理其出"主要体现在以下几个方面：一，财物的支出使用要经过多个环节，避免一个职位来统管；二，建立分工明确的财物收支官职；三，各环节之间构成既协作又监督的关系。

其中，监督机制的设立固然重要，但实现有效的监督同样重要。那么，接下来的问题就是这种监督如何顺利开展和落实。对此，郑伯谦在《会计上》中做了较为细致的阐释。这种阐释还是以问答的方式展开的，问题主要围绕着《周礼》中一个看似矛盾的设置，即太府及其属官（玉府、内府、外府）掌管着整个国家财物的收入支出以及转移使用，而司会及其属官（司书、职内、职岁、职币、司裘、掌皮）不过是负责统计考核以及纠察检举的工作。从事权上看，太府明显是重于司会的。但从品级的设置上看："大府，下大夫二人、上士四人、下士八人、府四人、史八人、贾十有六人、胥八人、徒八十人。""司会，中大夫二人、下大夫四人、上士八人、中士十有六人、府四人、史八人、胥五人、徒五十人。"[①] 其中太府的长官为下大夫，而

---

① ［清］阮元校刻《十三经注疏·周礼注疏》，中华书局，2009，第 1379 页。

司会的长官却为中大夫，这意味着司会的等级要高于太府。于是就出现了事权重而品级低，事权轻反而品级高这种矛盾的情况，这该如何解释？对此，郑伯谦不仅不认为这是一种矛盾，反而以为这恰恰就是体现圣人之深意的地方。因为监察之得以成立，必须使监察之人的权势重于被监察者，否则就会出现这样的结果："以会计之官，稽掌财用财之吏，苟其权不足以相检括，而为太府者，反得以势临之，则彼将听命之不暇，而何敢以究卤莽而察奸欺？"① 因此，圣人在设官分职时"必使之有相临之势，以去其相党之私，然后理财之本末为可观。"此外，在郑伯谦看来，《周礼》中司会的权力也并非不重。也正是由于司会之权重，"纠察钩考之势得以行于诸府之中，事不至于欺伪，用不至于干没，数不至于亏耗"②。而在财物的收支和使用过程上的无所欺罔，恰恰构成财用充足的重要基础。

值得注意的是，郑伯谦没有单从经济总量的角度来衡量财物是否充足，在他看来，即便国家有良好的经济基础和由此而来的充足的财政收入，也并不意味着其在制度的安排上就是合理的，因为这可能仅是一种表象而已。郑伯谦认为这种显于表面之上的财物"有余"同以会计之法为基础的"有余"有着本质的差别，故其言曰："西汉之所谓充羡，亦不过一时取天下之财而聚之公上耳。非有会计之法，以通融上下之有无，以均节财用之出入，而至于有余也。"③ 二者根本的差别就在于缺少合理制度的财物充足有余不过是一时的，很难长久。郑伯谦以汉代为例来说明这一点，他引述了《汉书·食货志》中的记载："武帝之初，承文景之后，都鄙廪庾皆满，而府库余财，京师之钱累百巨万贯，朽而不可校。太仓之粟，陈陈相因，充溢露积，腐败而不可食。财物之浩穰，汉之富庶，于是为极矣。然建元三年，平原河溢，民已相食，何但若此廪廪也。六十余年之富庶，曾未三年，遽不足以支一朝之变乎！"④ 由此可见汉初所积累的府库充盈，不过因一场灾害即陷于不足。究其原因，乃在于无会计之法以节制监督其财物的使用。而在财物的使用上一旦缺少节制，各种欺瞒虚报、中饱私囊的奸邪行为就会如洪水般暴发，不可遏止。因此，司会所掌管的对财物的"钩考检括"之责极为重要，而要想让

① 郑伯熊、郑伯谦：《二郑集》，第186页。
② 郑伯熊、郑伯谦：《二郑集》，第186页。
③ 郑伯熊、郑伯谦：《二郑集》，第188页。
④ 郑伯熊、郑伯谦：《二郑集》，第188页。

司会的这种职责真正得以落实，就需要其对于检查考核的对象有"相临之势"，要尊其权、重其势，否则"司会之于太府，不敢论其曲直当否，不敢抗其是非，上下相蒙以为欺，而彼此相容以为奸，则不终日而匮乏随之矣。财力既屈，国用萧条，下无以应无厌之求，上无以充法式之用，上下解散，而礼乐庶事废坠而荒落，向之所谓六典、八法、八则，太宰固不得而自行矣"①。可见，因监督之权无法落实而导致财政系统失灵，最终会造成整个国家各项事业的崩溃。

基于以上理由，郑伯谦批评了后世——特别是汉唐——的制度安排。在其看来，汉代财政最大的问题在于财务的收支分属不同的部门，"司农、少府各自受天下之财入，而三公之属又有仓曹以主仓谷，有金曹以主盐铁货币，又自分司农之财而有之"②。这样产生的结果是会计之官无法全面地掌握整个国家的收支情况。在汉代后来的制度安排中，财政的分割更细，又用宦官来统领掌控，不仅没有考核监督的官员，连士大夫阶层都无法掌握财物的使用情况。而李唐王朝依然延续了这种弊端，虽然财物收支的权责重新由士大夫掌控，但"纠察稽考"的责任依然没有人来具体承担。虽然后来在三司之中有"度支"的设立，"然当时三司独设副使，以三司使为之长，则度支要是三司使之属耳"③。宋朝之磨勘司一职的问题亦是如此。其结果是"其官长治财，而其属考之，于势为不顺"。针对此种弊端，郑伯谦提出的解决方案是，在现有负有监察之责的官职基础上，恢复《周礼》中设立权尊势重的司会之本意，建立具有相临之势的监察之职，这样整个国家的财政就能在一种合理的秩序中得以运行。

此外，与《理财》中提出的"理国之财，非理天下之财"有所不同，承担会计之责的司会等官职需要考核掌握天下之财，其言曰："周家会计之法，所以为尽善者，盖不独考其国之财，亦将以并考天下之财也。"④ 为何如此？因为在郑伯谦看来，国家之财是以天下之财作为基础的，因此国家对于财物的收取应当在充分了解天下百姓之财的前提下进行，这样才能做到"若其有余，则输官之数必不容其亏；若其不足，则输官之数必不取其盈"。而汉代

① 郑伯熊、郑伯谦：《二郑集》，第 186 页。
② 郑伯熊、郑伯谦：《二郑集》，第 187 页。
③ 郑伯熊、郑伯谦：《二郑集》，第 188 页。
④ 郑伯熊、郑伯谦：《二郑集》，第 190 页。

的问题恰恰就在对百姓手中之财的无知，"自汉家无计相之官，公卿大臣无有能知钱谷之数，是以人主肆其侈于上，人臣肆其欺于下，而民独被其害于中"。[①] 因此，看似国家财政充盈的汉代遇到水旱等灾害之时，在上者却全然不知底层的窘境，依然只能看到国库的充足。于是对外穷兵黩武，对内穷奢极欲，却没有一个官员能站出来负节制之责，其结果必然是"公私俱困"。基于以上理由，郑伯谦对于西汉所谓的财物充羡并不以为然，因为这种充羡是上下判然分离的。而郑伯谦所追求的是在《周礼》会计制度下的"上下相通，有无相济，合天下为一体而为之"的真正的财物充盈。

---

① 郑伯熊、郑伯谦：《二郑集》，第189~190页。

朱子的心性观与工夫进路之关系[*]

张卫红

（中山大学人文高等研究院）

摘　要：朱子心性论的基础乃是超越经验意识的本然之心，其为统摄形上之性与形下之情的枢纽。就精神活动的实存状态与功能属性而言心性有别，就心识的生成与流行结构而言心性一体，心具有居于形而上下之间的特性。心之于性并非一个被动的中介或无价值的载体，具有独立意义和主体性地位。朱子论心性"一而二，二而一"的关系，保留了心与性的间隔，这与其渐进的工夫进路具有一致性。其中和新说与主敬穷理之工夫论，乃立足于经验意识之心做工夫，体现了以心合性、心与理一的渐进统合。

关键词：朱子学　心性关系　工夫进路

近年来在宋明理学研究领域中，随着学界对理学家工夫实践的重视，有关朱子学的工夫体认探讨，如对格物穷理、独知、主敬工夫的研究，出现了不少深入扎实的研究成果，[①] 使朱子学工夫论中转化身心的实践面向得以细致呈现，并推动了程朱理学与陆王心学在工夫体认层面的互动诠释。其中，

---

[*] 基金项目：贵州省 2019 年度哲学社会科学规划国学单列课题"良知学的工夫历程与工夫谱系研究"（批准号 19GZGX19）的阶段性研究成果。北京大学高等人文研究院"精神人文主义研究"课题阶段性研究成果。

① 参见吴震《朱子思想再读》，生活·读书·新知三联书店，2018；杨儒宾《格物与豁然贯通——朱子〈格物补传〉的诠释问题》，载钟彩钧编《朱子学的开展——学术篇》，汉学研究中心，2002，第 219~246 页；杨儒宾《主敬与主静》，《台湾宗教研究》第 9 卷第 1 期，2010 年 6 月，第 1~27 页；陈立胜《作为修身学范畴内的"独知"概念之形成——朱子慎独工夫新论》，《复旦学报》2016 年第 4 期。

朱子的工夫体认与理论建构之间的关联仍有不少论域值得深入细致探讨。例如，"心统性情"说作为朱子学的重要理论之一，与中和新说、主敬格物等工夫理论有着内在的关联，尤其朱子对心性关系的界定构成其工夫论的心性论基础，这些问题需要在理论上加以详细阐发。同时，学界关于朱子论心、性、情之关系为一体还是分裂、心是否具有道德主体性等问题，讨论甚多，结论不一。为此，本文将重新检视朱子之"心"的内涵与心性结构，并从工夫体认的角度探讨其心性观与主敬格物工夫的内在关联，以及身心转化的渐进历程，以期探讨朱子心性论与工夫论之间的深入关联。

一 "一而二，二而一"的心性结构

（一）心性关系总论

如所周知，"心统性情"说是朱子思想的重要内容。朱子吸纳了程颐"性体情用"说来解释心、性、情的关系，并将张载提出而未加具体解说的"心统性情"说进行了系统阐发：

> 心是神明之舍，为一身之主宰。性便是许多道理，得之于天而具于心者，发于智识念虑处，皆是情，故曰"心统性情"也。
>
> 性是未动，情是已动，心包得已动未动。盖心之未动则为性，已动则为情，所谓"心统性情"也。
>
> 心主于身，其所以为体者性也，所以为用者情也。是以贯乎动静而无不在焉。①

学界对心统性情说通常的解释是：心、性、情（包含四端、七情、具体思维等）各有其确指的对象，不可混淆。心作为心理活动的总体、性与情的载体，包含形上未发之性体与形下已发之情用两个方面；心与性为异质的关系，性是超越的形上之理，心是一实然层面虚灵的认知心、知觉心，属于"气"，故心不是性，但心可体现性、认知性；心兼包性情，并主宰性情；心

---

① 以上引文分别见黎靖德编《朱子语类》卷 98，中华书局，1986 年点校本，第 2514 页；卷 5，第 93 页。朱熹：《答何叔京》二十九，《朱文公文集》卷 40，《朱子全书》，上海古籍出版社、安徽教育出版社，2002 年点校本，第 22 册，第 1839 页。

无间于动静，贯通乎未发已发。这其中，心对情的主宰作用盖无异议。朱子之"情"有广义、狭义两种用法，狭义指情感，广义指经验意识活动中的一切思虑和情感活动。就后者而言，陈来先生认为，朱子哲学中"情"的范围不限于四端这些善的智识念虑，也应包括以七情为外在方式的许多不善的智识念虑。情在朱熹哲学中的意义至少有三种，一是指作为性理直接发见的四端，二是泛指七情，三是更包括某些具体思维在其内。① 心对情的主宰作用主要体现为心对经验世界之思虑与情感活动的规范与导向，使之发而中节，此非本文论述重点，不赘述。然心与性的关系却存在逻辑上和工夫实践上的断层：心如果只是一个经验层的认知心，又如何能够认识超越层的性体？又如何能够如朱子所说"豁然贯通"形上形下两个层面？笔者曾撰文讨论，朱子之心是一个统合形上形下、理与气、性与情的认识主体，具有经验层面的经验意识心（朱子称为"知觉运用"）与超越的本然心（朱子称为"本然之体""心之全体"）两个层面，朱子论心乃"虚灵知觉"②，"气之灵"③，其中的虚灵、虚明义，如言"至虚至灵"，"此心虚明广大，无所不知"，④主要是就本然心而言，指心不受气禀物欲遮蔽、清明虚灵的本然状态，为心之"能觉"精神功能初成、尚未开展为二元对待的经验意识，也是经验心的真正根源；而经验心为私欲所蔽，只能是本然心的部分显发，不能达到心之全体大用。故朱子之心应当区分为经验心与本然心，心统性情与中和新说必须建立在本然心的层面才能成立其说。⑤ 本然心的超越性在心统性情说中同样可以得到充分的印证，笔者将在后文详述。按照这一观点，则心与性的关系也需要重新考量。朱子对心性之关系的界定，有两段总论值得重视：

> 心、性固只一理，然自有合而言处，又有析而言处。须知其所以析，又知其所以合，乃可。然谓性便是心，则不可；谓心便是性，亦不可。

① 陈来先生认为，在朱子哲学中，"情"的范围不限于四端这些善的智识念虑，也应包括以七情为外在方式的许多不善的智识念虑。情在朱熹哲学中的意义至少有三种，一是指作为性理直接发见的四端，二是泛指七情，三是更包括某些具体思维在其内。参见陈来《朱子哲学研究》，华东师范大学出版社，2000，第 210 页。

② 朱熹：《四书章句集注》，中华书局，1983，第 14 页。

③ 黎靖德编《朱子语类》卷 5，第 85 页。

④ 黎靖德编《朱子语类》卷 18，第 404 页；卷 15，第 293 页。

⑤ 参见拙作《朱子"心论"的层面与超越性特质——兼与阳明"心论"比较》，《中国文化》2020 年春季号，第 134~146 页。

性犹太极也，心犹阴阳也。太极只在阴阳之中，非能离阴阳也。然至论太极，自是太极；阴阳自是阴阳。惟性与心亦然。所谓一而二，二而一也。①

朱子对心性关系分为"合而言处"与"析而言处"两个解释角度，前者强调心性合一，后者强调心性为二。前者认肯心性"固只一理"，心与性犹如太极在阴阳中，朱子又说："心之理是太极，心之动静是阴阳。"② 后者则强调太极与阴阳各自有别，故总说心性乃"一而二，二而一"之关系。而心性之所以析言与所以合言的内在理路，是理解朱子心性观的一大关键。有学者指出，"一而二，二而一"是朱子哲学核心的思维结构和总纲，也是其"理一分殊"思想的体现。一为心、道、易、太极；二为位与时、对待与流行，体现在人道论是心统性情，在天道论是道兼理气，在工夫论是敬贯体用。③ 笔者受此启发，尝试从横向与纵向两个角度详细疏理心性之关系：横向以位（空间、功能）而言心性对待，心性具有不同的实存状态与功能属性；纵向以时（时间、生成）而言心性一体，则心性的生成结构与流行状态属于同一精神整体。以下分别述之。

（二）心性有别

朱子认为：

心与性自有分别。灵底是心，实底是性。灵便是那知觉底。如向父母则有那孝出来，向君则有那忠出来，这便是性。如知道事亲要孝，事君要忠，这便是心……性便是那理，心便是盛贮该载、敷施发用底。

性虽虚，都是实理。心虽是一物，却虚，故能包含万理。④

"实底是性"是指儒家的忠孝仁义之理是实有之理，但从实存状态来看，"性，则全无兆朕，只是许多道理在这里"，性有实理而无形无相；另外，"心、意犹有痕迹"⑤，心有形质而其体虚灵。心与性的关系可谓性实心虚，

---

① 以上引文分别见黎靖德编《朱子语类》卷18，第411页；卷5，第87页。
② 黎靖德编《朱子语类》卷5，84页。
③ 参见李煌明《一而二，二而一：朱子哲学的思维结构与理论纲脉》，《哲学研究》2017年第4期。
④ 以上引文分别见黎靖德编《朱子语类》卷16，第323页；卷5，第88页。
⑤ 以上引文均见黎靖德编《朱子语类》卷5，第95页。

心有虚灵的认知功能，但并不具有本体的地位，故朱子说："心无体，以性为体。"① 心与性的关系又可谓性无心有，无兆朕的性必须通过有形迹的心才能得以实现出来。实现的途径，一则心是性的形质承载者（盛贮该载），二则心是性的认知与发用者（敷施发用）。

就心是性的形质承载者而言，朱子对心性关系做过许多比喻：朱子非常赞同邵雍"心者，性之郛郭"② 之说，也赞同程子"心譬如谷种，其中具生之理是性，阳气发生处是情"③ 之比喻，朱子又言"心以性为体，心将性做馅子模样。盖心之所以具是理者，以有性故也"④，"心是虚底物，性是里面穰肚馅草。性之理包在心内，到发时，却是性底出来"⑤。朱子将心比喻为郛郭（指外城）、谷种、馅子的包载者、虚底物等，都指心对于性的实体承载功能，心以"虚灵"的本然状态而能承载、包含"实"之性理。同时，此承载者不仅是被动地承载，而且能主动地认知性、主宰情。原因在于，性理不仅先在地具于心中，而且心的本然状态是高于形下之气的气之"灵"，以其虚灵而有一能动的认知功能，故可认知并运用性。朱子谓："心与理一，不是理在前面为一物。理便在心之中，心包蓄不住，随事而发。"⑥ "包蓄不住"即体现了心的道德主体性与能动性。故认识性的心并不是如牟宗三先生所说，是认知横列之静涵形态，而不肯向立体直贯之形态转；工夫只是认知的静涵静摄之系统，从而导致道德力量之减杀，只能成就他律道德。⑦ 心对性的主宰作用，朱子还曾比喻说：

> 尝谓命，譬如朝廷诰敕；心，譬如官人一般，差去做官；性，譬如

① 此是程子的说法，为朱子所认同，见黎靖德编《朱子语类》卷60，第1426页。
② 黎靖德编《朱子语类》卷1，第3页。
③ 黎靖德编《朱子语类》卷5，第95页。
④ 黎靖德编《朱子语类》卷5，第89页。
⑤ 黎靖德编《朱子语类》卷60，第1426页。
⑥ 黎靖德编《朱子语类》卷5，第85页。
⑦ 牟宗三：《心体与性体》（一），载《牟宗三先生全集》第5册，联经出版事业有限公司，2003，第568、90~91、102页。此外，吴震先生认为，朱熹论心多从心的功能义、作用义上讲，绝非一实体概念，朱熹始终不能承认"心"是一价值主体之存在，所以，"心"不能在其工夫论中占有主导地位，真正起主导作用的是性。参见吴震《"心是做工夫处"——关于朱子"心论"的几个问题》，载吴震主编《宋代新儒学的精神世界：以朱子学为中心》，华东师范大学出版社，2009，第112~138页。

职事一般，郡守便有郡守职事，县令便有县令职事。①

这里的"命"即天命、天道，也是性的同义语，"心"是天命之性的执行者，"性"的另一内涵又体现为具体的性理内容，犹如执行者（郡守、县令）各有其具体的职责。朱子对于心作为道德主体的主动发用有很多言说："性则一定在这里，到主宰运用却在心"②，"心者，主乎性而行乎情"③，"心该备通贯，主宰运用"④。在这些表述中，心之于性，都不可能只是一个中立的被动的载体，而是一个主动的认知者与发用者。

（三）心性合一

朱子合而言之的"心性固只一理"，指心与性的同一性，可分为两义：一是就精神活动的生成结构而言，心与性统一在能所合一的认识主体中。朱子说：

> 所觉者，心之理也；能觉者，气之灵也。
>
> 所知觉者是理。理不离知觉，知觉不离理。
>
> 问："心是知觉，性是理。心与理如何得贯通为一？"曰："不须去着实通，本来贯通。""如何本来贯通？"曰："理无心，则无着处。"⑤

"能"与"所"本是佛教术语，指二法对待，主体的动作被称为能，主体动作之客体（对境）被称为所。"能"是主动的一面，"所"是被动的一面。如眼识看物，眼识为能缘，所观之物（对境）为所缘。能所的概念后来也被理学家所使用。朱子所谓"能觉者，气之灵也"，显然指心为能觉，即心的认知功能；"所觉者，心之理也"，则指心的认识内容。蒙培元先生也认为，从朱子的认知之心来说，心与性是认知关系，心是能觉，性是所觉。⑥故朱子以能所论心性，可理解为将心与性（理）统一在同一个认识主体中。在朱子的思想体系中，理虽然是一客观公共之理，但"无情意、无计度、无造作"⑦

---

① 黎靖德编《朱子语类》卷4，第77~78页。
② 黎靖德编《朱子语类》卷5，第90页。
③ 黎靖德编《朱子语类》卷5，第94页。
④ 黎靖德编《朱子语类》卷5，第95页。
⑤ 以上引文均见黎靖德编《朱子语类》卷5，第85页。
⑥ 蒙培元：《中国心性论》，台湾学生书局，1990，第364页。
⑦ 黎靖德编《朱子语类》卷1，第3页。

乃至无痕迹的性理世界必须通过认识主体之能觉、在心中（着处）才能呈现。只有通过心之能觉的认知功能，性理才有意义，如朱子所说，理之用"实不外乎人心"。① 故朱子言说天理，往往是在认识论中言说，如"吾心浑然一理"②，"思虑未萌，而一性浑然，道义全具"③，此性理必须是吾心所感知的性理，"浑然"二字形容的正是感知性理的心灵状态。故朱子说："舍心无以见性，舍性无以见心。"④ 就精神活动的实存层面而言，心性有别；但就精神活动的生成结构而言，心性又是一体的。

二是就精神活动的流行发用而言，心与性情是贯通为一的认知整体，心是贯通性情的枢纽。朱子说：

> 只是这一个道理，流出去自然有许多分别。且如心、性、情，而今只略略动着，便有三个物事在那里，其实只是一个物。虚明而能应物者，便是心；应物有这个道理，便是性；会做出来底，便是情，这只一个物事。
>
> 然"心统性情"，只就浑沦一物之中，指其已发、未发而为言尔；非是性是一个地头，心是一个地头，情又是一个地头，如此悬隔也。
>
> 唯心乃虚明洞彻，统前后而为言耳。据性上说"寂然不动"处是心，亦得；据情上说"感而遂通"处是心，亦得。⑤

以上三段都是朱子在心体流行的意义上论说心性情的关系："只是这一个道理"表明心性情原为同一性理的显现，"只一个物事""浑沦一物"表明心性情原为一个浑沦的认识统合体，而非三个"地头"。其发动流行之时，"只略略动着"的心当为本然心微微萌动之初的状态，本然心发动流行后，开展为有区别的心、性、情：能应物的主宰是心，应物所依据的道理是性，发用于外的表现是情。就心性情的贯通为一而言，朱子也用程颢"易—道—神"的思维模式来说明三者的关系：" '其体则谓之易'，在人则心也；'其理则谓之道'，在人则性也；'其用则谓之神'，在人则情也。"⑥ 性—心—

---

① 黎靖德编《朱子语类》卷18，第416页。
② 黎靖德编《朱子语类》卷26，第644页。
③ 朱熹：《答张钦夫》，《朱文公文集》卷32，《朱子全书》第21册，第1419页。
④ 黎靖德编《朱子语类》卷5，第96页。
⑤ 以上引文分别见黎靖德编《朱子语类》卷98，第2527页；卷5，第94页；卷5，第90页。
⑥ 黎靖德编《朱子语类》卷95，第2422页。

情，由体而用，自上而下，为同一认识流行结构中的一体三分。

这一认识流行结构中，"气之灵"的心最为微妙和关键。从形质构成上说，它比无形之理性微有形迹，又比有形之实体虚灵洞明，介于无形之理性与有形之气禀之间。从地位和功能上说，朱子说："心贯性情。"① "心是贯彻上下，不可只于一处看。"② 朱子在与学生论学时，引用了李侗的说法："心者贯幽明，通有无。"③ 故唐君毅先生认为：

> 故"心本应为居气之上一层次，以承上之理，而实现之于下之气"之一转捩开阖之枢纽。亦唯如此，然后可言心之为主性情、统性情或率性以生情者。此则观朱子之言心之主宰运用，固明涵具此义……此心之固有其独立意义在也。④

"气之灵"的心居于气的上一层次，不仅在实存意义上（以位言）居于形而上下之间，而且在流行发用上（以时言）也成为贯通形上之性与形下之情的枢纽。本然心以其虚灵洞彻的超越性，而为心统性情的关键，也是经验心具有主宰运用功能的真正根源。从理学发展史看，阳明心学兴起后，心彻底与性合并为一，心的地位提升也影响了中晚明的朱子学者重新检视朱子心论。如晚明朱子学者顾宪成（1550~1612）即认为心介于"形而上下之间"：

> 形而上者谓之道，形而下者谓之器，形而上下之间者谓之心。朱子曰："心比性微有迹，比气则又灵。"说得极细。⑤

以此来看牟宗三先生判定朱子心统性情说为"心、性、情三分"的结

---

① 朱熹：《答钦夫仁说》，《朱文公文集》卷32，《朱子全书》第21册，第1417页。
② 黎靖德编《朱子语类》卷95，第2439页。
③ 黎靖德编《朱子语类》卷5，第95页。
④ 唐君毅：《中国哲学原论原性篇——中国哲学中人性思想之发展》，载《唐君毅全集》第18册，九州出版社，2016，第313页。
⑤ 顾宪成：《小心斋札记》卷16，《顾端文公遗书》，《四库全书存目丛书》，齐鲁书社，1997年影印本，子部，第14册，第344页。此外，陈建也认为心介于"形而上下之间"："北溪陈氏曰：'心含理与气。理固全是善，气尚含两头在，未便全是善底，才动，便易从不善上去。''心含理与气'，正与张子谓合性与知觉同。心合理与气，理形而上，气形而下，心也者，形而上下之间。"陈建：《学蔀通辨》终编卷上，载程敏政等撰、吴长庚主编《朱陆学术考辨五种》，江西高校出版社，2000，第255页。

构，① 是将心与情皆视为形下之气，心只是一个经验意识，成德之终极也只是渐教意义的"心静理明"，② 心无法与形上之性真正合一。实际上，朱子论心性"一而二，二而一"当如钱穆先生所说："（朱子）说心性，犹如其说理气，可以分说，可以合说。心性亦非两体对立，仍属一体两分。"③ 心与性分而后合，合中见分，这也与朱子思想的总体论说方式一致。④

值得注意的是，朱子之论心性关系也有一些含混微妙的表述：

> 说得出，又名得出，方是见得分明。如心、性，亦难说。
>
> 或问心性之别。曰："这个极难说，且是难为譬喻……这个要人自体察始得。"
>
> 大抵心与性，似一而二，似二而一，此处最当体认。⑤

"极难说""难为譬喻""似一而二，似二而一"之说颇值得玩味，后文具体分析。先看"此处最当体认""要人自体察始得"，说明朱子的心性论与工夫论密不可分，当从心性工夫体认上把握二者的关系。因为心在经验世界的实然表现，往往是被形下的气禀利欲所包裹的人心，如朱子所说："这个神明不测，至虚至灵，是甚次第！然人莫不有此心，多是但知有利欲，被利欲将这个心包了。"⑥ 必须要通过艰苦的修身工夫才能实现心对性情的统合。因此，从工夫体认进路才能更深入地把握朱子"似一而二，似二而一"的心性观，以及心性关系"极难说"的工夫内涵。

二 以心合性、心与理合的工夫进路

（一） 朱子工夫论的着力点

朱子确立心统性情说，是在己丑之悟完成中和新说的思想构建之后，其

---

① 牟宗三：《心体与性体》（一），载《牟宗三先生全集》第 5 册，第 48、59 页。

② 牟宗三：《心体与性体》（三），载《牟宗三先生全集》第 7 册，第 389 页。

③ 钱穆：《朱子学提纲》，生活·读书·新知三联书店，2002，第 44 页。

④ 在新近的研究中，赖区平认为朱子之心性观为"心—性—情"三位一体，注意到了心性关系统合在朱子学中的重要意义。参见赖区平《心灵秩序及其重建——论朱子"心"学》，博士学位论文，中山大学哲学系，2016，第 109~160 页。

⑤ 以上引文见黎靖德编《朱子语类》卷 5，第 88~89 页。

⑥ 黎靖德编《朱子语类》卷 18，第 404 页。

心性观与其工夫论的思想理路具有内在的一致性。朱子在心与性之间始终保留着"由二而一"的间隙,这与他曲折的修身历程有很大关系。朱子早年师事道南一系的李侗,通过修习静坐来体认喜怒哀乐未发前的本体气象,这一直接体认形上心体的工夫路径却令朱子无有所得。其后,朱子经张栻得闻以胡宏学说为代表的湖湘之学,经"丙戌之悟"而有"中和旧说":心性关系是心为已发、性为未发,以性为体,以心为用,工夫从已发处察识,但其问题在于欠缺了未发的涵养工夫:"阙却平日涵养一段工夫,使人胸中扰扰,无深潜纯一之味,而其发之言语事为之间,亦常急迫浮露,无复雍容深厚之风。盖所见一差,其害乃至于此,不可以不审也。"① 朱子又经三年后的"己丑之悟"而有"中和新说",重新确立了未发与已发的关系与工夫方法:未发已发不再是体用关系,而是心体流行的两个阶段,未发指思虑未萌,已发指思虑已萌;工夫方法上,朱子融合了李侗的主静工夫与中和旧说的察识工夫:未发时静中涵养,已发时动中察识,以主敬来贯通动静,以此克服中和旧说偏于已发的工夫弊端。

由于已发未发不再是道南一派的形上之体与形下之用的关系,而成为同属于形下经验层面思虑未萌与已萌的两个时间阶段,相应地,心也体现为经验意识之认知心,心的现实表现也必然是"知觉"义多于"虚灵"义。因此朱子论心多就实存状态和工夫实践而言经验层面的认知心,尽管朱子多次论及超越的本然心,但那毕竟是成德以后的圣人之心,如朱子所说:"圣人之心,莹然虚明,无纤毫形迹","圣人心体广大虚明,物物无遗","圣人此心虚明,自然具众理",② 体现的是修身工夫最终达到的终极境界,朱子心论的重心并不在此。笔者曾分别检索朱子与阳明的重要论学语录:《朱子语类》(196万余字)与阳明的《传习录》(8.1万余字),以"心体""心之本体""心之体"为字眼,检索《朱子语类》中的相关词汇(包括非"心体"含义者)合计只有53次,《传习录》中与"心之本体"相关的词合计66次,"心体"的另一称谓"良知"一词更是高达325次。这至少可以说明,"心之本体"也即本然心固然是经验意识的来源,但并不是朱子学的重要概念,而是阳明学的核心概念,朱王论心的重点,确有区别。陈来先生认为,在朱子哲

---

① 朱熹:《与湖南诸公论中和第一书》,《朱文公文集》卷64,《朱子全书》第23册,第3131页。
② 以上引文分别见黎靖德编《朱子语类》卷16,第348、349页;卷75,第1926页。

学中，"心之本体"并不是一个重要的观念，朱子更注重以心作为穷理的认知主体，在阳明哲学中，"心之本体"成为一个重要的观念，并与朱子显示出很大的不同。① 朱子之心的超越面向在理论建构上具有奠基性的意义，然朱子格物穷理工夫的着力点为经验意识，故"心之本体"固然地位重要，但并非朱子的论述重点，这也是学界忽略此一面向的原因之一。例如《孟子》引孔子之言心"操则存，舍则亡，出入无时，莫知其乡"四句是理学家们经常讨论的为学工夫，朱王的解释趣向就有很大不同。《传习录》载：

> 澄问操存舍亡章。曰："'出入无时，莫知其乡。'此虽就常人心说，学者亦须是知得心之本体，亦元是如此。则操存功夫，始没病痛。不可便谓出为亡、入为存。若论本体，元是无出无入的。若论出入，则其思虑运用是出。然主宰常昭昭在此，何出之有？既无所出，何入之有？程子所谓腔子，亦只是天理而已。虽终日应酬而不出天理，即是在腔子里。若出天理，斯谓之放，斯谓之亡。"又曰："出入亦只是动静，动静无端，岂有乡邪？"②

阳明认为，《孟子》论心"出入无时，莫知其乡"之原意，是就常人而说，指经验世界的常人之心因失去主宰而流动不定、难以把捉的状态。但阳明从形上心体的超越境界立论，将"出入无时"翻转为心体恒常做得主宰，故心体之流行超越了动静、出入之二元对待，无出无入，以其超越了经验世界的时空局限，故能无时无向。此中的修身工夫阳明也是从高明一路立论，以心体作为真正的"身体"（腔子），从而将程伊川原本以经验意识为身体主宰（心在腔子里）的主敬工夫，转化为形上心体（天理）主宰视听言动的本体工夫。阳明认为，孟子的操存工夫从心体立根，始没病痛。然而，朱子对孟子之说却是与阳明不同的解释层面：

> 孟子言"操则存，舍则亡，出入无时，莫知其乡"，只是状人之心是个难把捉底物事，而人之不可不操。出入，便是上面操存舍亡。入则是在这里，出则是亡失了。此大约泛言人心如此，非指已放者而言，亦

---

① 陈来：《有无之境——王阳明哲学的精神》，人民出版社，1991，第214页。
② 陈荣捷：《王阳明传习录详注集评》，台湾学生书局，1983，第85页。

不必要于此论心之本体也。①

朱子谓"出入无时，莫知其乡"是就经验世界常人之心难以把捉的实然状态而言，这一点与阳明的解释是一致的。朱子认为此心属于其"道心人心"论中生于形气之私的人心，它还不是被私欲遮蔽扭曲、本心放失的邪恶状态，也不必将其解释为心之本体，也即本然心。实际上，论心无出入早在二程那里已有之，《二程集》载程伊川论学语录：

> 范淳夫之女读《孟子》"出入无时，莫知其乡，惟心之谓软"，语人曰："孟子不识心，心岂有出入？"先生闻之曰："此女虽不识孟子，却能识心。"
>
> 如"出入无时，莫知其乡"，此句亦需要人理会。心岂有出入？亦以操舍而言也。②

朱子时代的学者吕子约也是据此认为心之本体是无出无入的，并作《心说》与朱子展开了一系列的讨论。③ 此外朱子与门人论学时，门人杨子昂也认为"出入无时"指心之本体的妙用流行，"心大无外，固无出入"，这是从心之本然状态而言心超越了出入动静。朱子回应说："言有出入，也是一个意思；言无出入，也是一个意思。但今以夫子之言求之，他分明道'出入无时'。且看自家今汩汩没没在这里，非出入而何？"④ 朱子非常清楚此语可就圣人与普通人两个层面立论，圣人之心自是无出入的，自家之心则是出入不定的。因此：

> 有人言无出入，说得是好。某看来，只是他偶然天资粹美，不曾大段流动走作，所以自不见得有出入。要之，心是有出入。此亦只可以施于他一身，不可为众人言。众人是有出入，圣贤立教通为众人言，不为一人言。⑤

① 黎靖德编《朱子语类》卷59，第1400页。
② 《二程集》，中华书局，1981年点校本，第415、208页。
③ 参见陈来《心说之辩》，载《朱子哲学研究》，第233~250页。
④ 黎靖德编《朱子语类》卷59，第1402页。
⑤ 黎靖德编《朱子语类》卷59，第1402~1403页。

朱子认为，心无出入也只是"天资粹美"的偶然例外，并不适合大多数的众人。故论"心有出入"乃圣贤为众人立教的立场，也是朱子就工夫实践的必要性而始终重视的经验心之层面。因此，"《孟子》操舍一章，正为警悟学者，使之体察，常操而存之"①，"'操则存，舍则亡'，程子以为操之之道，惟在'敬以直内'而已。如今做工夫，却只是这一事最紧要"②。朱子将对孟子这段话的理解重点放在操存工夫上，最紧要的是要在有流动不定的经验心层面做主敬工夫，操存者即是道心，舍亡者才是人心。③ 故朱子心论每每侧重于从经验层面的人心立论，通过修身工夫，"必使道心常为一心之主，而人心每听命焉"④。这里需要说明的是，笔者所谓的本然心/经验心与朱子的道心/人心不能对等理解。前者以心的认知层面区分，后者以心的内容区分，两组概念属于不同的区分标准。本文的区分，意在凸显朱子之本然心的超越性。没有被遮蔽的本然心可归属于道心，经验心则比较复杂，在朱子的言说中大致有三类：第一类是良心，属于听命于道心（本然心）的经验心；第二类是被耳目感官和人欲支配的人心，当人欲不过度时尚不属于恶；第三类是私心、私欲，即被人欲左右而流于邪恶的状态。也就是说，经验心是一可善可恶、善恶混杂的经验意识状态，可以为道心所统摄，也可以为私欲左右而流于邪恶之心。朱子言："心是做工夫处。"⑤ 其工夫论即是立足于经验心，通过主敬穷理等工夫来提撕良心、遏止私欲，从而将经验心扭转为听命于道心（本然心）。

（二）以经验心为着力点的渐进工夫

朱子工夫论的核心内容体现在中和新说与格物致知论中。《答张钦夫》所论，一向被认为是中和新说的经典表达：

> 人之一身，知觉运用，莫非心之所为，则心者，固所以主于身，而无动静语默之间者也。然方其静也，事物未至，思虑未萌，而一性浑然，道义全具，其所谓中，是乃心之所以为体而寂然不动者也。及其动

---

① 朱熹：《答吴晦叔》第十二，《朱文公文集》卷44，《朱子全书》第22册，第1919页。

② 黎靖德编《朱子语类》卷59，第1403页。

③ 朱子的心说之辩及对操存舍亡章的讨论，详参陈来《朱子哲学研究》，第234~247页。

④ 朱熹：《四书章句集注》，第14页。

⑤ 黎靖德编《朱子语类》卷5，第94页。

也，事物交至，思虑萌焉，则七情迭用，各有攸主，其所谓和，是乃心之所以为用，感而遂通者也。然性之静也而不能不动，情之动也而必有节焉，是则心之所以寂然感通、周流贯彻而体用未始相离者也。①

"方其静也"即心之未发，指事物未至时平静的经验意识，"及其动也"即心之已发，指事物交至、思虑七情活跃时的经验意识，未发已发是同一经验意识流行的两个阶段。需要注意的是，此中的心性关系建立在本然心的基础上，是以本然之心为基础的理想心灵状态，心之未发与已发其实是为本然之心所统摄的经验意识，如是心才能够主宰性情、合于天理。未发时，心可呈现"一性浑然，道义全具"的超越性体，即所谓中；已发时，心依性发动而为思虑、七情，即所谓和，中节合度。然而心在经验世界的实然表现，往往被形下的气禀利欲所包裹，故朱子紧接着上段论述后说：

> 然人有是心而或不仁，则无以著此心之妙；人虽欲仁而或不敬，则无以致求仁之功。盖心主乎一身而无动静语默之间，是以君子之于敬，亦无动静语默而不用其力焉。未发之前，是敬也固已主乎存养之实；已发之际，是敬也又常行乎省察之间。②

中和新说的目的在于通过主敬工夫达到本然之心统摄性情的理想状态。故在此义理构架下，工夫在经验世界心灵活动的不同时间阶段开展：未发时主静涵养，已发时动中察识，包括戒惧与慎独工夫，工夫核心即主敬。先看未发的静中涵养，朱子说：

> 静坐非是要如坐禅入定，断绝思虑。只收敛此心，莫令走作闲思虑，则此心湛然无事，自然专一。
> 心要精一。方静时，须湛然在此，不得困顿，如镜样明，遇事时方好。③

静中涵养不是像禅宗那样断绝经验意识的入定，朱子称这种静坐为"黑

---

① 朱熹：《答张钦夫》，《朱文公文集》卷32，《朱子全书》第21册，第1419页。
② 朱熹：《答张钦夫》，《朱文公文集》卷32，《朱子全书》第21册，第1419页。
③ 以上引文见黎靖德编《朱子语类》卷12，第217、219页。

底虚静",称体察思绎内心先验理则的静坐境界为"白底虚静"。① 朱子又将后者分为有思虑和无思虑两类:"人也有静坐无思念底时节,也有思量道理底时节,岂可画为两途,说静坐时与读书时工夫迥然不同! 当静坐涵养时,正要体察思绎道理,只此便是涵养。"② 有思虑的静坐,就是静心体察思绎内外之理则,无思虑的静坐是"莫令走作闲思虑",屏息经验意识中不必要的闲思杂虑。静中涵养的目的,如朱子所说:"于未发之前,须是得这虚明之本体分晓。"③ 问题是二元对待的经验意识如何能够涵养出混合对待的本然心?"白底虚静"的方式走渐进而后达的路径,这一点后文详说。同时,静中涵养也是为了防恶于未然,如朱子所说:"戒慎不睹,恐惧不闻,如言'听于无声,视于无形',是防之于未然。"④

已发的动中察识工夫,可细分为两个时段:意识将动未动之初,与意识发之于念虑、身体乃至行为事件之时。朱子将念虑将动未动之初的工夫称为慎独审几,"几"为形下层面的意识萌动之初,乃人所不知而己所独知的"独念":

> 几是动之微,是欲动未动之间,便有善恶,便须就这处理会。若至于发着之甚,则亦不济事矣,更怎生理会? 所以圣贤说"戒慎乎其所不睹,恐惧乎其所不闻"。盖几微之际,大是要切。⑤

因此时乃是善恶之念虑萌动之初,故须格外地对刚刚萌动的细微意识加以醒觉、防检、克治、审察,避免流于自欺,乃至避免恶念恶行发作后的危害。朱子称慎独审几为"无所不慎,而慎上更加慎也"的切要工夫,其作用在于"察之于将然,以审其几"。⑥

---

① 朱子说:"且只要识得那一是一,二是二。便是虚静,也要识得这物事;不虚静,也要识得这物事。如未识得这物事时,则所谓虚静,亦是个黑底虚静,不是个白底虚静。而今须是要打破那黑底虚静,换做个白底虚静,则八窗玲珑,无不融通。不然,则守定那里底虚静,终身黑淬淬地,莫之通晓也。"参见黎靖德编《朱子语类》卷121,第2909页。程朱也认肯无思量的静坐,但认为其与道佛两教的静坐相似,思量的静坐才是程朱所侧重的。参见杨儒宾《主敬与主静》,《台湾宗教研究》第9卷第1期,2010年6月,第5页。

② 黎靖德编《朱子语类》卷12,第217页。

③ 黎靖德编《朱子语类》卷59,第1401页。

④ 黎靖德编《朱子语类》卷62,第1502页。

⑤ 黎靖德编《朱子语类》卷94,第2394页。

⑥ 以上引文见黎靖德编《朱子语类》卷62,第1502页。

之后，当经验意识发之于念虑、身体乃至行为事件之时，朱子云：

> 只收敛身心，整齐纯一，不恁地放纵，便是敬。
>
> "坐如尸，立如齐"，"头容直，目容端，足容重，手容恭，口容止，气容肃"，皆敬之目也。
>
> 问敬。曰："一念不存，也是间断；一事有差，也是间断。"①

在已发之动中，须将惺惺清明、收敛专一的意识状态持续而不间断地贯穿于内外一切思想与言行，不随私意、气习走作。总之"主敬"工夫的要旨在于，在经验世界心灵活动之未发、已发的所有时段中，一以贯之地保持惺惺清明、收敛专一的意识状态，"此心常要肃然虚明，然后物不能蔽"②，从而达到自身意识与形体、自身人格与事件完整的整合与统一。③

另外，"主敬"的意识净化不仅仅限于孤立的个体身心层面，还必须向外扩充，即在日用常行中做格物穷理而致知的工夫。故完整地说，朱子工夫论是主敬—格物—穷理—致知四位一体。朱子将此工夫分为四种途径："若其用力之方，则或考之事为之著，或察之念虑之微，或求之文字之中，或索之讲论之际。使于身心性情之德、人伦日用之常，以至天地鬼神之变，鸟兽草木之宜，自其一物之中，莫不有以见其所当然而不容已，与其所以然而不可易者。"④ 又将格物的方法次第总结为"格物九条"，通过渐进式地认知种种自然界之物理与人伦道德之伦理，逐渐达到对天理的完整认知。宋儒所说的格物穷理包含有现代知识意义上对物质构造与原理的认知，但格物的目的则是对众物所具有的"物性"⑤ 也即朱子所谓"分殊之理"的认识。格物之

---

① 以上引文分别见黎靖德编《朱子语类》卷12，第208、212、211页。
② 黎靖德编《朱子语类》卷44，第1146页。
③ 参见杨儒宾《主敬与主静》，第14页。
④ 朱熹：《四书或问·大学或问下》，《朱子全书》第6册，第527~528页。
⑤ 钱穆先生认为："中国人对物常不喜从外面做分析，而长于把捉物性直入其内里。这因中国人常爱把物界和人类同一看待，常把自然界看成一有生机的完整体，因此好谈'物之性'，而不喜欢谈'物质构造'。同时中国人观察的眼光是极灵敏的，他既透过物体外层之构造，而向内深入直接捆捉住物性，因此中国人一样能利用物界。只在西方人看来，好像是知其然而不知其所以然，还未到理性分析的境界。中国人也常说'可以神遇，而不可以目视；可以意会，而不可以言传'，便是说的这个道理。中国人在他'神遇''意会'的一番灵感之后，他也有本领把外物来做试验和证明。"参见钱穆《中国文化史导论》，商务印书馆，1994，第219页。

所以能够穷理的原因在于，"理遍在天地万物之间，而心则管之；心既管之，则其用实不外乎此心矣。然则理之体在物，而其用在心也"①，万物之理都由吾心来认知并照管，格物就是吾心认识万物之理的过程，物"理"（物性）清晰的同时也对应着内心理则的清晰呈现。朱子说：

> 这"主一无适"底道理，却是一个大底，其他道理总包在里面。其他道理已具，所谓穷理，亦止是自此推之，不是从外面去寻讨。一似有个大底物事，包得百来个小底物事；既存得这大底，其他小底只是逐一为他点过，看他如何模样，如何安顿。如今做工夫，只是这个最紧要……虽是识得个大底都包得，然中间小底，又须着逐一点掇过。②

"主一无适"即主敬，是一切格物穷理之功的心灵底色，朱子谓之"大底"。主敬的意识提纯与格物穷理为同时并进的双向互动过程：穷理不是寻讨外在的知识道理，其目的是通过"敬"的意识研磨敛归到本然心的虚明洁净、内在理则的显现上，所谓"未有致知而不在敬者"。③朱子解释孟子"尽心知性"也说："知性也，物格也；尽心者，知至也。'物'字对'性'字，'知'字对'心'字"，"既能尽心、知性，则胸中已是莹白净洁。"④另外，通过主敬保持内心虚明，才能有效地格物，所谓"敬则胸次虚明，然后能格物而判其是非"。⑤朱子特别强调："中间小底，又须着逐一点掇过"，"因一事研磨一理，久久自然光明"，⑥内心理则的显明恰恰要通过一点一滴具体的格物工夫来研磨的。当然格物并非要在数量上"尽穷天下之物"，而是如程子所说"但积累多后，自当脱然有悟处"。⑦朱子谓：

> 至于用力之久，而一旦豁然贯通焉，则众物之表里精粗无不到，而吾心之全体大用无不明矣。此谓物格，此谓知之至也。

---

① 黎靖德编《朱子语类》卷18，第416页。
② 黎靖德编《朱子语类》卷59，第1403页。
③ 参见黎靖德编《朱子语类》卷18，第402页："伊川谓'学莫先于致知，未有致知而不在敬者'。致知，是主善而师之也；敬，是克一而协之也。"
④ 以上引文分别见黎靖德编《朱子语类》卷60，第1422、1424页。
⑤ 黎靖德编《朱子语类》卷18，第402页。
⑥ 黎靖德编《朱子语类》卷5，第93页。
⑦ 黎靖德编《朱子语类》卷18，第395页。

格物穷理，廓然贯通，而有以极夫心之所具之理也。①

吾心能够豁然贯通天地万物的总体理则，一方面是由于朱子"理一分殊"的本体论预设了吾心原本与万物同出一理，格物穷理之功就是由"物物一太极"之理而不断了知"统体一太极"之理；另一方面，格物穷理与意识转化同步进行，吾心原本含具的天理（内）在格"物之理"（外）中不断显明，内外之理不断应和统一，用朱子的话说："内外未尝不合，自家知得物之理如此，则因其理之自然而应之，便见合内外之理。"② 积累有渐而豁然贯通，意味着经验心完成了向本然心的彻底翻转。

正因朱子早年走道南一派的直悟心体工夫无有所得，故他对静坐而顿悟的路数向无善评。《朱子语类》载，时福州有一少年陈烈读不懂书，见孟子"求放心"一段，遂闭门默坐半月，出来后遂无书不读。朱子对此评论说："亦是有力量人，但失之怪耳。"③ 因此，朱子对直悟心体的象山之学批评甚多，评价象山所宗的孟子之学谓："孟子才高，学之无可依据"，然"见得圣贤大段易做，全无许多等级"。④ 因为朱子的担心在于：

> 近世有人为学，专要说空说妙，不肯就实，却说是悟。此是不知学，学问无此法。才说一"悟"字，便不可穷诘，不可研究，不可与论是非，一味说入虚谈，最为惑人。然亦但能谩得无学底人，若是有实学人，如何被他谩？才说"悟"，便不是学问。
>
> 今他只说一个心，便都道是了，如何得！虽曾子颜子是着多少气力，方始庶几其万一！⑤

盖顿悟的工夫路数与朱子始终不能契合，且对大多数学者会产生不肯踏实用功、流为虚谈之弊病，故朱子的思想建构与工夫实践均以经验心为着力

---

① 以上引文分别见朱熹《四书章句集注》，第7页；《观心说》，《朱文公文集》卷67，《朱子全书》第23册，第3278页。

② 黎靖德编《朱子语类》卷15，第296页。"合内外之理"的思想出自程颐，参见《河南程氏遗书》卷18，《二程集》上册，第193页："物我一理，才明彼，即晓此，合内外之道也。"

③ 黎靖德编《朱子语类》卷59，第1414页。

④ 以上引文见黎靖德编《朱子语类》卷53，第1296页。

⑤ 以上引文分别见黎靖德编《朱子语类》卷121，第2940页；卷124，第2982页。

点，注重积累而后贯通的渐教工夫，其体现在心性关系的连结上，就是以心合性、心与理合的渐进而合一之历程。

三　心与理合的渐进历程及朱王之异

（一）心与理合的渐进历程

上文所述静中涵养、动中察识、格物致知之工夫，在修身实践中，体现为经验心不断提纯、提升而向本然心翻转，最终豁然贯通、实现心之全体的历程。然而从经验界向超越界的飞跃乃属于言语道断的个体经验，理学家们往往言说含混，较少诉诸文字。笔者尝试从朱子的各种言说中，总结其工夫论中经验意识的转化原理。

经验意识在形下经验世界中，表现为二元对待、善恶混杂、流转不息。二元对待指意识活动分为意识主体和意识对境，意识对境又有外境与内境之别，外境指意识所指涉的自身之外的人、事、物，内境指不依赖外境而独立活动的意识。吾人若心无主宰而听凭气禀习性之所为，则经验意识往往是随着内外境的流转而变动不定、善恶混杂、难以把捉，此即朱子所谓的人心状态。在朱子的各种工夫方法中，经验意识都有渐进而转化的契机：其一，未发时的静坐工夫，通过涵养本然心、屏除私欲，而为身心在日用常行中保持专一凝聚提供基础；其二，已发时的主敬工夫，化纷繁的经验意识为道心统摄的清明专一状态，并贯穿于念虑、身体、行为、事件而无间断；其三，已发的格物致知工夫，此与经验意识的提纯转化、道心的彰显同步并进。三种工夫都以主敬为底色，通过"收敛""唤醒""提撕此心""常惺惺""湛然""持守"[1] 等意识训练，消极意义的收敛杂念与积极意义的持守涵养为一体两面之功，如是"频频提起，久之自熟"，"心常惺惺，自无客虑"。"只敬，则心便一"[2] 意味着分别对待、纷繁浮动的人心不断提纯转化为身心的专一凝聚，并涵养彰显"湛然在此"[3]、原本具有的道心。持之有时，则"敬"从有对象的敬转化为无对象的敬。学界对于主敬工夫是否有对象性有不同的

---

① 以上引文见黎靖德编《朱子语类》卷12，第199~210页。
② 以上引文分别见黎靖德编《朱子语类》卷12，第201、200、210页。
③ 黎靖德编《朱子语类》卷12，第219页。

观点。日本学者吾妻重二认为，"敬本来是指对上帝的敬畏"，"并不表示对某个物件（按，即对象）的敬意。居敬的特色之一，就是它的无物件性"，"在神的面前节制自身，在礼仪行为中时刻保持庄重肃穆之心而不松弛涣散，这才是敬的传统的意义⋯⋯道学的以及朱熹的敬其实非常忠实于先秦以来的用法"①。按吾妻重二的观点，朱子主敬的本意是将工夫重心放在保持庄重肃穆之心上（无对象之敬），而非投射到某一具体对象上的敬意（有对象之敬）。但笔者认为，朱子之主敬若从意识活动的着力点与深浅层次上区分，实则包含以上两种方式，有对象之敬是初级工夫，无对象之敬乃是前者的深化。有对象指主敬工夫有具体的思维内容和人事活动。朱子谓"行时，坐时，读书时，应事接物时，皆有着力处"，"若行时，心便只在行上；坐时，心便只在坐上"，"无事时敬在里面，有事时敬在事上"②，等等，均属于有对象的敬，即应接事务时意识投射并专注于具体的对境，既有意识对象，也有意识内容，意识之于对境保持专一凝聚而不走作；当无事之时，保持内心惺惺警惕而不放纵。朱子答门人问主敬如何用功时云："只是内无妄思，外无妄动"③，当属此类。无对象的敬指主敬工夫达到纯熟而不间断后，意识活动的着力点由投射对境而敛归于意识自身，一切言行与事为（意识对境）都内化并统摄于本心的"敬以直内"与专一澄明，朱子谓"一者，其心湛然，只在这里"④ 盖指此种工夫。无对象之主敬深处，乃是极其细微、精微的心灵状态。朱子在答学生问时说：

> 公莫看得戒慎恐惧太重了，此只是略省一省，不是怔惊惶震惧，略是个敬模样如此。然道着"敬"字，已是重了。只略略收拾来，便在这里。伊川所谓"道个'敬'字，也不大段用得力"。孟子曰："操则存。"操亦不是着力把持，只是操一操，便在这里。如人之气，才呼便出，吸便入。⑤

① 〔日〕吾妻重二：《居敬前史》，载《朱子学的新研究——近世士大夫思想的展开》，傅锡洪等译，商务印书馆，2017，第 270、274 页。
② 以上引文分别见黎靖德编《朱子语类》卷 12，第 203、201、213 页。
③ 黎靖德编《朱子语类》卷 12，第 211 页。
④ 黎靖德编《朱子语类》卷 12，第 206 页。
⑤ 黎靖德编《朱子语类》卷 62，第 1503 页。

心灵只是"略省一省","道着'敬'字，已是重了"，意味着主敬工夫由有为向无为转化。朱子又云戒惧工夫"大段著脚手不得"，"子思说'戒慎不睹，恐惧不闻'，已自是多了，但不得不恁地说，要人会得。只是略略地约住在这里"①，工夫"到得豁然处，是非人力勉强而至者也"。② 此时，"此心之全体皆贯乎动静语默之间，而无一息之间断"，"人能存得敬，则吾心湛然，天理粲然，无一分着力处，亦无一分不着力处"③，意识无须刻意把捉安排外境，而语默动静自能中节合度。这些臻于主敬熟化境地的工夫语，庶乎直造先天，如果将其置于阳明学的语境中，简直可与阳明论敬畏之功相一致："尧舜之兢兢业业，文王之小心翼翼，皆敬畏之谓也，皆出乎其心体之自然也。出乎心体，非有所为而为之者，自然之谓也。"④ 主敬之极功，必然是立根心体、出乎自然的圣贤境界，"心体"得以彻底朗现。

故主敬工夫若从意识活动的纯化与提升来看，体现为这样一个流程：从有对象的敬转化为无对象的敬，将纷繁流转、二元对待的经验意识转化为高度凝聚专一的状态，将克治人欲的消极防范不断消融于道心做主的纯一状态，由显意识而深入潜意识乃至无须把捉意识，由二而一而无，由实而虚而灵，不断回溯至原初的心识，也即心之本体、全体。这也是经验心向本然心的渐进地回溯与翻转的历程，豁然贯通处，"心之全体湛然虚明，万理具足，无一毫私欲之间"⑤，实现了心完全呈现性、心与理的完整合一。

以此再看前文所说，朱子说到终极意义的心性关系时，言心性"极难说"，"似一而二，似二而一"。又据《朱子语类》载，门人就"心为太极"还是"心具太极"请教朱子，这里的"太极"可谓"天理"的同义词，换言之，学生的问题相当于"心即理"还是"心具理"。朱子答曰："这般处极细，难说。"⑥ 总之，朱子在心性关系是否同一的问题上，总是态度小心、言语吃紧，甚至含混其词。这究竟是朱子在理论建构的设定上对心性关系保

---

① 以上引文见黎靖德编《朱子语类》卷 62，第 1516 页。
② 黎靖德编《朱子语类》卷 18，第 394 页。
③ 以上引文分别见黎靖德编《朱子语类》卷 12，第 213、210 页。
④ 王守仁：《答舒国用 癸未》，《王阳明全集》卷 5，上海古籍出版社，1992 年点校本，第 190～191 页。
⑤ 黎靖德编《朱子语类》卷 5，第 94 页。
⑥ 黎靖德编《朱子语类》卷 5，第 84 页。

留了一点疑问，还是朱子在自身工夫的体认上对心性关系尚存一间未达的含混？知与行两者究竟是谁影响了对方，抑或知行相互影响？结合朱子对心的超越性的多处描述，以及朱子多次表示格物穷理必然会有"豁然""脱然"贯通之时，我们有理由认为朱子和阳明一样是其学说的亲身实证者，证成了儒家意义的天理境界。① 但朱子在理论设定上，非常明确地肯定本体只能是性（理）而非心，心与理的关系是"心与理一""心与理合"，② 心与性的关系乃一而二、二而一，他始终保留了心与理、心与性的一点间隙。这点间隙是否可以弥合呢？唐君毅先生论朱子之心与理的关系时则认为，朱子之"心具理"本可与陆王之"心即理"打通："此中之心与理之俱呈俱现……而尽可以满心而发者皆是理，或心即天理之昭明灵觉，而言心即理。此即可成陆王之义。然朱子于此盖亦有意焉，而未能及。"③ 笔者认为，朱子之所有意而未能及处，恐非工夫体证意义上之未及，而应当是理论建构上之止步。其中原委，杨儒宾先生引用德国最重要的基督教冥契者艾克哈特（Meister Eck-hart）的观点，对朱子之学做了非常精彩的解释：在"人能否与上帝同一"这类普遍性的问题上，上帝与人之间，仍保留"一小点"（one little point）的距离，这距离使得彻底的同一不可能，也使得有限的人在无限的体验里仍可找到回归此一世界的途径。放在基督教神学的系统下考虑，这样的"一小点"是本体论断裂的差距，它是绝对无法逾越的一点。以此来看朱子的"心—理关系"也许可以代表"次类型"的体证思想，虽然强调"意识可冥契的会合上帝、梵天、道云云的终极实体"，但这种类型的体证哲学因为强调最高存有的超越性，总有某部分的"他性"（otherness）永远无法契近，所以意识与之总有些极精微的差距。朱子的道心与太极"极细"的差别，就

---

① 黄榦所作《朱文公行状》提到朱子的造诣："自吾一心一身，以至万事万物，莫不有理。存此心于斋庄静一之中，穷此理于学问思辨之际，皆有以见其所当然而不容己，与其所以然而不可易。然充其知而见于行者，未尝不反之于身也……故其得于己而为德也，以一心而穷造化之原，尽性情之妙，达圣贤之蕴；以一身而体天地之运，备事物之理，任纲常之责……本末精粗，不见其或遗；表里初终，不见其或异。至其养深积厚，矜持者纯熟，严厉者和平。心不待操而存，义不待索而精，犹以为义理无穷，岁月有限，常歉然有不足之意，盖有日新又新，不能自已者，而非后学之所可拟议也。"见黄宗羲《宋元学案》卷48，中华书局，1986年点校本，第2册，第1577～1578页。

② 黎靖德编《朱子语类》卷5，第85页；卷34，第878页。

③ 唐君毅：《中国哲学原论原性篇——中国哲学中人性思想之发展》，载《唐君毅全集》第18册，第312页。

像艾克哈特在人的冥契境界与上帝之间划开了极细微的"一小点"一样。从陆王心学的观点看，此境界因意味着天人之间还隔个千万分纳米都不到的一小点，所以不究竟。但这一小点却是朱子学的核心者，不可逾越，逾越即非法。朱子保留心与理、人与天那一点极微的差异，才建构起伟大的性理学的精神王国。[①]

（二）朱王心性论之差异

心性之间的这一小点间隔，也是朱子与阳明学说分歧的开端。首先，"心之全体"在朱子学的思想体系中，可谓认识论、工夫论意义上的本体，但不能说是心学中本体论、实存论意义的本体。程朱理学的"心具理""心与理一"与陆王心学的"心即理"在境界论上的心理合一固然无别，但前者是由二而一的"心与理一"（认识论意义上）而非原本合一的"心即理"（本体论意义上）。[②] 这不仅是朱陆之辨乃至理学与心学的重要分歧点之一，也是后来阳明对朱子提出尖锐批评的一个重要内容。《传习录》载：

> 或问："晦庵先生曰：'人之所以为学者，心与理而已。'此语如何？"（阳明）曰："心即性，性即理。下一'与'字，恐未免为二。此在学者善观之。"

> 晦庵谓："人之所以为学者，心与理而已。心虽主乎一身，而实管乎天下之理。理虽散在万事，而实不外乎一人之心。"是其一分一合之间，而未免已启学者心理为二之弊。[③]

心与理在一分一合之间，就工夫实践的具体境遇而言，不能保证学者都能像朱子在理论上设定的那样无偏无弊，不能排除格物穷理走向考据训诂、单纯探索知识而背离本心的歧路。阳明早年格竹之困的挫折固然属于极端的例子，[④] 也说明朱子庞大详密而循序渐进的工夫体系与进路并不契合如阳明

① 杨儒宾：《格物与豁然贯通——朱子〈格物补传〉的诠释问题》，载钟彩钧编《朱子学的开展·东亚篇》，汉学研究中心，2002，第243~244页。

② 参见向世陵《宋代理学的"性即理"与"心即理"》，《哲学研究》2014年第1期。

③ 以上引文分别见陈荣捷《传习录详注集评》，第33条，第71页；第133条，第167页。

④ 陈来先生认为，阳明亭前格竹穷理的故事，其发生和结果，表明阳明当时过于年轻，还不能真正了解朱子哲学格物论的全部内涵。见陈来《有无之境——王阳明哲学的精神》，第21页。

这样天资高明的学者。直至龙场悟道、发明"心即理",阳明才找到了适合自身、直入本心的工夫路径。

其次,朱学认识论上之心理合一与心学本体论之心理合一的差异,导致两家对心物关系的判定具有重大区别,并由此带来一系列理论建构的不同。朱子对象山一系"心即性"之观点有明确批评:

> "心即性,性即天,天即性,性即心",此语亦无伦理。且天地乃本有之物,非心所能生也。若曰心能生天之形体,是乃释氏想澄成国土之余论,张子尝力排之矣。[1]

如果心即性即天即理之说成立,在朱子看来也就意味着天地万物也是从心而生,这已经走到了佛家万法唯心而生的路子上,是他所不能认同的。因为,天地万物在朱子看来始终是实存的"本有之物",心与理一只是在认识境界上呈现的"万物一体",而不能因此取消天地万物的实存性。而在阳明学中,因为心即性即天即理,就必须解释心与物的关系,解释心如何能够成为万物的来源。阳明以"意之所在便是物"的理论建构,将山河大地统统敛归"意之涉着处"、心之"发窍"[2] 中。心体不仅包含万物,相应地,阳明也将朱子学中历然分疏的概念,如心性情、理气、形上形下、知觉、七情等全都融归心体之中,借用刘蕺山对阳明之学的概括,"无之不一"[3]。"一"即心体、良知。阳明由此开创出一个不同于佛学,也有别于程朱理学的世界观与学说体系。

再次,在工夫论上,朱子的格物致知工夫体现了从经验心入手、以心合性的渐修进路,阳明的致良知教体现了从形上心体直接悟入的顿教进路。其间得失,明末顾宪成有一著名的议论:"以考亭(朱熹)为宗,其弊也拘;以姚江(王阳明)为宗,其弊也荡。拘者有所不为,荡者无所不为。拘者人性所厌,顺而决之为易;荡者人情所便,逆而挽之为难。昔孔子论礼之弊,而曰:与其奢也,宁俭。然则论学之弊,亦应曰:与其荡也,宁拘。此其所

---

① 朱熹:《记疑》,《朱文公文集》卷 70,《朱子全书》第 23 册,第 3403 页。
② 以上引文分别见陈荣捷《传习录详注集评》,第 6 条,第 37 页;第 201 条,第 282 页;第 274 条,第 331 页。
③ 黄宗羲:《师说》,《明儒学案》,中华书局,1985 年点校本,第 7 页。

以逊朱子也。"① 顾氏所说既是自身为学历程的总结，也是针对晚明王学流荡情识、冒认心体而导致学术异化的现实而发，并肯定了朱学工夫虽拘束却稳妥的优势。关于王学流荡之弊的批评一直延续到晚近的学者。如梁漱溟先生评论阳明学："（阳明）直教人们一步踏在道上，只谈性之（良知即性体），不谈反之。以此接上智，信乎其简捷了当，顾惜非所以普接一般之人也。"② 马一浮先生亦云："阳明'心即理'说得太快，末流之弊便至误认人欲为天理。"③ 究实而论，法无贵贱，对机者良；朱王之学，各有优长。朱子反复说："虽说心与理一，不察乎气禀物欲之私，是见得不真，故有此病。大学所以贵格物也"，"此心本来虚灵，万理具备，事事物物皆所当知。今人多是气质偏了，又为物欲所蔽，故昏而不能尽知，圣贤所以贵于穷理"。④ 故朱子之学是针对气禀物欲遮蔽本心的现实世界与人心变动不测的现实状况而立论，其主敬格物、以心合性的渐进路径，对于大多数芸芸众生而言，具有普遍的适用性和有效性，诚如朱子所说："圣贤立教通为众人言，不为一人言"，是为其立言宗旨所在。心与性的那一点间隔，让众人永远保持着仰望天道的敬畏。

结　语

心是吾人与世界联通的枢纽。在朱子的理论体系中，心联结着几乎所有的思想论域：理气、性情、动静、寂感、已发未发、体用、太极、仁、格物致知等。在朱子详密庞大的思想建构中，心以不同的论域、层次、功能而呈现多重内涵与论说重点，甚或有含混乃至不够圆融之处，学界的不同结论盖因此起。本文重新检视朱子的心性关系及其与工夫论的内在关联，以期在前贤的研究基础上有新的开掘。

其一，心作为认识和工夫实践之主体，乃是统摄形上之性与形下之情的

① 顾宪成：《小心斋札记》卷3，《顾端文公遗书》，《四库全书存目丛书》，齐鲁书社，1997年影印本，子部，第14册，第266页。

② 梁漱溟：《礼记大学篇伍氏学说综述》，载《梁漱溟全集》第4册，山东人民出版社，2005，第95页。

③ 马一浮：《尔雅台答问续编》之《示张伯衡》，载《马一浮集》第1册，浙江古籍出版社，1996，第591页。

④ 以上引文分别见黎靖德编《朱子语类》卷126，第3016页；卷60，第1425页。

枢纽。心性构成一体两分的关系：就实存状态与功能属性而言心性有别，心是性的形质承载者，也是性的认知与发用者；就心性的生成与流行结构而言心性一体，心与性统一为能所合一的认识主体，心与性情也是贯通为一体的认知整体。朱子以"合言"与"析言"两个角度总说心性关系乃"一而二，二而一"，这与朱子的言说方式和思想总体架构相一致，也与心居于形而上下之间的特性相一致，即心处于未受经验世界气禀私欲所遮蔽而形成善恶混杂的经验心之先，朱子称其为"本然之体"，比经验意识心更具有超越性。在心性关系中，因无形无相的性理世界只有通过心的认知与呈现才有意义，故而心并非一个被动的中介或无价值的载体，只能被动地受性支配，或静态地涵摄性，而是具有独立意义和主体性地位。心唯有主动发用，才可能一步步完成心对性的认知与呈现，心对情的主宰与发用，最终实现由经验心向本然心的转变。

其二，朱子论心性"一而二，二而一"，仍然保留了心与性的间隔，这与其渐进的工夫进路具有一致性。其中和新说与格物致知之工夫论，乃立足于经验意识之心，将意识活动由纷繁流转、二元对待转化为凝聚专一，进而由有为至无为，无须意识把捉，心灵活动由实而虚而灵，不断回溯至原初的本然心。待格物穷理豁然贯通之时，本然心完整地呈现性体、与之合一。这一过程体现了以心合性、心与理一的渐进统合，也体现了朱子为众人立言的立说宗旨。正如唐君毅先生所说："然在朱子思想，则其于心性论上虽亦有此一内观，而未能充其义，以统其宇宙论之外观。"① 心性合一可在认识论、境界论上成立，却不能在本体论上成立。直到阳明心学出现，才全面捅破了心性之间的那层间隔，开出了一个即心即性的心学世界。

---

① 唐君毅：《中国哲学原论原性篇——中国哲学中人性思想之发展》，载《唐君毅全集》第18册，第313页。

朱子对"诚意"章的修改及其思想变化

——以《大学章句》《经筵讲义》《朱子语类》为早中晚三期

胡雨章

（北京大学儒藏中心）

摘　要："诚意"章是《大学章句》传文第六章。据史料记载，朱子在去世的前几天仍在修改"诚意"章，可见对其重视程度。文字的修改意味着思想的演变，从修改的过程正可以看出"诚意"思想的前后变化。朱子对诚意的修改可以分为早、中、晚三期。第一期是《大学章句》《大学或问》时期，朱子以"格物致知"理解"诚意"章，认为诚意必须建立在格物致知的基础上。第二期是《经筵讲义》时期，朱子删除了大量有关"格物致知"的文字，转以"隐微"工夫诠释"诚意"。第三期是晚年《朱子语类》时期，朱子认为早年"诚意"章讲得过高，故以"内心与行为的一致"重新解释"诚意"章。《大学章句》、《大学或问》与《经筵讲义》的写作时间只相隔五年，但"诚意"章差异之大，好像重写了一遍。有鉴于此，本文首先比较《大学章句》、《大学或问》与《经筵讲义》的文本差异，以说明第一期至第二期的思想转变。其后，梳理《朱子语类》所记载的师生问答，借此窥见朱子晚年对"诚意"章的反思及最后定论。

关键词：诚意　大学章句　经筵讲义

一 《大学章句》、《大学或问》、《经筵讲义》 与"诚意"章的修改

朱子对"诚意"章的注释，见于《大学章句》（简称《章句》）传第六章以及《大学或问·下》的相应章节。二书作于淳熙四年（1177）至淳熙十六年（1189）。① 其中，《大学或问》（简称《或问》）是对《大学章句》的阐发，可以看作对《章句》的疏解。

《经筵讲义》作于绍熙五年（1194），晚于《大学章句》《大学或问》五年。根据《朱熹年谱》，朱子于绍熙五年十月辛丑（十四日）受诏讲授《大学》，早晚进讲；闰十月戊午（三日）讲至"汤之盘铭"节，次日（四日）编次"讲章"；丙子（十九日）最后一次晚讲，遂罢归。按照《两朝纲目备要》的说法，朱子先是编次讲章，后又撰成册子进上。② 这几次讲授内容，最终汇集成了《经筵讲义》（简称《讲义》）。《经筵讲义》只讲授《大学》的前七章，即从"大学"名义到"诚意"章。文本以《大学》为经；下列《章句》之注，以"臣熹曰"起语；注后是对经、注的具体疏解，以"臣窃谓""臣谨按"等起语。疏解部分与《或问》的很多段落相重合。可见，《经筵讲义》是以《大学章句》《大学或问》为主体框架而编次的书籍。在这之中，《经筵讲义》同于《大学章句》《大学或问》的内容，自然是朱子认为的不刊之论；其不同处，则是这五年之中，朱子产生的思想变化。其中，以"诚意"章的文字差异最为巨大。下面引录《大学章句》以及《经筵讲义》注文全文（见表1），以便比对其中差异，然后再逐条进行分析。

最直观的差异有两个：第一，《大学章句》第一段注文出在"所谓诚其意者：毋自欺也，如恶恶臭，如好好色，此之谓自谦，故君子必慎其独也"句后；而《经筵讲义》分别出了两个注，第一注断在"所谓诚其意者，毋自欺也"句后，第二注断在"此之谓自谦，故君子必慎其独也"句后（从表格可以看出，第一段传文有两个"臣熹曰"）。这个差异很重要，下文还会提到。第二，《大学章句》章末多出结语之注，这是《经筵讲义》注所没有的，

① 参见陈来《朱子哲学研究》，华东师范大学出版社，2008，第276~278页。
② 参见王懋竑《朱熹年谱》，中华书局，2006，第238~250页；束景南《朱熹年谱长编》，华东师范大学出版社，2001，第1157页。

其原因详见下节分析。

表1 《大学》《大学章句》《经筵讲义》引录对比

《大学》	《大学章句》	《经筵讲义》
所谓诚其意者，毋自欺也。如恶恶臭，如好好色，此之谓自谦，故君子必慎其独也！	诚其意者，自修之首也。毋者，禁止之辞。自欺云者，知为善以去恶，而心之所发有未实也。谦，快也，足也。独者，人所不知而己所独知之地也。言欲自修者知为善以去其恶，则当实用其力，而禁止其自欺。使其恶恶则如恶恶臭，好善则如好好色，皆务决去，而求必得之，以自快足于己，不可徒苟且以徇外而为人也。然其实与不实，盖有他人所不及知而己独知之者，故必谨之于此以审其几焉。	臣熹曰：毋者，禁止之辞也。人心本善，故其所发亦无不善。但以物欲之私杂乎其间，是以为善之意有所不实而为自欺耳。能去其欲，则无自欺，而意无不诚矣。 臣熹曰：如恶恶臭，恶之深也。如好好色，好之切也。慊，快也，足也。独者，人所不知而己所独知之地也。好善恶恶，深切如此，则是意常快足而无自欺矣。必谨其独者，所以察之于隐微之间，不使其有物欲之杂而为自欺也。
小人闲居为不善，无所不至，见君子而后厌然，掩其不善，而著其善。人之视己，如见其肺肝然，则何益矣。此谓诚于中，形于外，故君子必慎其独也。	闲居，独处也。厌然，消沮闭藏之貌。此言小人阴为不善，而阳欲掩之，则是非不知善之当为与恶之当去也；但不能实用其力以至此耳。然欲掩其恶而卒不可掩，欲诈为善而卒不可诈，则亦何益之有哉！此君子所以重以为戒，而必谨其独也。	臣熹曰：闲居，独处也。厌然，销沮闭藏之貌。小人为恶于隐微之中，而诈善于显明之地，则自欺之甚也。然既实有是恶于中，则其证必见于外，徒尔自欺，而不足以欺人也。君子之谨独，不待监此而后能，然亦不敢不监此而加勉也。
曾子曰："十目所视，十手所指，其严乎！"	引此以明上文之意。言虽幽独之中，而其善恶之不可掩如此。可畏之甚也。	臣熹曰：言虽幽隐之中，吾所独知之地，而众所共见有如此者，可畏之甚也。
富润屋，德润身，心广体胖，故君子必诚其意。	胖，安舒也。言富则能润屋矣，德则能润身矣，故心无愧怍，则广大宽平，而体常舒泰，德之润身者然也。盖善之实于中而形于外者如此，故又言此以结之。	臣熹曰：胖，安舒也。言富则能润屋矣，德则能润身矣，故心无愧怍，则体常舒泰，德之润身者然也。盖善之实于中而形于外者如此，又君子之所以不可不谨独而诚其意也。①

① 《朱子全书》第20册，上海古籍出版社、安徽教育出版社，2010，第710~711页。下文凡引用这段文字，不再出注。

续表

《大学》传文	《大学章句》	《经筵讲义》
右传之六章。释诚意。	右传之六章。释诚意。经曰："欲诚其意，先致其知。"又曰："知至而后意诚。"盖心体之明有所未尽，则其所发必有不能实用其力，而苟焉以自欺者。然或已明而不谨乎此，则其所明又非己有，而无以为进德之基。故此章之指，必承上章而通考之，然后有以见其用力之始终，其序不可乱而功不可阙如此云。①	—

除了上面提到的两个明显差异外，以义理而言，《章句》与《讲义》的不同有这两点：第一，《章句》强调知致与诚意的关系，是以"物格知致"为基础讲述诚意，而《讲义》偏重心所发之"意"，是以"察之于隐微"的工夫讲诚意。第二，《章句》是以内外人己解释"自慊（自谦）""闲居"，而《讲义》是以内外显微解释二者。下面就这两点具体分析。

二 《大学章句》《大学或问》对"诚意"的理解

从《章句》的表述中可以清楚看到，诚意是物格知致（格物致知）后的工夫。《章句》利用大量篇幅说明诚意与物格知致的关系。诸如"自欺云者，知为善以去恶，而心之所发有未实也""言欲自修者知为善以去其恶，则当实用其力，而禁止其自欺"，"则是非不知善之当为与恶之当去也"，均是强调"知"在其中起到的作用。按照《章句》的诠释，诚意并不是不知道善恶之所在，而是知其所在而不能实用其力，实实在在去好善恶恶。知道何谓善、何谓恶是物格知致之后的境界，而诚意是在物格知致之后再做工夫。②

---

① 《朱子全书》第6册，第20~21页。下文凡引用这段文字，不再出注。
② 按，对于朱子学中"诚意"与"格物致知"的关系，《道德意志视角下的朱子诚意观——以朱子对〈大学〉〈中庸〉中"慎独""诚意"的诠释为中心》有详细讨论，可参看。见陈岘《道德意志视角下的朱子诚意观——以朱子对〈大学〉〈中庸〉中"慎独""诚意"的诠释为中心》，《孔子研究》2020年第4期。

"诚意"章的传文并没有直接指明诚意和知致的关系，故朱子特意在章末的结语加了小注，引用《大学》经文"欲诚其意，先致其知"，"知至而后意诚"，以说明前后章之间的联系。注中指出意不诚的两种情况，第一种情况是心体未明，不能实用其力；第二种情况是已明而不谨，则所明又非己有。"心体之明有所未尽"对应的是"格物补传"的"吾心之全体大用无不明矣"①，意在说明，如果格物致知的工夫没有完成，那么心体未明，心所发之意便不能实用其力，这段用于连接"诚意"章与"致知格物"章的内容。至于已明而不谨，才真正与"诚意"章有关，指传文的自慊、慎独工夫。注末又言："故此章之指，必承上章而通考之，然后有以见其用力之始终，其序不可乱而功不可阙如此云。"②仍不断强调，诚意是物格知致后的工夫，其事必须以格物致知为本。可见，《章句》"诚意"章的重点有二：一是诚意本身工夫，一是诚意与格物致知的关系。

《或问》与《章句》一致，花费了大量篇幅讲解诚意与格物致知的关系，对自慊、慎独的解释反倒较为简单：

> 其于事物之理，固有瞢然不知其善恶之所在者，亦有仅识其粗，而不能真知其可好可恶之极者。夫不知善之真可好，则其好善也，虽曰好之，而未能无不好者以拒之于内；不知恶之真可恶，则其恶恶也，虽曰恶之，而未能无不恶者以挽之于中。是以不免于苟焉以自欺，而意之所发有不诚者。夫好善而不诚，则非惟不足以为善，而反有以贼乎其善；恶恶而不诚，则非惟不足以去恶，而适所以长乎其恶。是则其为害也，徒有甚焉，而何益之有哉？圣人于此，盖有忧之，故为《大学》之教，而必首之以格物致知之目，以开明其心术，使既有以识夫善恶之所在，与其可好可恶之必然矣，至此而复进之以必诚其意之说焉，则又欲其谨之于幽独隐微之奥，以禁止其苟且自欺之萌。③

对于事物之理的认知，有的是茫然不知道善恶之所在，有的是粗识其理而没有真知。前一种情况是根本没有下工夫格物致知，故不识善恶之所在；后一种情况是格物致知未致其极，故不知可好可恶之必然。但无论是哪种情

---

① 《朱子全书》第6册，第20页。
② 《朱子全书》第6册，第20页。
③ 《朱子全书》第6册，第532~533页。

况，都是未能物格知致的表现。未能知致，心体不明，便没有真知；不知善之真可好、恶之真可恶，即使好善恶恶，内心仍有私意存在，不能实实在在去好善恶恶，结果反而有害。故《或问》说，《大学》之教，必先以格物致知开明其心术，使识善恶之所在，知可好可恶之必然；然后进之诚意之说，以谨独而毋自欺。

其后，《或问》对慎独做了一定说明，但并没有突出慎独的具体工夫与特殊地位。对"小人闲居为不善"句，《或问》的解释是："若彼小人，幽隐之间，实为不善，而犹欲外托于善以自盖，则亦不可谓其全然不知善恶之所在，但以不知其真可好恶，而又不能谨之于独，以禁止其苟且自欺之萌，是以沦陷至于如此而不自知耳。"① 在此，小人闲居为不善的主要原因是"不知其真可好恶"，即未能格物致知致其极，不能谨独、毋自欺反而成了第二因。

总之，无论是《章句》还是《或问》，都将"诚意"章的重点放在了诚意与格物致知的联系上，诚意本身的工夫反倒显得不那么突出。

三 《经筵讲义》对诚意的理解

反观《讲义》注文，完全消解了"知"的含义，"知"字只出现在"独"字的解释上，且与格物致知并无关系。注文出现频率最高的词是"隐微"，诸如"必慎其独者，所以察之于隐微之间，不使其有物欲之杂而为自欺也"，"小人为恶于隐微之中，而诈善于显明之地，则自欺之甚也"，"言虽幽隐之中，吾所独知之地，而众所共见有如此者，可畏之甚也"。隐微指思虑萌发处，语出《中庸》"莫见乎隐，莫显乎微，故君子慎其独也"，《中庸章句》谓之曰："隐，暗处也。微，细事也。独者，人所不知而己所独知之地也。言幽暗之中，细微之事，迹虽未形而几则已动，人虽不知而己独知之，则是天下之事无有著见明显而过于此者。是以君子既常戒惧，而于此尤加谨焉，所以遏人欲于将萌，而不使其滋长于隐微之中，以至离道之远也。"② "迹虽未形而几则已动"指行为尚未出现，但思虑已然萌动。"遏人

---

① 《朱子全书》第 6 册，第 533 页。
② 《朱子全书》第 6 册，第 33 页。

欲于将萌，而不使其滋长于隐微之中"则是慎独的具体做法，即时刻省察自己的思虑，不使人欲滋长于隐微之中。①《中庸章句》的慎独是省察隐微思虑的一种工夫，与《讲义》"察之于隐微之间"的讲法正同。由此可见，《大学章句》是以格物致知理解诚意，而修改后《讲义》是以慎独的隐微工夫诠释《大学》"诚意"章。②

《讲义》既然是以思虑工夫为主，故文中尤注重于"意"，如说："人心本善，故其所发亦无不善。但以物欲之私杂乎其间，是以为善之意有所不实而为自欺耳。能去其欲，则无自欺，而意无不诚矣。"又说："好善恶恶，深切如此，则是意常快足而无自欺矣。必慎其独者，所以察之于隐微之间，不使其有物欲之杂而为自欺也。"这些强调"意"的内容都是《章句》所无的。

对于"人心本善"一段，《讲义》疏说："人心之发，莫不知善之当为而欲为之。惟其气禀之杂、物欲之私有以害之，是以为善之意有所不实而不免为自欺也。"③ 意不诚的原因与不能全明德本体的理由相同，一是由于天生的气禀，二是因物欲所导致。在"明德"处，《讲义》论述了气禀纯驳的多种不同情况④；而在"诚意"章，《讲义》更多是以物欲解释意不实的原因，

---

① 《答吕子约十五》说得更加明白："下文又提起说无不戒谨之中，隐微之间，念虑之萌，尤不可忽，故又欲于'其独'而'谨'之，又别是结抹上文'隐微'两句意思也。"指出隐微之间即念虑萌动处。见《朱子文集》，德富文教基金会，2000，第2192页。

② 按，《朱子语类》："本经正文只说'所谓诚其意者，毋自欺也'；初不曾引致知兼说。今若引致知在中间，则相牵不了，却非解经之法。"又绍熙二年（1191），对"诚意"章的旧解，朱子在《答汪长孺别纸》回答说："若如旧说，则物格之后，更无下功夫处，向后许多经传，皆为剩语矣。意恐不然，故改之耳，来说得之。"可见朱子是有意识去除"致知"的说法。见《朱子文集》，第2461页；黎靖德编《朱子语类》，中华书局，1986，第336页。又按，有些学者认为今天所见《大学章句》《大学或问》为朱子晚年修订后的版本。然而，朱子生前所刊刻的《四书章句集注》，以南康本流传最广、影响最大，其年代在绍熙三年（1192），远远早于《经筵讲义》；朱子之后的所谓"兴国本"，其流传情况不得而知，并不能简单将今本《四书章句集注》等同于兴国本。并且，今本《章句》《或问》"诚意"章充斥着大量"格物致知"内容，仍是以致知牵引"诚意"章，可见其年代必不在晚年。这个问题值得另外撰文论述。

③ 《朱子全书》第20册，第711页。

④ 《经筵讲义》："自其次者而下，则皆已不无气禀之拘矣。又以拘于气禀之心，接乎事物无穷之变，则其目之欲色，耳之欲声，口之欲味，鼻之欲臭，四肢之欲安佚，所以害乎其德者，又岂可胜言也哉？"见《朱子全书》第20册，第693页。

注文甚至没有提及气禀的影响，只言物欲夹杂。① 文中所说"人心本善"，便是指一种不受气禀所拘的理想人心。人心不为气禀所拘，故所发之意本应是善的，但接物之间，物欲夹杂其中，为善之意便有所不实而不免于自欺。在《章句》中，是以"知为善以去恶，而心之所发有未实也"解释"毋自欺也"，从上文对《章句》《或问》的论述可知，这里仍是以格物致知诠释毋自欺，即不能真知，故所发有不诚。《讲义》则将毋自欺理解为意之发与物欲的关系，人心莫不知为善去恶，但意之发夹杂了物欲，所发便不诚，能去其私，则无自欺而意无不诚。很明显，这里已经摆脱了格物致知的限制，转以意、物关系诠释诚意。

《讲义》第一段注文是论述意不诚的原因，第二段注文则讲诚意的具体工夫，即自慊、慎独。先来看《章句》对自慊的理解："使其恶恶则如恶恶臭，好善则如好好色，皆务决去，而求必得之，以自快足于己，不可徒苟且以殉外而为人也。"首先，朱子以"决去""必得"解释恶恶、好善的含义，决去恶就像要消除恶臭的味道，必得善如同追求好的颜色，言其果断而无疑。这其实仍以是"知"为前提，只有知道何谓善恶，才能做出决去或必得的反应。其次，《章句》是以人己分别自慊与否，以快足于己便是自慊，以殉外为人便是不自慊。再者，慎独承接自慊而言，"然其实与不实，盖有他人所不及知而己独知之者，故必谨之于此以审其几焉"，慎独是致谨于所发之几，以审察将萌的思虑究竟是为人还是为己。

《讲义》的说法与之不同，"好善恶恶"不再是一种善恶的甄别，而是说每个思虑都像恶恶臭、好好色一样深切，每个念头都能自快自足。疏说：

> 所谓自欺者，外有欲善之形，而其隐微之间，常有不欲者以拒乎内也；外有恶恶之状，而其隐微之间，常有不恶者以主乎中也。是以其外虽公，而中则私；其形常是，而心则否，是皆自欺之类也。所谓诚其意者，亦禁乎此而已矣。能禁乎此，则其心之所发在于好善，则表里皆好，而隐微之间无一毫之不好；心之所发在于恶恶，则表里皆恶，而隐

---

① 按，《朱子文集·答李敬子》中，曾有人问朱子："宋杰尝观传之六章，注文释'自欺谨独'处，皆以'物欲'为言，《或问》则兼'气禀'言之，似为全备。"朱子回答说："此等处不须疑，语气自合有详略处也。"可见《讲义》注文没有"气禀"是朱子刻意为之。见《朱子文集》，第3116页。

微之间无一毫之不恶。是以其好善也，如好好色；其恶恶也，如恶恶臭；而方寸之间，无有纤芥不快不足之处，是则所谓自慊而意之诚也。能自慊而意诚，则其隐微之间，无非善之实者。君子于此，亦致其谨，而不使一毫之私得以介乎其间而已。①

自欺是外有欲善恶恶之形，但内心隐微处仍有不诚。诚意是禁绝内心之私，使心之所发、隐微表里，无一毫不好善恶恶，以至于方寸之间，无有纤芥不快不足，便是自慊而意诚。

《讲义》注以"好善恶恶，深切如此"解释好善恶恶，显然已与《章句》"决去""必得"不同。所谓"深切"，即无一毫之不好、无一毫之不恶。《讲义》解释"自慊"为"意常快足而无自欺矣"，以内心无纤芥不快不足为说，突出内心的作用，亦不再像《章句》那样以人己作为区分方式。慎独的工夫是致谨于隐微之间，不使一毫之私介乎其中。"闲居"一段是从反面说明小人不能慎独，《讲义》注说："小人为恶于隐微之中，而诈善于显明之地，则自欺之甚也。然既实有是恶于中，则其证必见于外。"慎独是隐微之间做工夫，而小人则为恶于隐微，诈善于显明之处，是闲居为不善的例子。这里是以内心之隐微与外形之显现对举②，不再如《章句》所说，"阴为不善，阳欲掩之"，以为人还是为己作为慎独与否的标准。

总之，根据《讲义》注：自欺是从反面论述内心有私而意不诚；恶臭好色是分说隐微之间的每个思虑，欲使无一毫不好不恶；自慊是总说思虑，能使每个思虑好善恶恶，自然无纤芥不快不足；慎独是说在隐微之间做工夫。这四者其实是一贯的，讲的都是隐微之间的思虑。在此，《讲义》不再单纯以格物致知与人己的区别理解诚意，可说是一大进步。

当然，这并不意味着《讲义》对"诚意"章的理解完全与格物致知无关。疏的最后一部分说："然考之于《经》，则所以能诚其意者，乃在夫知至。盖知无不至，则其于是非得失，皆有以剖析于毫厘之间，而心之所发，必无外善内恶之弊。所以有主于中，有地可据，而致谨于隐微之间也。若知

---

① 《朱子全书》第 20 册，第 711~712 页。
② 《经筵讲义》疏："若小人之自欺，则不惟形于念虑之间，而必见于事为之际。"又说："隐微之间实无不善，则其形于外也亦然。"亦以念虑、隐微与事为、外形对举。见《朱子全书》第 12 册，第 712 页。

有不至，则其不至之处，恶必藏焉，以为自欺之主，虽欲致其谨独之功，亦且无主之能为，而无地之可据矣。此又传文之所未发，而其理已具于《经》者，皆不可以不察也。"① 同样强调格物致知的优先性，只有达到了格物致知，才能知道是非得失，"有主于中，有地可据"，然后致谨于隐微之间。②尽管如此，传文毕竟没有明言格物致知与诚意的关系，故《讲义》疏没有将这部分内容当作章节重点，而是放到篇末进行阐述，这样的安排比《章句》更加合理。

四 "诚意"章的修改过程

众所周知，朱子易箦的前几天仍在修改《大学》"诚意"章的文字③，可见《讲义》虽然是其晚年之作，但不是最终定论。"诚意"章的最后版本已经无由得见，但从有限的材料中可以整理出朱子早年对"诚意"章的思考以及晚年对"诚意"章的讨论与修改。本节试就这个问题进行分析。

根据上文，朱子是以《中庸》"莫见乎隐，莫显乎微，故君子慎其独也"的思想修改"诚意"章，由是产生了《经筵讲义》本"诚意"。早年，朱子专门就"戒慎乎其所不睹，恐惧乎其所不闻"与"莫见乎隐，莫显乎微，故君子慎其独也"的差异进行过一系列的讨论。朱子认为，"戒慎恐惧"是贯通已发、未发的工夫，而"莫见莫显"是专就已发的思虑萌动处而言，二者不能当作相同的内容进行处理。这部分内容见于乾道九年的《答张敬夫论中庸章句十三》，可见朱子很早就留心于隐微问题，并展开过相关讨论；直到

---

① 《朱子全书》第 20 册，第 712 页。
② 《朱子语类》："问：'知至而后意诚，则知至之后，无所用力，意自诚矣。传犹有慎独之说，何也？'……'盖知至而后意诚，则知至之后，意已诚矣。犹恐隐微之间有所不实，又必提掇而谨之，使无毫发妄驰，则表里隐显无一不实，而自快慊也。'" 认为格物知致后，大部分的"意"已经诚实了，但隐微之间仍有不实处，故必提掇而谨之，使无毫发妄驰。换言之，格物致知只是做到大体段诚实，诚意工夫则用力于隐微之间，两种工夫并不重复。见《朱子语类》，第 332 页。
③ 见王懋竑《朱熹年谱》，第 265 页。详可参见陈林《朱熹〈大学章句〉"诚意"注解定本辨析》，《孔子研究》2015 年第 2 期。

晚年，仍就这个问题与学者往来辩议。①

　　虽然《大学章句》将"诚意"章的重点放在了格物致知上，但对于"诚意"章的"慎独"，朱子却一直将其理解为思虑隐微。《章句》注对"慎独"的理解是："然其实与不实，盖有他人所不及知而己独知之者，故必谨之于此以审其几焉。"这里的"己独知之者"和"审其几"便是指思虑隐微处。又，在《章句》之前的《答林伯和》说："而《大学》之道，以'明明德'为先，'新民'为后……但日用应接、思虑隐微之间，每每加察，其善端之发，慊于吾心，而合于圣贤之言，则勉厉而力行之；其邪志之萌，愧于吾心，而戾于圣贤之训，则果决而速去之。"② 书信的用词都指向《大学》文本，"思虑隐微之间""善端之发，慊于吾心""邪志之萌，愧于吾心"显然是在说慎独和自谦（自慊），内容都与思虑意志有关。

　　此外，在《答汪易直二》，朱子直接表达了对《大学》"诚意"旧解的不满：

　　　　示谕《自讼》之篇，足见立志为己之切，尤以为慰。此正《大学》所谓"诚其意"者，然意不能以自诚，故推其次第，则欲诚其意者，又必以"格物致知"为先。盖仁义之心，人皆有之，但人有此身，便不能无物欲之蔽，故不能以自知，若能随事讲明，令其透彻，精粗巨细，无不贯通，则自然见得义理之悦心，犹刍豢之悦口，而无待于自欺；如其不然，而但欲禁制抑遏，使之不敢自欺，便谓"所以诚其意者，不过如此"，则恐徒然为是迫切，而隐微之间，终不免为自欺也。旧说《大学》此章，盖欲发明此意，而近日读之，殊觉未透，因略更定数句，今谩录去，试深察之，以为何如也？（《朱子文集》，第2946~2947页）

　　① 早年书信《答张敬夫论中庸章句十三》说："'不睹不闻'等字如此剖析，诚似支离；然不如此，则经文所谓'不睹不闻'、所谓'隐微'、所谓'独'三段，都无分别，却似重复冗长，须似熹说，方见得'戒慎不睹，恐惧不闻'是大纲，说结上文'可离非道'之意。'莫见乎隐，莫显乎微'，是就此'不睹不闻'之中，提起善恶之几而言，故'君子慎其独'。"晚年书信《答黄直卿》说："子约累书来，辨《中庸》首章'戒谨恐惧'与'谨其独'不是两事。"见《朱子文集》，第1191、4901页。二书年代见陈来《朱子书信编年考证》，生活·读书·新知三联书店，2007，第105、479页。
　　② 《朱子文集》，第2231~2232页。按，《答林伯和》作于淳熙十年（1183），见陈来《朱子书信编年考证》，第219页。

　　《答汪易直》的年代在淳熙十五年（1188）①，即《大学章句》成书的前一年。在书信中，朱子将诚意的重点放到了格物致知上，认为诚意必以格物致知为先，只有真知义理之悦心，才能无自欺，否则隐微之间仍是自欺。书信的主旨与后来的《章句》"诚意"章无异，可见是朱子一贯的说法。但朱子对这个"旧说"并不满意，意欲作番修改，故说"近日读之，殊觉未透，因略更定数句"。朱子的不满处在哪里，文中并没有明示。值得注意的是，汪氏寄来的篇章叫作《自讼》，即对自己的过错进行反省。朱子就这个主题进行回应，回信的重点却放在了"自欺"上，认为"禁制抑遏"的手段并不可取，隐微之间终不免于自欺。在此，朱子通过"自讼"联想到"毋自欺"，又将"毋自欺"归结到隐微之间的无自欺。可见，朱子这时已注意到了"隐微"的工夫，对"诚意"章的理解也发生了一定的转变，但这个思想尚未成熟，故次年版刻的《大学章句》仍未采取"新说"，直到《经筵讲义》才大幅度地修改文本。②

　　《经筵讲义》之后，朱子曾与门人多次讨论"诚意"章的改本问题以及其中的义理，这部分内容记载在《朱子语类》中，记录者是沈僩（沈僩在戊午庆元四年以后。见《朱子语类·朱子语录姓氏》，第15页）。语录所讨论的大部分义理与《讲义》无异，仍是强调隐微之间的工夫，必要无一毫之不快于心、无一念之不诚。③ 然而，语录所引录的文本与《讲义》却不尽相同，可能是朱子再次修改的结果，这些内容分别是：

　　　1. "所谓诚其意者，毋自欺也。"注云："心之所发，阳善阴恶，则其好善恶恶皆为自欺，而意不诚矣。"（沈僩戊午庆元四年）

---

① 陈来：《朱子书信编年考证》，第288页。
② 绍熙二年（1191），《答郑子上》："'知至意诚一段'，来谕得之，旧说有病，近已颇改定矣。其他改处亦多，恨未能录寄也。"绍熙四年（1193），《答蔡季通》："《大学》'诚意'之说已再观之，果如所论，想他书似此处，多须一一整顿也。"可见《答汪易直》到《经筵讲义》期间，朱子曾多次想修改"诚意"章。见《朱子文集》，第2714、1928页。
③ 《朱子语类·大学三·传六章释诚意》："一毫少不谨惧，则已堕于意欲之私矣。此圣人教人彻上彻下，不出一'敬'字也。盖'知至而后意诚'，则知至之后，意已诚矣。犹恐隐微之间有所不实，又必提掇而谨之，使无毫发妄驰，则表里隐显无一不实，而自快慊也。"又说："只今有一毫不快于心，便是自欺也。"又如："又因论诚与不诚，不特见之于外，只里面一念之发，便有诚伪之分。"见《朱子语类》，第332、329页。

2. 问:"'诚意'章'自欺'注,今改本恐不如旧注好。"曰:"何也?"曰:"今注云:'心之所发,阳善阴恶,则其好善恶恶皆为自欺,而意不诚矣。'恐读书者不晓……又问:"今改注下文云:'则无待于自欺,而意无不诚也。'"(沈僩)

3. 敬子问:"'所谓诚其意者,毋自欺也。'注云:'外为善,而中实未能免于不善之杂。'"(沈僩)

4. 问:"'诚其意者,毋自欺也。'近改注云:'自欺者,心之所发若在于善,而实则未能不善也。'"(沈僩)①

以上所引的《大学》注文均不见于《章句》或《讲义》,应该是晚年"诚意"章的新改本,这几条均与自欺有关。

对于自欺,《章句》是以"知为善以去恶,而心之所发有未实也"解释其原因,所知不是真知,故所发有未实。《讲义》:"人心本善,故其所发亦无不善。但以物欲之私杂乎其间,是以为善之意有所不实而为自欺耳。能去其私,则无自欺,而意无不诚矣。"以不能去物欲之私诠释自欺缘故。《语类》1、2、3、4均是解释自欺,与《章句》《讲义》的论述皆不相同。以文义判断的话,1、2则时间最早,3、4则时间最晚,下面具体分析。

"心之所发,阳善阴恶,则其好善恶恶皆为自欺,而意不诚矣",有关此注的《语类》有两则,即引文1、2。1说:"只是自家知得善好,要为善,然心中却觉得微有些没紧要底意思,便是自欺,便是虚伪不实矣。"② 知道要为善,但心中微有不善的意思,这微小的意思便是自欺。又以黄金为例,说物格知致后已是真金了,但锻炼得不熟,微有些渣滓去不尽,去掉这些意念

---

① 《朱子语类》尚有四条谈及改本,一条是:"问'诚意'章句所谓'必致其知,方肯慎独,方能慎独'"此条语录的行文风格与注文不类,更像是口头之语,故未收录于引文中。一条是:"居甫问:'"诚意"章结句云:'此大学之枢要。'""此条为叶贺孙所录,年代在辛亥绍熙二年以后,时间较早,同样不录。另外两条分别是:"自欺与'厌然掩其不善而著其善'之类,有分别否?"(钱木之丁巳庆元三年)"又因论以'假托'换'掩覆'字云:假托字又似重了,掩覆字又似轻,不能得通上下底字……如某所谓:'其好善也,阴有不好者以拒于内;其恶恶也,阴有不恶者以挽其中。'盖好恶未形时,已有那些子不好、不恶底藏在里面了。"(吕焘己未庆元五年)这两条对义理的讨论不多,最后一条"某所谓"以后的文字不能确定是否便是改本文字,故不入正文。正文引文见《朱子语类》,第328、336、331、337页。注脚引文见《朱子语类》,第334、340、334、329页。

② 《朱子语类》,第328页。

的渣滓便是诚意的工夫。2说："所谓'心之所发，阳善阴恶'，乃是见理不实，不知不觉地陷于自欺；非是阴有心于为恶，而诈为善以自欺也……所谓'毋自欺'者，正当于几微毫厘处做工夫。只几微之间少有不实，便为自欺。岂待如此狼当，至于阴在为恶，而阳为善，而后谓之自欺邪！"① 这里以见理不实、不自觉陷于自欺以及几微之间做工夫解释自欺，似乎是融合了《章句》和《讲义》两种说法。总体来说，这两条注的文义与《章句》《讲义》相去不远，时间应该接近。

值得注意的是，2说自欺并不是暗地里为恶，而表面装出一副为善的好样子。但在语录3、4中，朱子却接受了这种说法。② 从这点可以大致判断出，语录3、4的时间在1、2之后。有关"外为善，而中实未能免于不善之杂"的语录共有三则，第一则李燔欲将注文"外为善，而中实未能免于不善之杂"改作"外为善，而中实容其不善之杂"，并说："盖所谓不善之杂，非是不知，是知得了，又容著在这里，此之谓自欺。"③ 他认为自欺是明白了道理却容在那里不去克治。朱子否定了他的意见：

> 不是知得了容著在这里，是不奈他何了，不能不自欺。公合下认错了，只管说个"容"字，不是如此。"容"字又是第二节，缘不奈他何，所以容在这里……大概以为有纤毫不善之杂，便是自欺。自欺，只是自欠了分数，恰如淡底金，不可不谓之金，只是欠了分数。如为善，有八分欲为，有两分不为，此便是自欺，是自欠了这分数……所以说格物、致知而后意诚，里面也要知得透彻，外面也要知得透彻，便自是无那个物事。④

朱子的看法与3大致相同，说自欺的原因是心中有纤毫不善之杂、成色锻炼得不够，又或是格物致知未能透彻。正因为前面两个原因，所以才会将不善"容在这里"，说"容字又是第二节"。换言之，"容在这里"并不是主

---

① 《朱子语类》，第336~337页。
② 《朱子语类》："谓如人为善，他心下也自知有个不满处，他却不说是他有不满处，却遮盖了，硬说我做得是，这便是自欺。却将那虚假之善，来盖覆这真实之恶。"见《朱子语类》，第338~339页。
③ 《朱子语类》，第337页。
④ 《朱子语类》，第337~338页。

要原因，而是工夫不足才导致"容在这里"。

第二则语录紧接前一则，说：

> 次早，又曰："昨夜思量，敬子之言自是，但伤杂耳。某之言，却即说得那个自欺之根。自欺却是敬子'容'字之意。'容'字却说得是，盖知其为不善之杂，而又盖庇以为之，此方是自欺。谓如人有一石米，却只有九斗，欠了一斗，此欠者便是自欺之根，自家却自盖庇了，吓人说是一石，此便是自欺。谓如人为善，他心下也自知有个不满处，他却不说是他有不满处，却遮盖了，硬说我做得是，这便是自欺。却将那虚假之善，来盖覆这真实之恶。某之说却说高了，移了这位次了，所以人难晓。大率人难晓处，不是道理有错处时，便是语言有病；不是语言有病时，便是移了这步位了。今若只恁地说时，便与那'小人闲居为不善'处，都说得贴了。"①

第三则又紧接第二则说：

> 次日，又曰："夜来说得也未尽。夜来归去又思，看来'如好好色，如恶恶臭'一段，便是连那'毋自欺'也说。言人之毋自欺时，便要'如好好色，如恶恶臭'样方得。若好善不'如好好色'，恶恶不'如恶恶臭'，此便是自欺。毋自欺者，谓如为善，若有些子不善而自欺时，便当斩根去之，真个是'如恶恶臭'，始得。如'小人闲居为不善'底一段，便是自欺底，只是反说。'闲居为不善'，便是恶恶不'如恶恶臭'；'见君子而后厌然，掩其不善而著其善'，便是好善不'如好好色'。若只如此看，此一篇文义都贴实平易，坦然无许多屈曲。某旧说忒说阔了、高了、深了。然又自有一样人如旧说者，欲节去之又可惜。但终非本文之意耳。"②

从"次早""次日"的表述来看，可知这三则引文是连续三天的讨论结果。朱子本来是不同意"容"的说法，但第二天又认为李燔说得是。自欺是知道有不善之杂，却想要包庇，如人应有一石米，现在只有九斗，却告诉别

---

① 《朱子语类》，第338~339页。

② 《朱子语类》，第339页。

人有一石，"将那虚假之善，来盖覆这真实之恶"，所以说是容有不善之杂。

第三天的讨论延续之前的说法，以"如好好色，如恶恶臭"的主旨贯穿全章：自欺是好善不能如好好色，恶恶不能如恶恶臭；毋自欺是在有不善而自欺时下工夫，将不善连根斩去，真如恶恶臭一般才行；"小人闲居为不善"是从反面形容自欺，"闲居为不善"是恶恶不能如恶恶臭，"见君子而后厌然，掩其不善而著其善"是好善不如好好色。可见全章主旨都可以用"如好好色，如恶恶臭"理解。

此外，值得注意的是，《章句》"诚意"章的第一个注出在"所谓诚其意者，毋自欺也。如恶恶臭，如好好色，此之谓自慊，故君子必慎其独也"句后，而《讲义》则分为二注，分别断在"毋自欺也"和"故君子必慎其独也"，说明《讲义》认为"所谓诚其意者，毋自欺也"是一段文义，"如恶恶臭"是另一段文义。《讲义》之后，朱子又推翻了这个说法，在《语类》第三天的讨论中，朱子说："夜来归去又思，看来'如好好色，如恶恶臭'一段，便是连那'毋自欺'也说。"可见又将"毋自欺"和"如好好色，如恶恶臭"连属在一起了，其目的便是以"如好好色，如恶恶臭"通贯全章。

最后两则语录中，朱子反复说明，自己之前的注解"阔了、高了、深了"，《大学》的文义贴实平易，坦然无许多屈曲。旧说是"说得那个自欺之根"，李燔"容"字之意才是自欺的本来面目。按这个说法，便能将"容"与"小人闲居为不善"相连贯，将文义说得妥帖。这里的"自欺之根"指的是隐微工夫和以格物致知为先的旧说法，意谓这两点直指自欺的病根，却不是《大学》本义。"容"的意思是，知道自己有不满处，却将这不满处遮蔽，示人以虚假之善，这正是小人"掩其不善而著其善"的做法，所以说能与"小人闲居为不善"相连贯。

朱子接受了"容"理解后，进一步提炼注文，4 很有可能就是修改后的结果："自欺者，心之所发若在于善，而实则未能不善也。"4 对自欺的理解与 3 相同，说自欺是中心不愿，却做出为善的样子博取别人的肯定："'若'字只是外面做得来一似都善，其实中心有些不爱，此便是自欺……自欺者，外面如此做，中心其实有些子不愿，外面且要人道好。"[①] 在此，自欺再不是

① 《朱子语类》，第 331 页。

见理不明或几微工夫，而是指内心与行为的不一致。此外，在 4 的完整引文里，朱子再次申说"如好好色，如恶恶臭"与自欺、自慊的关系①，是将"毋自欺"与"如好好色，如恶恶臭"理解为一段完整文义，而非像《讲义》那样割裂开来。可见 4 的注文接受了 3 的说法，是紧接 3 的讨论而来，是其成熟版论述。②

结　论

总之，从《语类》的几则讨论中可以看出，朱子晚年不再以"隐微工夫"与"以格物致知为先"的旧说解释《大学》"诚意"章，而是试图还原文本，将其诠释得更加平实，将诚意解释为内心与行为的一致。③ 这并不意味着朱子全盘否定了二者与诚意的关系，而是说"诚意"章的重点不应该放在二者之上。换言之，《大学》的"诚意"完全可以以"如好好色，如恶恶臭"作为主体工夫，贯穿全章上下，而并不一定要与《中庸》"慎独"的隐微工夫进行连接。"格物致知"也是同样道理，这部分内容应该放到《大学》经文中进行诠释，而不应该作为"诚意"章的中心。在朱子看来，还原文本本身的意义更为关键，《大学》本来就是入学之书，不可说得过高使人难以琢磨。以上就是朱子对《大学》"诚意"章修改的整个过程。

---

① 《朱子语类》："'此之谓自慊'，谓'如好好色，恶恶臭'，只此便是自慊。是合下好恶时便是要自慊了，非是做得善了，方能自慊也。自慊正与自欺相对，不差毫发。"见《朱子语类》，第 331 页。

② "诚意"章的文字差异，尚有"必自谦"与"一于善"的争论。但此注出现在《大学》经文，并且，这个主题已有丰厚的研究成果，故本文不再赘述。见许家星《论朱子的"诚意"之学——以"诚意"章诠释修改为中心》，载陈来主编《朱子学国际学术研讨会论文集》，华东师范大学出版社，2012，第 58~65 页。

③ 值得注意的是《朱子语类》这条文献："国秀问：'大学诚意，看来有三样：一则内全无好善恶恶之实，而专事掩覆于外者，此不诚之尤也；一则虽知好善恶恶之为是，而隐微之际，又苟且以自瞒底；一则知有未至，随意应事，而自不觉陷于自欺底。'"这三样正好对应了晚年、《经筵讲义》时期、《大学章句》时期的三种理解。

湛若水"独体"意识的形成及其历史效应

陈立胜

（中山大学哲学系）

摘　要：在慎独工夫上，湛甘泉起初接受了朱子"独知"论述，但随后即强调"独者"是"独知之理"，并最终提出"独体"概念，它是"未发之中""天德""极"。"独体"概念的提出不仅将对阳明学流弊的批评提高到了一个新高度，对后续的心学的发展也产生了深远的历史影响。

关键词：湛甘泉　独体　独知　王阳明　刘宗周

一　"岭学"与"越学"的互动

陈献章（字公甫，号石斋，人称白沙先生）的"岭学"与王阳明的"越学"是明代心学两大学脉。黄宗羲云："有明之学，至白沙始入精微。其吃紧工夫，全在涵养，喜怒未发而非空，万感交集而不动。至阳明而后大，两先生之学最为相近。"① 两大学脉不仅在为学进路上最为接近，在学术传承上亦有共同的源头：白沙师事吴与弼（字子傅，号康斋），王阳明早年曾问学于娄谅（字克贞，号一斋），娄谅亦师承吴与弼。作为阳明心学盟友，白沙弟子湛若水在王阳明摆脱"五溺"（初溺于任侠之习，再溺于骑射之习，三溺于辞章之习，四溺于神仙之习，五溺于佛氏之习）的过程中发挥着重要

---

① 黄宗羲：《明儒学案·白沙学案》卷五，沈善洪主编《黄宗羲全集》第7册，浙江古籍出版社，2005，第78页。

影响。顾应祥（字惟贤，号箬溪）、黄省曾（字勉之，号五岳山人）、程文德（舜敷，号松溪）以及杨鸾（字仕明，号复斋）、杨骥（字仕德，号毅斋）兄弟等，先从湛若水游，后卒业于阳明；王道（字纯甫，号顺渠）、周冲（字道通，号静菴）等则先师事阳明，后转为师事湛若水；① 蒋信（字卿实，号道林）、周坦（字仲履，号谦斋）是湛若水后学（师事庞嵩），但在《明儒学案》中却被归为楚中王门、粤闽王门。《明儒学案·甘泉学案》指出："王、湛两家，各立宗旨。湛氏门人，虽不及王氏之盛，然当时学于湛者，或卒业于王，学于王者或卒业于湛，亦犹朱、陆之门下，递相出入也。"②"递相出入"当然不仅是人员流动，更是思想的交融、会通与工夫践履的切磋。一些未曾拜阳明为师的湛若水弟子如蔡汝楠（字子木，号白石）、洪垣（字峻之，号觉山）、唐枢（字惟中，号一庵）不仅与阳明弟子辈多有交游，而且更善于调停两家之学。蔡汝楠在总结湛若水后学与阳明后学关系时指出："师越学者则曰致良知而已矣，师岭学者则曰随处体认天理而已矣。'致知'本《大学》之格言，而'体认天理'则明道、延平之心法也。奈何以学树标者越中讥岭学谓其义袭而取，岭南讥越学乃谓孩提之童，其知识良与不良，杂然出发，不免认贼作子。呜呼！岂知江门、阳明二先生之本指乎！"③ 而王阳明的几大弟子如欧阳德（字崇一，号南野）、钱德洪（字洪甫，号绪山）、王畿（字汝中，号龙溪）等曾问学于湛若水，邹守益晚年更以弟子礼侍奉之。

在为学宗旨标举、"勿助勿忘"解、"格物"解、三教异同乃至对杨简

---

① 陈椰：《岭南心学与阳明学的互动交融》，《学术研究》2017 年第 9 期。需要指出的是，王道虽被黄宗羲列入甘泉学案，但最终不为阳明与湛若水所喜，观《王文定公文录》，王道对阳明与湛若水均有批评，故严格意义上只能说王道曾一度是二人弟子。

② 黄宗羲：《明儒学案·甘泉学案》卷三十七，沈善洪主编《黄宗羲全集》第 8 册，浙江古籍出版社，2005，第 138 页。

③ 蔡汝楠：《养中书院题辞》，《自知堂集》，《四库全书存目丛书·集部》第 97 册，齐鲁书社，1997，第 643 页。湛若水门下对待阳明学的态度不一而足，既有善调停者如李石麓，亦有尖锐的批评者如王道。前者称"舍天理，非良知；舍随处体认，非致良知。盖道一言一，而教亦一也。"参见李春芳《甘泉湛先生文集叙》，《甘泉先生续编大全·补编》，游腾达、王文娟点校，"中央研究院"中国文哲研究所，2018 年点校本，第 490 页。后者斥阳明论格致诚正统体工夫为"牵绕颠倒，漫无端绪"，斥阳明无善无恶是谓至善说为"亿度之言"，斥阳明格物说为"戏剧之谈"，斥阳明必是行了方可称知说为"知德者厌而无德者惑"，等等。参见王道《林学士讲余答问复书》，《王文定公文录》卷六，沈乃文主编《明别集丛刊·第二辑》第 26 册，黄山书社，2013，第 125~140 页。

（字敬仲，号慈湖）的态度上面，湛若水与阳明均有分歧，学界对此已有深入讨论。[①] 唯在慎独工夫的理解上，湛若水与阳明表现出微妙的差异，尚未见学界对此重视。实际上，湛若水不仅指出"独"是指"独知之理"，以校正阳明后学以"常知常觉、灵灵明明"论良知之偏，更进一步认定朱子与阳明在"独"字下面加一"知"是赘笔。他将独体拟为"北辰"，并明确提出"独体"概念，批判的锋芒直接指向了阳明本人良知概念本身之不究竟处，其历史效应不应低估。

二　湛若水：由"独知"到"独体"

在儒家修身传统中，朱子慎独新说的提出是一个重要的思想史时刻。与郑玄将"独"释为"闲居之所为"不同，朱子将"独"理解为他人不知唯己知之的个人心灵生活，将"独"与"知"勾连在一起："独"是"人所不知而己所独知者"，它不限于幽隐无人之地，大庭广众之下己心一念之发也是"独"，一念之善恶唯己自知而已。"独知"遂成为工夫修炼的一个核心范畴。王阳明则画龙点睛，由朱子之"独知"而点出：此人虽不知而己所独知者，"正是吾心良知处"，"独知"与"良知"乃同一实事。

然而无论朱子抑或阳明，当将《大学》与《中庸》中的"慎其独"之"独"转化为"独知"话语时，"独"便成了一个用来限定"知"的"副词"而丧失了其原本的"独立"义、"名词"义。在宋明理学话语中，"独"自身成为一个具有重要哲学意义的"名词"，进而将"独"称为"独体"当始于湛若水。

当然这有一个发展过程，在《格物通》（嘉靖七年）一书中，湛若水对慎独的理解大致与朱子、阳明保持一致。

> "惠迪吉，从逆凶"，人之吉凶生于动也。心之本体未有不善，动而后有善恶吉凶也。然而祸福无不自己求之者，人君于独知之地，察其几微，而分别之。扩充其善念，遏绝其恶念，则治平之本于是乎立，而丰亨豫大之福于是臻矣。（《格物通》卷二）

> 皇祖所谓微与小，即独也，一念之方萌也。于此而虑，则察之精

---

① 黎业明：《湛若水生平学行考实》，上海古籍出版社，2021，第127~174页。

矣；于此而防，则守之密矣；虑且防，则遏其欲而存其理矣。（《格物通》卷六）

这两段话对慎独的理解完全沿袭朱子的口吻。湛若水将"独知之地"理解为人所不知而己所独知的意念领域，慎独即是在此己所独知的意念生活中始终保持警醒与分判的能力。不过与朱子"戒慎恐惧""慎独"两节次说不同，湛若水与阳明一样，坚持两者是一体的工夫：

隐微者，即其不可见闻而可自知之者也。君子有以察识其几，而戒谨恐惧敬慎以存之……于人之所不见而己独知之者而致谨焉。（《格物通》卷一）

然万事皆起于念虑之微，善善恶恶皆有定理，所谓止也。敬乎吾心之所止，必戒慎恐惧，使念虑之发不失其本体，故能廓然大公，物来顺应。（《格物通》卷一）

在朱子处，戒慎恐惧是静时涵养的工夫，慎独是动时省察的工夫。而湛若水将"戒谨恐惧敬慎"不加区别地用于"察识其几""念虑之微"上。其《知新后语》更是明确指出："《中庸》戒慎恐惧与慎独皆只是敬，皆一段工夫，无分动静，二之即非敬矣。后一节即是解前节，隐微即不睹不闻，慎独即戒慎恐惧，是故君子必慎其独，即结上文意。后儒便以分动静，故头绪多了。原来只有一段涵养工夫，及至未发之中，已发之和，其动静浑是天理。及致中和亦是一段工夫，何曾分如此是致中，如此是致和，致则皆致。又后儒以慎独一节是省察，亦非也。谓之慎独，非涵养而何？"① 此处"后儒"显系指朱子。尽管朱子有"敬贯动静"说，在此意义上，朱子对"戒慎恐惧与慎独皆只是敬"之说亦未必会反对，实际上朱子还有未发、已发只是一个

① 湛若水：《泉翁大全集》卷三，"中央研究院"中国文哲研究所，2017年点校本，第63页。其《答太常博士陈惟浚》与《答聂文蔚侍御》两书也明确指出：程朱一系所谓"涵养须用敬，进学在致知"两轮工夫乃同一车之两轮，"行则俱行，岂容有二？"又称"此道体用一原者也，故只是一段工夫，更无两事。谨独即是戒惧，所以养其体，直扩充至位育之大用。克己格致至天下平，皆一贯然。致中和，平天下，皆工夫，亦是谨独充之。""'不睹不闻即是隐微字，戒谨恐惧即所谓慎独。'区区之见正如此。《中庸》慎独一节即申上节，所以下一个'故'字。圣贤之学元无静存动察相对，只是一段工夫。凡所用功皆是动处，《中庸》《大学》《艮卦》《通书》无不皆然。盖动以养其静，静处不可着力，才着力便是动矣。"见湛若水《泉翁大全集》卷八、卷九，第230~231、261页。

工夫的说法；但无论如何，朱子仍然将戒惧与慎独作为两节工夫而区别开来。①

在工夫路径一元化上，湛若水与阳明是保持高度一致的，不过与阳明强调"独知"是"吾心良知处"略有不同的是，湛若水屡屡强调独知是"独知之理""天理""天德"。据《新泉问辩录》（戊子，嘉靖七年）记载，门人问"慎独"与"体认天理"之"异同"，湛若水答曰："体认天理与谨独，其功夫俱同。独者，独知之理，若以为独知之地，则或有时而非中正矣。故独者，天理也，此理惟己自知之，不但暗室屋漏，日用酬应皆然；慎者，所以体认乎此而已。若如是有得，便是天德，便即有王道，体用一原也。"其《进天德王道第二疏》（辛卯，嘉靖十年）云："所谓独者，固所独知之理也，即天理也，即天德也。"《修复四书古本测序》（丁酉，嘉靖十六年）称："其慎独也者，三千三百之原也。物其理也，独其所独知者，亦理也。"②也基于同样的问题意识，湛若水很重视张载"合性与知觉有心之名"③命题，《与吉安二守潘黄门》一书（戊戌，嘉靖十七年）云："曾忆向十年前时，有言良知必用天理，天理莫非良知，……故尝曰'空知，禅也。'又曰：'学至常知天理焉，至矣。'张子《正蒙》有曰：'合性与知觉有心之名'盖有明此矣。夫性即理也，心非独知觉而已也，知觉而察知天理焉，乃为心之全体。"④

但最迟自嘉靖十九年起，⑤湛若水于广州天关书院讲学时就开始质疑朱子与阳明的"独知"一词，并明确提出"独体"的概念。

> 慎独，独字即"极"字，乃未发之中，其中一点真精，万劫不灭，无可对的物事，犹北辰也。知行由此，而亦所以存此。言"独"不必加一"知"字亦可，乃所不睹闻者，天理是也。

---

① 陈立胜：《从修身到工夫：儒家内圣学的开显与转折》第九章"作为工夫范畴'独知'概念的提出：儒家慎独传统中的'朱子时刻'"，台湾大学人文社会高等研究院，2021，第 279～302 页。

② 湛若水：《泉翁大全集》卷六十七、卷三十六、卷二十四，第 1636 页、第 954 页、第 666 页。

③ 《张载集》，张锡琛点校，中华书局，1978，第 9 页。

④ 湛若水：《泉翁大全集》卷十，第 315 页。

⑤ 是年，洪垣为湛若水开天关诸堂于穗城。《赠广州府学掌教信庵高君致政归维扬序》云："嘉靖十有九年，癸源洪觉山侍御来按吾广，毅然以兴起斯文为己任。时甘泉叟适归罗浮，觉山侍御为开天关讲堂于穗城，躬步入山，以请莅教焉"。见湛若水《泉翁大全集》卷二十四，第 674 页；又参黎业明《湛若水年谱》，上海古籍出版社，2009，第 268 页。

罗一中问:"如何是慎独功夫?"曰:"独即性命,有何形容?慎则此心之真知真行以体之,与性命合一,亦有何形容?阳明于'独'下添一'知'字,予初欲救之,添以'独知之理'字,今皆觉是赘了。此可默识,少有路头蹊径,与中和位育便不相似。"

"戒慎所不睹闻是全体无畦畛、无知觉,而知觉之理在;慎独是感应有畦畛、有知觉而知觉之理著。"先生曰:"如以畦畛言,则'独'与'不睹闻'二矣。感应处又安得入微?子思不言'独知',而止下一'独'字,极有意思,譬人以一全体之身,有事持行是此身,及其息也依旧是此身。在所不睹闻,对人与事言谓之独耳。夫子言'一贯',曾、思言'独'乃尔。"

汪子烈问:"人所不见是独否?"洪子曰:"此非独也。先生常云:慎独之功,须于人所不见致之,乃是自慊、无自欺,与所不睹闻之体。无起灭间断,对人言,言不见,是感应时事。"①

在这四段文字中,湛若水明确抛弃了朱子与阳明的"独知"一词,认为"独"字后面加一"知"字是画蛇添足之举。在湛若水这里,"独"成为与"天理""天德""极""未发之中""性命"异名同指的最高范畴,并拟之为"北辰",凸显儒家终极实在之主宰义、无待义、独立自主义。湛若水论涵养工夫喜援用道教"鼎内若无真种子,如将水火煮空铛"比喻涵养不是空头的涵养,而"独"作为心中"一点生理"即是"真种子",这亦是工夫的"头脑"所在。② 更为重要的是,湛若水明确将"独"与"独知"加以分别,这实质上是将对王阳明良知说的批判提升到了一个新高度。

阳明与湛若水二子虽为心学盟友,湛若水主随处体认天理,即随心、随意、随身、随家、随国、随天下体认天理,阳明主致良知,即身意知物、家国天下皆是一体致良知工夫,两者一元、一段工夫旨趣与性质并无本质之异同,所谓千蹊万径,皆可适国,③ 然却相互指责对方工夫有"支离"之弊。阳明认定湛若水随处体认天理是"逐外忘内",是"义袭",湛若水讥阳明为

---

① 湛若水:《甘泉先生续编大全·补编》,第23~24、74、77、81~82页。
② 湛若水:《甘泉先生续编大全·补编》,第34页。
③ 阳明与湛若水工夫异同可参唐君毅《中国哲学原论·原教篇》,中国社会科学出版社,2006,第230~233页。

"是内而非外",亦是支离。阳明殁后,湛若水对阳明后学以"常知常觉、灵灵明明"论良知更是持强烈的批判态度,称是"大坏阳明公之教"。他与阳明门人论学一直强调"天理"与"良知"浑一不二性:"良知必用天理,天理莫非良知。"① 湛若水提出必须将"独"与"独知"分开,强调"独"就是"天理""天德""极""未发之中""性命",要之,独是"独体",而非"独知"。由此区别,湛若水进一步质疑阳明良知之为未发之中的命题:"所不睹不闻是未发之中,良知其神机之显见者耳。虽云天然妙用,还是照处。'神发知矣','日月有明,容光必照',是平实语。"② 这里湛若水实则判阳明的良知概念是"用"的范畴("神机之显见"),而"未发之中"是"体",两者不能混同不分。湛若水还将未发之中比拟为"根",将已发之和比拟为"干枝花实",虽然后者亦离不开"中",但笼统说"已发有未发在","斯亦岐矣"。③ 这种严辨体用的主张也是纠正阳明"未发在已发之中,而已发之中未尝另有未发者在;已发在未发之中,而未发之中未尝别有已发者存"这一体用圆融说之流弊。针对弟子"无过去、无将来、无见在心是三昧否"之问,湛若水答曰:"犹吾儒退藏于密也,密则实,昧则空矣。近时又以无是无非、无善无恶为密,亦昧也。"④ 这显然是在批评阳明学中以"无"为密体的倾向。在湛若水看来,唯有体认天理之学才是真正从天根("神体")上入手之学,是"根本之学":"须从独体透露乃真悟也,此博文知几实学,悟中存养次之,以意诚意远矣。"⑤ 博文知几是颜子之学,"以意诚意"意谓在意念后面用功,湛若水称此工夫是"从躯壳意念半截上起",无法抵达真正的本体("独体"),故不得为"达德","达德者,独体也"。⑥

根本之学也是"先天之学":"善体本一,成于性而起于意,则二矣。故'择善''止至善''几善恶',俱从'继善之初'得来,至后天便难为功。"

---

① 湛若水:《赠掌教钱君之姑苏序》,《泉翁大全集》卷二十二,第 633 页。《与邹东廓司成》《答魏水洲黄门》,湛若水:《甘泉先生续编大全》卷九,"中央研究院"中国文哲研究所,2017 年点校本,第 212、213 页。

② 湛若水:《天关语通录》,《湛甘泉先生文集》卷二十三,《四库全书存目丛书·集部》第 57 册,第 131 页。《甘泉先生续编大全·补编》中此段文字多有出入。

③ 湛若水:《甘泉先生续编大全·补编》,第 13 页。

④ 湛若水:《甘泉先生续编大全·补编》,第 74 页。

⑤ 湛若水:《甘泉先生续编大全·补编》,第 66 页,原句读(此博文知几实学,悟中存养,次之以意,诚意远矣)似不妥,今不从。

⑥ 湛若水:《甘泉先生续编大全·补编》,第 43 页。

由"继善之初"入手则尚未落入"起于意"的二分、对待阶段，此是先天工夫，就此而言"以意诚意"则属于后天工夫。这一工夫的分判隐约中透露出王畿"先天正心工夫"与"后天诚意工夫"对置的影子。①

更值得注意的是，湛若水还明确指出："戒慎所不睹不闻，乃诚意功夫不落意处，即致知格物之谓，非浑沦无入手者，故下文以慎独言。无论内外始终，此心收摄自在，不着丝毫，与'上天之载，无声无臭'，首尾只还一个天命二字。"② 本来戒慎恐惧在朱子那里是涵养本原的工夫，"所不睹不闻"也本是"未发之中""独体"，戒慎所不睹不闻实则是戒慎于独体，今湛若水直接将戒慎工夫与诚意工夫等同。于是诚意便是戒慎本体的工夫，即立于独体的根本工夫，而非落入意念上的"正念头"。此处"不落意处"实则也有针对阳明格物说而发的意味。如所周知，湛若水对阳明格物"正念头"说不以为然，而力主格物是"造道"之功，并坚持《大学》之诚意、正心、修身、齐家、治国、平天下皆是一元全体的工夫（"一段工夫"）。诚意即诚"修、正、齐、治、平"之"意"，皆在"格物"上用。格物实则即是格"天之理"，慎独实则是慎"天之理"。故在湛若水处，"诚意"之"意"绝不是有善有恶的"意念""念头"，而是由独体而来的好善恶恶的意志，此好善恶恶的意志贯通于修、正、齐、治、平而无间断。③ 显然湛若水

---

① 不过，与王畿不同，湛若水在点出先天工夫的同时，更进一步强调此先天工夫是出自"善体"，是从"继善之初"而来，故不是"一无到底"到底的"四无"工夫："或云：'有善有恶为二，无善无恶为不二法门，如何？'曰：'谓不着有善恶之见则可，既云继之者善，无善无恶终是寂相。吾儒自有不二法门，正以其能善善而恶恶耳。'"见湛若水《湛甘泉先生文集》卷二十三，《四库全书存目丛书·集部》第57册，第128页。

② 湛若水：《甘泉先生续编大全·补编》，第80页，句读有改动。《觉山先生绪言》卷二记曰："戒慎恐惧所不睹闻，是诚意之功不落意处。但在喜怒哀乐中和上识取，博学审问慎思明辨笃行，皆其功也。许大学问功业只在此四字。……"《续修四库全书·一一二四·子部·杂家类》，上海古籍出版社，2002，第97页。

③ 《天关语通录》多处论及诚意与慎独工夫之贯通义，一元全体义："'慎独'二字无论远近、终始、知行、博约、身心家国天下都是滚作一段，更无可间断离析处，不可须臾离，总在此一处下落，乃《中庸》一书总括也。""诚意即诚修、正、齐、治、平之意，而意非小，心非大，必如此言者，见《大学》全体耳；先言正、修、诚意，而归之以格物，则诚意即诚修、正、齐、治、平之意之理，而意非虚几，物非粗迹，必如此言者，见《大学》有实功耳。……诚无不善，无间隔亦无出入。""会中讲诚意一章。先生曰：'此亦知个头脑。何谓头脑？下文所谓独，即至善之物，本是也。子张之色取仁、原宪之不行，皆不知头脑之故。故虽与闪然异，而好恶不由中出，非由仁义行之学也。故格物而后知至、意诚。'"见湛若水《湛甘泉先生文集》卷二十三，《四库全书存目丛书·集部》第57册，第114、126、139页。

这里的慎独、诚意都是在独体上立定脚跟，这跟后来刘宗周的思路是完全一致的。唯一不同的地方是，湛若水尚拘于传统理学字典中"意"为"心之所发"这一释义，而未能像刘宗周那样将"意"上提为先天的、纯粹的好善恶恶的道德意志，故只好以吊诡的言辞点出诚意工夫实则"不落意处"。①

另外，湛若水亦自觉把颜子之学称为"研几先天之学"，誉颜子是"飞走的精神"；与此相对，仲弓只是"扶墙摸壁工夫"，"四勿功夫非人人可用得，中人以下，无颜子这至明至健，如何做得？只精吾中军，体认涵养出这至明至健的精神来，才能知太始。非礼之萌，已炳几先而勿之"。②"心浑全无初，感处即初，寂与感皆心之全体也。故颜子之学只于几上、念头上用功，平时只于有事而勿忘勿助，及感发时亦只如此，是谓随处体认，非待初心发乃用功也。"③"颜氏之子，有不善未尝不知，知之未尝复行，其知几乎！知几其神乎！学而至于几焉，至矣。几者，初念之功，力之最先者也，乾道也。乾知大始，先天之学也。"④ 在其晚年的《岳游纪行录》（嘉靖二十三年）中，湛若水将孟子"可欲之谓善"称为"一本""真种子"，"此是善念初动，动而未形有无之间，所谓几也。……此乃孟子指示人于几上用功处，与颜子知几其神功夫一般"。⑤

实际上，甘泉对颜子学的称呼变化与其独体意识的形成也是密不可分的。《论语·颜渊》"仲弓问仁章"记载：仲弓问仁，子曰："出门如见大宾，使民如承大祭。己所不欲，勿施于人。"夫子以"敬恕"指点仲弓，湛若水由此认定仲弓之学为"贤人之学"而与颜子"大贤之学"各有分限。此评判始见于正德年间西樵讲学语录《知后新语》（《泉翁大全集》卷三），后复见于《新泉问辩录》与《问疑续录》。《金台答问录》则称颜子工夫是"先天工夫"："四勿不可容易看。谓非礼声色，士人稍知义理者能之，何待颜子，则太容易了也。此义在孔门最精，圣人以告颜子，不以告门弟仲弓诸

---

① 湛若水又强调诚意工夫即是"明心"工夫，不以"起灭"而论："无起无灭，心体也。离心起意，即为妄。有起而后有灭，然否？"泉翁曰："心为活物，常静而常动。意欲其机窍耳，常寂常感，夫又何起何灭、离心起意？诚意未尝离心也，诚意即明心矣。"湛若水：《湛甘泉先生文集》卷二十三，《四库全书存目丛书·集部》第57册，第69~70页。
② 湛若水：《与洗少芬》，《甘泉先生续编大全》卷八，第180页。
③ 湛若水：《答洪峻之侍御》，《泉翁大全集》卷十，第306页。
④ 湛若水：《四勿总箴》，《泉翁大全集》卷三十二，第842页。
⑤ 湛若水：《甘泉先生续编大全》卷三十三，第1097页。

人，何也？此于几上用功，先天之学也，曰：'颜氏之子，其庶几乎！'非礼勿视、听、言、动，何分内外？感应疾于影响，若非礼之感，不知不觉，视听已过，如疾风迅雷之过耳，岂能安排得？惟此心常存，则感应几微，自明决矣。"（《泉翁大全集》卷七十七）而在晚年《书问》（黎业明由语录中有"师尊九十一"语，断定该书语录成于嘉靖三十五年）中，湛若水明确称颜子"四勿功夫"是"圣人之学""乾道""进德功夫"而有别于仲弓的"贤人之学""坤道""修身功夫"："吾契谓'止者，吾心至善之本体。安之，所以立本。'又谓'惟几惟康，谨之于动以安厥止。'又谓'动以养静'等语，皆得之。只是这'安'字、'几'字要体认得亲切。惟几者，于念头上做功夫。能惟几，乃能惟康。康者，于事上做功夫。惟几，便是颜子圣人之学，所谓乾道，所谓进德功夫，所谓乾知大始也；惟康，便是仲弓贤人之学，所谓坤道，所谓修身功夫，所谓坤作成物也。及其至，一也。"① 在94岁所撰的《默识堂记》中，湛若水曰："孔子后，道在颜子。故明道程氏曰惟颜子便默识。默识不待启，启不待语，故曰：'颜子没而圣人之学不传。'"

另外，湛若水还以"好恶"论"几"："'好恶'二字，最紧要。圣人之学全在几上，好恶者，此心发动之端，乃所谓几也。故孟子欲人于四端上扩充，大善大恶莫不于此分路头。……好恶不作者，天理之本体；好好恶恶者，天理流行之大用。"② "几是乾道"，是"力之最先者"、几是好恶之几。这种对"几"至明至健的性质之描述，跟阳明后学直到刘蕺山对"几"的理解是若合符节的。

三　湛若水后学的"独"学与"研几"学

受湛若水"独体"意识与"研几先天之学"的影响，湛门高足（蒋信、吕怀、唐枢、何迁、洪垣）几无不言"独"、言"几"。③ 以唐枢与洪垣为例。

---

① 湛若水：《湛甘泉先生文集》卷十四，《四库全书存目丛书·集部》第58册，第658~659页。

② 湛若水：《新泉问辩续录》，载《泉翁大全集》卷七十一，第1757页。

③ 黄宗羲说："湛门多讲研几。"见黄宗羲《明儒学案·甘泉学案》卷三十八，《黄宗羲全集》第8册，第193页。

唐枢最喜言"几","几"是乾乾不息之体，是一纯善无恶的力量。他明确否定了"恶几"的说法："恶岂有几？如弩然，机发便其直如矢，旁行不得。"门人追问如何看待周濂溪"几善恶"一语，唐枢答曰："此对'诚无为'而言，谓几分善恶，盖有善而无恶也。"又说："精神提掇则灵，灵是几；收敛则凝，凝是诚；真几、真诚则通，通是神；心之精神是谓圣。""诚、圣、几一齐到，有则俱有，无则俱无。"① 于是"研几"便成了"立人极"之"把柄"："几者，命之流行而不已，无动无静，乃太极之本然也。得此把柄，是为人极立。……自其理之真实而言谓诚，自其理之发动而言谓几，自其理之运行而言谓神，自其理之存主而言谓德……自其行此理而自然谓圣。"② 要之，"几是千古学脉"，"圣学，一'研几'尽之"③。

洪垣一方面称"几"是"生几"，是"寂体之流行不已者"，是"动之微"，是"天行"；④ 另一方面则强调慎独之"独"是"性命"，慎独之"慎"是"心之真"："独即性命，有何形容？慎则此心之真，知真行以体之，与性命合一，亦有何形容可言？"⑤ 他还特别指出《庄子·大宗师》中的"朝彻而后能见独"的"独"字，其义是"此性无对"，"俗儒亦未易说到此"。⑥ 慎独工夫才是儒学根本工夫："慎独甚微，此处无容声臭，惟有善根一路体察消融。不是到此，容有善恶交胜之病。"⑦ "善恶交胜之病"系指意念分判之事，"意有不善，而独无不善也"。⑧ "工夫不难于有事无事，而难于有无接续之交，于中盖有诀窍焉。志在几先，功在几时，言志则不分有事无事，而真几自贯。如《大学》所为'如好好色，如恶恶臭'，皆真几也。善几著察，'有不善未尝不知，知之未尝复行'，此颜子知几先天之学。今之

① 唐枢：《积承录》，《木钟台再集》元卷，《四库全书存目丛书·子部一六二》，齐鲁书社，1995，第580页。
② 唐枢：《宋学商求·附录》，《木钟台集》亨卷，第456页。
③ 唐枢：《一庵语录》，《木钟台集》贞卷，第549页。
④ 洪垣：《觉山先生绪言》卷一、卷二，《续修四库全书·一一二四·子部·杂家类》，上海古籍出版社，2002，第66、87页。微是天行的说法当出自其师湛若水《天关通语录》："几者，动之微，吉之先见。寂而感未著于迹，故微是大行（引者按：'大行'当为'天行'）。"湛若水：《甘泉先生续编大全·补编》，第70页。实际上《觉山先生绪言》中所记多条语录均系其师湛若水语，本文所引洪垣语亦不例外，恕不一一标出。
⑤ 洪垣：《觉山先生绪言》卷一，第67页。
⑥ 洪垣：《觉山先生绪言》卷二，第103页。
⑦ 洪垣：《觉山先生绪言》卷二，第79页。
⑧ 洪垣：《觉山先生绪言》卷一，第74页。

学者，止于意气作为上论志，不于天行乾乾主宰上论志。非志则几不神，非志非几，而欲立未发之中于未应之先以为应事主，而应之者无心焉，非影响即虚见。所谓体天理者，岂是事物上推求？岂是意念上展转？只从生几上时时照察。几是则通体皆是，几非则通体皆非。盖几者，性情之流行，通乎知行而无息者也。"① 显然这里"志在几先，功在几时"的工夫仍然是为了避免"善恶交胜之病"（所谓"意念上展转"）。

洪垣又明确将"未形方形"之"天然自有之几"之学称为"根本之学""继善接根通志之学"，舍此则是"离根之学""脱善离根成意之学"。而"几"皆善，几而后有善恶。善恶属于"意"的范畴："赤子之欲，未成于意。成意故恶，未成意故善，犹之天道风雨然。夫子之所谓习者，习于意，成于意耳。所谓不移者，其亦意之不肯移者耳。故予断以为恶起于意，起于外，而非起于心、起于智也。"② "格物"的工夫就在感应之际抵达此"知根性根"（实即良知良能），"惟顺理感应自然"③，而免于"意"之干扰。洪垣还进一步指出倘能由格物工夫抵达知根性根，则"物感而意发焉，各得其正，无所着于念而率乎纯粹之原者，道也，盖格于物而诚焉者也"。如虽各得其正，但"犹不免有所着焉，不可以化于物者，意也。盖诚在意，而未格于物者也，是所谓以意诚意，其意小者也"。倘若不仅有所着，且"着极而转念焉，乘之以贪戾骄泰、不恕不仁，而不可解者，意之蔽也，盖塞于意而无物者也，是所谓以意起意者也"④。这种对"以意诚意""以意起意"的批判显然是承接湛若水"以意诚意远矣"的说法而来。

在湛若水众弟子中，洪垣可谓善于调停"岭学"与"越学"者。如所周知，邹守益工夫历程有"三戒惧"之说：其初戒惧于事为，而事为有众有寡、有大有小，对众则庄重，对寡则懈怠，对大事则谨慎，对小事则疏忽。境迁而情异难免受制于外境，"用力劳而收功寡"。后转向戒惧于念虑，但憧憧起伏，念起念灭，"未免灭东生西"，在与同门（王艮、薛侃、钱德洪、王

---

① 黄宗羲：《明儒学案》卷三十九，第211~212页。

② 黄宗羲：《明儒学案》卷三十九，第223页。

③ 有门人问何思何虑是圣人地步，非初学者"初入路头"，洪垣答曰："《系辞》本旨只要除去闲思杂虑，惟顺理感应自然，此正切要功夫。圣人与学者原自一样。"洪垣：《觉山先生绪言》卷二，第87页。

④ 黄宗羲：《明儒学案·甘泉学案》卷三十九，《黄宗羲全集》第8册，第222~224页。

畿）切磋中，最终觉悟到真正戒惧的工夫必须"戒惧于本体""从心体上点检"。① 这一"三戒惧"说也得到了洪垣的呼应："垣窃以为戒惧事迹之功易，而戒惧念虑之功难，戒惧念虑之功易，而戒惧本体之功难。夫戒惧乎本体者，非志之主宰不能也。此处果无隐处，亦无懈时，顾在人自作之耳。"② 洪垣对阳明与湛若水的慎独心法异同及其弊端更有精准的评论：阳明与湛若水均以"所不睹不闻性之体"阐发慎独之旨，"学者晓然知天德、王道，真从此心神化，相生相感，不复落于事功形迹之末，其有功于后学不浅，此非其所同乎？"但阳明言"独知之知"，"至静而神，无不良者"，故其"独知"之知实是"先天不杂于欲时"之"知"，此自无问题。问题在于阳明又称"不识不知"以及杨简之不起意为"得圣学无声臭命脉"，于是，"一时学者，喜于径便，遂概以无心之知为真知，不原先天，不问顺帝之则，"此阳明后学"似倚于微而无上天之载，失之倚，非良矣"。而乃师湛若水"窃为此惧"，乃标举"尧、舜授受执中心法"，特别点出："独者，本体也，全体也，非但独知之知为知，乃独知之理也。"但后学者因有执中之说，往往"惑于感应之际"，"舍初念而逐善恶是非之端，以求所谓中正者，恐未免涉于安排，而非性体之自然"。此湛若水后学"似又倚于显，而有失之倚，非中矣"。阳明后学之失是"微之失"，湛若水后学之失是"显之失"。"显之失尚有规矩可循，微之失则渐入于放而荡矣。"最后，洪垣提出"心"乃"天理良知之管摄"的主张，并以"求之心"则"二公之异同亦可得其一二矣，其可并以支离病哉？"③

另外，值得一提的是，王道对阳明良知概念的批评。《次阳明咏良知三首》其一曰："若把良知当仲尼，太清却被片云迷。良知止是情之动，未动前头尚属疑。"王道更于此诗下自注曰："孟子良知即四端，乃情之发动处，其以孩提言，正赤子之心，而程子以为已发而未远于中者也。阳明指此以为圣人之本体，落第二义矣。"其二曰："独知还是有知时，莫认独知即正知。

---

① 邹守益：《简君亮伯光诸友》，《邹守益集》卷十，凤凰出版社，2007 年整理本，第 492～493 页。

② 黄宗羲：《明儒学案·甘泉学案》卷三十九，《黄宗羲全集》第 8 册，第 213 页。

③ 洪垣：《答徐存斋阁老》，《明儒学案·甘泉学案》卷三十九，《黄宗羲全集》第 8 册，第 217～218 页。

寻到无知无物时，本来面目却为谁。"① 良知只是“情之动处”，“独知还是有知时”，这分明是直接怀疑阳明的良知概念只是“发用”，而不是“正知”，不是“未发之中”，不是“本体”。这一怀疑跟上述湛若水的说法是高度一致的。

四 湛若水“独体”观念的历史效应

湛若水将朱子与阳明的“独知”之“知”字剥脱，而彻底证立一“独”字；并称从“独体透露”才是“真悟”，阳明良知概念只是“神机显见”，是发用（“照处”）。此种种批评与阳明后学先天正心工夫与后天诚意之判（王畿）、“知是知非”是“良知发用”而非“良知之体”之辨（王畿、聂豹、吴时来、邓以讚、邹元标）形成遥相呼应之势。

王畿在嘉靖三十六年《书婺源同志会约》中说道："夫良知即是未发之中，譬如北辰之奠垣，七政由之以效灵，四时由之以成岁。运乎周天，无一息之停而实未尝一息离乎本垣，故谓之未发也。千圣舍此，更无脉络可循。"② 理学殿军刘宗周称“独”为“心极”，又称“无极而太极”为“独之体”，③ 而于其晚年则称“一敛一发，自是造化流行不息之气机，而必有所以枢纽乎是，运旋乎是，则所谓天枢也，即所谓独体也"④。又说慎独须从“声臭外立根基”，“所谓北辰居所而众星拱也。天一气周流，无时不运旋，独有北辰一点不动……故曰‘天枢’”。⑤ 湛若水将“独”称为“极”“未发之中”“北辰”，可谓孤明先发矣。刘宗周批评阳明的良知概念是“非究竟义”（“落第二义”），是“从有善有恶而言者也”，“因有善有恶，而后知善知恶，是知为意奴也，良在何处？”⑥ 又斥阳明致良知工夫“专以念头起灭处求知善

① 王道：《王文定公文录》卷六，沈乃文主编《明别集丛刊 第二辑》第 26 册，第 139～140 页。
② 吴震：《王畿集》卷二，凤凰出版社，2007 年整理本，第 39 页。
③ 刘宗周：《学言上》，吴光主编《刘宗周全集》第 2 册，第 392、395 页。
④ 刘汋：《蕺山刘子年谱》下卷，吴光主编《刘宗周全集》第 6 册，第 120 页。
⑤ 刘宗周提出“独体”说的具体过程参雷静《刘宗周悟体独体的功夫历程》（未刊稿）及高海波《慎独与诚意：刘蕺山哲学思想研究》，生活·读书·新知三联书店，2016，第 231～318 页。
⑥ 刘宗周：《良知说》，吴光主编《刘宗周全集》第 2 册，第 317～318 页。

知恶之实地，无乃粗视良知乎?"① 此种批判与湛若水斥"以意诚意"工夫是"从躯壳意念半截上起"更是同一论调。湛若水又将诚意工夫与戒慎于独体工夫等同，强调其诚意工夫不落意处，此与刘宗周的诚意、慎独工夫亦无二致。湛若水称"独"后添一"知"字已是"赘"了，刘宗周也一度说独知之"知"是一"赘"字。湛若水坚持"良知必用天理，天理莫非良知"，刘宗周晚年《阳明传信录》也屡屡强调良知即天理。刘宗周作为湛若水三传弟子（湛若水→唐枢→许孚远→刘宗周），其慎独工夫与湛若水独体说之间确实存在着明确的承继关系。

---

① 刘宗周：《学言中》，吴光主编《刘宗周全集》第 2 册，第 423 页。

海外儒学研究

落日余晖

——丁茶山的新人心道心说*

谢晓东

（厦门大学哲学系）

摘　要：丁茶山从《中庸》出发，把道心理解为天命之性。他进而建立了心三层说，从而赋予了人心道心以新含义，即道心为性、人心为权衡。不过，心三层说的框架和人心道心的二元性之间存在明显不对应之处，这种漏洞说明了人心道心问题在茶山那里已经如落日余晖，不再具有其此前在性理学中的焦点或独立地位。对于韩国儒学的两大问题四端七情与道心人心之间的关系，茶山持有同构论立场，从而区别于栗谷而力挺退溪。茶山人心道心思想的特色，和其新仁说有内在联系。其要点为道心是大体，人心是小体，而"克己复礼"就是道心克人心或道心为主人心听命。这种强调二心二体二己的"二"恰好和"仁"的基本义"仁者，人也，二人为仁"的"二"对应，这并非偶然。

关键词：丁茶山　西学　儒学　道心人心　性与权衡　朱子

丁若镛（茶山，1762~1836）是韩国儒学中最为高产的儒者，他遍注群经，颇为类似郑玄和朱熹在中国儒学中的地位。韩国儒学的主流是性理学，其本质是韩国化了的朱子学，故而朱熹在韩国儒学中的影响很大。作为朝鲜李朝（1392~1910）后期的很有代表性的思想家，丁若镛自然引起了学界的普遍关注。就这些研究来看，对丁若镛学术思想的总体定位呈现多元化的特点。其中一种传统定位是：丁若镛是韩国实学的集大成者。而实学大体上是

---

* 　基金项目：国家社会科学基金重大项目"明清朱子学通史"（21&ZD051）的阶段性研究成果。

一个反性理学概念，因而相对于占统治地位的朱子学来说是一种异议思潮。[①]
后来出现了第二种定位：以天主教为核心的西学融合儒学在韩国的主要阐发
者。[②] 近年来出现了一种新定位：后朱子学。[③] 不管上述定位有何差异，在丁
若镛的哲学思想中，他和朱子学以及以天主教为中心的西学的思想关系是最
能引起人们探索兴趣的。笔者赞同这么一种观点：借助于西学的一些资源，
丁若镛突破了性理学的樊篱而回归先秦儒学或所谓的"洙泗旧学"。我们知
道，先秦儒学是不讲后世新儒学中非常流行的人心道心问题的。丁若镛是怎
么看待在韩国儒学中举足轻重的人心道心问题的呢？韩元震（南塘，1682～
1751）之后，传统性理学的人心道心论述事实上已经终结了。[④] 那么，丁若
镛是如何实现人心道心问题的创造性转化的呢？或者说，他是如何实现"旧
瓶装新酒"的呢？这就是本文所要探讨的主题。关于茶山的人心道心思想，
韩国内外已经有了一些研究，其中金玟、金洛真、白敏祯和蔡振丰的相关分
析值得注意。[⑤] 这些研究，各自有其特点和问题意识。而本文则是从东亚儒
学人心道心思想史的角度，去细致而微地考察丁若镛相关论述的特质和
地位。

一 "人心道心"的文献与文本问题

茶山生活在朝鲜李朝的后期，故而有更好的机会吸收借鉴前人的研究成
果。就本文的主题而言，就涉及人心道心论述的文献基础问题。

---

① 杨儒宾：《异议的意义：近世东亚的反理学思潮》，台大出版中心，2012，第 327 页。

② 琴章泰：《东西交涉和近代韩国思想》，转引自黄俊杰编《东亚儒学研究的回顾与展望》，
华东师范大学出版社，2008，第 129 页。

③ 蔡振丰：《朝鲜儒者丁若镛的四书学——以东亚为视野的讨论》，台大出版中心，2010，
第 311～312 页。

④ 谢晓东：《韩南塘的人心道心思想研究》，《栗谷学研究》2016 年第 32 辑。

⑤ 〔韩〕金玟：《朱熹与丁若镛"道心人心论"之比较研究》，博士学位论文，台湾大学哲学
系，2019。金玟博士聚焦于丁若镛和朱熹的道心观念，并提出了以是否具有本体义来区
分丁若镛、朱熹之道心概念。她认为，丁若镛的"道心"等同于作为本体的"天命之
性"和"灵明"，而本体所依据的"上帝"才是终极本体。很明显，金玟凸显了丁若镛
的以天主教为中心的西学色彩。〔韩〕金洛真：《愚潭丁时翰的四端七情论》，收入民族
与思想研究会编《四端七情论》，姜日天等译，"中央研究院"中国文哲研究所，2019，
第 163～196 页。

1. 黄宗羲否定了人心道心问题的存在价值

关于《古文尚书》的辨伪过程，前人已经有了比较详细的叙述，这里就不再重复了。此处仅需要强调一下，明末清初由阎若璩（1636~1704）所考证出的《古文尚书》是东晋伪书的最终结论，已经为韩国儒者所知晓。比如，生活在清代中期的丁茶山就知道并且同意其结论。众所周知，人心道心问题的文献依据就是《古文尚书·大禹谟》，而该篇已经被证伪。在这种情形下，史学取向强的人可能就会倾向于摒弃人心道心问题，历史学家黄宗羲（1610~1695）就是这样的。在给阎若璩的《古文尚书疏证》作序时，黄氏明确指出：

> 吾友朱康流谓余曰：从来讲学者，未有不渊源于危、微、精、一之旨，若无《大禹谟》则理学绝矣，而可伪之乎？余曰：此是古今一大节目，从上皆突兀过过去。允执厥中，本之《论语》。惟危惟微，本之《荀子》。《论语》曰：舜亦以命禹，则舜之所言者，即尧之所言也。若于尧之言，有所增加，《论语》不足信矣。人心道心，正是荀子性恶宗旨。惟危者以言乎性之恶，性微者此理散殊，无有形象，必择之至精而后，始与我一，故矫饰之论生焉。后之儒者，于是以心之所有，唯此知觉，理则在于天地万物。穷天地万物之理，以合于我心之知觉，而后谓之道，皆为人心道心之说所误也。夫人只有人心，当恻隐自能恻隐，当羞恶自能羞恶，辞让是非，莫不皆然。不失此本心，无有移换，便是允执厥中。故孟子言求放心，不言求道心。言失其本心，不言失其道心。夫子之从心所欲不踰矩，只是不失人心而已。然则此十六字者，其为理学之蠹甚矣。①

自朱熹以来，以人心、道心范畴为中心的"十六字传心诀"就是理学道统论的基础，故而非常重要。不过对黄梨洲来说，因为人心道心范畴来自《荀子》，而荀子思想的主旨是性恶说，故而认为人心道心就是变相的性恶说。在宋明理学中，荀子的性恶说总体来看被视为异端。作为理学殿军的黄梨洲②，也继承了这种思路。在这种情况下，他轻蔑地把十六字称为"理学

---

① 丁若镛：《梅氏书平十·南雷黄宗羲序》，《与犹堂全书》集 2 卷 32，载《韩国文集丛刊》第 283 辑，http：//db. itkc. or. kr。《梅氏书平十》作于 1810 年。
② 刘述先：《黄宗羲心学的定位》，浙江古籍出版社，2006。

之蠹"。

2. 丁茶山对黄宗羲的驳斥

茶山并不认同黄氏的判断。在他看来，"此段大误，可以见学术头脑有差。区区经义之得失，有不足论也"①。茶山对黄宗羲的观点予以了全面的驳斥。

首先，茶山试图还原十六字的文本。

> 荀子引《道经》曰：人心之危，道心之微，危微之几，惟明君子而后知之。其下又曰：倕作弓，浮游作矢。而羿精于射，奚仲作车，乘杜作乘马，而造父精于御。自古及今，未有两而能精者也。《解蔽篇》□案：荀子上文有舜治一段，舜之治天下，不以事诏而万物成。故梅氏作《大禹谟》，遂以人心道心二句，为帝舜之言。荀子下文有精一之戒，故又增惟精惟一句，以承上文。其下又取《鲁论·尧曰篇》允执其中一句，以作结句。盖以尧曰篇，原有舜亦以命禹一语，故梅氏点缀如是耳。然尧曰之文，躬、中、穷、终四韵相叶。荀子之文，危、微、几、知四韵相叶。梅氏和金带铁，不觉落韵，是其破绽处也。②

茶山从音韵学角度指出，梅氏作伪是有明显破绽的。他的结论是："今梅氏伪案，昭然呈灵，如白日中天，魑魅莫遁。此经四句，不得不罢还原质。"③ 也就是说，《大禹谟》是东晋伪作，但其据以作伪的材料却是货真价实的《荀子》和《论语》中的内容。所以，茶山认为应当回到其原有的文本中理解那些材料。这是一种还原法。

其次，茶山之所以要把这些材料还原，还是因为人心道心问题是非常重要而非无足轻重的。"人心道心，亦必是五帝以来相传之道诀，非后人之所能道也。今此二句，为万世心学之宗。岂可以出于荀氏，而少忽其尊信之诚哉?"④ 在茶山看来，人心道心是五帝以来所传的儒家之道的口诀，是"万世心学之宗"。需要说明的是，茶山这里所说的心学不是狭义的陆王心学，而

---

① 丁若镛：《梅氏书平十·南雷黄宗羲序》。
② 丁若镛：《心经密验》，《与犹堂全书》集 2 卷 2，载《韩国文集丛刊》第 282 辑。http://db.itkc.or.kr。
③ 丁若镛：《梅氏书平》十。
④ 丁若镛：《心经密验》。《心经密验》作于 1815 年。

是指儒家孔孟之道的论心之学，从而也就涵盖了程朱一派。读者不难发现：茶山的上述话语，和中国的朱熹、王守仁和刘宗周如出一辙。[①] 茶山特别指出，不必受宋以来贬斥荀子之倾向的影响，从而以为出自《荀子》的人心道心亦不值得遵从和信任。茶山接着说道："原夫允执厥中者，尧、舜、禹秉德传道之要旨也。人心道心，五帝以来，省心察性之玄诀也。出于《论语》而未必加尊，出于荀子而未必可侮，揭于《尚书》而未必威重，采于《道经》而未必荒唐。唯其至理协于人道，妙悟符于天绰，斯当奉之为天球弘璧，岂得以梅书之归伪，而并弃此皇皇圣言乎？"[②] 这句话要表达的含义同于上句，只不过使用了人心道心是"省心察性之玄诀也"的新表述。由于明显的反形而上学倾向，茶山对性理学的理气论不以为然。不过，他对心性论依然是较为关注的，特别是对"省心察性"的工夫论。此点下文会继续分析。

最后，经由上文的铺垫，茶山水到渠成地揭示了由朱子所阐发的人心道心问题的伟大价值和意义。抽象来看，朱子《中庸章句序》中的部分文字乃颠扑不破的万世真理，具有永久存在的价值。"梅书虽败，《道经》之二十字，朱子序之一百三十五字，仍当刻于大碑，建之太学，为万世立大训，不可忽也。"[③] 那么，所谓的"朱子序之一百三十五字"又指的是什么呢？笔者以为，应该是如下文字：

> 心之虚灵知觉，一而已矣，而以为有人心、道心之异者，则以其或生于形气之私，或原于性命之正，而所以为知觉者不同，是以或危殆而不安，或微妙而难见耳。然人莫不有是形，故虽上智不能无人心，亦莫不有是性，故虽下愚不能无道心。二者杂于方寸之间，而不知所以治之，则危者愈危，微者愈微，而天理之公卒无以胜夫人欲之私矣。[④]

至于文字的数量差异，可能是茶山没有计算标点符号。毕竟，在朱子时代，西方所发明的标点符号还没有传到中国。茶山在此处高度评价了朱

① 谢晓东：《宋明理学中的道心人心问题——心学和朱熹的思想比较》，《厦门大学学报》（哲学社会科学版）2009 年第 6 期。

② 丁若镛：《梅氏书平》十。

③ 丁若镛：《梅氏书平》十。

④ 《四书章句集注》，中华书局，1983，第 14 页。

子之序，而这和他经常批评朱熹形成了鲜明的对照。那么，茶山为何在此处如此褒扬朱序所阐发的人心道心思想呢？具体来说这是因为："孟子之没，道脉遂绝，籍灭于战国，经灭于秦项……汉儒说经，皆就文字上，曰诂曰训，其于人心道心之分，大体小体之别，如何而为人性，如何而为天道，皆漠然听莹。……以己克己，是千圣百王，单传密附之妙旨要言。明乎此则可圣可贤，昧乎此则乃禽乃兽。朱子为吾道中兴之祖者，亦非他故，其作中庸之序，能发明此理故也。"（《论语古今注》卷六）换言之，在茶山看来，孔子提出的"克己复礼"命题蕴含了"以己克己"的不朽真理，而这个真理在朱熹"道心为主人心听命"的更为具体化的命题中大白于天下。作为儒学复兴的最大功臣，朱子的功劳就体现在其所阐发的人心道心思想中。

3. 茶山也指出了十六字存在着连贯性问题

需要指出的是，茶山也并不认为十六字就是完美无缺的。

> 但惟精惟一、允执厥中二句，上承危微之戒，终恐龃龉而不安。何者？上智不能无人心，下愚不能无道心。朱子之说，圣起不易。然则人心道心，不可以择执其一，将何以惟精惟一乎？且所谓执中者，即中庸所谓执其两端，用其中于民也。中者于凡事物之上，各有至极正当底道理者也。若就人心道心，求其中而执之，则必天理人欲，相杂相糅，为半是非之义，然后乃为执中。若云绝去人心，孤存道心，是之谓精一，则又何云上智不能无人心乎？人心道心，自一至言；允执厥中，自一炯戒。各观其旨，可以知道相连为文，终不合理。诚愿世之君子，毋遽大惊，平心舒究，则庶乎其犁然解矣。□荀子本意，盖谓一则能精，两则难精。古所云瞽精于听，聋精于目，亦此说也。然则唯一唯精，理固然矣。先精后一，亦与荀子意不同矣。[1]

在他看来，所谓的"十六字传心诀"的说法是错误的，理由在于前两句和后两句之间是不融贯的。[2] 当然了，不融贯的深层次原因在于：人心道心

---

[1]　丁若镛：《心经密验》。

[2]　现代学者廖名春也认为所谓的"十六字传心诀"的前两句与后两句之间存在明显的断裂和不融贯。具体论述可以参阅廖名春《"人心之危，道心之微"本义考——兼论〈大禹谟〉"虞廷十六字"的真伪》，《社会科学》2019年第1期。

之间是无法执中的，其后果就是天理人欲杂糅。此外，人心道心之间是无法言"精一"的，因为人心是不可灭除的。这些话语都说明，茶山比较善于独立思考，既指出其价值，也揭露其问题。需要指出的是，茶山此处对十六字还是存在一些误解的。此点也留待下文分析。

概而言之，对人心道心说所面临的文本危机，茶山从容应对。经过一番论证后，他得出了如下结论："然人心道心之旨，是吾人认已省身之大训，作圣超凡之玄诀。伪书虽毁，真诠自在。益宜尊信表章，倍加翼护，胡乃斥之为性恶之宗旨乎?"① 基于和茶山类似的方法论立场，我们接下来考察他到底是如何"真诠"的。

二　性说转向与道心人心的重述

根据金玟博士的研究，茶山和朱子的道心人心论的基本差别在于对"道心"的界定不同。由于本文的问题意识是对茶山的人心道心思想予以全面细致的分析，首先考察一下其对道心的规定就是颇为必要的。茶山说道："天命之谓性，率性之谓道，斯之谓道心也。"② 在他看来，《中庸》首句讲的就是道心，或者更进一步来看，"道心与天命，不可分作两段看"③。看来，道心和天命具有密切的联系。在新儒学中，"天命之性"是一个非常重要的概念。为了能够理解道心，就有必要先对其逻辑在先的概念天命之性予以考察。而这，就把我们带到了茶山的以性嗜好说为代表的人性论那里。本节关注的问题是其性说转向的内在理路及其影响。

1. 否定"本然之性"而使用"天命之性"的提法

茶山哲学总体上倾向的是《中庸》系统而不是《大学》系统，这是因为前者的首出物为"天命之谓性"的"天"，而这与茶山曾经的天主教信仰一致。虽然他后来放弃了对这个宗教的信仰，但是依然保留了对一些西学的接纳。基于此，他非常重视"天命之性"这个术语，而对东亚儒学中流行的"本然之性"这个短语则颇多微词。更准确的说法是，茶山在晚年的 1801～1810 年间有一个重要转向，即弃用了本然之性的概念而代之以天命之性的概

---

① 丁若镛：《梅氏书平》十。
② 丁若镛：《心经密验》。
③ 丁若镛：《中庸自箴》一，《与犹堂全书》集 2 卷 3，载《韩国文集丛刊》第 282 辑。

念。那么，茶山是否提供了理由以解释他的这个转变呢？答案是肯定的。在他看来，"佛氏谓如来藏性，清净本然。《楞严经》谓本然之性，纯善无恶，无纤毫尘滓，滢澈光明。特以血气新薰之故，陷于罪恶。有宋诸先生皆从此说"。① 宋明新儒学和韩国性理学的一个基本倾向是辟佛，而茶山则更加彻底，连取自佛学理论资源的"本然之性"的术语也予以了排斥。当然了，除了义理层面的考虑，其原有的宗教信仰或许也起到了一定的作用。不难想象，宗教对宗教的排斥会更加强烈。不过，茶山应该主要还是从儒家角度去批评"本然之性"概念的。他进一步指出："本然之义，世多不晓。据佛书，本然者，无始自在之意也。儒家谓吾人禀命于天，佛氏谓本然之性。无所禀命，无所始生。自在天地之间，轮转不穷。人死为牛，牛死为犬，犬死为人。而其本然之体，滢澈自在，此所谓本然之性也。逆天慢命，悖理伤善，未有甚于本然之说。先儒偶一备用，今人不明来历，开口便道本然之性。本然二字，既于六经四书诸子百家之书，都无出处。唯首《楞严经》重言复言，安望其与古圣人所言，沕然相合耶？"② 要言之，原始儒家和佛教的基本区别在于"禀命于天"和"无所禀命"。前者意味着性的源头是天，而后者则否定了这一点。而且，本然之性的概念预设了无始无终的实体的存在，其是轮回的主体，这和儒家/天主教的以天为首出的理路根本不同。③ 就此而言，天命之性的概念才符合儒家的义理规模。其实，在朱子看来，天命之性是理，本然之性也是理。换言之，天命之性和本然之性的名称虽然不同，但是其概念的实质是一样的。那么，丁茶山的性说的这个转向，对于其性论的正面建构，意义何在呢？

2. "性嗜好"说的证明

茶山对新儒学把性形而上学化的理路是不以为然的，他指出："今人推尊性字，奉之为天样大物，混之以太极阴阳之说，杂之以本然、气质之论。眇芒幽远，恍忽夸诞，自以为毫分缕析，穷天人不发之秘，而卒之无补于日用常行之则，亦何益之有矣？斯不可以不辨。"④ 应该说，这是对程朱以及韩

---

① 丁若镛：《心经密验》。
② 丁若镛：《心经密验》。
③ "天主则无始无终，而为万物始焉，为万物根柢焉。"〔意大利〕利玛窦：《天主实义今注》，〔法〕梅谦立注，谭杰校勘，商务印书馆，2015，第84~85页。
④ 丁若镛：《心经密验》。

国性理学中性即理一系的批评，而这种批评相当程度上是从道德实践的角度揭示了新儒学性论的问题所在：区分精细却无法指导人们的日常道德实践。一言以蔽之，无用。从人性论视角来看，茶山标志性的学说是"性嗜好"说。对于该说，前人已经有了不少考察①，我这里仅扼要地分析一下其基本结构。

茶山认为："神形妙合，乃成为人。"② 从构成的角度来看，人的基础概念是神和形。这和以朱熹为代表的理学家从理气化合产生万物（包括人）的看法明显有异。其实，这并不奇怪。在 18 世纪，东亚的中、日、韩等国都掀起了反形而上学的革命，其矛头所指就是新儒家的理气论，而茶山则是这一场革命的中坚人物。茶山以为，孟子所说的大体就是心，也就是他所说的"神"这个字。③ 而形则是形体，是有形之物，是由气所构成。那么，茶山又是如何看待性理学中的核心概念"性"的呢？在他看来，

> 性之为字，当读之如雉性、鹿性、草性、木性，本以嗜好立名，不可作高远广大说也。……今论人性，人莫不乐善而耻恶，故行一善则其心充然以悦，行一恶则其心歉然以沮。我未尝行善，而人诩我以善则喜。我未尝无恶，而人谤我以恶则怒。若是者，知善之可悦而恶之可愧也。见人之善，从而善之。见人之恶，从而恶之。若是者知善之可慕而恶之可憎也，凡此皆嗜好之显于目下者也。积善集义之人，其始也俯仰无怍，内省不疚，积之弥久，则心广体胖，睟然见乎面而盎乎背。积之弥久，则充充然有浩然之气。至大至刚，塞乎天地之间，于是富贵不能淫，贫贱不能移，威武不能屈。于是神而化之，与天地合其德，与日月合其明，遂成全德之人。此其性宜于行善，如稻宜于水种，黍宜于旱种，而葱蒜之壅鸡粪也。……凡此将嗜好之验于毕竟者也，天于赋生之初，予之以此性，使之违恶以趋善，故人得以依靠此物，以遵此路。子

---

① 方旭东：《人性与嗜好——朝鲜儒者茶山丁若镛"性嗜好说"析论》，《世界哲学》2015 年第 3 期。

② 丁若镛：《心经密验》。感兴趣的学者可以比较一下《天主实义》中的相关表述："人以形、神两端相结成人，然神之精超于形，故智者以神为真己，以形为藏己之器。"《天主实义今注》，第 187 页。

③ "然若必欲假借一字，以为大体之专名，则心犹近之，性则不可。"在现代汉语里面，依然保留了"心神不宁"之类的成语。可见，茶山的解释不是没有道理的。

思之言性命，孟子之谈性善，都是此意。今观孟子言性，皆以嗜好立喻。《告子》《尽心》篇，凡以是也。①

茶山认为"性"字应当以形而下的方式予以平实的理解，在他看来，万物皆有性。其中，人性则具有"乐善而耻恶"的特点。换言之，人的本性是善良的。就此而言，茶山和孟子处于同一阵营，都持有的是性本善的立场。或者换一种表述，性嗜好说是性本善说的一种形态。需要指出的是，性嗜好说是一种人性物性普遍性说而不仅仅局限于人性论。就此而言，道德哲学意义的性嗜好说的准确说法应该是人性嗜好说。而所谓的"嗜好"，茶山论证道："见人之善，从而善之。见人之恶，从而恶之。若是者知善之可慕而恶之可憎也，凡此皆嗜好之显于目下者也。"应该说，这种论证的深度是有限的，其预设了善恶是比较容易分辨清楚的前提。而且，茶山认为是"天"在给予人以生命时，就同时把此嗜好善的性也赋予了人。既然人本性是嗜好善而憎恨恶的，那么人类社会中为何还有如此多的恶存在呢？恶产生的机制是什么呢？又是什么导致嗜好善的性不能在人的实际行为中表现出来呢？而这和人心有关系吗？

3. 心的三种能力之区分

针对上述问题，下面转向茶山的心概念。相对于新儒学对性二元论的爱好，茶山则比较喜欢三这个数字。他把儒学的中心由新儒家的性转移到心，并对心的概念予以了细致的分析。从事这项工作之前，先补充一下茶山对"人心"的阐释，从而可以与前文道心即天命之性的看法对勘。"人有是形，故其食色安佚之欲，同于禽兽，此人心之危也。"② 换言之，人心的根源来自人的形体，而形体对感性欲望的追求和禽兽没有本质上的不同，故而处于一种向下坠落的状态。那么，人心和性之间存在何种联系呢？在茶山看来，"宋儒论性，有本然之性，气质之性，实本于人心道心之经"。③ 很明显，性有两性，而心也有两心。虽然茶山后来否定了本然之性的提法而易之以天命之性，但是其思想结构是不变的：天命之性——道心，气质之性——人心。于是一个问题就自然浮现了：道心人心之间是什么关系呢？此点留待本文的

---

① 丁若镛：《心经密验》。
② 丁若镛：《梅氏书平》十。
③ 丁若镛：《梅氏书平》十。

最后一部分来解决。目前，更需要理解茶山对更一般意义的心是如何规定的。

> 心之为字，其别有三。一曰五脏之心，若云"比干剖心，心有七窍"者是也。二曰灵明之心，若《商书》曰："各设中于乃心"、《大学》曰："先正其心"者是也。三曰心之所发之心，若《孟子》所云"恻隐之心""羞恶之心"是也。第一、第二，皆全言之者也，其第三，则可一可二，可三可四，可五可六，可百可千。孟子特拈其四心，以证仁义礼智之本，在于人心，与灵明本体之心，有干枝之别耳。

此处，茶山区别了心的三重含义，其中第一种含义是肉体意义上的五脏之心，第二种是本体意义上的灵明之心，第三种是经验意义上的心中呈现的内容。第一种含义的心不具有哲学意义，因而需要重点关注的是第二和第三种。茶山认为，作为本体的心是一，而作为内容的心是多，比如四端七情都是心的内容，因而是多。那么，心的三重含义又是如何与东亚儒学中的人心道心论说联系起来的呢？

> 《说文》曰："心者，一身之主宰"，则庶几无误，而同一心字，原有三等。其一，以灵知之全体为心，若所谓心之官思及先正其心之类是也。其二，以感动思虑之所发为心，若所谓恻隐之心、非辟之心是也。其三，以五脏之中主血与气者为心，若所谓心有七窍是也。（肝、肺、脾、肾，其字从肉，心字特殊。盖五脏之心，未必为心字之本，神明之心，未必为心字之假借也。）第一、第三，有一无二，若其第二之心，可四可七可百可千，韵府所列，岂有限制？但此百千之心，静察其分，不出乎人心、道心。非人心则道心，非道心则人心，公私之攸分，善恶之攸判。[①]

很明显，此处茶山认为，人心道心都属于已发之心，从而明显区别于作为未发的本体之心。就此而言，其和朱熹的观点较为一致，即都认为人心道心属于已发。不过，差别在于，此处的茶山似乎认为道心人心之分别属于公私善恶。而这，和其在某些地方的表述，比如虽上智不能无人心，是有明显

---

① 丁若镛：《梅氏书平》十。

差别的。那么，作为"灵知之全体"的心又具有什么特性呢？"总之灵体之内，厥有三理。言乎其性则乐善而耻恶，此孟子所谓性善也。言乎其权衡则可善而可恶，此告子湍水之喻、扬雄善恶浑之说所由作也。言乎其行事则难善而易恶行，荀卿性恶之说所由作也。荀与扬也，认性字本误，其说以差，非吾人灵体之内，本无此三理也。"① 茶山认为灵明之心中有此三种能力，分别命名为性、权衡与行事，此前他曾经尝试命名为"性"、"才"和"势"。② 应该说，茶山此说把儒学史上的具有代表性的人性论以新的概念结构予以了整合，从而确认了孟子性善说的基础地位。换言之，只有孟子所说的善才是性的属性，而告子、扬雄和荀子的其他两种"性说"其实不是说性，而是非性。茶山这么做，是试图解释善的先验起源以及恶的后天起源。"天既予人以可善可恶之权衡，于是就其下面，又予之以难善易恶之具，就其上面，又予之以乐善耻恶之性。若无此性，吾人从古以来，无一人能做些微之小善者也。故曰率性，故曰尊德性，圣人以性为宝，罔敢坠失者以此。"③ 要言之，性善相当于康德所说的善良意志（good will），而"权"或相当于自由意志（free will）。当然，严格地说，"权"更接近于康德所讲的意念的自由选择为善还是作恶。④ 最后，茶山下结论道："人性嗜善，故养之以善则浩浩然刚大，不养之以善则悴悴焉衰残。孟子道性善，其精义在此。此一验也。性之

---

① 丁若镛：《心经密验》。
② 此前五年，茶山就有类似表述。"天之赋灵知也，有才焉有势焉有性焉。才者，其能其权也。麒麟定于善，故善不为功。豺狼定于恶，故恶不为罪。人则其才可善可恶，能在乎自力，权在乎自主。故善则赞之，以其有可恶之机，故赞之。恶则訾之，以其有能善之才，故訾之。扬子有见乎是，故曰善恶浑，以之言性则非也。势者，其地其机也。食色诱于内，名利引于外。又其气质之私，好逸而恶劳。故其势从善如登，从恶如崩。天非不知而使之然也，为如是然后其为善者可贵也。荀子有见乎是，故曰性恶，以之言性则非也。知性者，其惟孟子乎？夫天命之性，嗜善义以自养。如气质之性，嗜刍豢以自养。必以嗜好为性，斯义乃明也。孟子耳目口味章，是论性大案。呜呼？言乎其才则可善可恶，言乎其势则难善易恶。持此二者，将何以为善也？唯是天命之性，乐善而耻恶。每遇一事，其善恶在前，一循此性之所欲向则可无差误，故曰率性之为道。率者循也，如锯者循墨，渡者循桥，不敢左右，斯谓之率性也。只此一条，为吾人免恶成善之资斧。若无此性，即虽智如神明，毕世而不能作丝发之善矣。故《中庸》之工，唯在乎尊德性，谓此性即吾修德之绳墨也，而天之所以赐我而成德者也。故尊之奉之，不敢失坠然也。"（丁若镛：《梅氏书平》十）
③ 丁若镛：《心经密验》。
④ 康德研究专家会倾向于区分意志与意念，比如李明辉《康德的"根本恶"说——兼与孟子的性善说相比较》，载《康德伦理学与孟子道德思考之重建》，"中央研究院"中国文哲研究所，2004，第117~146页，特别是第133页中对二者进行了多重区分。

为物，非以嗜好得名者乎？"应该说，茶山是以自己独特的方式完成了对人性论的总结，具有重要价值。当然了，对性嗜好说也可有多种批评。比如，人在后天形成了良心概念，以人后天的喜欢别人赞同自己和讨厌别人否定自己来说明性先天嗜好善，不是一个成功的证明。由于认知缺陷（苏格拉底）或意志薄弱（戴维森），行善也是很困难的。

4. 灵体三层说/三分说和人心道心问题的转化

那么，传统的人心道心范畴在此种思想视野中会出现出何种面貌呢？总的来说，茶山把传统的人心道心说予以创造性的转化，从而构成了独特的灵体三层说。其内容如下：

> 人心惟危者，吾之所谓权衡也。心之权衡，可善可恶。天下之危殆不安，未有甚于是者。道心惟微者，吾之所谓性好也。天命之谓性，率性之谓道，斯之谓道心也。孟子曰人之所以异于禽兽者几希，几希者微也。性之乐善，虽根于天赋，而为物欲所蔽，存者极微，唯君子察之。[①]

在茶山看来，"人心"具有可善可恶的潜能，故而相当于他所定义的"权衡"；而"道心"是善的，故而和其对人性（善）的规定性一致。或可认为，这是茶山对人心、道心概念在其独特的话语系统中的新解释。但是，其新解释和人心道心论述的传统存在明显差异：第一，在朱熹看来，人心道心都是已发，而茶山此处似乎把道心看作未发的性，而这又和前文所说的已发之心相冲突。第二，茶山谈论恶的起源，只说物欲，不谈气禀。这是因为他不言理气论，故而不言气禀。而朱熹则认为恶的来源有二，分别是气禀和物欲。茶山和朱子的区分体现了反形而上学和形而上学的对立。不难看出，三层说中的"行事"无法纳入人心道心说中，而这也正是茶山的特色所在，表现出了他对现实的人的行为是悲观的，从而和荀子的性危说（性恶乃其强势表达）[②] 具有某种相似性。这是茶山曾经的天主教信仰所致？因为我们知道，天主教的原罪说与行善难作恶易具有某种同构性。这种可能性是不能排除的。[③] 不难发现，在理论建构过程中，茶山似乎不大不顾及三层说和人心

---

① 丁若镛：《心经密验》。

② 谢晓东：《性危说：荀子人性论新探》，《哲学研究》2015年第4期。

③ 안영상, 토미즘과 비교를 통해서 본 정약용의 인심도심론, 《韩国实学研究》2005年第9辑。

道心二元性的不对应，而只是把人心道心说纳入其人性理论。这种漫不经心的态度是否呼应了在韩南塘之后一定程度上人心道心问题已经去焦点化而成为落日余晖呢？

其后，茶山又使用了传统的体用范畴去解读其新说。

> 此孟子借形躯之嗜好，以明本心之嗜好。人之本心，乐善耻恶，即所谓性善也。……悦理义者，心之性也。悦刍豢者，口之性也。性非嗜好之所由名乎？……若论本心之全用，有可善可恶之理，有难善易恶之势，总非性也。杨雄以有可善可恶之理而谓之性混，荀卿以有难善易恶之势而谓之性恶，总以非性为性。[①]

茶山认为，人的本心就是所谓的性善。仅论此处，他似乎有阳明心学的倾向。对于茶山来讲，本心其实也就是心的性，其具有悦礼义的倾向，正如口之性是"悦刍豢者"一样。当然了，孟子和茶山的这个类比论证其逻辑效力是很有限的。对于崇尚素食的印度教来说，只有贱民才吃猪肉之类的肉食，而其他四个种性的"口之性"并非"悦刍豢者"而是"悦素食者"。而且，即便"此孟子借形躯之嗜好，以明本心之嗜好"的论证思路是合理的，也很难证明"本心之嗜好"就是理义或"乐善耻恶"。这是一个复杂的问题，此处就此打住。本心自身虽然是善的，这就是所谓本体，但是本心之用却还需要进一步分析。茶山从"才"即潜能的角度认为本心的发展方向是"可善可恶"，而从人的行为的现实表现去看则是"难善易恶"。从概念上看，"用"必须和体区分开来。因而，"才"和"势"都不属于性概念本身，而是非性。相对于传统的体用不二观，茶山更多地强调了体用相分。应该说，后者是西方思维的特性。

最后，茶山指出了形气对灵体（本体）的负面影响，从而说明了作为本体的道心受到了气的限制。

> 性者吾人之嗜好也，先儒乃以为灵体之专称，其无差殊乎？若论灵体，其本体虚明，若无可恶之理，特以其寓于形气之故，众恶纷兴，交乱本体，此本然气质之说，所以不得不起也。先儒所认之性，与孟子所

---

① 丁若镛：《答李汝弘 丙子九月日》，《与犹堂全书》集 1 卷 19，载《韩国文集丛刊》第281 辑。

认之性，不同。①

上述话语是新儒学的"理强气弱"命题的茶山版，即"形强神弱"。也有很强的柏拉图哲学的色彩，即灵魂受到肉体的玷污而堕落，于是恶就产生了。性二元论既说明了善的先验起源，也说明了恶的起源。这些都为道德实践确立了其可能性与必要性。但是，说明善恶的起源，一定要采纳性二元论的理路吗？茶山的回答是否定的。故而，其采纳的策略是只把孟子的性善说的合理内核作为性的内容，从而构成了喜欢（嗜好）善的性。与此同时，他也对恶的起源予以了解释，这就是权衡；对恶的现实表现予以了说明，这就是行事。换言之，茶山对人性概念予以了窄化，从而仅仅把新儒学中的天命之性看成是性，而把气质之性纳入权衡和行事的范畴。

三 四端七情和道心人心同构论

在高峰和退溪的辩论中，其实前者就曾经说过："论人心道心，则或可如此说；若四端七情，则恐不得如此说。"② 后来，栗谷也说过类似的话，"人心道心，可作主理主气之说。四端七情，则不可如此说。以四端在七情中，而七情兼理气故也"。③ 现代的研究者也曾注意到，李退溪的理气互发说可以从朱熹的人心道心说中找到很有力的支持。④ 看来，栗谷应该是意识到了：强调"或原或生"的人心道心说，确实更容易为退溪学派提供用来证明四端七情理气互发的有力武器。⑤ 于是他就试图证明人心道心和七情四端之间存在明显差异，故而不是平行对应的两组问题。那么，茶山又是如何理解两组概念之间的关系的呢？

---

① 丁若镛：《心经密验》。
② 奇大升：《高峰上退溪四端七情说》，《高峰集》辑 3，首尔民族文化推进会，1988～1989，第 102 页。
③ 李珥：《答成浩原 壬申》，《栗谷全书》卷 10，第 202 页。
④ 陈来：《东亚儒学九论》，生活·读书·新知三联书店，2008，第 31、40 页。
⑤ "今看《十图·心性情图》退翁立论，则中间一段曰：'四端之情，理发而气随之，自纯善无恶；必理发未遂而掩于气，然后流为不善。七者之情，气发而理乘之，亦无有不善。若气发不中而灭其理，则放而为恶云。究此议论，以理气之发，当初皆无不善。而气之不中，乃流于恶云矣。人心道心之说，既如彼其分理气之发，而从古圣贤皆宗之，则退翁之论，自不为过耶。"成浑：《与栗谷论理气第一书 壬申》，《牛溪集》卷 4，第 89 页。

1. 同构说的体现

一方面，晚年茶山对退溪思想的理解是："盖退溪专就人心上八字打开，其云理者是本然之性，是道心，是天理之公。其云气者是气质之性，是人心，是人欲之私。故谓四端七情之发，有公私之分。而四为理发，七为气发也。"① 茶山意识到，退溪思想的立足点是心性论，或者说是心。在他看来，退溪把本然之性、道心都看作公理的体现，而气质之性、人心则都是人欲之私的表现。就此而言，道心公而人心私。与此同时，四端为理发，七情为气发。换言之，四端也是公理的体现，七情为私欲的体现。经此处理，四端七情与道心人心就实现了同构，从而完全符合退溪的平行同构说。② 另一方面，茶山对栗谷思想的理解是："栗谷总执太极以来理气而公论之，谓凡天下之物，未发之前，虽先有理，方其发也，气必先之。虽四端七情，亦唯以公例例之，故曰四七皆气发也。其云理者是形而上，是物之本则。其云气者，是形而下，是物之形质。非故切切以心性情言之也。"③ 换言之，栗谷则是先从理气形上学着手，把理气论和心性论打为一片。在这种情况下，四端七情/道心人心都是气发。就此而言，栗谷是不同于退溪的。最后，茶山总结道："退溪之言较密较细，栗谷之言较阔较简。然其所主意而指谓之者各异，即二子何尝有一非耶？未尝有一非，而强欲非其一以独是，所以纷纷而莫之有定也，求之有要，曰专曰总。"④ 也就是说，他们二人的区别在于一个是分说，一个是总说。茶山的结论是，两人之说从各自角度来看，都是有道理的，可以同时并存。应该说，茶山对韩国儒学中的退、栗之争采取了一种调和折衷的态度。

但实际上，年轻时的茶山并不是这样的。那时，对于退溪和栗谷的公案，他从理论上是倾向于栗谷的。在他24岁和国王的对话中，茶山明确说道："臣于四端属理发，七情属气发之说，有宿疑焉。若不汩没于纷纭之说，超坐而公观之，则或易辨破。盖气是自有之物，理是依附之品。而依附者必依于自有者，故才有气发，便有是理。然则谓之气发而理乘之可，谓之理发

---

① 丁若镛：《理发气发辨一》，《与犹堂全书》集1卷12，载《韩国文集丛刊》第281辑。
② "人心，七情是也；道心，四端是也。非有两个道理也。" 李滉：《答李宏仲问目》，《退溪集》卷36，载《韩国文集丛刊》第30辑，首尔景仁文化社，1998，第310页。
③ 丁若镛：《理发气发辨一》。
④ 丁若镛：《理发气发辨一》。

而气随之不可。何者？理非自植者，故无先发之道也。未发之前，虽先有理。方其发也，气必先之。东儒所云发之者气也，所以发者理也之说，真真确确，谁得以易之乎？臣妄以谓四端七情，一言以蔽之曰：气发而理乘之。不必分属于理气也，不但四七，即一草一木之荣枯，一鸟一兽之飞走，莫非气发而理乘之也。"① 年轻的茶山毫不含糊地认为气发理乘一途说是正确的，而理气互发则是错误的。当然，其提供的理由和栗谷是不同的。茶山已经超出了性理学的藩篱，其基本表现就是把气看作自有之物，而理则依附于气而存在。② 这种观点强调的是理是气之理，依附于气而存在，这和朱熹的视理气不离不杂的形上学相去甚远，而属于气学范畴。换言之，其以气为首出而理仅仅是气的性质而已。不过，从西学的角度来看，茶山的观点和利玛窦在《天主实义》的相关思想若合符节。比如，"夫物之宗品有二：有自立者，有依赖者。物之不恃别体以为物，而自能成立，如天地、鬼神、人、鸟兽、草木、金石、四行等是也，斯属自立之品者；物之不能立，而托他体以为其物，如五常，五色、五音、五味、七情等是也，斯属依赖之品者"③。据此，茶山才认为气是自立者而理是依赖者，因而气先理后。

但是，茶山的观点遭到了比其年长十余岁的李德操（璧，号旷庵，1754~1786）的反对。后者对他说道："若就理字气字之原义而公论之，则此说固近之。若就性理家所言之例而剖论之，则理只是道心，气只是人心。心之自性灵而发者为理发，心之自形躯而发者为气发。由是言之，退溪之说甚精微，栗谷之说不可从。"④ 经过朋友的指正，茶山意识到了自己的错误。⑤ 又过了十几年，他在遭贬斥时，写下了《理发气发辨二》，以说明自己的新立场。

2. 其同构说的问题

但是，从最终立场上来看，茶山还是倾向于退溪的观点。⑥

---

① 丁若镛：《中庸讲义补·朱子序》，《与犹堂全书》集 2 卷 4，载《韩国文集丛刊》第 282 辑。

② "盖气是自有之物，理是依附之品。"（《中庸讲义补·朱子序》）。

③ 〔意大利〕利玛窦：《天主实义今注》，第 95 页。

④ 丁若镛：《中庸讲义补·朱子序》。

⑤ "谓余错主此论，此乾隆甲辰事也。"（《中庸讲义补·朱子序》）。

⑥ 此前，韩国的李光虎等学者也试图证明茶山和退溪学之间的关联性。李光虎：《李退溪哲学思想对丁茶山经学思想的影响》，转引自崔英辰《韩国儒学思想研究》，邢丽菊译，东方出版社，2008，第 311 页。

四端大体是理发，谓发于本然之性。虽然明皇于马嵬引贵妃而发恻隐之心。此先儒之言，汉高祖自白登还而发羞愧之心，曹操让帝号而不为，荀卿非十二子，若此类谓其发于天理之公，不可得也。七情大体是气发，谓发于气质之性。虽然子路喜闻过，文王一怒而安天下之民，《关雎》之哀，《中庸》之恐惧，孩提之爱其亲，禹之恶旨酒，《大学》之欲诚其意欲正其心。若此类，谓其发于形气之私，不可得也。四端由吾心，七情由吾心，非其心有理气二窦而各出之使去也。君子之静存而动察也，凡有一念之发，即已惕然猛省曰：是念发于天理之公乎？发于人欲之私乎。是道心乎？是人心乎？密切究推，是果天理之公则培之养之，扩而充之。而或出于人欲之私则遏之折之，克而复之。君子之焦唇敝舌而惴惴乎理发气发之辨者，正为是也。苟知其所由发而已，则辨之何为哉？退溪一生用力于治心养性之功，故分言其理发气发，而唯恐其不明。学者察此意而深体之，则斯退溪之忠徒也。[①]

或许受东亚儒学的一个论四端亦有不中节的传统的影响，[②] 茶山对四端七情的理解就更有张力。他认为四端发于本然之性，大体上是理发；而七情则发于气质之性，而大体上是气发。在他看来，四端七情都是发于心。问题的关键在于对一念之发予以识别：属于天理还是人欲？如果属于天理，则扩而充之；如果属于人欲，则灭之。此处，他似乎是把天理/道心和人欲/人心等同视之，却没有明说。即便不是等同视之，也是可以说得通的。在茶山看来，分言理发气发的目的是要人们去从事道德实践，而不是沦为口耳之言。

需要指出的是，如果茶山把人心理解为人欲，这又似乎和他在其他地方的表述不同。比如，茶山对程朱在人心概念上的差别予以了辨析，即"耳目口鼻四肢之欲"有两种发展方向，一是天理，一是人欲。"欲"是上智所不能无者，这就和人心的属性是一致的。茶山对人心的理解是"危者，善恶未判之境也"。人欲的真正含义是私欲，而和欲望之欲是不同的。他还从训诂的角度解释了欲字："欲之为字，从谷从欠。谷者虚也，欠者欲也。凡物之

---

① 丁若镛：《理发气发辨二》，《与犹堂全书》集 1 卷 12，载《韩国文集丛刊》第 281 辑。
② 谢晓东：《朱熹与"四端亦有不中节"问题——兼论恻隐之心、情境与两种伦理学的分野》，《哲学研究》2017 年第 4 期。

虚欲者，常欲取他物以盈之。人心之有愿欲，其象如此，故会意制字。由是观之，欲之为字，虽不加心，与私欲之欲，无差殊也。老子曰：谷无以盈，所谓溪壑之欲也。"① 如何调和这种矛盾，是我们接下来需要思考的问题。此外，茶山也区别了欲的广义化与内在化。"吾人灵体之内，本有愿欲一端。若无此欲心，即天下万事，都无可做。唯其喻于利者，欲心从利禄上穿去。其喻于义者，欲心从道义上穿去。欲之至极，二者皆能杀身而无悔。所谓贪夫徇财，烈士殉名也。余尝见一种人，其心泊然无欲，不能为善，不能为恶，不能为文词，不能为产业，直一天地间弃物。人可以无欲哉？孟子所指，盖利禄之欲耳。"② 这就很大程度上为欲望予以了正名。从道德心理学的角度去看，此处的"愿欲"大致等于休谟（David Hume）所讲的"欲望"（Desire），其是一切行为的原动力。

四　人心道心论述的特点

后期茶山是否定太极、理气这些形而上学概念的，故而其对栗谷的公例路径应该是更不认同的。所以，在《理发气发辨二》中明显表达了倾向于退溪的立场。事实上，他对东亚儒学中人心道心传统学说并不是很感兴趣，只是对朱子的相关观点表达了赞同而已。在我看来，其人心道心思想的特色，或许和其新仁说有内在联系。或正如杨儒宾指出："丁若镛在儒家思想史上的位置，应当也是由他的仁说来决定，而不是其他的观点。"③

1. 仁说新论

茶山予以"仁"新的定义，其要点是从二人之关系深入分析，从而为其人心道心说奠定了基础。茶山说道："凡人与人相与之际，皆用此道，所谓絜矩之道也。""相与之际"说明的正是人的交往本性，而"仁"正是对这种性质的精彩指称。他在诠释孔子所说的"克己复礼为仁"时指出："盖仁者人也，人与人之尽分也。父与子二人也，君与臣二人也。凡父子、君臣之间，所行礼节，孰非所以为仁之方乎？兄弟、宾主、夫妇、长幼，凡其礼

---

① 丁若镛：《中庸讲义补·朱子序》。
② 丁若镛：《心经密验》。
③ 杨儒宾：《异议的意义：近世东亚的反理学思潮》，第328页。

节，皆人与人相与之法也，复礼为仁，非谓是乎？"① 这些都是从二人之间的合理关系入手的，从而摆脱了宋明理学的"心之德爱之理"的内向化理路，而具有了某种客观性的态势。

2. 仁与人心道心

茶山继续上文的思路，从道心人心角度诠释聚讼纷纭的"克己复礼"命题。"己者，我也。我有二体，亦有二心。道心克人心，则大体克小体也。一日克己谓一朝奋发，用力行之。孔曰：复，反也。补曰：归者，归化也，天下归仁，谓近而九族，远而百姓，无一人不归于仁。补曰：由己谓由我也，仁生于二人之间，然为仁由我，不由人也。补曰：目，克己之条目也，事者，专心专力以从事也。"② 很明显，道心人心—大体小体—"仁生于二人之间"之间是以二为基本线索的。当然，这种强调道心人心为二心的做法和朱子的"心一也"的看法明显不同。那么，大体和小体的具体含义是什么呢？"大体者，无形之灵明也。小体者，有形之躯壳也。"③ 简单来说，大体就是心，小体就是身。与此同时，大体的本质就是道心，小体的本质就是人心。在诠释《论语》的其他章节时，茶山继而指出："欲也者，人心欲之也。勿也者，道心勿之也。"④ 就此而言，"欲更多地与人心相关联并相应地体现了人的感性要求，理则首先内化于道心并相应地呈现为理性的规定和理性的追求"⑤ 无独有偶，茶山还从道心人心视角诠释了儒家著名的义利之辨。"义者，道心之所向；利者，人心之所趋。"（卷二，151）这种解释有一定的新意，可惜缺乏进一步论述而停留在论断层面。更重要的是，丁茶山还质疑了朱熹以"本心之全德"解释"仁"的权威观点。"仁者，人也，二人为仁。父子尽其分则仁也，君臣而尽其分则仁也，夫妇而尽其分则仁也。仁之名必生于二人之间，近而五教，远而至于天下百姓，凡人与人尽其分，斯谓

① 丁若镛：《心经密验》。
② 《论语古今注》，收入《韩国经学资料集成》第 27 册，成均馆大学校大东文化研究院，1988，《论语十》卷 6，第 450 页。此外，茶山还明确提出了二性二心二己的二元论，比如，"孔子曰修己，曰古之学者为己，此我本有之己也。孔子曰克己复礼仁，此我战胜之己也，明有一己克此一己。既有二己，胡无二心？既有二性，胡无二心？君子之道，察乎此而已。明目张胆，以察乎此。而人鬼以判，圣狂以分。"（丁若镛：《梅氏书平》十。）
③ 丁若镛：《孟子要义》，《与犹堂全书》集 2 卷 6，载《韩国文集丛刊》第 282 辑。
④ 《论语古今注》，第 451 页。
⑤ 杨国荣：《何谓理学》，《武汉大学学报》（哲学社会科学版）2019 年第 2 期。

之仁。……若有一颗仁德，原在心窍之内，为恻隐之本源，则'一日克己复礼'以下二十字都泊然无味也，从而'仁'字宜从事为上看。"① 正如有识者所云，丁茶山是在社会和伦理脉络中掌握孔子的仁学，而和朱子凸显仁之本体论意涵极不相同，也和日本古学派的荻生徂徕以政治事业来理解仁学不一样。②

3. 人心道心说的特点

茶山对儒家核心理念"仁"的理解是从人与人之间的客观关系着手的，最简单的人际关系存在于两个个体之间。个体之间的合理关系（尽其分）就是仁，就是克己复礼，就是大体克小体，就是道心为主人心听命。在茶山那里，仁的行为先于仁之理，从而体现了理在事中或即事见理的不同于朱子的新路径。③ 而且，笔者以为，个体之间的合理关系其实也是儒家所说的义。就此而言，茶山体现出"以义说仁"的基本倾向。这种倾向，一方面反映了茶山重视行为/行事的重经验的倾向，另一方面也反映了韩国儒学更为重视义的民族特性。在道心问题上，茶山的特别之处在于其对道心来源的看法。他以为，"天之喉舌，寄在道心，道心之所警告，皇天之所命戒也"。④ 确实，茶山把天重新人格化了，从而恢复了早期儒学的旧义。予以为，茶山学的文献依据是《中庸》，特别是首句"天命之谓性、率性之谓道、修道之谓教"，把其西学背景和儒家思想资源完美地结合在一起。茶山极为重视《中庸》，先后撰写了两部诠释性著作，分别是《中庸讲义补》和《中庸自箴》。这就很大程度上区别于日本古学派贬低《中庸》的取向。故而，茶山人心道心说的最大特点就是道心有终极的人格性的来源，从而区别于朱子和王阳明等人的把道心理性化的常规做法。当然了，其人心道心论述也凸显了丁若镛和朱子哲学的高度相关性，从而脱离了"述朱"和"反朱"的两军对峙。⑤ 或许，这才是茶山学术的真面目吧。从东亚儒学中的人心道心问题的角度来

① 《论语古今注》，第453~454页。

② 黄俊杰：《丁茶山对〈论语〉"克己复礼"章的诠释及其思想史的定位》，载黄俊杰编《东亚视域中的茶山学与朝鲜儒学》，台大出版中心，2006，第42页。

③ Chun-chieh Huang, "The Role of Dasan Learning in the Making of East Asian Confucianisms: A Twenty-First Century Perspective," in *East Asian Confucianisms: Text in Contexts* (National Taiwan University Press, 2010), pp. 81-92.

④ 丁若镛：《中庸自箴》一，《与犹堂全书》集2卷3，载《韩国文集丛刊》第282辑。

⑤ 金玫：《朱熹与丁若镛"道心人心论"之比较研究》，第4页。

看，茶山的人心道心论述表明了传统哲学论题在西学进入东亚思想后呈现出一种亦东亦西、不东不西的混合色彩。这也就印证了笔者此前的论断：在韩南瑭之后，作为一种有生命力的性理学问题，人心道心问题事实上已经走向了终结。

儒家思想的当代意义

论儒家生态哲学的基本理论[*]

乔清举

（中共中央党校哲学教研部）

　　摘　要： "生态学" 研究的是生物及其环境间以及生物彼此间的关系。在天然状态下，生态系统总是动态地趋于和谐，故生态思想史家把生态学定义为一门在自然界中发现和谐、"专门研究和谐的科学"；由此，"生态" 遂具有超出事实描述的价值意义，"它为一个更有生机的、协调和谐的人类共同体提供了一种模式"。生态即意味着和谐，意味着人类应然的存在状态。儒家 "天人合一" 的价值观与上述生态的价值性含义是一致的，因而在本质上可视其为生态哲学。其理论结构有宗教、道德、政治三个维度，每个维度上皆有对于动物、植物、土地、山川四种对象的生态性认识和保护措施。

　　关键词： 儒家哲学　生态哲学　天人合一

　　儒家哲学本质上是生态哲学。其理论结构可概括为一个原则、三个维度。一个原则是天人合一，又可进一步分为两个层面：一是对于天的认识，可用《易传》的 "天地之大德曰生" 来表达；一是对于人的作用的认识，可用《中庸》的 "尽性" 说来表示。三个维度是宗教、道德、政治。这也是儒家道德地对待自然的三个层面。

---

　　* 本文是 2011 年国家社会科学基金重点项目 "儒家生态哲学史"（11AZX006）的阶段性成果。

一 在何种意义上，儒家哲学是生态哲学？

儒家哲学对于人与外部世界的关系的认识表现在思维的结构上，较早是天、地、人不相分离的三重结构，如《周易》的"三才之道"，三重结构进一步演化为二重结构，则是"天人合一"。天人合一的生态意义是把人置于自然，使之从属于自然，服从于自然的规律，使自然成为人类存在的规范性的参数或内在限制；表现在哲学上，它则是一种人寓居于自然的结构。天人合一的思想还进一步表明，人和自然具有同一性，自然的规定性即人性的规定性。这正是《中庸》的"天命之谓性"和《易传》的"继善成性"的含义。人和自然的同一性也是当代深生态学的结论。[①]

在儒家哲学中，道德共同体（moral community）的范围超出人，包括动物和植物，甚至无生命的泥土瓦石。孟子提出："君子之于物也，爱之而弗仁。于民也，仁之而弗亲。亲亲而仁民，仁民而爱物。"[②] 这表现了差等原则下儒家对于自然界、百姓、亲人的不同程度或等级的仁爱。西汉董仲舒指出："质于爱民，以下至于鸟兽昆虫莫不爱，不爱，奚足谓仁？仁者，爱人之名也。"[③]东汉郑玄说："仁，爱人以及物。"[④] 唐代贾公彦解释道："云'仁，爱人以及物'者，仁者内善于心，外及于物。"[⑤] 儒家哲学把这种观念表述为"德及禽兽"[⑥]"恩至禽兽，泽及草木"[⑦]"化及鸟兽""顺物性命"[⑧]"恩及于土"[⑨]"恩至于水"[⑩]"恩及于金石"等。[⑪] 北宋张载提出"民胞物与"，《宋史·道学传》提出"盈覆载之间，无一民一物不被是道之泽，以遂其性"。[⑫]

---

① 参见何怀宏主编《生态伦理——精神资源与哲学基础》，河北大学出版社，2002，第488页。

② 朱熹：《四书章句集注》，中华书局，1983，第363页。

③ 苏舆：《春秋繁露义证》，中华书局，2002年标点本，第251页。

④ 《周礼注疏》，载阮元刻《十三经注疏》，中华书局，1980年影印本，第707页。

⑤ 《周礼注疏》，载阮元刻《十三经注疏》，第707页。

⑥ 《史记·殷本纪》，中华书局，1982年点校本，第59页。

⑦ 《汉书·严助传》，中华书局，1962年点校本，第2780页。

⑧ 《后汉书·鲁恭传》，第4册，第874、882页。

⑨ 苏舆：《春秋繁露义证》，第375页。

⑩ 苏舆：《春秋繁露义证》，第381页。

⑪ 苏舆：《春秋繁露义证》，第371~380页。

⑫ 《宋史·道学传》，第36册，中华书局，1977，第12709页。

程颢、阳明的"与天地万物为一体",都把外部世界纳入了道德共同体的范围。

总之,无论从天人合一的原则还是从道德共同体的范围来看,儒家哲学本质上都可以说是生态哲学。当然,性质不同于主题。儒家哲学的性质虽然是生态的,但其主题并非生态的;生态维度不是儒家学者运思的出发点或落脚点。孟子讲牛山之木,不是论述生态哲学,而是把林木易毁作为性善论的一个论据。他说"斧斤以时入山林",也不是出于生态学的目的,而是把它作为一项"仁政"措施。从思维发展的规律来看,逐渐淡化自然话题而专注于精神领域是中外哲学发展的趋势。"天命之谓性"到宋明时期更多地演变为关于人的价值和道德功夫的命题,落脚于精神境界的提升,所以不能把儒家哲学简单地归约为生态哲学。

二 儒家生态哲学的基本原则

(一)"生生"作为宇宙的合目的性

在儒家哲学中,自然是一个以生生不息为目的的过程。"天地之大德曰生"、"生生之谓易"、"复"其见天地"生物"之心,都是对这一目的的表述。在西语中,"自然"同样有"生生"的含义。"自然"的希腊文写法为"φυσις",拉丁文写法为"physis""phuein",它的本来含义是"起源"、"诞生"或"生长"、本性等。亚里士多德提出了"自然"的六种含义:(1)"生物的创造。"(2)"一生物的内在部分,其生长由此发动而进行。"(3)"每一自然事物由彼得于自然者,开始其最初活动。那些事物由于与其他事物接触或有机结合而得到增益者,此之谓生长。"(4)"任何事物所赖以组成的原始材料。"(5)"自然事物的本质","创生过程的终极目的"。(6)事物的"怎是"。总之,"本性就是自然事物的动变渊源"。① 由这些解释可见,自然的主要含义是生长和变动的源泉。在亚里士多德哲学中,一个事物的自然就是它的目的——"telos",这意味着生长是事物朝向自己的目的进展的过程。所以,有的学者说亚里士多德的自然不是它所是,"而是它将会成为什么,

---

① 亚里士多德:《形而上学》,吴寿彭译,商务印书馆,1959,第87~89页。

是一种可能性"。① 将"天地之大德曰生"、"生生之谓易"与希腊语、拉丁语的"自然"比照就会发现，二者是同义的。这是人类对于自然的共同体认，是人类存在的原初或本真状态的反映。"生生"是原初的存在，是宇宙过程的真实意义和深层本质，也是儒家所说的"天地之道""天地之心""天地生物之心"；借用康德哲学的术语来说，所表达的都是宇宙的"合目的性"（Zweckmaessigkeit/purposiveness）。这个概念在此具有本体论意义，反映了世界运行的可期待的结果，是事实，也是价值。② 生态学家约翰·布鲁克纳认为，自然中有一种"有机动力"，"这种动力不大容易容纳在相应的物种中和林奈的生态系统的永恒的物质圈子里。贯穿在自然中的活的能量创造着一个极不稳定的混合体。它是'一个有着稀奇构造的网络，是用柔软的，不牢固的，易碎的材料制成的，按照它的建造和意图把一切都结合成令人惊奇的一片'"。③ 罗尔斯顿说："进化的生态系统中存在着一种创造性，它以我们还没充分理解的机制，形成一切生物物种与生命过程。"④ 又说："在我们所生存的这个进化中的生态系统中，确实有着美丽、稳定与完整。这个世界有一种自然的、现实的朝向生命的趋势。尽管我们不能把这作为一条普遍规律。"⑤ 布鲁克纳的"有机动力"，罗尔斯顿的"创造性"、"朝向生命的趋势"，都是《易》所谓的"生生"以及自然的合目的性。在《周易》中，生命代代延续，构成了宇宙演化过程的合目的性和本质。必须指出的是，天地之心或合目的性是由整个自然演化过程呈现出来的总体趋势，不局限于某时、某地、某物，每一个春生夏长秋收冬藏都是生生的具体表现。

（二）尽性

尽性说表述的是人的生态责任。《中庸》说：

---

① 詹姆斯·奥康纳：《自然的理由——生态马克思主义研究》，唐正东译，南京大学出版社，2003，"导言"第34页。
② 关于事实与价值的统一，卢风《人、环境与自然——环境哲学导论》，广东人民出版社，2011，第112~146页，有较为系统的论述，可资参考。
③ 唐纳德·沃斯特：《自然的经济体系——生态思想史》，侯文蕙译，商务印书馆，1999，第72页。
④ 霍尔姆斯·罗尔斯顿Ⅲ：《哲学走向荒野》，刘耳、叶平译，吉林人民出版社，2000，第331页。
⑤ 霍尔姆斯·罗尔斯顿Ⅲ：《哲学走向荒野》，第77页。

唯天下至诚，为能尽其性；能尽其性，则能尽人之性；能尽人之性，则能尽物之性；能尽物之性，则可以赞天地之化育；可以赞天地之化育，则可以与天地参矣。①

这段话有四个要点。首先，每一物，包括人和自然事物都有其本性。其次，每一事物都应该"尽性"，即实现其本性，或充分展开自己发展的可能性。再次，人应该帮助他人、万物实现其本性。这是人自己的本性的规定性，也是人对天地化育的参与和帮助。最后，只有"至诚"的人才能做到尽己之性、尽人之性、尽物之性。

"尽性"的思想表现在对于动植物等有生命事物上，是尊重其生命和内在价值，为其生长提供适宜的条件，让其实现其本性，完成其生命周期。由于动植物的生命周期难以断定，儒家的做法是让动植物完成一个生长周期，即顺应春生夏长秋收冬藏的自然规律，在秋冬季节进行猎杀和砍伐。这叫作"时限"、"时禁"或"以时禁发"。在动物方面，"时禁"要求人们顺从其生长规律，限制狩猎的次数，规定进行的时间。照《周礼》记载，天子、诸侯一年有四次田猎活动，是春"蒐"、夏"苗"、秋"狝"、冬"狩"。《礼记》的记载是三次。次数的限制保障了动物有更多的繁殖、生长时间。对于进行狩猎的时间，儒家文化也有规定。如，仲春之前鸟兽孕育期间禁止田猎，为的是保证鸟兽的繁殖。据《礼记》的说明，"獭祭鱼""豺祭兽"之后，才能狩猎。獭祭鱼一般是惊蛰以后，阴历一月中旬，阳历三月初。"豺祭兽"时间则在阴历的十月。又据《礼记》的记载，"鸠化为鹰"之后，即指鸠去鹰来，大致为农历八月之后，才能张网捕鸟。这实际上是要求在鸟类完成孕育，能够飞翔后方可设网捕鸟。《礼记》规定，春天昆虫出蛰以后，才可以焚草肥田。② 照郑玄的解释，这叫"取物必顺时候也"。③ 据《国语》记载，鲁宣公违反时禁，夏天在泗渊大肆捕鱼。里革割断扔了他的鱼网，批评他说："古者大寒降，土蛰发，水虞于是乎讲罛罶，取名鱼，登川禽，而尝之寝庙，行诸国，助宣气也。鸟兽孕，水虫成，兽虞于是乎禁罝罗，矠鱼鳖，以为夏槁，助生阜也。鸟兽成，水虫孕，水虞于是乎禁罜䍡，设阱鄂，以

---

① 朱熹：《四书章句集注》，第32~33页。
② 朱彬：《礼记训纂》，中华书局，1996，第180页。
③ 朱彬：《礼记训纂》，第180页。

实庙庖，畜功用也。且夫山不槎蘖，泽不伐夭，鱼禁鲲鲕，兽长麛麇，鸟翼
毂卵，虫舍蚳蝝，蕃庶物也，古之训也。今鱼方别孕，不教鱼长，又行网
罟，贪无艺也。"①这里提到的"大寒降，土蛰发"是深冬和初春，此时允许
进行少量的渔猎活动，是为了"助宣气"，鸟兽虫鱼孕育生长时期则一律禁
止渔猎，为的是"助生阜"。

关于植物，《礼记》上说："五谷不时，果实未孰，不粥于市。木不中
伐，不粥于市。"② 这就是要求五谷、树木完成自己的生命周期。《逸周
书·大聚》指出，"春三月山林不登斧，以成草木之长；夏三月川泽不入
网罟，以成鱼鳖之长"③，由此做到"有生而不失其宜，万物不失其性，人
不失其事。天不失其时，以成万财"，这才是"正德"。④ 如前所述，由于树
木的生命周期很难确定，古人砍伐树木更多的是按照其生长周期来进行的，
要求"伐木必因杀气"⑤，即在秋冬进行。《礼记·王制》上说："草木零落，
然后入山林。"⑥《毛诗传》更是明确地说："草木不折，不操斧斤，不入山
林。"⑦ 儒家的又一项规定是"仲冬斩阳木，仲夏斩阴木"⑧，其含义是在树
木进入新的生长周期之前进行砍伐。据《礼记·祭义》记载，"曾子曰：
'树木以时伐焉，禽兽以时杀焉。'夫子曰：'断一树，杀一兽，不以其时，
非孝也。'"⑨ 在此，砍伐"以时"被上升到了对于天地之孝的道德范畴的
高度。

对于土地，儒家生态哲学重视和维持它的生养万物的本性。儒家文化对于土
地的认识可谓深入细致，它把土地分为土、地、壤、田四个层次。许慎在《说文
解字》中说："土，地之吐生万物者也，'二'象地之上、地之中，'丨'，物出形
也。"⑩ 郑玄说："能吐生万物者曰土。"⑪"地"重点表达土地的承载和生养

① 徐元诰：《国语集解》，中华书局，2002，第167~170页。
② 朱彬：《礼记训纂》，第201页。
③ 黄怀信：《逸周书校补注译》，三秦出版社，2006，第185页。
④ 黄怀信：《逸周书校补注译》，第185页。
⑤ 《礼记正义》，载阮元刻《十三经注疏》，第1380页。
⑥ 朱彬：《礼记训纂》，第180页。
⑦ 《毛诗正义》，载阮元刻《十三经注疏》，第418页。
⑧ 《周礼注疏》，载阮元刻《十三经注疏》，第747页。
⑨ 《礼记正义》，载阮元刻《十三经注疏》，第1598页。
⑩ 段玉裁：《说文解字注》，上海古籍出版社，1981，第682页。
⑪ 《尚书正义》，载阮元刻《十三经注疏》，第147页。

功能。《白虎通义》说："地者，易也。言养万物怀任，交易变化也。"①《释名》说："地，底也。其体在底下，载万物也。"②《礼统》云："地，施也，谛也。应变施化，审谛不误也。"③《说文解字》说地是"万物所陈列"之处。④古人把"壤"看作无板结块的"柔土"，⑤其特点是土质疏松，适合于种植。段玉裁在《说文解字》中指出："以物自生言言土"，"以人所耕而树艺言言壤"。⑥田是经过人工培育，有阡陌沟渠等水利设施的土地。《说文》说"树谷曰田"，田是个象形字，"口十，阡陌之制"。⑦郑玄也说："地当阴阳之中，能吐生万物者曰土。据人功作力竞得而田之，则谓之田。"⑧儒家文化辨析土地壤田的目的，在于说明生长是土地的本性。为促使土地实现其本性，儒家有"辨土"、肥田、休耕等生态措施。天子有籍田，有亲耕仪式，敦促农桑；又有对于土地的祭祀，宗教性地敬畏土地。

对于河流，儒家生态哲学认为其本性是"导气"、"通浊"、滋润大地，维持自然平衡，辅助万物生长。《国语》说："川，气之导也，泽，水之钟也。夫天地成而聚于高，归物于下。疏为川谷，以导其气；陂塘污庳，以钟其美。是故聚不阤崩，而物有所归，气不沉滞，而亦不散越。是以民生有财用，而死有所葬。"⑨ 这里的"川，气之导也"把河流与自然的其他部分视为一个统一的整体，指出河流发挥着导气促和的作用。这意味着河流是促进万物生长的一个不可缺少的环节。所谓"导气"，用科学语言来说是气的循环。关于循环，罗尔斯顿曾经指出："生态学教导我们，应该大大扩展我们对于'循环'一词的理解。人类生命是浮于以光合作用和食物链为基础的生物生命之上面而向前流动的，而生物生命又依赖于水文、气象和地质循环。"⑩罗氏所说的水文、气象、地质的循环，都可以包含在"导气"的概

① 陈立：《白虎通疏证》，中华书局，1994，第 421 页。
② 《尔雅注疏》，载阮元刻《十三经注疏》，第 2614 页。
③ 《尔雅注疏》，载阮元刻《十三经注疏》，第 2614 页。
④ 段玉裁：《说文解字注》，第 682 页。
⑤ 段玉裁：《说文解字注》，第 683 页。
⑥ 段玉裁：《说文解字注》，第 683 页。
⑦ 段玉裁：《说文解字注》，第 694 页。
⑧ 《尚书正义》，载阮元刻《十三经注疏》，第 147 页。
⑨ 徐元诰：《国语集解》，第 97 页。
⑩ 霍尔姆斯·罗尔斯顿Ⅲ：《哲学走向荒野》，第 104 页。

念之内。北魏郦道元《水经注》在谈到江淮河济四渎时说："渎，通也，所以通中国垢浊。"① 《风俗通·山泽》："渎，通也，所以通中国垢浊。民陵居，殖五谷也。"② 《白虎通》说："谓之渎何？渎，浊也。中国垢浊，发源东注海，其德著大，故称渎也。"③ 这些材料都说明河流具有通浊的作用。不过，切不可把这里的"通浊"简单地理解为现代意义的排污，它实际上说的是河流的自我净化和对于土地、人民的更新作用。"水曰润下"是对河流滋润大地的性质的说明。④ 据《国语》记载，伯阳父说："夫水土演而民用也。"⑤ 这里的"演"为"润"。伯阳父认为，水润土，万物生长，民得材用，则国家安定；反之，若"水土无所演"，则"民乏财用"，国家灭亡。所以，古人自觉地反对壅川，避免河流枯竭。"川竭国亡"是非常值得深思的生态学认识。

在儒家自然哲学中，山属于地；地属于土，是五行之一。在现代科学中，山脉属于惰性自然现象，而在儒家哲学中，五行是相互联系相互制约的，山脉是一个活生生的自然现象。山脉是气的凝聚、大化的一个站点；同时作为自然的一个环节，与河流一样，也起着导气的作用。杜维明曾提出"存有的连续性"的概念，指出在中国哲学中，人类与"石头、树木和动物有机相连"。⑥ 的确如此。《周易》说"山泽通气"。朱子解释道："泽气升于山，为云，为雨，是山通泽之气；山之泉脉流于泽，为泉，为水，是泽通山之气。是两个之气相通。"⑦ 《礼记》上说："天降时雨，山川出云。"这是说，山脉大地具有含藏阴阳之气的性能，此气挥发出来，即可出云致雨，促进气候平衡。《礼记》又说：山川是天地通气的"孔窍"，"天秉阳，垂日星，地秉阴，窍于山川，播五行于四时"。⑧

① 郦道元：《水经注·河水第 1 卷》，《水经注疏》，江苏古籍出版社，1989，第 7~8 页。
② 程荣纂辑《汉魏丛书·风俗通》，吉林大学出版社，1992，第 663 页。
③ 陈立：《白虎通疏证》，第 301 页。
④ 《尚书正义》，载阮元刻《十三经注疏》，第 188 页。
⑤ 徐元诰：《国语集解》，第 26~27 页。
⑥ 杜维明：《存有的连续性》，载塔克编《儒家与生态》，江苏教育出版社，2008，第 105 页。
⑦ 黎靖德编《朱子语类》第 5 册，中华书局，1994，第 1971 页。
⑧ 朱彬：《礼记训纂》，第 346 页。

三　儒家生态哲学的宗教维度

儒家哲学未曾发生对自然的祛魅，它肯定自然的神性、神意或曰"魅"，从而对自然保持着宗教性敬畏态度，祭祀自然。

（一）"报本反始"：儒家文化对于对自然的祭祀

儒家文化把天地作为人的父母。在它那里，作为人之父母的天地、为民所瞻仰的日月星辰、为民提供材用的山林川谷，都是祭祀的对象。《礼记》说："日、月、星辰，民所瞻仰也，山林、川谷、丘陵，民所取财用也。非此族也，不在祀典。"①《国语》也说："及天之三辰，民所以瞻仰也；及地之五行，所以生殖也；及九州名山川泽，所以出财用也。非是不在祀典。"②儒家文化认为，万物源自天地，人源自父母。天子把天地作为父母，祭祀天地和祭祀祖先一样，都是报答天地、祖先的生养之恩，表达对于父母的孝与敬，这叫"报本反始"："万物本乎天，人本乎祖，此所以配上帝也。郊之祭也，大报本反始也。"③"报本反始"表达的是对天地万物乃至对天道的敬畏和感激之情。这是把人置于天道之下，使之服从天道，其价值在天道中得以确定的生态态度，亦即《易传》所谓的"乾道变化，各正性命"。

（二）对于动物的神秘认识和祭祀

儒家文化认为，一些动物具有神异之处，如龟、龙、麟、凤就被看作"四灵"、动物中的"圣"者。《大戴礼记》说："鳞虫三百六十，龙为之长。羽虫三百六十，凤为之长。毛虫三百六十，麟为之长。介虫三百六十，龟为之长。倮虫三百六十，圣人为之长。"④龟被认为具有先知的神异功能，龙则被认为具有兴云致雨的力量。麟据《说文》的解释是仁兽，是圣王兴起的瑞应。在儒家文化中，孔子与麒麟有较多的联系。孔子编辑过鲁国的国史《春秋》。《春秋》结束于"西狩获麟"，后人认为寓意深刻。汉人认为，麟是圣

---

① 朱彬：《礼记训纂》，第698~700页。
② 徐元诰：《国语集解》，第160~161页。
③ 朱彬：《礼记训纂》，第397页。
④ 《礼记正义》，载阮元刻《十三经注疏》，第1370页。

王的嘉瑞，可当时并没有明王，所以孔子伤周道不兴，叹嘉瑞无应；又感慨生不逢时，与麟相类，遂绝笔于此。在儒家文化中，凤凰和麒麟一样，也是在天下太平时方才出现的。① 据说舜时演奏"《萧韶》九成，有凤来仪"；② 文王时曾有凤凰鸣于岐山。"有凤来仪"被认为是圣王出世的瑞应。孔子把自己比作凤。他曾感叹："凤鸟不至，河不出图，吾已矣夫！"③ 郑玄、孔颖达都认为，圣人受命就会有凤凰出现；凤凰不出现，所以孔子感叹自己的理想不能实现了。孔子周游列国到楚国，隐者接舆唱着"凤兮凤兮，何德之衰？往者不可谏，来者犹可追。已而，已而，今之从政者殆而"④，从孔子身边走过，希望他觉醒。还有一些动物，儒家认为它们有部分的亲情和仁义的德性。荀子说，"今夫大鸟兽则失亡其群匹，越月踰时，则必反铅；过故乡，则必徘徊焉，鸣号焉，踟蹰焉，踟蹰焉，然后能去之也。小者是燕爵，犹有啁噍之顷焉，然后能去之"⑤，这表现了它们的感知。《礼记》说"獭祭鱼"，就是认为獭有一定程度的仁慈之心。流传甚广的儒学蒙书《名贤集》有这样的诗句："马有垂缰之义，狗有湿草之恩"，"儿不嫌母丑，狗不嫌家贫。鸦有反哺义，羊有跪乳恩"，说的都是动物的仁义德性。

对于有功于农事的动物，比如虎、猫、昆虫等，儒家文化要求祭祀。《礼记》上说，天子重视"蜡八"。腊八是八种神，分别是先啬、司啬、农、邮表畷、猫、虎、坊、水庸、昆虫。为什么虎、猫、昆虫都在祭祀之列？《礼记》解释，古代的君子对于使用过的事物一定要报答它，做到"仁至义尽"。祭猫，是因为它食田鼠；祭虎，是因为它食田豕。⑥

儒家文化关于动物的神灵性认识的生态意义，形成了中国人对于动物的慈爱态度。儒家认为，神异动物是社会政治和谐、民风淳厚、环境优美的美好价值的象征和体现。社会环境良好中包含人对于动物的态度。作为动物统帅和代表的四灵动物，都是在感受到人们对于它们的仁义态度才到来的，⑦

① 《论语注疏》，载阮元刻《十三经注疏》，第 2490 页。
② 孙星衍：《尚书今古文注疏》上，中华书局，1986，第 130~131 页。
③ 《论语注疏》，载阮元刻《十三经注疏》，第 2490 页。
④ 朱熹：《四书章句集注》，第 184 页。
⑤ 王先谦：《荀子集解》，载《诸子集成》第 2 册，中华书局，1954，第 247 页。
⑥ 朱彬：《礼记训纂》，第 397~398 页。
⑦ 《礼记正义》，载阮元刻《十三经注疏》，第 1425 页。

"德至鸟兽而凤凰来"。① 在儒家理想的"大同"社会中，"天降膏露，地出醴泉，山出器车，河出马图，凤皇麒麟皆在郊椒，龟龙在宫沼，其余鸟兽之卵胎，皆可俯而窥也"。② 显然，这是一个尊重动物生命，与动物和平共处的社会。儒家文化认为，只有天下太平，凤凰和麒麟才能降临，龟和龙才能到来。这叫作"功成而太平，阴阳气和，而致象物"。③ 不仅如此，人还必须畜养这些动物，使它们能够过一种安然祥和的生活。《礼记》上说，在一个社会中，如果龙得到畜养，鱼、鲔见到人就不会在水中惊走；如果凤得到畜养，鸟类见到人就不会惊恐飞去；如果麟得到畜养，兽类见到人就不会惊恐逃窜；如果龟得到畜养，甲壳类动物就都可以和人们游玩。④

（三）对于植物的神秘认识与祭祀

儒家文化对于树木同样保持着神秘的认识，要求对它们进行祭祀。儒家对于树木的神秘认识有三个方面。首先是移情，即把人和植物相类比。在《论语》中，孔子说"岁寒，然后知松柏之后凋"⑤，就是把人的刚直的德性和松柏相类比。其次，儒家认为，存在灵芝瑞草之类的神异植物，它们是瑞应植物，同样只在社会政治清明时才会出现。《孝经援神契》中说：

> 德及于天，斗极明，日月光，甘露降。德及于地，嘉禾生，蓂荚起，秬鬯出。德至八极，则景星见。德至草木，则朱草生，木连理。⑥

在此，嘉禾、蓂荚、秬鬯、朱草、连理木都是儒家所认为的神异草木。儒家文化认为，"瑞物皆起和气而生，生于常类之中，而有诡异之性，则为瑞矣"。⑦ "和气"其实就是良好的生态环境。珍禽异兽、奇花异木在自然环境美好时才会出现，是符合生态学原理的。儒家还认为，有一些树木是具有神意的，如社稷中的树木。每个政权都有自己的社稷。一个王朝立社稷，照《白虎通》所说是要为天下"求福报功"。"人非土不立，非谷不食，土地广

---

① 《论语注疏》，载阮元刻《十三经注疏》，第 2490 页。
② 朱彬：《礼记训纂》，第 356 页。
③ 《礼记正义》，载阮元刻《十三经注疏》，第 1440 页。
④ 朱彬：《礼记训纂》，第 350 页。
⑤ 朱熹：《四书章句集注》，第 115 页。
⑥ 《礼记正义》，载阮元刻《十三经注疏》，第 1427 页。
⑦ 黄晖：《论衡校释》，第 3 册，中华书局，1990，第 730 页。

博，不可遍敬也。五谷众多，不可一一而祭也。故封土立社，示有土尊。稷、五谷之长，故封稷而祭之也。"① 实际上，社稷也是一个王朝与天意沟通或者取得自己的神意合法性的处所，是政权的象征。社和宗庙有很大不同，它不是房屋。"社皆有垣无屋，树其中以木。"照《礼记·郊特牲》所说，社的规制之所以如此，是因为它必须"受霜露风雨，以达天地之气也"。② 这就是与天意相沟通。"有木者土，主生万物，万物莫善于木，故树木也。"③ 参天社树实际上是一种象征，代表着一个政权与天地之气的沟通，也即与天意的沟通。这表明古人对于树木连通天地的生态意义和连通人神的神秘意义的双重认识。树木通天人之气的这种作用促使人们重视和保护它。

山林在儒家文化中也是祭祀的对象。《诗经》上说"怀柔百神，及河乔岳"。"百神"中就有山林之神。《周礼》中，"大宗伯"主持的祭祀活动就有一项是祭祀山林，方法是埋狸，④ 这是依照山川含藏事物的本性进行的。又据《周礼》记载，畿内的山林有专人负责进行四时祭祀。为什么要祭祀山林？《礼记》给出了两个理由，一是山林能够"兴云致雨"，一是能够"供给百姓财用"。照《礼记》所说："山林、川谷、丘陵能出云，为风雨，见怪物，皆曰神。有天下者祭百神。"⑤ 这里的"神"不必是有形象的人格神，而是自然的知其然而不知其所以然的神奇、神妙或神秘的作用。山林有循环水分、调节气候、维持生态平衡的作用。古人观察到了这种现象，但限于科学水平，没有把它归结为一种自然现象，而是归结为"神"。他们用祭祀来表达对于"神"的敬畏之情。这种敬畏，其实也是对生态和自然的敬畏和感激之情。汉代以后，祭祀山林已经非常普遍。《汉书·郊祀志下》说到祭祀的对象是"天地神祇之物"。按照颜师古的说法，这当中就有"山林之祇"。⑥

（四）对于土地、山川的神秘认识与祭祀

在儒家文化中，土也是重要的祭祀对象。儒家通过祭祀来表达对于土的

① 陈立：《白虎通疏证》，第 83 页。
② 《礼记正义》，载阮元刻《十三经注疏》，第 1449 页。
③ 刘向：《五经通义》，载《魏书·魏芳传》，中华书局，1974，第 1226 页。
④ 《周礼注疏》，载阮元刻《十三经注疏》，第 757~758 页。
⑤ 朱彬：《礼记训纂》，第 692 页。
⑥ 《汉书·郊祀志》，第 1267 页。

敬畏。中国自古以来就有设社稷坛祭祀土的习惯，这在世界各大文明中是十分特别的。土可以代表一个政权本身。土的作用是稼穑，决定人们的生存。在作为世界的联系模式的五行中，土的方位为中央；时间为中夏，即一年的中间；性质为中和，居于最重要的位置。在《月令》中，土的神为后土；帝为黄帝——中华民族的人文初祖；律为黄钟，数为五，色为黄。这些都显示了土对于儒家文化的重要意义。关于社和祭社的意义，照《礼记》所说，社是为了祭土，土属阴，所以祭祀时君主立于北墙之下面向南，这是为了应答阴；祭祀的时间为每一旬的第一天。照《礼记》所说，立社是为了显示地的神性，教导百姓报答天地，"报本反始"。报本即报答天地的养育之恩，"反始"即报答社稷所配祭的那些人与神。

> 社，所以神地之道也。地载万物，天垂象，取财于地，取法于天，是以尊天而亲地也，故教民美报焉。家主中溜而国主社，示本也。唯为社事，单出里；唯为社田，国人毕作；唯社，丘乘共粢盛，所以报本反始也。①

如前所述，儒家文化把山川出云致雨的导气性能称作"神"，并要求通过祭祀来表达对山川的敬畏之情。《尚书·舜典》提出"禋于六宗，望于山川，遍于群神"。"禋"是"洁祀"，即不用肉类牺牲。关于六宗，古文《尚书》解释为天宗三、地宗三。天宗为日、月、星辰，地宗为岱山、河、海。②日、月分别为阳、阴之宗，北辰为星宗，岱为山宗，河为水宗，海为泽宗。③《礼记》中有关于天子祭山川的记载。古人把祭祀上帝和祭祀祖先同等看待，认为二者同等重要，祭祀可以把统治者或者圣人与上帝、山川联系起来。祭祀上帝让人明白天地万物是一体的，祭祀祖先让人知道自己的身体来自哪里。④《礼记》有一个说法，认为行政是君主的藏身之所，君主行政必须以天为根本出发点，效法天的阴阳使万物各得其所，效法地的高低使尊卑各有其序，效法祖庙以行仁义，效法山川而创立制度。⑤ 这里所说的土地山川不是

---

① 朱彬：《礼记训纂》，第 392 页。
② 孙星衍：《尚书今古文疏证》，第 29 页。
③ 孙星衍：《尚书今古文疏证》，第 29 页。
④ 苏舆：《春秋繁露义证》，第 269 页。
⑤ 朱彬：《礼记纂注》，第 342 页。

单纯的物质，也含有天命神意，是神意展示自身的场所。祭祀河流是沟通神、川、人（统治者）的措施；只有沟通了神意，政权才能获得合法性。《礼记》说，天地之祭，宗庙之事，父子之道，君臣之义，都是以下事上，它的规定性是"伦"，即"顺从"。社稷山川之事，鬼神之祭是"体"。① 具体地说，"社稷山川为天地之别体，鬼神是人之别体"。② 可见，在古人那里，天地、宗庙、父子、君臣、社稷、山川都是相通的。所以，天子一定要侍奉、祭祀山川。古代天子有"亲耕"仪式，同样是为了敬事山川。③山川能够为百姓提供财用，有功于民，也是古人主张祭祀山川的理由。《公羊传·僖公三十一年》说："山川能润于百里者，天子秩而祭之。"④ 这类认识可以说是中国文化的一个普遍观念。《礼记·月令》说，为了为民祈福，祈祷丰收，有司要雩祭山川百源、百官卿士有益于民者。"雩"是一种求雨的祭祀。之所以祭祀"山川百源"，是因为山川能够出云致雨，为众水之所出。⑤ 这类祭祀要求在《礼记》中有很多。

四 儒家生态哲学的道德维度

儒家生态哲学的道德维度的特点，从人的方面说，是要求用仁、恻隐之心对待自然界，把自然置于道德共同体之中；从自然的方面说，则是承认自然的本性，尊重其价值，维护其权利，使其"尽性"。

（一）"德及禽兽"

德及禽兽出自《史记·殷本纪》。据记载："汤出，见野张网四面，祝曰：'自天下四方皆入吾网。'汤曰：'嘻，尽之矣！'乃去其三面，祝曰：'欲左，左。欲右，右。不用命，乃入吾网。'诸侯闻之，曰：'汤德至矣，及禽兽。'"⑥ 照史书的记载，汤对鸟兽的仁慈态度感动了人们，人们都乐意归属于他，他由此统一了国家。与此相类似的还有一个"鲁恭三异"的记

---

① 朱彬：《礼记训纂》，第 358 页。
② 《礼记正义》，载阮元刻《十三经注疏》，第 1431 页。
③ 朱彬：《礼记训纂》，第 711 页。
④ 《春秋公羊传注疏》，载阮元刻《十三经注疏》，第 2263 页。
⑤ 朱彬：《礼记训纂》，第 247 页。
⑥ 《史记·殷本纪》，第 59 页。

载，表明了汉代人对于动物的道德态度。据《汉书》记载："建初七年，郡国螟伤稼，犬牙缘界，不入中牟。河南尹袁安闻之，疑其不实，使仁恕掾肥亲往廉之。恭随行阡陌，俱坐桑下，有雉过，止其傍。傍有童儿，亲曰：'儿何不捕之？'儿言：'雉方将雏。'亲瞿然而起，与恭诀曰：'所以来者，欲察君之政迹耳。今虫不犯境，此一异也；化及鸟兽，此二异也；竖子有仁心，此三异也。'"① 儿童的话表明，用仁德思想对待鸟兽，在当时已经深入人心了。又据《后汉书·法雄传》记载，法雄赴南郡任长官时，虎患严重。他却一反前任的做法，发出禁捕令。他在公文中说："凡虎狼之在山林，犹人之居城市。古者至化之世，猛兽不扰，皆由恩信宽泽，仁及飞走。太守虽不德，敢忘斯义。记到：其毁坏槛阱，不得妄捕山林。"② 法雄的公告体现的是仁义地对待飞禽鸟兽的道德态度。《风俗通义·宋均令虎渡江》还有一条与此相近的记载。"九江多虎，百姓苦之。前将募民捕取，武吏以除赋课，郡境界皆设陷阱。后太守宋均到，乃移记属县曰：'夫虎豹在山，鼋鼍在渊，物性之所托。故江、淮之间有猛兽，犹江北之有鸡豚。今数为民害者，咎在贪残居职使然，而反逐捕，非政之本也。坏槛阱，勿复课录，退贪残，进忠良。后虎悉东渡江，不为民害。'"③

尊重动物生命，也表现为对于已死动物的哀悯和掩藏。据《礼记》记载："仲尼之畜狗死，使子贡埋之，曰：'吾闻之也，敝帷不弃，为埋马也。敝盖不弃，为埋狗也。某也贫，无盖，于其封也，亦予之席，毋使其首陷焉。'"④《礼记·月令》要求"掩骼埋胔"，郑众注为"谓死气逆生也"。⑤ 高诱认为，这是"顺木德而尚仁恩"。⑥ 前者表现了重生的态度，后者则表现了对于已死动物的怜悯之情。董仲舒在《春秋繁露》中提出了善待动物的主张。他说："恩及鳞虫，则鱼大为，鳝鲸不见，群龙下。……咎及鳞虫，则鱼不为，群龙深藏，鲸出见"⑦；"恩及羽虫，则飞鸟大为，黄鹄出见，凤凰

① 范晔：《后汉书·鲁恭传》第4册，中华书局，1965，第874页。
② 《后汉书》，第5册，第1278页。
③ 参看王子今《秦汉虎患考》，饶宗颐主编《华学》第一期，中山大学出版社，1995。
④ 朱彬：《礼记训纂》，第156页。
⑤ 《礼记正义》，载阮元刻《十三经注疏》，1357页。
⑥ 高诱：《吕氏春秋》，载《诸子集成》第6册，中华书局，1954，第3页。
⑦ 苏舆：《春秋繁露义证》，第372~372页。

翔。……咎及羽虫，则飞鸟不为，冬应不来，枭鸱群鸣"①；"恩及于毛虫，则走兽大为，麒麟至。……焚林而猎，咎及毛虫，则走兽不为，白虎妄搏，麒麟远去"②；"恩及介虫，则鼋鼍大为，……咎及介虫，则龟深藏，鼋鼍响"③。"为"，是得到生长之义。董仲舒语表明，爱护动物是儒家文化的传统。

儒家文化尊重动物的生命，反对过度猎杀。对于猎杀动物，除了有前述的时间限制外，还有数量的限制。《礼记·曲礼》上规定："国君春田不围泽，大夫不掩群，士不取麛卵。"④《礼记·王制》要求，"天子不合围，诸侯不掩群"。⑤ 合围、掩群都是一网打尽，礼制禁止这些做法。因为春天是万物生长的季节，幼兽要成长，卵要成鸟，所以不能猎取，此即所谓"生乳之时，重伤其类"。⑥ 田猎名称中的"苗""狩""蒐"都是择猎未孕之兽。《春秋》把四时的田猎活动都叫作"蒐"，也是择兽而猎的意思。照古人所说，"夫兽三为群"。⑦ 可见古人对于猎取动物的数量限制是极其严格的。前述商汤网开三面，正是不合围的意思。关于田猎，还有"三驱之礼""逆舍顺取"的规定。《易经》有"王用三驱，失前禽"的爻辞,⑧ 对于此处的"三驱"之礼，前人的解释不尽相同。一说是射杀迎面奔来的野兽，放走背着自己逃跑的野兽；一说则恰恰相反。然而，无论哪种说法，都表明礼制反对一网打尽。这是对于动物的仁爱之心。礼制还规定，天子射杀了野兽，要把自己的旗帜"大绥"降下来；诸侯射杀了野兽，要把自己的旗帜"小绥"降下来。⑨ 这种仪式表达了对于动物生命的尊重。《论语》记载孔子"钓而不纲，弋不射宿"⑩，这与商汤的态度和周代的礼制是一致的。

---

① 苏舆：《春秋繁露义证》，第 373~374 页。
② 苏舆：《春秋繁露义证》，第 375~376 页。
③ 苏舆：《春秋繁露义证》，第 380~381 页。
④ 朱彬：《礼记训纂》，第 58 页。
⑤ 朱彬：《礼记训纂》，第 179 页。
⑥ 朱彬：《礼记训纂》，第 58 页。
⑦ 徐元诰：《国语集解》，第 10 页。
⑧ 高亨：《周易古经今注》，中华书局，1984，第 185 页。
⑨ 朱彬：《礼记训纂》，第 179 页。
⑩ 朱熹：《四书章句集注》，第 99 页。

（二）"泽及草木"

儒家对于植物的道德态度表现为"泽及草木"等。《诗经·大雅·生民之什》云"敦彼行苇，牛羊勿践履。方苞方体，维叶泥泥"。《毛诗》认为，此章表现了周族祖先"仁及草木"的忠厚仁德。唐代贾公彦说："《行苇》诗美成王云'敦彼行苇，牛羊勿践履'，是爱人及于苇，苇即物也。"① 《尚书·洪范》提出，一个社会有六种不好现象，第一种是"凶短折"。照古人的一种解释，人夭折叫作"凶"，禽兽死亡叫作"短"，草木死亡叫作"折"。② 武王伐纣后，抨击商纣王"暴殄天物"，不只人，连鸟兽草木亦皆暴绝之。由此可见，不能虐待草木，也是一项政治要求。据《国语·周语》记载，周景王要铸大钱，单穆公谏止，认为这样做会给百姓增加负担。他说："《诗》亦有之曰：'瞻彼旱麓，榛楛济济。恺悌君子，干禄恺悌。'夫旱麓之榛楛殖，故君子得以易乐干禄焉。若夫山林匮竭，林麓散亡，薮泽肆既，民力凋尽，田畴荒芜，资用乏匮，君子将险哀之不暇，而何易乐之有焉？"③ 从单穆公的话可以看出，古人自觉地把林木丰茂，资源丰富作为政治生活的基础。董仲舒说，"恩及草木，则树木华美，而朱草生";④ "咎及于木，则茂木枯槁"。⑤ 汉代晁错说："德上及飞鸟，下至水虫草木诸产，皆被其泽。然后阴阳调，四时节，日月光，风雨时。"⑥ 这些都表明，植物属于儒家道德哲学关注的范围。

如前所述，古人已经认识到山林对于维持气候平衡的作用。据《春秋左传》记载，昭公十六年九月，郑国大旱，子产让郑国大夫屠击、祝款、竖柎"有事于桑山"。屠击等人砍伐了山上的树木。子产知道后斥责道："有事于山，薮山林也。而斩其木，其罪大矣"⑦，遂褫夺了他们的官职和封邑。子产的话表明，他已经认识到了森林对于维护气候平衡的作用，要求植树造林。董仲舒说，春旱求雨的仪式是在水日那天县邑在社稷祈祷山川，百姓祭祀内

---

① 《周礼注疏》，载阮元刻《十三经注疏》，第 707 页。

② 《汉书》第 5 册，第 1441 页。

③ 徐元诰：《国语集解》，第 107 页。

④ 苏舆：《春秋繁露义证》，第 372 页。

⑤ 苏舆：《春秋繁露义证》，第 372 页。

⑥ 《汉书》第 8 册，第 2293 页。

⑦ 《春秋左传正义》，载阮元刻《十三经注疏》，第 2080 页。

门，"无伐名木，无斩山林"。① 后两条显然是对子产观点的继承。孟子认识到齐国国都郊外的牛山是因为滥伐和过度放牧，最终沦为濯濯童山的。他说："牛山之木尝美矣，以其郊于大国也，斧斤伐之，可以为美乎？是其日夜之所息，雨露之所润，非无萌蘖之生焉，牛羊又从而牧之，是以若彼濯濯也。"② 所以，他要求涵养山林。他说："苟得其养，无物不长；苟失其养，无物不消。"③ 孟子还十分前瞻性地提出了反对开辟草莱的主张。面对当时列国"争地以战，杀人盈野；争城以战，杀人盈城"的局面，他提出"善战者服上刑，连诸侯者次之，辟草莱、任土地者次之"。④ 从文脉来看，孟子的说法不是生态角度的，而是政治角度的，但客观上也起到了维护自然的作用。

儒家对待植物的道德态度也表现为尊重其生命，认识其特点，为其生长创造良好的条件。《易·泰》卦说，天地交通为泰，此即阴阳二气交通，万物亨通。荀子指出："万物各得其和以生，各得其养以成。"⑤ 《逸周书·大聚》也说，土壤贫瘠草木就难以生长，水常搅动鱼鳖就难以生长，二气衰弱生物就难以生长。反之，"川渊深而鱼鳖归之，山林茂而禽兽归之，刑政平而百姓归之"⑥；所以，创造适合山林草木鱼鳖禽兽生长的自然环境，在古人那里是一项自觉的活动。

（三）恩至于大地山川

儒家文化认为，自然界是一个有机联系的整体，土地是其组成部分；土地由气形成，又以气为媒介与环境的其他部分发生联系。英国科学家洛夫洛克提出"盖娅设想"，认为地球是"一个活的生物，自行调控其环境，使其适合生命的生长"。⑦ 这实际上是儒家哲学固有的观点。在儒家文化看来，土地也是有生命力和自己的本性的。土地之性一言以蔽之，就是生养万物。尽土地之性就是要充分发挥它的生养作用。儒家文化要求尊重土地的生命，发

---

① 苏舆：《春秋繁露义证》，第 426～427 页。
② 朱熹：《四书章句集注》，第 331 页。
③ 朱熹：《四书章句集注》，第 331 页。
④ 朱熹：《四书章句集注》，第 283 页。
⑤ 王先谦：《荀子集解》，载《诸子集成》，第 2 册，第 206 页。
⑥ 程荣辑《汉魏丛书·逸周书·大聚》，吉林大学出版社，1992，第 579 页。
⑦ 克里斯蒂安·德迪夫：《生机勃勃的尘埃》，王玉山等译，上海科技教育出版社，1999，第 286 页。

挥和实现土地的本性。《月令》要求遵循天地之气的运动从事活动，不能妨碍气的运动。如关于孟春之月，《月令》说，本月天地之气的运行是"天气下降，地气上腾，天地和同，草木萌动"，君王发布农事政令，田官居住在国都东郊，迎接春气的到来。修饬田野疆界，整理水利设施，辨别不同土质，指导百姓耕种。关于孟冬之月，《月令》上说，本月"天气上腾，地气下降，天地不通，闭塞而成冬"，这个月的活动主要是聚积、收敛，修缮城郭，完善边备等。《月令》强调仲冬之月不能兴"土事"。因为这个月阳气凝聚、潜藏于土地之中，如果大兴土木，就会把阳气泄露出来，造成蛰虫死亡，百姓疾疫死丧的后果。汉代董仲舒要求用道德的态度对待土地，他说："恩及于土，则五谷成，而嘉禾兴。"反之，"咎及于土，则五谷不成"。① 美国哲学家利奥波德提出了"健康的土地"②"土地伦理"等概念。《月令》和董仲舒对待土地的办法，都是维持土地健康的做法。

对于河流，儒家文化同样要求用生态的、道德的态度对待它们。儒家从"导气"的角度出发，强调确保气在山川之间运行的通畅，禁止"壅川"，阻断气的流行。董仲舒主张，"恩及于水"，则出现醴泉；相反，虐待水，就会出现大雾、大水，水反而成为灾害。他说：

> 恩及于水，则醴泉出；……如人君简宗庙，不祷祀，废祭祀，执法不顺，逆天时，则民病流肿，水张，瘺痹，孔窍不通。咎及于水，雾气冥冥，必有大水，水为民害。③

《孝经援神契》也说：

> 德至深泉，则黄龙见，醴泉涌，河出龙图，洛出龟书。④

儒家文化认为，山脉具有储气的作用。一旦过分地开山毁林，造成植被和山体的破坏，就会导致地气外泄，引发生态灾难。据《汉书·贡禹传》记载，御史大夫贡禹批评汉家王朝为铸钱而攻山取铜铁，凿地数百丈，把地中储藏的阴气之精都消散了。他指出，地中没有敛藏阴阳之气，不能含气出

① 苏舆：《春秋繁露义证》，第374~375页。
② 奥尔多·利奥波德：《沙乡年鉴》，侯文蕙译，吉林人民出版社，1997，第193页。
③ 苏舆：《春秋繁露义证》，第380~381页。
④ 《礼记正义》，载阮元刻《十三经注疏》，第1427页。

云，又加上斩伐林木没有时禁，一定会导致水旱之灾。他说：

> 今汉家铸钱，及诸铁官皆置吏卒徒，攻山取铜铁，……凿地数百丈，销阴气之精，地臧空虚，不能含气出云，斩伐林木亡有时禁，水旱之灾未必不由此也。①

《管子》也反对冬天"发山川之藏"，同样值得注意。《管子》认为，冬天乃闭藏的季节，采掘活动使得闭藏不密，地气外泄。② 贡禹和《管子》对于山脉的性能和自然现象的联系性的认识是正确的，虽然其解释未必完全符合现代科学道理。董仲舒要求道德地对待山脉与矿产，他说："恩及于金石，则凉风出。……咎及于金，则铸化凝滞，冻坚不成。"③ 与此相似，《援神契》说："德至山陵，则景云出。"④ 所谓凉风出、景云出，都是善待自然产生的良好的气候效果，而"冻坚不成"则是气候乖张的表现。

五　儒家生态哲学的政治维度

儒家生态哲学的政治维度表现为政府设立相应的自然管理部门，颁布政令法律保护动植物，把生态保护具体地落实到政治活动中。

（一）动、植物保护的机构

历代政府都十分重视山林川泽的管理，设置各类官职从事这项工作。最早的是《尚书·舜典》中的"虞"官。据《尚书》记载，舜帝问："畴若予上下草木鸟兽（谁能顺从草木鸟兽的特点管理之）？"大家说伯益可以，舜于是任命伯益作"虞"。⑤ 这里值得注意的是，舜要求"顺从草木鸟兽的特点"来进行管理。孔颖达认为，所谓顺从其特点，是按照对草木鸟兽来说适宜的方法进行管理，"取之有时，用之有节"。⑥ 虞的官职得到了继承，在《周

---

① 《汉书·贡禹传》，第 10 册，第 3075 页。
② 黎翔凤：《管子校注》，中华书局，2004，第 855 页。
③ 苏舆：《春秋繁露义证》，第 376 页。
④ 《礼记正义》，载阮元刻《十三经注疏》，第 1427 页。
⑤ 孙星衍：《尚书今古文疏证》，第 68 页。
⑥ 孙星衍：《尚书今古文疏证》，第 67 页。

礼》中叫作"山虞""泽虞"。照郑玄的解释,"虞"有测度的意思,虞官要知道山的大小及其物产。①《周礼》指出,山虞掌管山林的政令,按照每一物的范围和区域来守护它们,设立禁令。②虞官要求按照时限砍伐材木,对于盗伐林木的人,实施刑罚。在祭祀山林时,虞官代表山林之神受祭。③据《风俗通义·五岳》的记载,汉代的时候,还有山虞把守博县西北三十里的岱宗庙。

与山虞相近的还有"衡",是掌管川林的。按照《周礼》的体制,掌管山泽的虞和掌管川林的衡互不相兼。川衡官职的设置说明山泽中兼有材木。"林衡"则是专职管理平地和山麓林木的官吏,竹木生于平地叫作林,"衡,平也,平林麓之大小及所生者"。④林衡的职责是巡守林麓禁令的执行情况,对执行好、林木茂盛、未发生盗伐地区的百姓实行奖赏。至于砍伐木材,则仍由山虞掌管。《周礼》中还有一个与保护山林有关的官职是"山师"。其职责是熟知各地山林之名,辨别物产与有害之物,颁布于国家,让人们进贡当地的珍异之物。按照《礼记·王制》所说,名山大泽不封于人,天子设立山师掌管远方山林,这在一定意义上保护了名山大川的自然环境。大司徒也有林木保护的职责。照《周礼》所说,大司徒掌管全国的地图、人民的数量,辨知各地的地域范围和那里的山林、川泽、丘陵、坟衍、湿地的著名物产,指导各地因其所宜之木而建立社稷,对百姓进行道德教化;辨别各地的物产,帮助百姓选择住宅,以繁衍人口;繁殖鸟兽,培育草木,发挥土地的作用;辨别十二种土壤的不同特点,教导百姓因地制宜地耕种和植树。⑤《周礼》中还有一种职位叫作"司险",他的职责是熟知和掌管全国地图,熟知各地的山林川泽的险阻,了解各地的道路情况;监督在沟、川、河谷、大道小路两旁植树,派专人管理。道路两旁植树就很有生态意义。⑥除上述职位外,还有一些职位也包含一部分保护草木森林的职责。如"草人"的主要职责是除草,但也有指导因地制宜而播种的职责;"委人"掌管征收远郊以外山野的贡赋,薪刍以及疏材、木材、蓄聚之物等。这里的疏材指能结果实的

① 《周礼注疏》,载阮元刻《十三经注疏》,第700页。
② 《周礼注疏》,载阮元刻《十三经注疏》,第747页。
③ 《周礼注疏》,载阮元刻《十三经注疏》,第747页。
④ 《周礼注疏》,载阮元刻《十三经注疏》,第700页。
⑤ 《周礼注疏》,载阮元刻《十三经注疏》,第703页。
⑥ 《周礼注疏》,载阮元刻《十三经注疏》,第844页。

草木，蓄聚之物指瓜、瓠、葵、芋等过冬之物。"场人"掌管国家的场圃，管理种植果蓏、珍异之物，按时收敛存储，供祭祀、宾客享用。前文所述太宰的职责中，有一项就是"以九职任万民"，即让百姓从事九种职业，九职中的种植九谷，培育瓜果草木，养育山泽林木等，都具有生态意义。

关于《周礼》的真实性，自宋代起即遭怀疑，清代尤甚。不过，无论《周礼》是否真实地反映了周代的情况，它作为儒家的经典，对中国历史产生了重要影响，是无可置疑的，所以其中的生态思想是值得重视的。

（二）动物保护的政令与法律

在《逸周书》《礼记·月令》《吕氏春秋》等典籍中，动物保护的政令与法律甚多。其中最为系统的是《礼记·月令》。

孟春之月："牺牲毋用牝。毋覆巢，毋杀孩虫，胎夭飞鸟，毋麛毋卵。"[1]

照郑玄解释，这是为了防止"伤萌幼之类"。

仲春之月："毋竭川泽，毋漉陂池，毋焚山林。"[2] "是月也，祀不用牺牲，用圭璧，更皮币。"[3]

照郑玄解释，这是为了"顺阳养物也"。因为春天是万物生长的季节，竭川泽、漉陂池、焚山林不仅会伤害动物，也会使它们失去生长之地。所谓祭祀不用动物，也是照顾使其孕育和生长。

季春之月："田猎罝罦、罗罔、毕翳，喂兽之药，毋出九门。"[4]

在古人看来，此时鸟兽正处于孳乳哺育期间，这是"天时"。此时设置网罗、敷撒毒药乃是违背天时，破坏生长的行为，应当禁止。

对于畜兽的孕育，古人也给予了充分的考虑。季春之月的月令之一是"合累牛腾马，游牝于牡"，[5] 仲夏月令要求"游牝别群，则絷腾驹"。[6] 这些都是促使动物孕育的措施。

与《月令》相同的规定，在《吕氏春秋·孟春纪》中也出现过。无论二者谁抄谁，都表明诸如此类的动物保护的思想，在当时是非常普遍的。这种

---

① 《礼记正义》，载阮元刻《十三经注疏》，第 1357 页。
② 《礼记正义》，载阮元刻《十三经注疏》，第 1362 页。
③ 《礼记正义》，载阮元刻《十三经注疏》，第 1362 页。
④ 《礼记正义》，载阮元刻《十三经注疏》，第 1363 页。
⑤ 《礼记正义》，载阮元刻《十三经注疏》，第 1364 页。
⑥ 《礼记正义》，载阮元刻《十三经注疏》，第 1370 页。

思想对后世产生了影响。目前发现的最早的动物保护法律是睡虎地出土的秦简律书《秦律十八种》，其中的《田律》就有关于动物保护的条文。如"不夏月，毋敢……麛（卵）鷇，毋□□□□□毒鱼鳖，置□罔（网），到七月而纵之"。① 西汉时期汉宣帝曾下令说："前年夏，神爵集雍，今春，五色鸟以万数飞过属县，翱翔而舞，集未下。其令三辅毋得以春夏摘巢探卵，弹射飞鸟。具为令。"② 近年考古学界在甘肃省敦煌悬泉置汉代遗址发掘出土的泥墙墨书《使者和中所督察诏书四时月令五十条》中，也有不少保护动物的法令。

孟春月令十一条：

- ·毋摘剿。　　·谓剿空实皆不得摘也。空剿尽夏实者四时常禁。
- ·毋杀□虫。　　·谓幼少之虫、不为人害者也，尽九 [月]。
- ·毋杀胎。　　·谓禽兽、六畜怀任有胎者也。尽十二月常禁。
- ·毋夭飞鸟。　·谓夭飞鸟不得使长大也。尽十二月常禁。
- ·毋麛。　　　·谓四足：……及畜幼少未安奔也，尽九月。
- ·毋卵。　　　·谓飞鸟及鸡□卵之属也。尽九月。
- ·瘗骼狸骴。　·谓鸟兽之□也，其有肉者为骴。尽夏。

中春月令五条：

- ·毋□水泽，□陂池、□□。·四方乃得以取鱼. 尽十一月常禁。
- ·毋焚山林。·谓烧山林田猎，伤害禽兽口虫草木…… [正] 月尽……

季春月令四条：

- ·毋弹射飞鸟。及张罗，属它巧以捕取之。谓□鸟也……

孟夏月令六条：

- ·驱兽 [毋] 害五谷。·谓□……

---

① 睡虎地秦墓竹简整理小组：《睡虎地秦墓竹简》，文物出版社，1978，第27页。
② 《汉书》第1册，第258页。

·毋大田猎。　　　·尽八月……①

这个诏书是"大皇大后"发出的,日期为"元始五年五月甲子朔丁丑",也就是公元5年。上述材料表明,保护动物的理念已经变成法律法令了。

（三）林木保护的政令与法律

林木保护的政令和法律,仍以《礼记·月令》最为全面和系统,它对每个月应进行的树木保护活动都做了详细的规定。

孟春之月:"祀山林川泽","禁止伐木"。②"孟春行夏令,则雨水不时,草木蚤落。"③

仲春之月:"毋焚山林。"④

季春之月:"命野虞无伐桑柘。"⑤"季春行冬令,则寒气时发,草木皆肃,国有大恐";"行夏令,则民多疾疫,时雨不降,山林不收"。⑥

孟夏之月:"毋伐大树。"⑦"孟夏行秋令,则苦雨数来,五谷不滋;行冬令,则草木蚤枯。"⑧

仲夏之月:"令民毋艾蓝以染,毋烧灰";⑨"仲夏行冬令,则雹冻伤谷";"行春令,则五谷晚熟";"行秋令,则草木零落,果实早成,民殃于疫"。⑩

季夏之月:"命泽人纳材苇。"⑪"是月也,树木方盛,乃命虞人入山行木,毋有斩伐。""季夏行春令,则谷实鲜落,国多风欬";"行秋令,则丘隰水潦,禾稼不熟"。⑫

仲秋之月:"仲秋行春令,则秋雨不降。草木生荣,国乃有恐。行夏令,

① 中国文物研究所、甘肃省文物考古研究所:《敦煌悬泉月令诏条》,中华书局,2001,第4~8页。
② 《礼记正义》,载阮元刻《十三经注疏》,第1357页。
③ 《礼记正义》,载阮元刻《十三经注疏》,第1357页。
④ 《礼记正义》,载阮元刻《十三经注疏》,第1362页。
⑤ 《礼记正义》,载阮元刻《十三经注疏》,第1363页。
⑥ 《礼记正义》,载阮元刻《十三经注疏》,第1364页。
⑦ 《礼记正义》,载阮元刻《十三经注疏》,第1365页。
⑧ 《礼记正义》,载阮元刻《十三经注疏》,第1366页。
⑨ 《礼记正义》,载阮元刻《十三经注疏》,第1370页。
⑩ 《礼记正义》,载阮元刻《十三经注疏》,第1370页。
⑪ 《礼记正义》,载阮元刻《十三经注疏》,第1371页。
⑫ 《礼记正义》,载阮元刻《十三经注疏》,第1371页。

则其国乃旱，蛰虫不藏，五谷复生。行冬令，则风灾数起。收雷先行。草木蚤死。"①

季秋之月："草木黄落，乃伐薪为炭。"②

孟冬之月："乃命水虞、渔师收水泉池泽之赋。"③

仲冬之月："山林薮泽，有能取蔬食田猎禽兽者，野虞教道之"；"日短至，则伐木，取竹箭"。④

季冬之月："乃命四监收秩薪柴，以共郊庙及百祀之薪燎。"⑤　"命宰，历卿大夫至于庶民，土田之数，而赋牺牲，以共山林名川之祀。"⑥

与此相同或相近的内容还出现在《吕氏春秋》《管子》《逸周书》等典籍中。受儒家文化的影响，除了政令外，各个朝代还有一些保护林木的法律。我们挑出以下几种。

1.《秦律十八种·田律》

现存最早的林木保护法律，仍是前述睡虎地《秦律十八种》，其中的《田律》规定："春二月，毋敢伐材木山林……。不夏月，毋敢夜草为灰，取生荔……到七月而纵之。唯不幸死而伐绾（棺）享（椁）者，是不用时。"⑦

《田律》与《逸周书·大聚》、《礼记·月令》、《吕氏春秋》的内容相近而更为严密细致，说明其中的行为规范是在吸收《逸周书》《礼纪·月令》的基础上逐步完善的。

2.《使者和中所督察诏书四时月令五十条》

此为甘肃敦煌悬泉置汉代遗址出土的泥墙墨书，其中生态保护的条文如下。诏条：

孟春月令："禁止伐木。谓大小之木皆不得伐也，尽八月。草木零落，乃得伐其当伐者。"

季春月令："毋焚山林。谓烧山林田猎，伤害禽兽□虫草木……正

---

① 《礼记正义》，载阮元刻《十三经注疏》，第1374页。

② 《礼记正义》，载阮元刻《十三经注疏》，第1380页。

③ 《礼记正义》，载阮元刻《十三经注疏》，第1382页。

④ 《礼记正义》，载阮元刻《十三经注疏》，第1383页。

⑤ 《礼记正义》，载阮元刻《十三经注疏》，第1384页。

⑥ 《礼记正义》，载阮元刻《十三经注疏》，第1384页。

⑦ 睡虎地秦墓竹简整理小组：《睡虎地秦墓竹简》，第27页。

月 [尽]"①

这篇泥墙墨书的日期为公元 5 年,是作为政府法令书写在墙壁上向公众颁布的。

3. 居延汉简

其中生态保护的条文如下。

(1)"制诏纳言其□官伐林木取竹箭。始建国天凤□年二月戊寅下。"

这条记录有缺字,其详已不得而知。不过,如前所述,《礼记·月令》有"十一月日短至,伐木取竹箭"的规定。汉简诏书的此项规定应与《礼记》差别不大。据汉郑玄的解释,竹箭在秋冬之时坚韧,宜伐取。

(2)关于生态保护禁令的执行情况,居延汉简还出土了"吏民毋得伐树木有无四时言""吏民毋犯四时禁有无四时言"的汉简。据研究,当时有对"吏民毋犯四时禁""吏民毋得伐树木"的执行情况进行严格检查,责任吏员定时具名上报存档的制度。

4. 改定刑制

据《晋书·刑法志》记载,曹魏政权曾经"改定刑制",陈群等依照汉律,制定魏《新律》十八篇。《新律序》回顾汉律内容说,《贼律》有惩罚伐木之贼的规定。

环保性法律、法令的广泛存在说明了在当时的中国文化中,保护环境是一种自觉而普遍的行为。

(四)土地管理机构与政令

儒家对于土地的生态性管理是十分重视的。《周礼》记载有大司徒、小司徒等许多土地管理官职,这些官职的职责有不少都具有生态意义。大司徒的职责是掌管国家的地图和各地人口的数量,辅助君王安邦定国。大司徒应该广泛熟悉国家的幅员,分别山林、川泽、丘陵、坟衍、原隰等不同的地理情况,辨别城、乡之数,划定各地疆域,为之建立社稷。大司徒还有设立各类土地官员管理土地的职责。此外还有"遂人""土均""土训""均人"等。他们的主要职责是掌握国内山川形势地图、各地物产,通报君王,使各

① 甘肃省文物考古研究所:《敦煌悬泉汉简释文选》,《文物》2000 年第 5 期;胡平生、张德芳:《敦煌悬泉置汉简释粹》,上海古籍出版社,2001,第 192~199 页。

地以自己的特产进贡。"均人"的职能和"土均"大致相同，都是平均土地之征。小司徒也是大司徒的下属，其职责主要是平均分配土地。小司徒熟知百姓和土地的数量，把土地分为上中下三等，分配给百姓，小司徒也负责公平地征收税赋。小司徒的职责和土均、均人有所重合，这可能是由于《周礼》记载的是周代不同时期的官制的缘故。《周礼》上还记载有"土会之法""土宜之法"等。"土宜之法"是辨别十二个地方的不同物产，帮助和教导人民定居、繁衍、从事农业和种植树木，促使鸟兽繁殖，草木繁荣，从而充分地发挥土地的作用：

> 辨十有二土之名物，以相民宅而知其利害，以阜人民，以蕃鸟兽，以毓草木，以任土事。辨十有二壤之物而知其种，以教稼穑树艺。①

"土会之法"是把地貌、地质分为山林、川泽、丘陵、坟衍、原隰五类，辨别各种地质的物产和那里的人民的特点：

> 以土会之法辨五地之物生：一曰山林，其动物宜毛物，其植物宜阜物，其民毛而方。二曰川泽，其动物宜鳞物，其植物宜膏物，其民黑而津。三曰丘陵，其动物宜羽物，其植物宜核物，其民专而长。四曰坟衍，其动物宜介物，其植物宜荚物，其民皙而瘠。五曰原隰，其动物宜裸物，其植物宜丛物，其民丰肉而庳。②

辨土也是一项十分普及的技术。《礼记·月令》中有孟春之月君王命令开始进行农事，"善相丘陵、阪险、原隰、土地所宜，五谷所殖，以教道民"。《左传》中有"书土田"的纪录，内容是："度山林，鸠薮泽，辨京陵，表淳卤，数疆潦，规偃猪，町原防，牧隰皋，井衍沃。"③《荀子》中说："相高下，视硗肥，序五种，君子不如农人。"④

关于水利设施，据《周礼》的记载，田间有遂、径、沟、畛、洫、涂、浍等农田水利设施外排水设施；还有"遂人"一职，专门负责水利设施。除此，还有大型的引河灌溉设施。肥田，又叫"土化之法"，内容是改良土壤，

① 《周礼注疏》，载阮元刻《十三经注疏》，第703页。
② 《周礼注疏》，载阮元刻《十三经注疏》，第702页。
③ 《春秋左传正义》，载阮元刻《十三经注疏》，第1985～1986页。
④ 王先谦：《荀子集解》，第122页。

确定适宜种植的植物。《周礼》有"草人"一职，是负责这项工作的。也有用动物脂肪"粪种"的方法。具体做法是针对不同土质，使用不同动物的脂肪汁浸泡种子以改良土壤。① 用草木灰肥田是科学的，用动物油脂肥田则不一定有科学性。休耕是中国古代保持土地肥力的一项重要措施。据《周礼》记载，官府授田给百姓，"不易之地家百亩，一易之地家二百亩，再易之地家三百亩"②。"不易之地"不需要休耕，"一易之地"休耕一年耕种一年，"再易之地"休耕两年才可以耕种一年。③ 休耕也叫作"爰田""辕田"等。据说商鞅在秦国变法，就实行了爰田制。又据《左传》记载，晋国也实行了爰田制。《汉书·食货志》也有古代实行休耕的纪录。④ 应该说，休耕、换田易居的方法是十分科学的。《周礼》中还有保留荒野的措施。《周礼》说：

> 辨其野之土，上地、中地、下地，以颁田里。上地，夫一廛，田百亩，莱五十亩，余夫亦如之；中地，夫一廛，田百亩，莱百亩，余夫亦如之；下地，夫一廛，田百亩，莱二百亩，余夫亦如是。⑤

这里的草莱据郑玄解释是"休不耕者"："莱，休不耕者。郊内谓之易，郊外谓之莱。"⑥可耕地已经有休耕制度，这里的"休不耕"显然不是可耕地的休耕，而是对未开垦的土地休而不耕，即不把草地开辟为农田。贾公彦即认为草莱是荒而不耕的草地。⑦ 古人保留草莱可能是为了用作牧地；纵如此，保留荒野对于维持生态平衡仍然是有积极意义的。"资源保护是人和土地之间和谐一致的一种表现。"⑧

《周礼》强调任地力，这是重视农业的表现。在古代礼制中，天子有"亲耕"仪式，表达对于农业的重视。皇后也要率后宫嫔妃养蚕，以表示对于纺绩织纴的重视。《礼记》说："四郊多垒，此卿大夫之辱也。地广大，荒

---

① 《周礼注疏》，载阮元刻《十三经注疏》，第746页。
② 《周礼注疏》，载阮元刻《十三经注疏》，第705页。
③ 《周礼注疏》，载阮元刻《十三经注疏》，第727页。
④ 《汉书·食货志》，第5册，第1119~1120页。
⑤ 《周礼注疏》，载阮元刻《十三经注疏》，第740页。
⑥ 《周礼注疏》，载阮元刻《十三经注疏》，第705页。
⑦ 《周礼注疏》，载阮元刻《十三经注疏》，第727页。
⑧ 奥尔多·利奥波德：《沙乡年鉴》，第197页。

而不治，此亦士之辱也。"① 因为若卿大夫有威德，四邻就不会来侵。士有劝农耕稼的职责。如果采地没有得到治理，那是士没有尽到职责。《礼记·月令》还规定了不能妨碍农事的政令，如仲春之月不能举行"大事"以妨农。所谓大事即发动战争之类。

（五）河流、山脉的管理机构与法令

中国古人很早就设立了管理河流水域的官职。据《周礼》记载，管理湖泽的官吏叫作"泽虞"，管理河流的叫作"川衡"。② 川衡为下士，泽虞为中士。川衡的职责是"平知川之远近宽狭及物之所出"③，泽虞的职责是"度知泽之大小及物之所出"④。川是河流，泽是湖泊、沼泽，也包括水塘等。川衡有掌握川泽禁令的职能，泽虞也有掌握"泽之禁令"，处罚犯禁者的职能。⑤ 在《周礼》中，与水相关的职位还有"司险""川师""雍氏""萍氏"等。川师的职责是掌握川泽的名称、基本情况、物产，以便为国家贡献珍异之物。⑥ 雍氏的职责是掌管沟、浍、池的禁令，其中包含对于水害防备，如春天疏通沟浍，秋天堵塞等。⑦ 萍氏的职责是"掌国之水禁"。⑧ 在《管子》中，防止水害是和工程联系在一起的，管理水的官职是司空。⑨《荀子》的记载与此相同。⑩ 历代关于水的官职还有很多，如《庄子》中有"监河侯"一职，"河"是黄河，可见当时黄河就有了管理官吏。

《月令》等典籍记载了一些关于水域管理的政策和法令，反映了当时人们对于保护水域的认识。《礼记·月令》上说，仲春之月，不得竭川泽、漉陂池。睡虎地秦简《秦律十八种·田律》中也有"春二月，毋敢……雍（壅）堤水"的条文。⑪ 这说明，在秦代，水源保护已经成为法律。这种水

---

① 《礼记注疏》，载阮元刻《十三经注疏》，第 1250 页。
② 《周礼注疏》，载阮元刻《十三经注疏》，第 647 页。
③ 《周礼注疏》，载阮元刻《十三经注疏》，第 700 页。
④ 《周礼注疏》，载阮元刻《十三经注疏》，第 700 页。
⑤ 《周礼注疏》，载阮元刻《十三经注疏》，第 647 页。
⑥ 《周礼注疏》，载阮元刻《十三经注疏》，第 865 页。
⑦ 《周礼注疏》，载阮元刻《十三经注疏》，第 885 页。
⑧ 《周礼注疏》，载阮元刻《十三经注疏》，第 885 页。
⑨ 黎翔凤：《管子校注》，第 73 页。
⑩ 王先谦：《荀子集解》，第 168 页。
⑪ 睡虎地秦墓竹简整理小组：《睡虎地秦墓竹简》，第 20~21 页。

资源进行管理、保护措施在汉代得到了继承。《汉书·百官公卿表上》记载有"奉常"一职，属员有"均官、都水两长丞"。颜师古引用如淳语注解说，按照法律，都水的职责是管理渠堤水门。《三辅黄图》上说，三辅皆有都水也。又据《百官公卿表上》的记载，治粟内史、少府、水衡都尉、内史、主爵中尉属下都有"都水"之职。《汉书·刘向传》记载，刘向就曾经担任中郎，领护三辅都水的官职。据颜师古注引苏林语云，三辅地区多灌溉渠，全由三辅都水主管，所以这个官职叫作"都水"。又据《汉书·儿宽传》记载，左内史儿宽在管理水利设施时，曾经制定过渠水分配措施"水令"，合理分配水源，扩大灌溉面积，[①] 这可能是中国历史上首个灌溉用水管理制度。

鉴于山脉的重要性，古代对于山脉有系统的保护措施，从事这项工作的官职是"山虞"。山虞度知山的大小及物产，主要是林木、矿产、禽兽等，也掌管山林的政令，按照物产的种类分别进行管理，实行守禁。《周礼》记载有"卝人"一职，是专门管理矿产资源的官吏。他的职责是掌管金玉锡石产地，厉禁以守之。卝人取矿产供给冬官制作器物，供君王使用，百姓不得染指。卝人厉守资源地具有垄断的性质，这在客观上维护了山林的生态平衡。

余 论

生态哲学是一种认识，是人类对自身的存在的认知的深化；又是一种具有根本性的世界观；更为深入地说，它还表示一种存在方式。如果把人类的存在看作函数就会发现，根本地决定人类存在方式的参数只有两种：一种是文化的，包括各种观念和社会组织结构等；一种是生态的，包括土地、山川和气候等。任何一种关于人类存在的学说，倘若认识不到生态参数的制约，就很难说是完善的，也不会是深刻的。笔者认为，人类如果还要在这个星球上生存下去，其生存必须是生态性的；生态地存在是人类根本的存在方式。在历史上，中国文化之所以能够贞下起元，历久弥新，保持较高的文明水平，一个重要的因素是儒家生态意识维持了中华民族生存地区的自然环境。这是研究儒家生态哲学的意义所在。当然，我们也应认识到，儒家哲学的生

① 王勇：《东周秦汉关中农业变迁研究》，岳麓书社，2004，第141~142页。

态危机意识还不十分迫切，理论和现实存在一定程度的脱节，比如对于黄土高原植被的荒原化并未做出深入的反思。又，当代生态哲学是从西方文化传统中发展出来的，它的体系的科学性、反思性和论证的逻辑性、概念范畴的严密性以及对于问题的认识的深入性等方面，都是中国哲学所未曾有的。这是我们建立中国生态哲学必须借鉴的。

牟宗三的情感世界及其"觉情"说

彭国翔

（浙江大学）

摘　要：无论是牟宗三的情感世界还是其"觉情"说，都是以往学界未尝措意的课题。本文充分利用牟宗三的未刊书信，结合《牟宗三先生全集》中的相关文献，全面展示牟宗三情感世界的各个方面，包括爱情、亲情、师友之情以及自然之情，特别是他爱情与晚年亲情的方面。同时，还将检讨牟宗三思想中"觉情"这一核心观念深刻与细腻的内涵，并力求在世界哲学的整体脉络中，尤其是在晚近中西方哲学中重视和强调"情感"的动态中，指出牟宗三"觉情"说的价值和意义。

关键词：牟宗三　情感世界　觉情说　当代中西方哲学

引　言

如果认为牟宗三只是一个驰骋观念的思辨哲学家，没有政治与社会的现世关怀，不过是"盲人摸象"之见。同样，如果认为牟宗三只有冷静的理智而"太上忘情"，也只能是不知其人遑论其世的一种"错觉"。只要阅读牟宗三的相关文字，就足以感受到其人情感之强烈与真挚。而他对于自己各种情感的表达、反省和剖析，本身也正是其真情实感的表现。可惜的是，在以往关于牟宗三的各种研究中，对其情感世界的探究基本上是阙如的。因此，对牟宗三的全面了解，就不能仅限于其"理智"，同时也要触及其"情感"。

本文首先根据各种原始文献，尤其是学界之前尚未使用的牟宗三的未刊书信，呈现并展示其情感世界的各个方面，包括爱情、亲情、师友之情以及自然之情，特别是他爱情与晚年亲情的方面。早期的亲情、师友之情以及对于大自然所流露之情，虽然以往也极少受到研究者的关注，但在《牟宗三先生全集》（以下简称《全集》）所收的文献中或多或少都有记载。至于牟宗三的爱情世界，除了他自己在《五十自述》中提到少年时代的萌动之外，目前《全集》所收的文字中几乎无迹可寻。但是，这绝不意味着牟宗三的情感世界中没有爱情的位置。事实上，在牟宗三与亲密友人的书信中，有很多爱情方面的坦诚相告与自我剖析。由于这些书信没有收入《全集》公开发表，绝大部分人所不知，本文对于这一方面就特别加以留意，以期尽可能一探其爱情的世界。同样，牟宗三晚年的亲情，在《全集》所收的文字中也没有多少反映，而是在他给亲人的家信中得到了充分的流露。本文也利用这些以往并未公开发表也没有收入《全集》的家信，结合《全集》中相关的文字，来呈现其亲情的世界。

此外，牟宗三的情感世界与其哲学思想又是紧密关联的。在他的哲学思想中，"觉情"正是一个十分重要甚至具有核心地位的概念。而牟宗三其人重"情"的一面，与其哲学思想中对于"觉情"的强调，可以说是互为因果而彼此一贯的。遗憾的是，在以往有关牟宗三哲学思想的研究中，"觉情"这个概念也基本上是受到忽略的。因此，在通过历史文献重建其情感世界的基础上，本文还将检讨其"觉情"观念深刻与细腻的内涵，并力求在世界哲学的整体脉络中，尤其是在晚近西方哲学中重视和强调"情感"的动态中，指出牟宗三"觉情"说的价值和意义。

总之，牟宗三自己曾说："这邪恶的时代，实须要有'大的情感'与'大的理解'。'大的情感'恢弘开拓吾人之生命，展露价值之源与生命之源。'大的理解'则疏导问题之何所是与其解答之道路。"① 如果说牟宗三的"大的理解"主要反映在他一系列哲学与哲学史的著作中，那么，牟宗三的"大的情感"这一面，正是本文所要尝试予以全面呈现与展示的。而对于本文的主要构成来说，牟宗三"情感世界"的部分主要在于"历史的重建"，其

---

① 《五十自述》，《牟宗三先生全集》（以下简称《全集》）第 32 册，台北：联经出版公司，2003，第 118 页。

"觉情"说的部分则主要是"观念的澄清"。

一 大自然之情

在牟宗三已刊的所有文字中,《五十自述》应该是流露其个人情感最为充分的著作。其中,首先表达的就是他少年时期即怀有的对于家乡大自然的情感。当他回忆家乡的自然环境时,笔下的文字不只是描述,同时也是深深的情感。他说:

> 我生长在山东胶东半岛的栖霞,那是一个多山的小县,四季气候分明。邱长春当年说:"走遍天下,不如小小栖霞。大乱不乱,大俭不俭。"我的村庄是处在环山的一块平原里。村后是我们牟氏的祖茔,周围砌以砖墙,范围相当大,在乡间,也算是一个有名的风景区。白杨萧萧,松柏长青。丰碑华表,绿草如茵。苔痕点点,寒鸦长鸣。我对这地方常有神秘之感,儿时即已如此,一到那里,便觉清爽舒适,那气氛好像与自己的生命有自然的契合。我那时自不知其所以然,亦不知其是何种感觉。这暗示着我生命中的指向是什么呢?夏天炎热郁闷,那里却清凉寂静,幽深邃远,那不是苍茫寥廓的荒漠,也不是森林的浓密,所以那幽深邃远也不是自然宇宙的,而是另一种意味。①

这种情感,在他紧接着描写清明寒食季节自己作为一个"混沌的男孩"融化于大自然的文字中,得到了更为生动活泼的流露。

> 清明寒食的春光是那么清美。村前是一道宽阔的干河,夏天暑雨连绵,山洪暴发,河水涨满,不几日也就清浅了。在春天,只是溪水清流。两岸平沙细软,杨柳依依,绿桑成行,布谷声催。养蚕时节我常伴着兄弟姊妹去采桑。也在沙滩上翻筋斗,或横卧着。阳光普照,万里无云,仰视天空飞鸟,喜不自胜。那是生命最畅亮最开放的时节。无任何拘束,无任何礼法。那时也不感觉到拘束不拘束,礼法不礼法,只是一个混沌的畅亮,混沌畅亮中一个混沌的男孩。这混沌是自然的,那风光

---

① 《五十自述》,《全集》第32册,第1页。

也是自然的，呼吸天地之气，舒展混沌的生命。鸟之鸣，沙之软，桑之绿，水之流，白云飘来飘去，这一切都成了催眠的天籁。不知不觉睡着了，复返于寂静的混沌。这畅亮，这开放，这自然的混沌，动荡的或寂静的，能保持到什么时候呢？发展到某时候，也可令人有这种感觉：其去放纵瘫软堕落又有几何呢？这当然不是我那时之所知。我那时只感觉到配置于那种境况里是最舒畅的，而且有一种说不出的荒漠寥廓，落寞而不落寞的浑处之感。我是最欣赏那"落寞而不落寞"的境况的，因为那是混沌。①

就这一段文字来看，一方面，对于牟宗三而言，那种"说不出的荒漠寥廓，落寞而不落寞的浑处之感"，可以说是一种与大自然融合无间的"舒畅"之情。而另一方面，除了"舒畅"之外，对于春光与春色，牟宗三同时生起的，还有一种无端的伤感，他称之为"伤春"之情。

暮春初夏是不容易清醒的。一方面诗人说："春色恼人眠不得"，一方面又说"春日迟迟正好眠"。正好眠，眠不得，这正是所谓"春情"。说到春情，再没有比中国的香艳文学体会得更深入的了。那春夏秋冬四季分明的气候，那江南的风光，在在都使中国的才子文学家们对于春情感觉得特别深入而又蕴藉。《牡丹亭·游园惊梦》中那些清秀美丽的句子，如："原来姹紫嫣红开遍，似这般都付与断井颓垣。良辰美景奈何天，赏心乐事谁家院？如花美眷，似水流年，烟波画船，雨丝风片，锦屏人忒看得这韶光贱。"正是对于这春情着意地写，加工地写，正是写得登峰造极，恰如春情之为春情了。而《红楼梦》复以连续好几回的笔墨，藉大观园的春光，小儿女的诟谇，把这意境烘托得更缠绵、更细腻、更具体、更美丽。"凤尾森森，龙吟细细，正是潇湘馆"，这是春情中的春光。"尽日价情思睡昏昏"，这是春光中的春情，只这一句便道尽了春情的全幅义蕴，说不尽的风流，说不尽的蕴藉。这是生命之"在其自己"之感受。由感而伤，只一"伤"字便道尽了春情的全幅义蕴，故曰"伤春"。②

①　《五十自述》，《全集》第32册，第1页。
②　《五十自述》，《全集》第32册，第7页。

这种伤春之情，似乎很容易与因"爱"而生的伤感之情相混淆。不过，牟宗三在撰写《五十自述》时早已观念清晰。因此，虽然情感细腻，但他也很明确，这种因大自然的春光和春色而生起的无端的伤感之情，与"爱情"之情毕竟不同。牟宗三特别指出：

> 伤春的"春情"不是"爱情"。"爱情"是有对象的，是生命之越离其自己而投身于另一生命，是向着一定方向而歧出，因此一定有所扑着，有其着处，各献身于对方，而在对方中找得其自己，止息其自己；但是"春情"却正是"无着处"。"闺中女儿惜春暮，愁绪满怀无着处"①，这"无着处"正是春情。爱情是春情之亨而利，有着处；结婚是利而贞，有止处。春情则是生命之洄漩，欲歧而不歧，欲着而无着，是内在其自己的"亨"，是个混沌洄漩的"元"。中国的才子文学家最敏感于这混沌洄漩的元，向这最原初处表示这伤感的美。这里的伤感是无端的，愁绪满怀而不知伤在何处。无任何指向，这伤感不是悲哀的，我们说悲秋，却不能说悲春，而只能说"伤春"。秋之可悲是因万物之渐趋向于衰杀与凄凉，这已是有了过程中的指向了。但是春情却只是个混沌洄漩的元，所以春情之伤无何指向，伤春之伤他不是悲伤。欧阳修《秋声赋》云："夷，戮也，物过盛而当杀；商，伤也，人既老而悲伤。"② 这悲伤也是有历程中之指向的。但是春情之伤却只是混沌无着处之寂寞，是生命内在于其自己之洋溢洄漩而不得通，千头万绪放射不出，即不成其为直线条，每一头绪欲钻出来而又钻不出，乃蜷伏回去而成一圆圈的曲线。重重迭迭，无穷的圆曲，盘错于一起，乃形成生命内在于其自己之洋溢与洄漩，这混沌的洄漩。所以这伤的背景是生命之内在的喜悦，是生命之活跃之内在的郁结，故曰春情。春光是万物发育生长的时候，是生之最活跃最柔嫩的时候。它的生长不是直线的，而是洄漩絪缊的，这就是春情。若是直线的，便一泄无余了，便无所谓情。洄漩絪缊，郁而不发，便是春情之伤，春生如此，小儿女的生命也正在生长发育之时，故适逢春光而有春情，敏感者乃有春情之伤。春情之为春

---

① 该句出自《红楼梦》中黛玉的《葬花吟》。
② 按：欧阳修原文两句是倒过来的，即"商，伤也，人既老而悲伤；夷，戮也，物过盛而当杀"。

是恰如其字，只象征着混沌的洄漩，并无其他意义，而这也就是最丰富的意义。①

显然，牟宗三这里对于"春情"与"爱情"的区别，尤其是以文学性而非哲学性的文字进行的区分，既是他自己情感世界这一方面的自然流露，也是他对自己情感世界这一方面的自觉描绘。

以上引用的牟宗三的这些文字，完全不同于其辩名析理的哲学话语，而是细腻鲜活，其情感的强度与厚度扑面而来，读之不免令人产生强烈的同情（empathy）与共鸣（resonance）。

《五十自述》是牟宗三1956年开始撰写，1957年完稿的。牟宗三在书写这些文字时，正值盛年。而在1968年，即差不多十一二年之后，年近六旬的牟宗三在给香港中文大学艺术系做"美的感受"演讲时，再次回忆起少年时期那种"落寞而不落寞"的情感。他说："我记得幼年在我们家乡，当春末夏初的时候，我常常仰卧在河边的沙滩上，仰望辽阔的天空，旁边是小溪流，有桑树两行，有杨柳几株，上面有布谷鸟鸣之声。在这一种清明辽阔的境况里，我一藐然之身，横卧在沙滩上，一种落寞而不落寞之感便在心中浮现。"② 由此可见，这种"对于大自然"或者"因大自然而起"的情感，可以说是牟宗三情感世界中的一个始终不可化约的方面和向度。

二　亲情

关于牟宗三的"亲情"，根据他自己的各种文献，我们目前可以看到三个方面的表现，一是父母之情，二是兄弟姐妹之情，三是对于儿子和孙女的情感。

在牟宗三已刊的《全集》中，反映其亲情的文字主要是父母之情和兄弟姐妹之情。首先，让我们看看他对于父母的情感。

在1941年12月至1942年2月之间接到家信获悉父亲亡故时撰写的《亲丧志哀》中，牟宗三记载了丧母时的情感流露。母亲去世时，牟宗三正在大理寿张师范学校任教。他得到消息返回抵家时，其母已经去世，所谓"抵村

---

① 《五十自述》，《全集》第32册，第7~8页。
② 《牟宗三先生晚期文集》，《全集》第27册，第203~204页。

头，即遥见灵柩发祖茔"。① 牟宗三记述当时的心情是"心如刀绞。大哭不能已"②。不过，相比于关于母亲的记载，牟宗三记载更详的，是他对于父亲的情感。

牟宗三对于父亲情感的直接流露至少有三次。一次同样是在《亲丧志哀》中，牟宗三回忆了他印象中的父亲。

> 我在前常提到先父之严肃。他是白手起家的人。刚毅严整，守正不阿；有本有根，终始条理。祖父弃世时，薄田不过七、八亩，安葬时只是土圹，并无砖砌。伯父含混，不理家业。叔父年幼，体弱多病。他一手承担起家庭的重担。十八岁即辍学，应世谋生。祖父留下来的骡马店，他继续经营了若干年。神强体壮，目光四射。指挥酬对，丝毫不爽。每当傍晚，骡马成群归来，他都要帮着扛抬。那是很紧张的时候，很繁重的工作。无论人或马都是急着要安息，他安排照应，宾至如归。当时二掌柜之名是远近皆知的。后来他常对我们说：开始原也是糊涂的，后不久忽然眼睛亮了，事理也明白了。人总须亲身在承当艰苦中磨练，这话给我的印象非常深。他看人教子弟，总说要扑下身弯下腰，手脚都要落实，不要轻飘飘，像个浪荡者。他最厌那些浮华乖巧，从外面学来的时髦玩艺。他是典型的中国文化陶养者。他常看《曾文正公家书》，晚上也常讽诵古文，声音韵节稳练从容。我常在旁边听，心中随之极为清净纯洁。写字整齐不苟，墨润而笔秀。常教我们不要了草，不要有荒笔败笔，墨要润泽，不要干黄，因为这关乎一个人的福泽。他是有坚定的义理信念的人。我觉得中国文化中的那些义理教训，在他身上是生了根的，由他在治家谋生的事业中生了根，在与乡村、农业、自然地理、风俗习惯那谐和的一套融而为一中生了根。"安土敦乎仁"是不错。那些义理教训都在这"安土敦乎仁"中生根，一起随之为真实的，存在的。因此他的生命是生命之在其自己的生命。那些义理教训也随他的生命之在其自己而亦内在化于他的生命中。所以他的信念贞常、坚定，而不摇动。在他的生命中，你可以见到宇宙间有定理、有纲维。这是建构的、积极的，同时也是创造的、保聚的生命。他从不方便讨巧，

① 《牟宗三先生未刊遗稿》，《全集》卷26，第1页。
② 《牟宗三先生未刊遗稿》，《全集》卷26，第1页。

随和那些一阵一阵的邪风。①

这里，所谓"刚毅严整，守正不阿；有本有根，终始条理"，"信念贞常、坚定，而不摇动"，"在他的生命中，你可以见到宇宙间有定理、有纲维"，"他从不方便讨巧，随和那些一阵一阵的邪风"，等等，显然这并不只是一种描述和记录。这样的文字，深深渗透着牟宗三对于父亲无比的敬重。在牟宗三看来，他的父亲完全是一位中国文化核心价值的身体力行者，所谓"中国文化中的那些义理教训，在他身上是生了根的"。牟宗三说他小时候经常听父亲晚上"声音韵节稳练从容"地"讽诵古文"，而自己"心中随之极为清净纯洁"，可见父亲对于牟宗三的影响，自幼扎根，极其深远。牟宗三也曾经记述自己在去北平读北大预科时，一度受当时的"左倾"风潮影响，但自始即自觉"异样"，很快就意识到那一风潮与中国传统文化尤其伦理风尚根本不合，从而摆脱了其影响，这不能不说正是他从小深受其父价值观的影响使然。

不仅如此，牟宗三在《亲丧志哀》这篇文字中，更是记录了当他接到家信获悉父亲病危时伤痛不已的心情，所谓："余见此信，泪夺眶出。时与友人下棋，当时即不能自持。然力事镇静。草草终局。晚餐，食未半，一念酸鼻。吃不下咽，急离座，人不之知也。"②

除了《亲丧志哀》一文之外，牟宗三另外两次表达对于父亲的怀念之情，一次是 1943 年 10 月在成都撰写的《父丧二周年忌辰感恩》，另一次是 1944 年 8 月在大理撰写的《父丧三年述怀》。前一篇记述父亲的若干生平事迹：早年如何创业持家，中流砥柱；晚年如何儿女情长。尤其回忆 1926 年家中遭遇土匪的经历，栩栩如生。后一篇更是回忆当初父亲临终之际，自己却生活一度陷于荒唐，由此而产生的极度愧疚之情。他说：

> 尤使吾深痛者，当吾昏瞶之日，正先公呻吟之时。每一念及，痛悔无地。无以对父母，无以对兄弟，无以对妻子。家庭骨肉，俱在水深火热，而吾则酒色缠绵，夜以继日。及接大兄家报，告知父亲卧病，一念不泯，五衷如焚。拔刀斩乱丝，掉头不一顾。然神明内疚，常无已时。

---

① 《五十自述》，《全集》第 32 册，第 31~32 页。
② 《牟宗三先生未刊遗稿》，《全集》第 26 册，第 2 页。

此当为吾有生以来最大之罪恶，亦为吾今日最大之忏悔。梦寐之中，犹不觉泪洗双颊。自此以后，吾渐觉有敬畏之感。与人生真理常怀严肃心，非是前此之一任兴趣奔驰矣。①

这段文字，足见父亲病逝对于牟宗三的震动。正是这种情感的震动，将牟宗三从一度不检点的颓废生活中振拔出来，令其道德意识得以真正树立。将这段话与奥古斯丁的《忏悔录》相对照，或许不无异曲同工之处。

除了对于父母的感情之外，对于自己的兄弟姐妹，牟宗三也是一往情深。他在《五十自述》感叹自己"聋哑的叔弟在廿岁左右即亡故"，感叹自己"兄弟姊妹子侄个个皆散离失所而受苦"，感叹"那些不得享受其位育以完成其各人自己的兄弟姐妹与子侄"。在1954年1月28日致唐君毅的信中，牟宗三更是直言自己的悲苦以及对自己长兄的担忧，所谓："弟前天忽然心绪暗淡，悲从中来，不觉哭起来，此为从来所未有。我很担心大家兄有问题，论年龄他才五十八岁，但时代太摧残人，生活太坏，金刚也磨损。现在也无法打听。"

总之，对于父母兄弟姐妹的亲情，牟宗三是极其深厚的，这一点，在《五十自述》中有一段感人至深的文字：

但是睡着睡着，我常下意识地不自觉地似睡非睡似梦非梦地想到了父亲，想到了兄弟姊妹，觉得支解破裂，一无所有，全星散而撒离了，我犹如横陈于无人烟的旷野，只是一具偶然飘萍的躯壳。如一块瓦石，如一茎枯草，寂寞荒凉而怆痛，觉着觉着，忽然惊醒，犹泪洗双颊，哀感宛转，不由地发出深深一叹。这一叹的悲哀苦痛是难以形容的，无法用言语说出的。彻里彻外，整个大地人间，全部气氛，是浸在那一叹的悲哀中。②

晚年的牟宗三，其情感更多地在儿子和孙女那里得到了流露。这一方面的内容，在已刊《全集》的文字中无法获知，但在牟宗三未刊的书信中，尤其是晚年的家信中，却有着充分的反映。

中国改革开放之后，牟宗三晚年居香港时曾经和前来探亲的两个儿子

---

① 《牟宗三先生未刊遗稿》，《全集》第26册，第9页。
② 《五十自述》，《全集》第32册，第135页。

（伯璇、伯琏）见过面。他不仅常有书信寄往栖霞老家，更常常汇款帮助家人，不仅是他的原配夫人和两个儿子，还有他的孙子、孙女以及侄孙等家族成员。在牟宗三给两个常年在栖霞老家生活、几乎没有什么文化的两个儿子的信中，一位老父的亲情，跃然纸上。而尤其能反映牟宗三亲情这一面的，是他为两位孙女（鸿贞、鸿卿）能够从栖霞老家到香港所付出的心力。其间的种种曲折以及牟宗三所投注的心力，限于篇幅，此处不能详述。这里我仅略举一例，足见其情。

在牟宗三晚年写给孙女鸿贞的一封信中，有这样一段话：

> 我本想设法叫你来港旅游，少住几天。但此路也不通，因为只广东人可以如此办。你要想来，仍需回山东申请来港探亲。……没有办法，只好我去看你。……自从你到了新（深）圳，我才去申请回乡证。前天（七月三十日）我已领得了。但因为天热，过关又须排队等候，你爷爷老了，难耐这些辛苦，所以和人商量的结果，俟秋凉了，再约几个人同去新（深）圳一游。

为了看到自己一直未能谋面的孙女，牟宗三不惜以八十以上的高龄，两次专程前往深圳。如果我们曾有罗湖桥排队过海关的经历，就知道对一位八十以上高龄的老人来说，即便不是在酷暑天，也是一件多么不容易的事。而促成他终于如此的，正是作为爷爷对于孙女的一片爱心。这一款款深情，在牟宗三给鸿贞的另一封书信中，直接表露无遗，所谓"想到有一个小孙女在身边叫爷爷，多么愉快"。这里，让我们看到的，显然不是一个冷峻理智的哲人，而是一位饱含亲情的慈祥老人。

三　师友之情

古云"师友夹持"，对于一个人的成长，尤其是注重精神思想方面成长的人物，师友之情的作用尤其不能忽视。而师友之间的情感，也往往成为一个人生命历程与情感世界中的重要方面。在这一方面，牟宗三也不例外。不过，与那些遍地友朋的人物不同，牟宗三一生以之为师并终生认同的，除了《五十自述》里提到的启蒙老师之外，大概只有熊十力了。尽管牟宗三在思想方面与熊十力并不完全一致，尤其在如何从事中国哲学的研究与建构方面，两人之间还有过激烈的争执，比如在牟宗三亲笔记载的"湖上一席谈"中，牟宗三就表现出了"吾爱吾师，吾尤爱真理"的精神。但是，在情感上，牟宗三与熊十力始终极为亲近。他对熊十力也始终表现出了高度的敬重和认同。

1941 年 12 月，牟宗三离开大理，赴重庆北碚金刚碑勉仁书院投靠熊十力。牟宗三抵达时，熊十力已经由于和梁漱溟不睦而离开。那个时候，可以说是师生二人处境最为艰难萧瑟的一幕，对此，牟宗三用这样的文字记录了当时师生二人的情状。

> 吾即由重庆往拜，薄暮始达。至则见师母补缀衣裳，并告以先生在里屋，余即趋入，时先生正呻吟榻上，一灯如豆，状至凄凉。问安毕，相对而泣。并言人情之险。时同门韩裕文兄随侍，与先生共进退。（裕文兄抗战胜利后去美，在美逝世，可伤。）晚间告以离嘉之故甚详。①

这里"呻吟榻上，一灯如豆，状至凄凉"，固然是对熊十力当时情形的写照，更是牟宗三自己的情感流露。这种情感，可以说不仅是当初与熊十力相见时所具有的，恐怕也是牟宗三在回忆起当初情境而写下这段文字时再次涌上心头的。

至于牟宗三对熊十力的高度肯定，《五十自述》中也有清楚的交代。

> 熊师那原始生命之光辉与风姿，家国天下族类之感之强烈，实开吾生命之源而永有所向往而不至退堕之重大缘由。吾于此实体会了慧命之相续。熊师之生命实即一有光辉之慧命。当今之世，唯彼一人能直通黄帝尧舜以来之大生命而不隔。此大生命是民族生命与文化生命之合一。他是直顶着华族文化生命之观念方向所开辟的人生宇宙之本源而抒发其义理与情感。他的学问直下是人生的，同时也是宇宙的。这两者原是一下子冲破而不分。只有他那大才与生命之原始，始能如此透顶。……这只是有"原始生命"、"原始灵感"的人，才能如此。这不是知解摸索的事，而是直下证悟感受的事。若说证悟感受是主观的，但在这里，主观的，亦是客观的。这是创造之源，价值之源，人生根柢的事，不是知识

---

① 《五十自述》，《全集》第 32 册，第 89 页。

的事，熊师学问最原始的意义还是在这一点。这是打开天窗，直透九霄的灵感。……我所感受于熊师者唯此为亲切，故我说他是一个有光辉的慧命。这是最足以提撕人而使人昂首天外的，此之谓大开大合。惟大开大合者，能通华族慧命而不隔。在以往孔孟能之，王船山能之，在今日，则熊师能之。①

由这段话可见，牟宗三认为，正是熊十力的生命所显发的"光辉"与"风姿"，提撕了自己的生命而使其不至于堕落。并且，在牟宗三看来，当时只有熊十力足以称得上是"能通华族慧命"的人。正如牟宗三认为的："这不是知解摸索的事，而是直下证悟感受的事。若说证悟感受是主观的，但在这里，主观的，亦是客观的。这是创造之源，价值之源，人生根柢的事，不是知识的事，熊师学问最原始的意义还是在这一点。"这种评价，并不只是一种理智的判断，而是饱含了自己个人的情感认同。

牟宗三与熊十力之间，体现的是师生之情。而牟宗三情感世界中平辈之间的友情，则体现在牟宗三与为数不多的几位友人之间。在牟宗三自己的记述文字中，有两例可以让人充分感受到。一是抗战时避居昆明期间慷慨接济他的张遵骝；另一个则是他终生的挚友唐君毅。

与张遵骝之间的友情，《五十自述》中有详细的记录。以下三段文字，最能说明牟宗三当时的境况，尤其是他的心情。

> 抗战初期，生活艰困。我在广西教中学一年。应友人张遵骝之邀，至昆明。无职业。租一小屋居住，生活费全由遵骝担负。遵骝，张文襄公（之洞）之曾孙，广交游，美风仪，慷慨好义，彬彬有礼。②
>
> 吾信赖遵骝之友情，如兄如弟，毫无距离之感。彼解衣衣之，吾即衣之。彼推食食之，吾即食之。彼以诚相待，我以诚相受。我自念，我生于天地之间，我有生存之权利。而何况遵骝以诚相待，吾焉得再有矜持以撑门面？吾坦然受之而无愧：彼无望报之心，吾亦无酬报之念。盖吾与彼之心境已超过施与报之对待，而进入一无人无我绝对法体之相契。遵骝诚有其不可及之性情与肝胆，吾亦诚有其不可及之开朗与

---

① 《五十自述》，《全集》第 32 册，第 91～93 页。
② 《五十自述》，《全集》第 32 册，第 81 页。

洒脱。①

　　我虽对遵骝之友情坦然受之而无愧，然吾带累朋友，吾心中不能无隐痛。彼之经济并不充裕，彼为吾奔走着急，而不露声色，吾虽不露声色而受之，吾心中尤不能无隐痛。……暑过秋至，遵骝须返沪一行。吾送之车站。彼即留下七八十元，并谓若有所需，可向其姑丈相借，吾即领而受之。吾并非一感伤型的人，然当时直觉天昏地暗，一切黯然无光。淡然无语而别。当时之惨淡直难以形容。我事后每一想及或叙及，辄不觉泣下。鲁智深在野猪林救下林冲，临起程时，林冲问曰："兄长将何往？"鲁智深曰："杀人须见血，救人须救彻，愚兄放心不下，直送兄弟到沧州。"我每读此，不觉废书而叹。这是人生，这是肝胆。我何不幸而遇之，我又何幸而遇之。②

　　由此可知，张遵骝是张之洞的曾孙。抗战期间，牟宗三衣食无着，一度流落到广西教中学为生。张遵骝知晓后，即邀请牟宗三至昆明。张遵骝视牟宗三如兄弟，牟宗三的衣食起居等一应费用，完全由张遵骝负担。两人之间，一个是"以诚相待"，一个是"以诚相受"，彼此之间毫无距离感。张遵骝为牟宗三奔走着急，却不露声色；牟宗三不露声色而接受，心中却不能无隐痛。后来，张遵骝因故离开昆明，牟宗三至车站送行。行前张遵骝仍不忘赠送牟宗三生活费，并嘱咐牟宗三紧急时可向张遵骝的姑丈相借。这一幕分别，令牟宗三极为感伤，正如上引文中所谓："当时直觉天昏地暗，一切黯然无光。淡然无语而别。当时之惨淡直难以形容。我事后每一想及或叙及，辄不觉泣下。"在那种心情之下，牟宗三不由联想到《水浒传》中鲁智深搭救林冲并护送林冲到沧州这兄弟之间仗义而感人的一段，并极为动情地写道："我每读此，不觉废书而叹。这是人生，这是肝胆。我何不幸而遇之，我又何幸而遇之。"如今我们读到这样的文字，设想当时的情景，也不免会感同身受，唏嘘不已。可惜的是，1949年牟宗三渡海赴台之后，两岸隔绝，张遵骝留在大陆，两人不得再见。1978年改革开放之后，张遵骝赴香港，两位老友才再次相见。我曾经看过两人在香港相聚的照片，为之感动不已。

---

① 《五十自述》，《全集》第32册，第86页。
② 《五十自述》，《全集》第32册，第87页。

至于牟宗三与唐君毅之间的友情，包括牟宗三对于唐君毅的高度肯定，我们不妨也从《五十自述》选取三条记载：

> 整个时代在破裂，吾之个体生命亦破裂。此是时代之悲剧，亦是吾之悲剧。世人憧憧不能知也。惟友人君毅兄能知之。吾当时有云："生我者父母，教我者熊师，知我者君毅兄也。"当时与熊师与君毅兄有许多论学之信件，亦有许多至情流露之信件。惟此为足慰。①
>
> 在那困厄的五年间（民国廿六年至卅一年），除与熊师常相聚外，还有一个最大的缘会，便是遇见了唐君毅先生。他是谈学问与性情最相契的一位朋友。……我那时对于西方形上学亦无所得，而君毅兄却对于形上学有强烈的兴趣。又是黑格尔式的，而我那时亦不懂黑格尔，而且有强烈的反感。因此，我意识中并不甚注意君毅兄。熊师常称赞他，常对我说："你不要看不起他，他是你的知己。《唯物辩证法论战》中的文字，他认为你的为最有力量。"……我自昆明返重庆，编《再生》杂志。他因李长之之介来访，我觉得他有一股霭然温和，纯乎学人之象。我自北大那散漫无度的环境出来，又处于一政治团体中，所接友朋，流品混杂。我自己亦多放荡胡闹处，言行多不循礼。我见了他，我觉得他干净多了，纯正多了，我因而亦起自惭形秽之感。……第一次相见，没有谈什么。第二次相见，提到布拉得赖，②我说："我不懂他，亦不懂辩证法的真实意义究竟在那里，若唯物辩证法实不可通，请你给我讲一讲，简别一下。"他即约略讲了几句，虽然不多，但我感觉到他讲时颇费吞吐之力，我知道这须要有强度的内在心力往外喷。我马上感到他是一个哲学的气质，有玄思的心力。这是我从来所未遇到的。我在北平所接触的那些师友，谈到哲学都是广度的、外在的、不费力的、随便说说的，从未像他这样有思辨上的认真的。……他确有理路，亦有理论的思辨力。我并且因着他，始懂得了辩证法的真实意义以及其使用的层面。这在我的思想发展上有飞跃性的开辟。我的《逻辑典范》那时已写成，我已接近了康德。但对于形上学，我并无积极的认识，只是根据"知性"有一个形式的划分。但自此以后，我感觉到只此形式的划分并不够。对于彼

---

① 《五十自述》，《全集》第32册，第90页。
② 即英国哲学家 Francis Herbert Bradley（1846-1924），新黑格尔主义的代表。

岸，我还差得远。我知道里面有丰富的内容，须要从只是形式的划分，还要进到具体的精察。这就是黑格尔所开辟的领域，我因此对黑格尔也有了好感。这都是由君毅兄所给我的提撕而得的。我得感谢他，归功于他。①

　　吾对于精神哲学之契入，君毅兄启我最多，因为他自始即是黑氏的。熊师所给我的是向上开辟的文化生命之源。关于这一骨干，光宋明儒亦不够，佛学亦不够。惟康德、黑格尔之建树，足以接上东方"心性之学"，亦足以补其不足。而环观海内，无有真能了解黑氏学者。惟君毅兄能之。此其对于中国学术文化之所以有大功也。②

牟宗三与唐君毅之间的友情，在于一生的相知，即牟宗三所谓："生我者父母，教我者熊师，知我者君毅兄也。"在牟宗三看来，1937～1942年是他最为"困厄的五年间"。就是在那期间，除与熊十力常相聚之外，牟宗三认为自己"还有一个最大的缘会，便是遇见了唐君毅先生"。并且，牟宗三将唐君毅视为"谈学问与性情最相契的一位朋友"。

而除了上引三段以及已刊《牟宗三全集》中其他相关的文字之外，对于牟宗三和唐君毅之间的友情，最能让人感受至深的，在我看来，恐怕得是牟宗三写给唐君毅的那些书信了。可惜的是，这些书信没有收入《全集》之中。正是在那些书信中，牟宗三向唐君毅坦陈自己的各种心迹，尤其是毫无保留地剖析自己个人的情感。只有对完全信赖和志同道合的莫逆之交，才能如此。事实上，唐君毅也的确可以说是牟宗三的不二知己。他不仅很早就看到牟宗三在哲学思考上堪称不世出的天才，而报之以英雄惜英雄的殷殷之情，更是为了牟宗三的个人感情生活，竭尽全力予以帮助。这一点，在下面考察牟宗三的爱情世界部分，我们尤其可以看到。

在师友之情中，牟宗三不仅有在与熊十力的关系中作为学生的一面，还有在与他自己的学生中作为老师的一面。在此，我仅以50年代台北的人文友会为例，略加说明。

1954年8月，在台湾师范大学任教的牟宗三发起成立人文友会，若干学生在课程之外，每两周聚会一次，由牟宗三主讲，大家讨论。后来很多重要

---

① 《五十自述》，《全集》第32册，第97～99页。
② 《五十自述》，《全集》第32册，第101页。

的弟子，都是当时讲会的参与者，如蔡仁厚、刘述先等。人文友会持续了两年，共聚会 51 次，是牟宗三与其弟子们师生之情的一个见证。后来的《人文讲习录》，就是讲会记录的汇编。对于讲会所体现的师生之情以及对于参会学生成长的意义，负责编订《人文讲习录》的蔡仁厚有这样的回忆：

> 当时，先生（按：牟宗三）在台北主持"人文友会"，每两周有一次聚会讲习。那里当然有师友之夹持，有道义之相勉，有精神之提撕，有心志之凝聚，而且亦有宽容、慰藉、提携、增上。……与会诸友的感受与开悟，容有强弱深浅之差异，但两年的亲炙，则是这二十年来无时或忘，而一直感念于心的。……在台北最后一次聚会，是讲师友之义与友道精神。亲切盹恳，语语由衷而出，叮嘱期勉，句句动人心弦。平常想象昔贤讲学的风范，在这里获得了最真切的验证。①

而这一方面的师友之情，牟宗三不同年龄段的学生门人也都各有感受。这一类文字中所流露的浓厚的师友之情，显然不仅是单方面作为学生的情感表达，也反映了作为师长的牟宗三的情感状态。

四 "觉情"说

与牟宗三丰沛的情感世界相匹配的，正是其哲学思想中"觉情"这一观念。根据前文的考察，我们可以说，恰恰是由于牟宗三对于"情感"的几乎各个方面都有丰富而深刻的体验，"情"在其哲学思想中扮演一个中心的角色，恐怕就是理所当然的了。当然，牟宗三对于"觉情"观念的强调，不仅可以视为其情感世界的理性表达，更是中国哲学传统内在理路的必然结果。他在道德情感问题上与康德的异趣以及对于康德批评，正是后一特点的自然反映。不过，"觉情"这一观念在以往的牟宗三思想研究中几乎是缺席的。什么是"觉情"？"觉情"在牟宗三的思想中居于什么样的位置？"觉情"与牟宗三哲学思想中其他的核心观念又是怎样的关系？本文这一部分所要专门探讨的，正是这些既有研究未曾措意的问题。

如果说《五十自述》是最能够展现牟宗三情感世界的一部著作，那么，

① 《牟宗三先生学思年谱》，《全集》第 32 册，第 134 页。

"觉情"一词出现频率最高的，也正是在《五十自述》。前文提到，该书开始的部分牟宗三描述了"伤春之情"。就在那段文字之后，牟宗三紧接着就提到了"觉情"一词。所谓"满盈无着是春情，虚无怖栗是'觉情'"。而在"觉情"之后，牟宗三自己括号内注明"觉悟向道之情"。如此看来，"虚无怖栗"作为一种情感本身，还并不就是"觉情"。严格而论，现实世界和人生的"一无所有"和"生命无挂搭"之感，令人超越"虚无怖栗"而"觉悟向道"的情感，才是"觉情"的内容。这一层意思，在"虚无怖栗是'觉情'（觉悟向道之情）"这一句中还并不十分清楚，在《五十自述》全书倒数第三段话中，这个意思就表达得十分明确了。牟宗三说：

> 我已说过，真正虚无之感来临时，甚至良知、天命之性，亦成不相干的。何况上帝？因此，这函着的对于有之要求真成无着处的绝境。内外全空，所以怖栗，但是不要紧。你就让其"内外全空而痛苦怖栗"之感无萦绊地浮现着，你就让他惶惑无着吧！你就让他含泪深叹吧！一无所有，只有此苦，只有此怖，只有此叹。此之谓苦、怖、叹之解放，亦得曰苦怖叹三昧。你让这苦怖叹浮现着荡漾着，你在这里，可慢慢滋生一种"悲情"：无所悲而自悲的悲情。此时一无所有，只有此悲，此谓悲情三昧。这悲情三昧之浮现也还是消极的，但仍表示一种内心之战斗：这函着对于我这可悲的情境之否定之要求。我如何能消除这可悲的情境？这悲情三昧是可贵的，它就是消除这情境的根芽。由这悲情三昧，你将慢慢转生那满腔子是悱恻恻隐的慧根觉情。到此方真是积极的，你所要求的"真有"即在这里。这是你的真主体，也是你的真生命。由苦怖叹之解放而成为"苦怖叹三昧"必然函着"悲情三昧"，由悲情三昧必然函着"觉情三昧"，这本是一体三相。①

如果说这段话澄清了"觉情"一词的含义，表明"觉情"并不是"虚无怖栗"所"滋生"的消极否定的"悲情"，而是由此"悲情"进一步所"转生"的积极肯定的"悱恻恻隐"之情，那么，《五十自述》全书的最后一段话，尤其所谓"一切从此觉情流，一切还归此觉情"，则充分显示了"觉情"一词在牟宗三的思想中核心位置。

---

① 《五十自述》，《全集》第32册，第174~175页。

凡我所述，皆由实感而来。我已证苦证悲，未敢言证觉。然我以上所述，皆由存在的实感确然见到是如此。一切归"证"，无要歧出。一切归"实"，不要虚戏。一切平平，无有精奇。证如窒悲，彰所泯能，皆幻奇彩，不脱习气（习气有奇彩，天理无奇彩）。千佛菩萨，大乘小乘，一切圣贤，俯就垂听，各归寂默，当下自证。证苦证悲证觉，无佛无耶无儒。消融一切，成就一切。一切从此觉情流，一切还归此觉情。①

"觉情"一词，在《心体与性体》中还曾经被牟宗三表述为"本体论的觉情"（ontological feeling）。而当"觉情"之前被冠以"本体论的"这个形容词时，就进一步触及"觉情"一词的含义问题了。"觉情"固然不是消极、否定性的悲情，更是积极、肯定的"恻恻隐隐"之情，但一般意义上的"情"，总属于感性经验的领域和层面，并不能成为一种"本体的"东西。从西方思想传统的主流尤其是康德批判哲学建立之后的立场来看，显然如此。但是牟宗三使用"本体论的觉情"，显然是针对这一传统，而特意强调"觉情"与一般作为感性经验的情感有着根本的不同。那么，这种具有"本体论"地位的"觉情"究竟具有怎样的特点呢？这一点，在牟宗三批评康德关于"道德情感"的理解时，得到了进一步的说明。

牟宗三对于康德"道德情感"的批评，以及在此基础上对于"觉情"的进一步说明，主要反映在他翻译康德的《实践理性批判》和《道德形而上学原理》并将两书的中译合为一册出版的《康德的道德哲学》一书之中。牟宗三撰写《五十自述》时尚在中年，而他翻译康德的《实践理性批判》与《道德形而上学原理》时已在晚年。因此，这个时候牟宗三的"觉情"观念，可以视为其晚年定论了。

严格而论，牟宗三的《康德的道德哲学》并不只是一部译作，同时也是反映牟宗三自己哲学思想的文本。他曾经花了很长的篇幅以注释的方式表达了他对于"道德情感"的看法，"觉情"如何具有"本体论"的意义，它与中国哲学尤其儒家哲学传统中其他一些核心的观念如"理""心"之间具有怎样的关系等问题都在牟宗三对康德"道德情感"的注释和批评中得到了进一步澄清与说明。

① 《五十自述》，《全集》第 32 册，第 176 页。这里"一切从此觉情流，一切还归此觉情"应当是借自《华严经》"无不从此法界流，无不还归此法界"的句式。

康德如此说道德情感，以及不允许假定有一种道德的感取，恰如朱子说心以及其反对以觉训仁。朱子视知觉为智之事，即是视之为"指向一对象的一种知解的（理论的）知觉之力量"。但"以觉训仁"中的那个"觉"（明道与上蔡所意谓者）却只是道德情感，而不指向对象，亦不是一知解的知觉力量，此可名曰"觉情"，此亦可说"觉"，即"恻然有所觉"之觉。康德在此只说情（情感之情），我们可加一"觉"字而直说"觉情"。但此觉情却又不只是一种感受，只是主观的；它是心是情亦是理，所以它是实体性的仁体，亦可说是觉体，此则比康德进一步。纵使就"是非之心智也"而言，智亦不是如朱子所理解，为"一种指向对象的知解的知觉力量"（借用康德语），为一认知字，而乃是本心仁体底一种决断力，实践的知觉力量（觉情之知觉力量），非知解的（知识的）知觉力量，故阳明由之而言良知以代表本心仁体也。故此"是非之心智也"之智亦同时是心是情是理者。此则既驳朱子亦驳康德。①

若康德所说的道德情感上提而为觉情，即以之指目本心仁体或良知之知体，则此即是吾人之性体，心性是一，心理是一，则此性体亦不能被获得，亦不能说"去有此性体"为一义务。因为既是性体，焉能再说被获得？义务乃是性体之所发以赋诸吾人者。②

在这两段文字中，牟宗三对于"觉情"这一观念的含义讲得再清楚不过了。"觉情"是什么？它"是心是情亦是理"，"是实体性的仁体，亦可说是觉体"。显然，在这两段文字的表述中，儒家哲学最为核心的观念，"心"或"本心"，"性"或"性体"，"理"、"良知"以及"仁体"，可以说都被统合到了"觉情"这一概念之中。对牟宗三来说，这些概念究极而言都可以说是异名同实的关系。换言之，在本体的意义上，对于"心""性""情""理""仁"或者说"心体""性体""觉情""天理""仁体"这些不同的概念来说，各自的所指其实为一。

牟宗三的这一思想，早在他撰写《五十自述》时其实已经有所流露，只不过当时他的用语是"慧根觉情"、"心觉"和"常性"。

---

① 《康德的道德哲学》，《全集》第 15 册，第 504 页。
② 《康德的道德哲学》，《全集》第 15 册，第 504~505 页。

"天生蒸民，有物有则，民之秉夷〔同彝〕，好是懿德。"这是不错的，这是点出"心觉"。孔子说："为此诗者，其知道乎？"蒸民即众民。物，事也。有此事必有成此事之则。朱子注云："如有耳目，则有聪明之德，有父子，则有慈孝之心。"夷，常也。言常性。秉夷言所秉受之"常性"。民所秉受之常性即好此善德，言民有好此善德之常性。有此事即有此"则"，此则亦由常性发，故顺其常性而好之。此孟子所谓"理义之悦心"。故此"常性"即心之"慧根觉情"也。①

牟宗三如此重视"觉情"，将其视为一个高度统合性的终极观念，绝不只是出于抽象的理智思辨，而有其深刻的实感与体证。对于那种实感和体证或者说身心经验，牟宗三自己多次有过具体而生动的说明。例如，在《五十自述》中，他特别提到曾有一晚自己在旅店里忽闻邻舍传来梵音时而产生的"悲情三昧"。对牟宗三来说，那种情感是如此的强烈而深刻，如他所谓："我直定在这声音、这哀怨中而直证'悲情三昧'。那一夜，我所体悟的，其深微哀怜是难以形容的。"

> 我在这将近十年的长时期里，因为时代是瓦解，是虚无，我个人亦是瓦解，是虚无，我不断的感受，不断的默识，亦不断地在这悲情三昧的痛苦哀怜中。我让我的心思、生命，乃至生命中的一尘一介一毛一发，彻底暴露，彻底翻腾，彻底虚无，而浮露清澄出这"悲情三昧"。一夕，我住在旅店里，半夜三更，忽梵音起自邻舍。那样的寂静，那样的抑扬低徊，那样的低徊而摇荡，直将遍宇宙彻里彻外最深最深的抑郁哀怨一起摇拽而出，全宇宙的形形色色一切表面"自持其有"的存在，全浑化而为低徊哀叹无端无着是以无言之大悲。这勾引起我全幅的悲情三昧。此时只有这声音。遍宇宙是否有哀怨有抑郁藏于其中，这无人能知。但这声音却摇荡出全幅的哀怨。也许就是这抑扬低徊，低徊摇荡的声音本身哀怨化了这宇宙。不是深藏定向的哀怨，乃是在低徊摇荡中彻里彻外，无里无外，全浑化而为一个哀怨。此即为"悲情三昧"。这悲情三昧的梵音将一切吵闹寂静下来，将一切骚动平静下来，将一切存在浑化而为无有，只有这声音，这哀怨。也不管它是件佛事的梵音，或是

---

① 《五十自述》，《全集》第32册，第144页。

寄雅兴者所奏的梵音，或是由其他什么发出的梵音，反正就是这声音，这哀怨。我直定在这声音、这哀怨中而直证"悲情三昧"。那一夜，我所体悟的，其深微哀怜是难以形容的。①

这种对于外人来说甚至近乎神秘体验的经历，应该发生在 1956 年 12 月初，因为 1956 年 12 月 9 日牟宗三在给唐君毅信中，曾经特别提到这一令他在身心两个方面都产生极大感动的"最具体""最真实"的经历。他说：

上星期夜宿旅舍，隔壁梵音忽起，哀感低徊，穷于赞叹，深悟佛之悲情。此是最具体、最真实的，事后亦写不出也。

既然此信写于 12 月 9 日，而事在"上星期"，所以当在 12 月初的某一天。无疑，对于牟宗三来说，这一"最真实""最具体"的身心经验其意义显然非同寻常，以至于 1968 年他在给香港中文大学艺术系的学生演讲"美的感受"时，再次提到，可见他对于当时那种心情感受得是多么深刻。他说：

又有一次，我夜宿在一家旅客里，半夜三更正在睡觉迷离之际，忽有乐声起于邻舍，那声音的低回悠扬大类梵音。在它的抑扬回旋之中，直可把那天地的哀怨给全部摇拽出来。我们常说天地也含悲。我想这天地的哀荣就是天地之美、神明之容了。我常有这苍凉之悲感的。②

显而易见，这样一种具体而真实的身心经验，也可以说恰恰是牟宗三自己"觉情"的流露和作用。对此，牟宗三也很清楚，所以他紧接着上面那段话不久就说："我之体证'悲情三昧'本是由一切崩解撤离而起，由虚无之痛苦感受而证。这原是我们的'清净本心'，也就是这本心的'慧根觉情'。"③ 并且，牟宗三 1988 年 12 月在为《五十自述》撰写的自序最后就直接指出，他后来思想的展开，其根源就在于这样一种"实感"，所谓"吾今忽忽不觉已八十矣。近三十年来之发展即是此自述中实感之发皇"。④

---

① 《五十自述》，《全集》第 32 册，第 152~153 页。
② 《牟宗三先生晚期文集》，《全集》第 27 册，第 204 页。
③ 《五十自述》，《全集》第 32 册，第 153 页。
④ 《五十自述》，《全集》第 32 册，第 4 页。

通过以上基于原始文献的分析，可见"觉情"一说在牟宗三成熟的思想中贯穿始终，完全可以说是牟宗三哲学的一个"核心观念"。不过，我在以往也曾经指出，牟宗三哲学的"核心概念"是"自由无限心"。① 这一判断主要是基于牟宗三哲学最主要的著作《现象与物自身》和《圆善论》。那么，这一判断是否与我如今将"觉情"视为牟宗三思想的核心观念有所冲突呢？显然，根据前文对于"觉情"观念含义的考察，在牟宗三自己看来，"觉情"和"自由无限心"也不过是"异名同实"的关系；在本体的意义上，二者本来是一。

事实上，意识到各种不同的观念在本体的意义上具备"异名同实"的关系，在儒家的哲学传统中原本也是渊源有自。比如，宋明理学的传统中就有不少人意识到，《中庸》"言性不言心"，《大学》"言心不言性"，但其实"心"与"性"的本体为一。牟宗三《中国哲学的特质》中的一个核心论点，所谓"主观性原则"与"客观性原则"为一；《心体与性体》中讨论宋明理学时强调的一个核心论点，所谓"天道性命相贯通"，其实都是在指出"心"与"性"在本体意义上的是一非二。

不过，虽然儒家思想中的这些核心观念在本体上是一非二，牟宗三提出并强调的"觉情"一说，不但在中国哲学传统自身的发展脉络之中，即便在当今世界哲学整体的发展脉络之中，仍有其特别的意义。在本文的最后部分，就让我对此稍加提示，以结束这篇专题性的研究。

在20世纪以来当代中国哲学的发展脉络中，除了牟宗三的"觉情"说之外，也有其他几位对"情"这一观念极为重视的学者。例如，蒙培元曾经专门对中国哲学中的"情感"问题予以考察，通过分析情感与理性、欲望、意志和知识等方面的关系，指出了中国哲学重"情"以及作为一种"情感哲学"的特征。②对于"情"是否具有本体的意义，尽管蒙培元似乎仍有语焉未详之处，但他将"情感"视为与"理性"同样重要的方面，则距离牟宗三"本体论的觉情"，似乎也不远了。至于李泽厚的"情本体"一说，学界更是广为人知，不仅同样强调了中国哲学传统重"情"的一面，更是将"情"作为一个哲学观念特别加以发挥并赋予其"本体"的地位。他以"理本体"和

---

① 彭国翔：《牟宗三哲学的基本架构与核心概念》，载《儒家传统与中国哲学：新世纪的回顾与前瞻》，河北人民出版社，2009，第203~218页。

② 蒙培元：《情感与理性》，中国人民大学出版社，2009。

"情本体"分判中西哲学传统主流在基本取向上的差异，也可以说能够得中西哲学传统之大者。

不过，除了认为牟宗三"纯以西方模式的'理'说中国哲学"这一评判有失公允之外，①李泽厚的"本体"一词，已经不是形而上学意义上的"本体"概念，如他自己所谓："这个'情本体'即无本体，它已不再是传统意上的'本体'。……情本体之所以仍名之为'本体'，不过是指它即人生的真谛、存在的真实、最后的意义，如此而已。"②而这个意义上的"情本体"，正如陈来所指出的："终究难免于中国传统哲学对'作用是性'的批评，情之意义在感性生活和感性形式，还是在用中讨生活，不能真正立体。"③事实上，李泽厚所谓"传统意义上的'本体'"，正是形而上学意义上的本体。而无论我们对"形而上学"采取如何的看法，是西方以柏拉图主义为主流的形而上学，视本体超绝于现象世界或经验世界之外；还是以儒学为代表的中国哲学"体用不二"的形而上学，视本体内在于现象世界或经验世界之中，本体自身都不是世间诸相之一，或者说不能化约为现象或经验之一。④牟宗三的"本体"，则恰恰坚持了这一层意义。因此，也正是在这个意义上，根据以上的考察，牟宗三的"觉情"才可以说是真正的"情本体"。

此外，正如牟宗三自己所说，具有本体地位的"觉情"同时也就是"心体"、"性体"、"天理"和"仁体"。这一点，对于陈来所建构的"仁本体"而言，⑤如果"情"不能不构成"仁"的一个重要内容，那么，"仁学本体论"与"觉情"说之间，应当也是所异不胜其同的。⑥事实上，陈来在其仁学本体论的论述中，也正有"情感本体"的专章讨论。这一点，恐怕只能说是反映了20世纪以来中国哲学传统自身的现代发展在"情"这一观念上的"理有固然"与"势所必至"。

现在，再让我们看看西方哲学。虽然"情"的问题自始即不能说没有在

① 李泽厚：《该中国哲学登场了》，上海译文出版社，2011，第55页。
② 李泽厚：《该中国哲学登场了》，上海译文出版社，2011，第75页。
③ 陈来：《论李泽厚的情本体哲学》，《复旦学报》（社会科学版）2014年第3期。
④ 彭国翔：《重思"形而上学"——中国哲学的视角》，《中国社会科学》2015年第11期。
⑤ 陈来：《仁学本体论》，生活·读书·新知三联书店，2014。
⑥ 当然，如果就"仁体"或"仁本体"作为一个确定的哲学概念而言，牟宗三只是点到为止，并未有详细的解说。而陈来则专门对此进行了阐释，其"仁学本体论"，就是以"仁体"或"仁本体"为"拱心石"而进行的哲学建构。也正是在其多方位、多层次的诠释与建构中，"仁体"或"仁本体"丰富与深邃的意涵获得了更为具体而清晰的展示。

西方哲学中受到讨论,如亚里士多德以及希腊化时期的斯多亚(Stoics)和伊壁鸠鲁(Epicureans)学者在其伦理学中关于"emotion"的论说,但将理性主义作为西方哲学传统的主流,应当是大体不错的观察。不过,20世纪晚期以来,"情"的问题日益引起西方不少一流哲学家的关注与反省。像努斯鲍姆(Martha C. Nussbaum)这样出身希腊哲学研究而涉猎极为广泛的哲学家固然不论,① 即便在素重分析哲学传统(analytical tradition)中的若干哲学家中,"情"的问题也同样引发了深入的思考。正如所罗门(Robert C. Solomon)在其《真实面对我们的情感》一书"导论"开头所说:"我们不像亚里士多德所界定的那样仅仅是理性的动物,我们也拥有情感。我们通过我们的情感来生活,是我们的情感给予了我们生命的意义。我们对什么感兴趣,我们为什么而着迷,我们爱什么人,什么东西让我们生气,什么东西令我们厌倦,所有这些东西定义了我们,赋予我们品格,构成了我们之所以为我们。"② 无论是所罗门自己所著的《真实面对我们的情感》,还是之前他邀请分析哲学传统中若干卓有建树的哲学家分头撰写而编成的《情的思考:当代哲学家论情感》③,都是对"情"极为深入细致的哲学探索。

当然,无论这些西方哲学家对于"情"的探讨如何穷深研几,"情"是否可以具有"本体"的地位?即如牟宗三所谓的存在着一种"本体论的觉情",恐怕仍是需要大部分西方哲学家殚精竭虑的。例如,因继承休谟而非亚里士多德的传统而在晚近"德行伦理学"(virtue ethics)领域独树一帜的斯洛特(Michael Slote),也属于分析哲学的阵营,这些年同样注重对于"情"的哲学思考。他虽然不通中文,近年来却对中国哲学传统表现出了格外的兴趣。④ 但是,对于"情"的理解,斯洛特仍然只能在后期康德或主流西方哲学的意义上将其限于经验现象和心理学的领域,而无法设想一种不为

① 努斯鲍姆的许多著作都涉及对"情"深入细致的探讨,包括 *The Therapy of Desire*:*Theory and Practice in Hellenistic Ethics*,Princeton University Press,1996;*Upheavals of Thought*:*The Intelligence of Emotion*,Cambridge University Press,2001;*Hiding from Humanity*:*Disgust*,*Shame*,*and the Law*,Princeton University Press,2004;等等。

② Robert C. Solomon,*True to Our Feelings*:*What Our Emotions are Really Telling Us*,Oxford University Press,2007.

③ Robert C. Solomon,*Thinking About Feelings*:*Contemporary Philosophers on Emotions*,Oxford University Press,2004.

④ 斯洛特:《重启世界哲学的宣言:中国哲学的意义》,刘建芳、刘梁剑译,《学术月刊》2015年第5期。

经验所限、不仅仅是一种心理构造而具有"本体"地位的"情"。不过，斯洛特等人虽然无法设想"本体论的觉情"，但就前引所罗门所说的话而言，如果"情"是某种界定人之所以为人的东西，那么，"情"的本体地位，也许已经呼之欲出了。此外，晚近有些西方学者有所谓"情感本体论"（emotion ontology 或 the ontology of emotion）一说，往往还结合神经科学（neurosciences）加以研究。① 虽然这基本上还只是从"本体论"的角度来思考"情"的问题，与将"情"本身视为具有本体论的地位仍有根本的不同，但毕竟已经有趋向本体论的态势。就此而言，牟宗三的"觉情"说，也许未尝不可以说已经着了西方哲学传统对于"情"的反省的先鞭。

清人张潮（1650~1707）曾在其《幽梦影》中说："情之一字，所以维持世界。"的确，情感与理性是任何人都具备且彼此不可化约的两个方面，不会"此消彼长"。即便被认为是最为理性的哲学家，情感的方面不仅不会减弱，反而与其理性一样，较常人更强。并且，情感的力量在决定人的行为时，常常比理性更为强大。在儒家看来，人的终极实在如"仁""恻隐之心"，历来不仅是道德理性，同时也是道德情感。对此，牟宗三的情感世界及其"觉情"说，可以说恰恰提供了一个绝佳的案例。

---

① 例如 Richard J. Davidson, Klaus R. Scherer, H. Hill Goldsmith, *Handbook of Affective Sciences*, Oxford University Press, 2003; Katrina Triezenberg, "The Ontology of Emotion," Ph. D. thesis, Purdue University, 2005。

书评

刻意经学，推见实理

——许家星《经学与实理》读后

郭晓东

（复旦大学哲学学院教授）

摘　要：许家星《经学与实理：朱子四书学研究》一书，围绕朱子之四书学，展开了深入而细致的研究，为朱子四书学研究揭开了新的篇章。该书拈出了"经学"与"实理"这两个朱子四书学的关键词来展开研究，可谓深得朱子之意。"刻意经学"是该书的重大特色所在，全书留意于朱子的章句训释，显示出朱子四书学的经学面貌，同时在朱子四书学诸多相关问题也下了极为严谨细密的考证工夫。从另一方面来讲，作者认为朱子固然"刻意经学"，但更重要的是要以此"推见实理"。全书着眼于经学考辨的同时，蕴含着著者对朱子以义理定训诂精神的揭示与遵循。

关键词：朱子　四书学　许家星　《经学与实理》

钱穆在《朱子学提纲》中称："朱子毕生，于四书用功最勤最密，即谓四书学乃朱子全部学术之中心或其结穴，亦无不可。"[1] 此足见四书学在全部朱子学中所占分量之重。传统论朱子之学术，必以其四书学为中心，绍述朱子之学者，莫不如此，其有代表性的如宋代真德秀的《四书集编》，赵顺孙的《四书纂疏》，元代胡炳文的《四书通》，明代有官修的《四书大全》等，不一而足，以至于清人修《四库全书》，在经部下特立"四书"一目，这正

---

①　钱穆：《朱子新学案》第1册，九州出版社，2011，第205页。

如许家星教授所指出的，"即此可见朱子四书学意义之重大与影响之深远"①。然而，吊诡的是，虽然四书学居于朱子学中心的地位，虽然当代学者给后世留下了许多朱子学研究的宏编伟构，却鲜有对朱子四书学的专门研究。② 这种研究现状与四书学在朱子学中的核心地位是相当不匹配的。不过，令人高兴的是，新近许家星教授出版的《经学与实理：朱子四书学研究》一书，围绕朱子之四书学，展开了深入而细致的研究，为朱子之四书学研究揭开了新的篇章。

许家星教授自称其著作为"述朱"之作，"恪守以朱子解朱子的立场"，"采用朱子的治学方式"。③ 其"述朱"之意，则相当具体地体现在该书的书名上。该书以"经学与实理"为标题，拈出了"经学"与"实理"这两个朱子四书学的关键词来展开研究，可谓深得朱子之意。在一般人的认识中，宋代以前的知识范式是"经学"的，崇尚的是注疏之学。自北宋庆历以来，学术范式为之一变，学者大多鄙薄汉唐以来的章句训诂之学，而维义理是求，所谓"以异于注疏为学"④，"不治章句，必求其理"⑤。在理学前辈张载、二程等人看来，对经文字句的训释可以是无关宏旨的，只要得其义理，文字可以不识，甚至文义也可以解错，如张载说："心解则求义自明，不必字字相较。"⑥ 程颐则指出："善学者，要不为文字所梏。故文义虽解错，而道理可通行者，不害也。"⑦ 就以张、程为代表所确立起来的"理学"范式而言，它与汉唐之"经学"范式确实迥然有别。然而，若以此范围朱子，则

① 许家星：《经学与实理：朱子四书学研究》，中国社会科学出版社，2021，"前言"第 1 页。
② 笔者阅读范围有限，目前看到比较重要的相关研究有中国学者邱汉生《四书集注简论》，中国社会科学出版社，1983；陆建猷《四书集注与南宋四书学》，陕西人民出版社，2002；朱汉民、肖永明《宋代四书学与理学》，中华书局，2009；杨浩《孔门传授心法——朱子〈四书章句集注〉的解释与建构》，东方出版中心，2015；陈逢源《朱熹与四书章句集注》，里仁书局，2006 以及《"融铸"与"进程"：朱熹〈四书章句集注〉之历史思维》，政大出版社，2013。日本学者有大槻信良《朱子四书集注典据考》，台湾学生书局，1976。值得一提的是，这些著作大体上是围绕朱子《四书章句集注》一书而展开，从某种意义上讲，尚不能涵盖朱子四书学之全部。
③ 许家星：《经学与实理：朱子四书学研究》，"前言"第 1 页。
④ 李觏：《寄〈周礼致太平论〉上诸公启》，《李觏集》，中华书局，1981，第 290 页。
⑤ 司马光：《颜太初杂文序》，《温国文正司马公文集》卷六四，涵芬楼影印宋绍熙刊本，1919，第 2 页。
⑥ 张载：《经学理窟·义理》，《张载集》，中华书局，1978，第 276 页。
⑦ 程颢、程颐：《二程外书》卷六，《二程集》，中华书局，1981，第 378 页。

不尽然。在《中庸集解序》中，朱子说："然尝窃谓秦汉以来，圣学不传，儒者惟知章句训诂之为事，而不知复求圣人之意，以明夫性命道德之归。至于近世，先知先觉之士始发明之，则学者既有以知夫前日之为陋矣。然或乃徒诵其言以为高，而又初不知深求其意。甚者遂至于脱略章句，陵籍训诂，坐谈空妙，辗转相迷，而其为患反有甚于前日之为陋者。"① 在朱子看来，儒者的主要责任是要"明夫性命道德之所归"，而不可以"惟知章句训诂之为事，而不知复求圣人之意"。就这一点来说，朱子与张、程是一脉相承的，这也正是宋明理学不同于汉唐经学之所在。但朱子同时认为，要得圣人之旨意，则不可师心自用，而应该建立在对圣人言语之正确理解的基础之上。朱子自认为其注经乃是"惟本文本意是求"，"不敢以己意说道理"，其曰："惟本文本意是求，则圣贤之旨得矣。"② 又曰："大抵某之解经，只是顺圣贤语意，看其血脉通贯处，为之解释，不敢自以己意说道理。"③ 事实上，朱子在解经时，并不反对汉唐以来的"经学"的方法；朱子不能接受的恰恰是"脱略章句，陵籍训诂"的做法。朱子晚年曾说："某后刻意经学，推见实理，始信前日诸人之误也。"④ 所谓"前日诸人之误"，意指的是北宋诸贤对四书的理解。钱穆先生论朱子之四书学曰："朱子乃是效法汉儒经学工夫而以之移用于《语》《孟》，逐字逐句，训诂考释，无所不用其极，而发挥义理则更为深至。"⑤ 钱穆先生又指出："盖朱子之《四书》学，乃是其理学之结晶，同时亦是其经学之结晶。"⑥ 是以钱先生认为，朱子之四书学，乃"缩经学与理学而一之"，⑦ 或如周予同先生所指出的，是"托经学以言哲学"，⑧ 即许家星教授所指出的，是"经学与理学浑然如一的经学哲学"。⑨ 正是立足于朱子"刻意经学，推见实理"的学术立场，许家星教授以"经学与实理"为一书之标题，可谓深得朱子之宗旨。

① 朱熹：《朱文公文集》卷七五，《朱子全书》，第 24 册，上海古籍出版社、安徽教育出版社，2002，第 3640 页。
② 朱熹：《朱文公文集》卷四八，《朱子全书》，第 22 册，第 2213 页。
③ 黎靖德编《朱子语类》卷五二，中华书局，1994，第 1249 页。
④ 黎靖德编《朱子语类》卷一〇四，第 2617 页。
⑤ 钱穆：《朱子新学案》第 1 册，第 206 页。
⑥ 钱穆：《朱子新学案》第 1 册，第 206 页。
⑦ 钱穆：《朱子新学案》第 1 册，第 207 页。
⑧ 周予同：《中国经学史论著选编》，复旦大学出版社，2015，第 93 页。
⑨ 许家星：《经学与实理：朱子四书学研究》，第 2 页。

从"刻意经学"的角度看，许家星教授"对朱子的章句训释颇为留意，以显示朱子四书学的经学面貌"。① 其又曰："如果仅仅谈论研究哲学的一面，而放弃其'经学'的一面，既不合乎朱子的生前努力和志向，亦大大降低了《四书集注》的成就与魅力。"② 可以说，"刻意经学"是本书的重大特色所在。同样，他在方法论上，没有采取单纯的概念分析，而是"从朱子四书学的具体章节、具体问题的分析入手"③，"摒弃宏大叙事，力戒穿凿附会，以尽量细致的考察，来进入朱子由'铢积寸累'而构成的宏阔学术世界"。④ 正是如此，作者在朱子四书学诸多相关问题上下了极为严谨、细密的考证工夫。在该书的第一章，许家星教授对朱子四书诠释过程中不同阶段的文本，做了极为细致的考察，指出了许多我们习焉而不察的问题。我们都知道，《四书或问》是朱子四书诠释过程中极为重要的一部著作，但学者大多笼统地看待这部著作，而许教授则通过其细密的考察，向我们指出："《四书或问》同样可分为《学庸或问》与《论孟或问》两个系列。二者差别在于《论孟或问》丁酉成书后未再修改，体现了《论孟集注》初成时的成果。《学庸或问》则未弃修改。朱子晚年常常将《学庸或问》与《章句》并行刊刻，这与他对《论孟或问》的态度决然有别。"⑤ 他又指出："二者在相同时间形成初稿，此时视为一体是合理的。但此后二者产生差别，今本二者分别代表朱子丁酉时期的和晚年的思想，故须区别对待。"⑥ 即使是被视为一体的《学庸或问》，许家星教授也注意到了二者的细微区别："《大学或问》负责阐发《章句》未详之处，《中庸或问》则同时肩负阐发章句与辨析诸家说的双重任务。"⑦ 再比如，许家星教授指出："《四书集注》虽引诸说为注而朱子多以己意改之，'增损改易文本'成为《集注》注文的一个基本特点，却常被忽略而罕见讨论。"⑧ 可以说，在《经学与实理》一书中，有诸多类似上述的"常被忽略而罕见讨论"的问题，从而将朱子四书学的研究不断推向

---

① 许家星：《经学与实理：朱子四书学研究》，"前言"第3页。
② 许家星：《经学与实理：朱子四书学研究》，"前言"第11页。
③ 许家星：《经学与实理：朱子四书学研究》，"前言"第2页。
④ 许家星：《经学与实理：朱子四书学研究》，"前言"第3页。
⑤ 许家星：《经学与实理：朱子四书学研究》，第28页。
⑥ 许家星：《经学与实理：朱子四书学研究》，第45页。
⑦ 许家星：《经学与实理：朱子四书学研究》，第30页。
⑧ 许家星：《经学与实理：朱子四书学研究》，"前言"第7页。

精密化，此诚如陈来教授在序言中所说的，"在朱子四书学著述的形成问题上，本书做了认真的文献考察"，"对以往在这个问题上的各种混淆的说法做了严谨的厘清"，"在朱子学四书文献上做了细致而扎实的文本考辨"，"是本书在朱子四书学文献研究上的重要结论和重要贡献，值得充分表彰"，等等。① 可以说，许家星教授的研究，确然如朱子所谓的"不敢以己意说道理"，"惟本文本意是求"。在这一点上，可以说是深得朱子重经学之精髓。

然而，从另一方面来讲，朱子固然"刻意经学"，但同时更为重要的是要"推见实理"，即探求经书背后"性命道德之所归"，或者说，"刻意经学"本身就是为了"推见实理"，如朱子说，"某看人多因章句看不成句，却坏了道理"。② 在朱子看来，程门解经因为"看不成句"，即对章句有错误的理解，以至于错误地理解文本应有的义理。笔者曾经指出："在朱子看来，对经典的诠释，包括对文本具体义理的阐释，都不能与其总体上的义理系统相违背，只要是与'道'这一层面相冲突的，朱子就坚决予以清算。"③ 就这一点而言，许家星教授对朱子的把握也极为到位，如书中之第五章"寓作于述"，就试图向我们呈现朱子在四书诠释过程中与思想建构的内在一致性，即对文本正确的训解其实是意味着正确地解释文本的义理内涵。同样，在该书的写作过程中，对许家星教授而言，"刻意经学"的目的，同样也是要"推见实理"。例如，传统的《四书集注》在版本上分为两大系列，一是元代胡炳文所推崇的宋本，一是陈栎所尊信的祝本。对此许家星教授详细地比勘了两个版本的异同，更重要的是他从义理的角度对两个版本的高下做了评判，从而认为胡炳文主张的宋本更具有哲学意义与实践工夫。④ 诸如此类的例子亦多见于该书，是以李景林教授在序文中指出，"书稿不少章节看似纯粹的学术考辨问题"，又不同于"一般意义上的考辨之举"，而是"蕴含着著者对朱子'以义理定训诂'精神的揭示与遵循"。⑤

许家星教授浸淫于朱子学多年，所著《经学与实理》一书，探赜索隐，钩深致远，文献翔实，义理闳通，多有发人所未发之论，对朱子四书学研究

① 许家星：《经学与实理：朱子四书学研究》，"序一"第1页。
② 黎靖德编《朱子语类》，第1814页。
③ 郭晓东：《论朱子参对〈中庸〉的诠释过程中受吕与叔的影响及其对吕氏之批评》，黄俊杰编《中日〈四书〉诠释传统初探》，台湾大学出版中心，2004，第323页。
④ 许家星：《经学与实理：朱子四书学研究》，第459页。
⑤ 许家星：《经学与实理：朱子四书学研究》，"序二"第8页。

做出了巨大贡献。当然，由于朱子学本身的博大精深，对朱子之理解也可能仁者见仁，智者见智，是以个别结论或许仍有值得讨论的余地。① 然而，即使是这些值得进一步讨论的地方，该著亦大大深化了朱子学的相关研究，仍可谓功莫大焉。

---

① 如该书第二章对朱子道统论的讨论，认为朱子之道统世界由《四书》谱系与《太极图说》两方面构成，又以为《太极图说》系统为朱子道统论的本体向度，以《四书》为代表的谱系为朱子道统论的工夫向度。见许家星《经学与实理：朱子四书学研究》，第104～125页。朱子的某些文献或许支持这一说法，但也不纯然如此。如朱子《中庸章句序》称"上古圣神继天立极，而道统之传有自来矣"，所列道统之传承，始于尧、舜之授受，《大学章句序》则称"此伏羲、神农、黄帝、尧、舜，所以继天立极"云云。前者可以对应朱子道统世界的《四书》谱系，而《大学章句序》之道统授受始于伏羲，伏羲则属于许家星教授认为的《太极图说》谱系。由是观之，是否一定将朱子之道统论分为两个谱系，这一问题似乎仍有进一步讨论的价值。

图书在版编目（CIP）数据

清华国学 . 第二辑 / 陈来主编 . -- 北京：社会科学文献出版社，2023.4
ISBN 978-7-5228-1649-4

Ⅰ . ①清⋯　Ⅱ . ①陈⋯　Ⅲ. ①国学-文集　Ⅳ.
①Z126.27-53

中国国家版本馆 CIP 数据核字（2023）第 060589 号

《清华国学》第二辑

主　　编 / 陈　来

出 版 人 / 王利民
责任编辑 / 卫　羚
责任印制 / 王京美

出　　版 / 社会科学文献出版社·人文分社（010）59367215
　　　　　　地址：北京市北三环中路甲 29 号院华龙大厦　邮编：100029
　　　　　　网址：www.ssap.com.cn
发　　行 / 社会科学文献出版社（010）59367028
印　　装 / 三河市尚艺印装有限公司

规　　格 / 开　本：787mm×1092mm　1/16
　　　　　　印　张：22.75　字　数：373 千字
版　　次 / 2023 年 4 月第 1 版　2023 年 4 月第 1 次印刷
书　　号 / ISBN 978-7-5228-1649-4
定　　价 / 128.00 元

读者服务电话：4008918866